化学教学实验研究

HUAXUE JIAOXUE

SHIYAN YANJIU

熊言林 ◆ 著

安徽师范大学出版社

· 芜湖 ·

责任编辑：李　玲
装帧设计：王　芳　任　彤

图书在版编目（CIP）数据

化学教学实验研究/熊言林著 . —芜湖：安徽师范大学出版社，2016. 6（2025.7重印）
ISBN 978 – 7 – 5676 – 2381 – 1

Ⅰ. ①化… Ⅱ. ①熊… Ⅲ. ①中学化学课—化学实验—教学研究 Ⅳ. ①G633. 82

中国版本图书馆 CIP 数据核字（2015）第 321171 号

化学教学实验研究

熊言林　著

出版发行：安徽师范大学出版社
　　　　　芜湖市九华南路 189 号安徽师范大学花津校区　　邮政编码：241002
网　　址：http://www. ahnupress. com/
发 行 部：0553 – 3883578　5910327　5910310（传真）　E-mail：asdcbsfxb@ 126. com
印　　刷：苏州市古得堡数码印刷有限公司
版　　次：2016 年 6 月第 1 版
印　　次：2025 年 7 月第 6 次印刷
规　　格：787 mm ×960 mm　1/16
印　　张：20. 25
字　　数：400 千
书　　号：ISBN 978 – 7 – 5676 – 2381 – 1
定　　价：50. 00 元

前　　言

　　本书《化学教学实验研究》是根据高等师范院校化学（教育）专业化学教学论相关课程的教学大纲对化学实验的基本要求精神而编写的，是与有关化学教学论专家编写的《化学教学论》或《化学教育学》理论教材配套使用的实验课程教材，也可作为高等师范院校化学（教育）专业的选修课（如"化学实验设计"和"化学实验教学研究"）的教材。

　　本书是在《化学实验研究与设计》（安徽人民出版社 2009 年版）一书基础上修订而成的，以教师教育创新理论和基础教育改革理念为指导，以"理论—案例—化学实验"为编写框架，力图在内容和体系上有所创新，注重理论与实践结合、国外实验教学与国内实验教学结合、城市学校实验教学与乡镇学校实验教学结合，努力反映当前化学实验教学所关注的新问题、新情况和实验研究的新成果，最大限度地反映高师院校化学（教育）专业实验课程改革的理念和适应教学需要。

　　全书共十一章和一个附录，可分为三部分。第一部分包括第一章至第十章，属于"化学实验教学理论研究概述"，其中有概述、化学实验教学新理念、科学探究与探究性化学实验教学、化学实验研究的过程、化学实验设计的类型与内容、化学实验设计的原则与评价、化学实验设计的策略、化学实验条件的种类与控制、化学实验失败的原因分析，以及化学实验安全知识与救护措施，使其与《化学教学论》或《化学教育学》理论课程相衔接。第二部分为第十一章，属于"化学教学实验研究选编"，分为 8 个专题，结合学生生活实际，共选取了 44 个比较基础、典型、新颖、超前的化学实验，内容全面，形式多样，类型多种，每个实验中都渗透科学探究理念，蕴含着丰富的化学教育教学功能。其中，大部分实验是作者的实验研究成果，有些实验研究成果还在相关学术杂志上发表过，具有适用性、可读性、示范性和科学性。第三部分是"附录"，介绍了中学部分常用仪器的简单绘图方法，危险药品的分类、性质和管理，有关化学试剂的配制以及部分常见物质的俗名或别名等。全书的重点是训练高等师范院校化学（教育）专业学生从事化学实验教学的技能，以及提高他们化学实验教学与研究的理论水平、实验创新设计能力、科学探究能力和教学实践能力。

　　本书可作为将要从事中学教学工作的大学化学（教育）专业、应用化学专

业和材料化学专业本（专）科学生、本（专）科函授生、自考生（专科升本
科）、硕士研究生学习相关课程时的教材，也可以作为课程与教学论（化学）
硕士研究生、教育硕士专业学位（学科教学·化学）研究生以及化学教学论研
究生课程进修班学员相关课程的参考书，还可作为化学教研员和中学化学教师
教学研究的参考书。

　　本书编写过程中，作者参考和引用了国内外一些专家、老师的成果，在此
谨表谢意。同时，也感谢安徽师范大学出版社及编辑的支持与帮助。限于自身
的水平，书中定有不少疏漏，敬请广大读者指正。

熊言林

2016 年 4 月 6 日于安徽师范大学赭山校区

目　　录

附录

第一章　概　述

　　化学是一门以实验为基础的自然科学。化学实验是化学学科的灵魂，是化学学科形成和发展的抓手，是检验化学学科知识真理性的标准，是构建人类丰富多彩物质文明的基础性工作。在化学教学中，化学实验是学生获取和检验化学知识的重要手段，是进行科学探究的主要方式，是提高学生科学素质的重要内容和途径，其作用是其他教学手段无法替代的。可见，化学实验在化学学科发展、人类文明进步和化学教育教学中的重要性。

　　教学中所进行的化学实验，是为化学教学目的服务的，因此，可以称之为化学教学实验。所谓化学教学实验是指在化学教学中，根据一定的化学实验教学目的，运用一定的化学实验药品、仪器、设备和装置等，在人为控制的条件下，改变实验对象的状态和性质，从而获得各种化学实验事实，进而达到化学教学目的的一种教学实践活动。化学教学实验是中学化学教学中经常开展的一种实践活动。

一、问题的提出

　　21世纪之初即轰轰烈烈开始的我国基础教育化学课程改革，对中学化学教师的化学实验教学技能提出了更加明确的要求。与此同时，各种版本的化学教科书相继出版，其中引入了很多类型新颖、形式多样的化学实验，丰富了教科书的内容。但是，也存在较多的实验本体问题和实验可行性问题，主要有以下几个方面：①实验原理的科学性问题；②实验安全性问题；③实验现象可见度问题；④实验操作（实验步骤）问题；⑤实验装置问题；⑥试剂用量问题；⑦实验装置图问题；⑧化学实验教育教学功能缺失问题等。例如，关于乙醇脱水制取乙烯的实验中，没有采用传统的方法即以硫酸作为催化剂，而是选用石棉绒作为催化剂制取乙烯。教科书中采用试管作为反应仪器，将乙醇和石棉绒加入其中用酒精灯加热，并用水洗气来制取乙烯（如图1-1所示）。在实验时，乙醇很快被蒸干，该反应产生的气体很少，只能使高锰酸钾溶液稍微褪色，且现象不明显，反应的重现性很差，即石棉绒对乙醇脱水制取乙烯的催化效果不佳。另外，由于石棉绒属于致癌物质，对人体的危害较大。因此，该化学实验设计存在着科学性、绿色化等问题。

与此同时，从目前高等师范院校化学（教育）专业教学来看，由于存在"大课堂、一言堂、满堂灌"和"重理论轻实践""重实验笔试轻实验操作考核"的教学现象，师范生的实验能力没有得到很好的培养和训练，他们的动手能力和实验技能较差，同时也缺少化学实验教学技能的训练。高等师范院校化学实验教学中存在的问题有：①理论课时多，实验课时少；②学生理论知识懂得多，基本实验常识知道少；③验证性实验做得多，研究性实验和设计性实验做得少；④只做实验，没有边讲边实验；⑤实验内容不新，且与中学化学实验教学联系不够；⑥实验类型单一，教学模式陈旧。

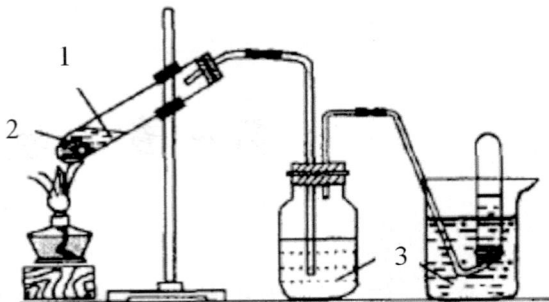

图 1 - 1　乙醇脱水制乙烯实验的装置
1. 乙醇　2. 石棉绒　3. 水

鉴于此，作为培养中学教师的摇篮——高等师范院校既面临着课程教学改革的机遇，又面临着课程教学改革的挑战。可见，加强高等师范院校化学（教育）专业实验课程改革和建设是十分必要的。

二、化学（教育）专业实验课程定位与教科书编写

（一）化学（教育）专业实验课程定位

高等师范院校化学（教育）专业实验（又称化学教学论实验）是为我国高等师范院校化学（教育）专业的学生开设的，专门研究中学化学教学实验的原理、过程、内容、方法和技术，以及化学实验设计与改进的一门必修课程。这门课程不同于其他化学实验课程（如以前的无机化学实验课、有机化学实验课、物理化学实验课等，或者现在的基础化学实验课、综合化学实验课）。后者着重帮助师范生认识和掌握化学学科的基础知识和基本技能；而前者则是作为培养师范生教育教学能力的一种途径，它以师范生已有的化学基础知识和基本技能为基础，着重训练和培养师范生独立从事中学化学实验教学的基本技能，以及在化学教学中开发和运用化学实验的初步能力，为师范生毕业后进行中学化学实验教学和实验创新研究，奠定一个良好的基础。

具体的教学目标是：

（1）巩固和掌握相关化学实验的基础理论、方法和基本技能；

（2）学会化学实验探究，提高解决中学化学实验疑难问题的能力；

（3）结合中学化学教学，学会改进和设计化学实验，提高化学实验教学能力；

　　（4）研究国内外化学实验研究成果，吸收和消化先进的实验设计理念，学会设计新的化学实验，为中学化学教学服务。

　　由此可见，高等师范院校化学（教育）专业实验课程，在培养合格中学化学教师方面尤为重要。它是师范生走上中学教学岗位之前的一门综合实验技能训练和实验教学能力培养的必修课，不仅要提高高师院校化学（教育）专业学生作为一名合格教师所具备的基本素质，而且还要着重培养他们的实验研究能力、实验设计和创新能力，以适应 21 世纪对教师的要求。因此，需要合适内容的化学（教育）专业实验必修课的教材，以确保化学（教育）专业教学目标的落实。

（二）化学（教育）专业实验教科书编写

　　在编写化学（教育）专业实验必修课教科书时，为满足那些喜欢化学实验的化学（教育）专业学生继续学习和研究化学实验的需要，充分发挥他们的个性特长，让他们在化学实验研究上有所作为，一些高等师范院校化学（教育）专业便开设了化学实验教学研究或化学实验设计等选修课程。然而，目前还缺少合适的化学（教育）专业实验选修课程的教科书。

　　基于上述认识，作者根据多年来的化学实验教学实践和化学（教育）专业的特点，将化学（教育）专业实验必修课教科书与实验选修课教科书合二为一，经认真策划、精心梳理、合理选材、科学组编、适度融合，编辑成书，取名《化学教学实验研究》。经过多次修改，力争使本书既能满足化学（教育）专业实验必修课的教学需要，又能满足化学（教育）专业选修课的教学需要。

　　《化学教学实验研究》一书，共有十一章和一个附录，可分为三部分。

　　本书是在《化学实验研究与设计》一书基础上修订而成的，以教师教育创新理论和基础教育改革理念为指导，以"理论—案例—化学实验"为编写框架，力图在内容和体系上有所创新。本书第一部分包括第一章至第十章，属于"化学实验教学理论研究概述"，其中有概述、化学实验教学新理念、科学探究与探究性化学实验教学、化学实验研究的过程、化学实验设计的类型与内容、化学实验设计的原则与评价、化学实验设计的策略、化学实验条件的种类与控制、化学实验失败的原因分析，以及化学实验安全知识与救护措施，使其与《化学教学论》或《化学教育学》理论课程相衔接。在这一部分中，引用了作者近年来已经发表的创新化学实验教学研究成果，供师范生学习和借鉴，开阔视野。第二部分为第十一章，属于"化学教学实验研究选编"，分为 8 个专题，结合学生生活实际，共选取了 44 个比较基础、典型、新颖、超前的化学实验，内容全面，形式多样，类型多种，每个实验中都渗透科学探究理念，蕴含着丰富的化学教育教学功能。在这 44 个化学实验中，大部分是作者近三十年来的化学实验教学内容和化学实验研究成果，作者还对实验方案进行了优化，实验效果较好，有些实验研究成果还在相关学术杂志上发表过，具有适用性、可读性、示范性和科学性。师范生在实验学习中，可以按照本书上的化学实验方案进行实验，也可另行设计化学实验方案进行实验探究。师范生通过相关化学实验研究，可获得实验的体验和感悟，掌握实验操作技能和实验成败关键，提高化学实验创新设计能力和化学实验教学研究能力。第三部分是"附录"，介绍了中学部分常用仪器的简单绘图方法，危险药品的分类、性质和管理，有关化学试剂的配制以及部分常见物质的俗名或别名等。全书的重点是训练高等师范院校化学（教育）专业学生从事化学实验教学的技能，以及提高他们化学实验教学与研究的理论水平、实验创新设计能力、科学探究能力和教学实践能力。

三、教师教学中应注意的问题

作为一个合格的高等师范院校化学（教育）专业毕业生——即将走上讲台的中学化学教师，不仅应该从理论上认识化学实验在化学教育教学中的重要作用，而且更重要的是要切实掌握化学实验教学的基础理论知识和基本技能，掌握中学化学实验教学中所必需的实验操作技术和方法，具有一定的改进实验和设计新实验的教学研究能力。为此，在化学（教育）专业实验教学中，教师应注意以下几点：

（一）真教实验，做好实验，做满实验

（1）加强化学实验教学理论知识的教学，强化化学实验教学理论对师范生化学实验的指导作用。

（2）"纸上得来终觉浅，绝知此事须躬行。"一切真知来源于实践。因此，要开放实验室教学，增加实验时间，给师范生提供获取真知、养成创新意识和发展实践能力的平台。

（3）大力开展实验探究活动，让师范生在实验探究活动中掌握最佳的化学实验设计方案、实验装置和实验成败的关键条件，以培养他们的科学探究能力。开展适宜、适量的实验探究活动，不仅能够培养师范生的观察能力、思维能力、综合分析能力和解决实际问题的能力，而且能够培养他们的创造能力，真正起到"百闻不如一见，百见不如一做，百做不如一探"的作用。

（4）重视引导师范生做化学实验的情感体验，激发他们对化学实验产生极大的热情。没有做过化学实验的人，也就没有化学实验的情感体验和经验。经验是一个很实用的"书签"。

（5）重视教师自身化学实验创新能力的培养，为师范生提供和示范更多的化学实验创新案例。

（6）根据自己学校的实际开课情况选择适当的化学实验教学内容，做好、做满实验，满足不同课程性质的化学实验教学需要。

化学教师只有深入教学第一线，了解情况，脚踏实地，诚心服务学生，用心教授化学实验，潜心研究教学，精心转化教研成果，才能提高化学实验教学质量。

（二）明确几个相关概念

1. 化学实验

化学实验是人们以化学事物为作用对象的实验活动。根据实验主体和实验目的的差异，可以将化学实验划分为两大类型：科研类化学实验和教学类化学实验。

科研类化学实验的实验主体是化学学科的科学研究人员，目的是为了研究和认识人类未知的化学事物及其规律，其大部分的结果不仅对于研究者本人具有创新性，而且对于整个人类而言都具有创新性贡献。因此，严格地讲，像这类化学实验称为化学科学实验。所谓化学科学实验，是指化学学科研究者根据一定的化学实验目的，运用一定的化学实验药品、仪器、设备和装置等物质手段，在人为的实验条件下，改变实验对象的状态或性质，从而获得各种化学实验事实的一类科学实践活动。化学科学实验通常简称为"化学实验"，它是化学学科研究不可缺少的实践活动。

教学类化学实验是为化学教学目的服务的，向下一代传递已有化学知识和经验，实验主体是各级各类化学教育教学中的教师和学生。其大部分实验过程与结果，是为巩固和拓展学生的认知结构以及训练和培养学生的各种能力，对学生而言可能是崭新的，但对人类社会而言基本不具有创新性贡献，是一种简约的、高效的、重复的再现或模拟。鉴于此，像这类化学实验称为化学教学实验。所谓化学教学实验，是指在化学教学中教师或学生根据一定的化学实验目的，运用一定的化学实验药品、仪器、设备和装置等物质手段，在人为的实验条件下，改变实验对象的状态或性质，从而获得各种化学实验事实，达到化学教学目的的一类教学实践活动。化学教学实验的精度不如化学科学实验的精度高，其难度也不如化学科学实验的难度大。化学教学实验通常也简称为"化学实验"，它是化学教学中经常进行的一种教学实践活动。

由此可见，化学实验有广义狭义之分。广义的化学实验既包含化学研究领域的化学科学实验，也包含化学教学领域的化学教学实验。而狭义的化学实验，在化学教学中等同于化学教学实验。因此，本书所指的化学实验属于狭义的概念，本书中的化学实验研究与设计主要是指化学教学实验研究与设计。

2. 化学实验教学

除了化学研究离不开化学实验外，在化学教学中同样也需要化学实验。这样的化学实验是在教学中进行的，是为化学教学服务的，因而可以把这种含有化学实验的教学实践活动称为"化学实验教学"。

　　所谓化学实验教学，是指教师将化学实验置于一定的化学教学情景下，为实现一定的化学教学目的，而开展的一系列教学实践活动。化学实验教学是化学教学的重要组成部分，化学实验教学的设计要服从和服务于化学教学的总体安排。

　　3. 化学实验与化学实验教学的关系

　　化学实验和化学实验教学是密切相关的。前者特指化学教学活动中的实验，后者指以化学实验为媒介的整个化学教学活动，两者是局部与整体的关系，相互依赖。因此，非常有必要对化学实验及化学实验教学的有关内容进行学习和研究。

四、师范生学习时应注意的问题

　　学好化学（教育）专业实验课程，不仅要有正确的学习态度，而且还要有正确的学习方法，同时还要遵守实验规则，注意实验安全。因此，在学习化学（教育）专业实验时，师范生应注意下列几点：

　　（1）认真预习，写好预习报告，不打无准备之"仗"；

　　（2）规范操作，细心观察现象，如实做好实验记录；

　　（3）养好习惯，边思考边实验，心细胆大注意安全；

　　（4）分析现象，总结成败关键，写成完整实验报告。

第二章　化学实验教学新理念

　　2003 年教育部颁布了《普通高中化学课程标准（实验）》（以下简称"高中化学课标"），力图构建新的高中化学课程体系。同时指出，高中化学新课程着眼于"提高 21 世纪公民的科学素养"，构建"知识与技能""过程与方法""情感态度与价值观"相融合的高中化学课程目标体系；强调"通过以化学实验为主的多种探究活动，使学生体验科学研究的过程，激发学习化学的兴趣，强化科学探究的意识，促进学习方式的转变，在实验中培养学生的创新精神和实践能力"；重视"从学生已有的经验和将要经历的社会生活实际出发，帮助学生认识化学与人类生活的密切关系，关注人类面临的与化学相关的社会问题，培养学生的社会责任感、参与意识和决策能力"；倡导"在人类文化背景下构建高中化学课程体系，充分体现现代化学课程的人文内涵，发挥化学课程对培养学生人文精神的积极作用"。这些新的课程理念在教科书编写和教学实践中的有效落实都离不开化学实验，这就要求广大的化学教育教学工作者必须重新审视化学实验在新课程中的地位和价值，重新认识化学实验的教学功能。

第一节　"高中化学课标"中的实验体系

一、"高中化学课标"中实验条目的分布情况

　　"高中化学课标"中的实验内容广泛分布在"化学 1""化学 2""化学与生活""化学与技术""物质结构与性质""化学反应原理""有机化学基础"和"实验化学" 8 个课程模块的"内容标准"和"活动与探究建议"中（见表 2 - 1 所示）。

　　由表 2 - 1 可知，在高中化学课程标准中，实验条目占"内容标准"总条目的比率为 36.30%，占"活动与探究建议"总条目的比率为 40.74%；而实验条目占"内容标准"和"活动与探究建议"总条目的比率是：高中必修模块 41.9%、高中选修模块 37.7%；在《义务教育化学课程标准（2011 年版）》中，与化学实验有关的内容占 25.7%（见表 2 - 2 所示）。

表 2-1　"高中化学课标"中实验条目的分布情况

课程性质	课程模块名称	涉及实验的"内容标准"条目	明确提出实验的"活动与探究建议"条目
必修课程	化学 1	10	9
	化学 2	2	10
选修课程	化学与生活	4	5
	化学与技术	4	4
	物质结构与性质	3	4
	化学反应原理	6	10
	有机化学基础	8	13
	实验化学	12	11
实验条目合计		49	66
实验条目占总条目的比例		49/135 = 36.30%	66/162 = 40.74%

表 2-2　化学课程标准中化学实验所占比率

时间(年)	标准	开始年级	"内容标准""活动与探究建议"总条目	实验条目	实验比率%
2011	义务教育化学课程标准	初中	140	36	25.7
2003	高中化学课程标准（实验）	高中（必修）	74	31	41.9
		高中（选修）	223	84	37.7

　　化学实验探究教学是改变学生学习方式的突破口，也是化学课程的重要内容。《义务教育化学课程标准（2011 年版）》与《义务教育化学课程标准（实验稿）》相比，在主题表述上由"内容标准"变为"课程内容"，更加重视学生学习的主体性、针对性和可操作性。其整体建构思路及框架基本保持不变，只在课程标准实验稿原 18 个二级主题的基础上增加了一个二级主题（共 19 个二级主题），即在"科学探究"主题中增加了"完成基础的学生实验"这一二级主题，要求安排和组织学生至少完成 8 个化学实验活动，增加了学生实验内容和实验时间。《义务教育化学课程标准（2011 年版）》中，要通过实验探究来完成的化学实验共有 15 个，占实验总数的 41.7%。高中化学课程标准（实验）中的"内容标准"明确要求通过实验探究来完成的实验条目有 7 个，占"内容标准"实验总数的 14.29%；"活动与探究建议"中明确要求通过实验探究来完成的实验有 18 个，占"活动与探究建议"实验总数的 27.27%。可见，化学课程标准中的化学实验内容占较大比例，说明化学课程标准十分重视化学实验教

学和化学实验探究教学。

二、再次确立了化学实验的重要地位

"高中化学课标"明确指出："以实验为基础是化学学科的重要特征之一。化学实验对全面提高学生的科学素养有着极为重要的作用。化学实验有助于激发学生学习化学的兴趣，创设生动活泼的教学情景，帮助学生理解和掌握化学知识和技能，启迪学生的科学思维，训练学生的科学方法，培养学生的科学态度和价值观。"从"高中化学课标"的"内容标准"及"活动与探究建议"中的实验条目分布情况（见表2-1）不难看出，化学实验仍然是高中化学新课程中不可缺少的重要组成部分。化学实验内容相对集中在"化学1""化学2""化学反应原理""有机化学基础"和"实验化学"课程模块中。尽管各课程模块对化学实验教学目标的要求不同，但总的趋势是：从必修到选修逐渐加强和提高了对实验探究能力的培养；在选修课程中，实验朝着科学专门化方向发展（如图2-1所示）。

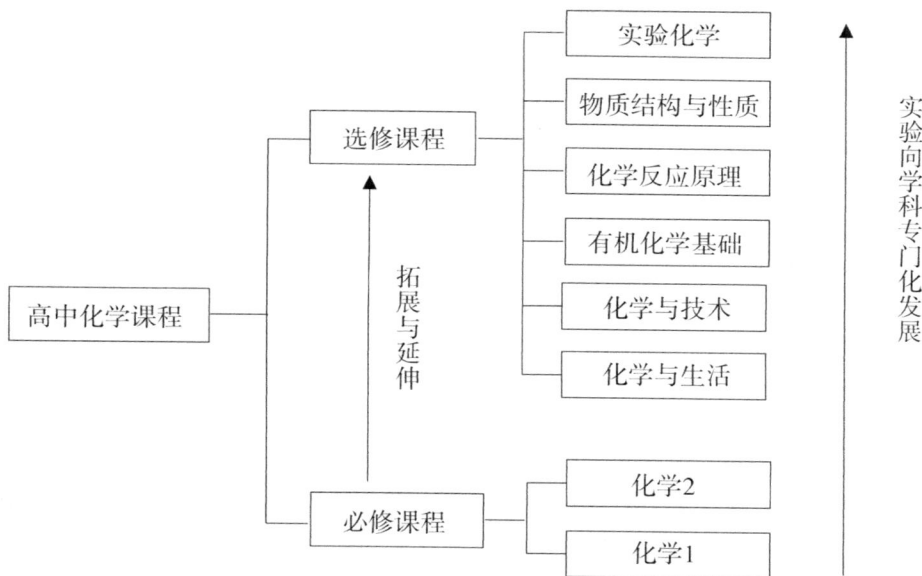

图2-1　高中化学课程结构

（一）"化学1"和"化学2"两模块

该模块重在训练学生基本的实验技能和实验方法。其中，"化学1"专门设置了"化学实验基础"主题，目的是让学生"学习必要的化学实验技能，体验和了解化学学科研究的一般过程和方法，认识实验在化学学习和研究中的重要作用"。

（二）"化学与生活"模块

该模块重在学生的积极参与，"使学生通过查阅资料、调查访问、参观讨论、实验探究等活动，切实感受化学对人类生活的影响，形成正确的价值观"。

（三）"化学与技术"模块

该模块化学知识在工农业生产等方面有广泛的应用，对技术创新有不可低估的影响。"化学与技术"模块比较集中地阐述了与此有关的内容。本模块通过调查、实验、分析和讨论交流等途径强化学生的技术意识、资源意识，帮助他们认识实际化工生产技术问题的复杂性，以增强创新意识。

（四）"物质结构与性质"模块

该模块要求学生"在理论分析和实验探究过程中学习辩证唯物主义的方法论，逐步形成科学的价值观"。

（五）"化学反应原理"模块

该模块要求学生"增强探索化学反应原理的兴趣，树立学习和研究化学的志向"。

（六）"有机化学基础"模块

该模块要求学生"认识实验在有机化合物研究中的重要作用，了解有机化学研究的基本方法，掌握有关实验的基本技能"。

（七）"实验化学"模块

该模块主要针对那些对化学实验感兴趣的学生，重在提高学生的实验探究能力。通过本模块的学习，学生应主要在以下几个方面得到发展：①认识化学实验是学习化学知识、解决生产和生活中的实际问题的重要途径和方法；②掌握基本的化学实验方法和技能，了解现代仪器在物质的组成、结构和性质研究中的应用；③了解化学实验研究的一般过程，初步形成运用化学实验解决问题的能力；④形成实事求是、严谨细致的科学态度，具有批判精神和创新意识；⑤形成绿色化学的观念，强化实验安全意识。

此外，"高中化学课标"还指出，"实验对于实现高中化学课程目标具有不可替代的作用。学生在设计实验方案、进行实验操作、观察记录现象、进行数据处理、获得实验结论的过程中，不仅能获取知识、技能和方法，提高探究能力，还能形成良好的情感态度和价值观"。由此可见，高中化学新课程特别强调实验探究能力的培养，力图使化学实验在培养学生科学素养的过程中发挥更为积极的作用。

三、化学实验内容全面体现"三性"

（一）基础性

高中化学课程的宗旨是"进一步提高学生的科学素养"，这就决定了化学实验教学的总目标。为此，"高中化学课标"中的"活动与探究建议"依据"知识与技能""过程与方法""情感态度与价值观"3 个目标维度选择了化学实验内容，其中每一个实验都力图同时反映出科学素养的 3 个维度，而每一个实验反映的侧重点又有所差异。

1. 侧重于学习"知识与技能"的实验

例如，溶液中 Ag^+、CO_3^{2-}、Cl^-、SO_4^{2-} 等离子的检验，氢氧化铁胶体的制备，铝盐和铁盐的净水作用，氯气的漂白性，几种金属盐的焰色反应，碱金属、卤族元素的性质递变规律等。

2. 侧重于体现"过程与方法"的实验

例如，制作典型的离子晶体结构模型，用生活中的材料制作简易电池，尿液中葡萄糖的检测，用淀粉自制吸水材料进行模拟保水试验等。

3. 侧重于培养"情感态度与价值观"的实验

例如，收集不同的水样，测定其 pH，并用图表或数据等表示实验结果；结合事例讨论遵守实验安全守则的重要性；测定土壤的酸碱度，讨论改良酸性土壤和碱性土壤的一般方法；用氧化还原滴定法或电化学分析法测定污水中的化学耗氧量；李比希法分析碳氢元素含量的仪器装置与原理等。

此外，必修课程"化学 1"中专门设置"化学实验基础"主题，选修课程中也首次设置"实验化学"模块。这些措施都充分反映出实验是高中化学新课程的重要组成部分，从实验内容选材的角度体现了基础性。

（二）时代性

高中化学新课程在实验内容的选择上，从 3 个方面体现了时代性。

1. 力求反映出现代科学技术的发展水平

例如，介绍红外光谱、色谱、原子吸收光谱、核磁共振等现代化学分析测试技术（通过科普讲座、查阅资料、参观或观看录像等方式来实现），用化学方法（或红外光谱法）检验卤代烷中的卤素，用中和滴定法（或气相色谱法）测定食醋的总酸度，用氧化还原滴定法（或电化学分析法）测定污水中的化学耗氧量等。

2. 选取 21 世纪公众关注的、与社会生活息息相关的现实问题进行实验

例如，鲜果中维生素 C 的还原性，食品中的膨化剂、抑酸剂化学成分的检验，易拉罐的主要成分，食用色素的提取和层析分离等，旨在通过化学实验，培养学生解决实际问题的能力，体现 STSE（Science，Technology，Society and Environment，科学、技术、社会和环境）教育思想。

3. 选取有助于学生形成可持续发展观念的实验

例如，测定土壤的酸碱度，讨论改良酸性土壤和碱性土壤的一般方法；温度对加酶洗衣粉的洗涤效果的影响；自制肥皂与肥皂的洗涤作用等，以期通过

这些实验，培养学生的环保意识、安全意识和绿色化学意识。这些新型实验内容的引入，必然有力地体现出化学实验始终跟随时代的步伐，适应科学、技术与社会飞速发展的强烈需求。

（三）选择性

高中化学新课程中的实验主要从以下几个方面体现了选择性。

1. 模块不同，实验类型不同

为满足学生个性发展的多样化需求，不同课程模块设置了各种类型的实验，选择不同课程模块也就选择了相应模块中的实验类型。

2. 淡化演示实验与学生实验的界限

新课程不再沿用演示实验、边讲边做实验和学生实验的提法，而是在不同模块中设置了 8 种可供选择的实验类型：实验、实验探究、讨论或实验探究、设计实验、对比实验、调查或实验、观察实验、观察，各种实验类型分别承载着不同的实验教学功能。

3. 实验类型相同，实验技术可以不同

在不同课程模块中，即使是同一类型的实验，也可选择不同的实验技术、不同的实验内容和不同的实验教学策略。

4. 鼓励开发和利用新的化学实验

鼓励"开发实验仪器，研究低成本、少污染的化学实验"，鼓励"充分利用生活中的常见用品和废弃物，设计富有特色的实验和实践活动"。

可见，高中化学新课程中的实验提供了更多的选择性，必将导致实验呈现方式的多样化、实验教学实施的多样化和实验教学功能的拓展。

四、化学实验与科学探究的关系

科学探究是一种重要的学习方式，也是高中化学新课程的重要内容。科学探究的 8 个构成要素是提出问题、猜想与假设、制订计划、进行实验、搜集证据、解释与结论、反思与评价、表达与交流，其中，进行实验是科学探究的构成要素之一。《美国国家科学教育标准》认为"探究比'作为过程的科学'又前进了一步，学生在探究的过程中可以学到各种技能，例如观察、推论和实验"，其中也将"实验"作为科学探究的构成要素之一。科学探究在化学实验教学中的具体化就是实验探究，实验探究是指通过实验而进行的一种探究活动。

"高中化学课标"的"内容标准"中明确要求通过实验探究来完成的实验条目有 7 个，占"内容标准"实验总数的 14.29%；"活动与探究建议"中明确要求通过实验探究来完成的实验有 18 个，占"活动与探究建议"实验总数的 27.27%。这些数字表明，"高中化学课标"首次以文件的形式将实验探究正式编入了高中化学实验体系，标志着我国高中化学实验在增强探究性方面翻开了历史性的一页。由此亦不难看出，化学实验是科学探究的构成要素，实验探究是科学探究的重要方式，它促进了学习方式的多样化转变。

此外，"高中化学课标"第五部分"教科书编写建议"中的第 4 条明确提出"教科书内容的组织要有利于学生科学探究活动的开展"，强调"教科书编写要精心创设学生自主活动和积极探究的情境，引导学生积极参与探究过程，获取知识，获得亲身体验，学会合作与分享，提高探究欲望；要通过对科学家探究过程的介绍、探究性实验的设计、运用化学知识解决实际问题的活动等，有计划、有步骤地培养学生的科学探究能力"。可见，高中化学新课程力图融合化学实验与科学探究两者的优势，强化通过实验培养学生的科学探究能力。

五、高中化学实验内容

（一）化学实验内容的研究范围

化学实验内容的研究范围很广，而且随着时代的变化而变化。从"高中化学课标"的内容解读中可知，高中化学课程理念、内容与结构的改革直接导致了实验体系的重大变革。然而，不得不承认，我国关于化学实验内容的研究开发已经滞后于化学课程研究和化学实验教学实践，并且对化学实验的新型教学功能产生制约。传统观点认为，化学实验内容的研究范围包括实验原理、实验技能和实验仪器 3 要素（如图 2-2 所示）。不难看出，这种观点仅考虑到实验内容的本体要素和知识要素 2 个维度，并且将实验技术与实验原理、实验仪器混在了同一水平层次上进行研究，却看不出这三者之间的本质联系。

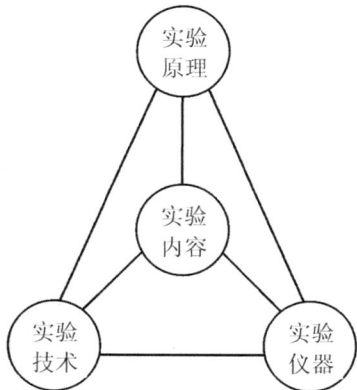

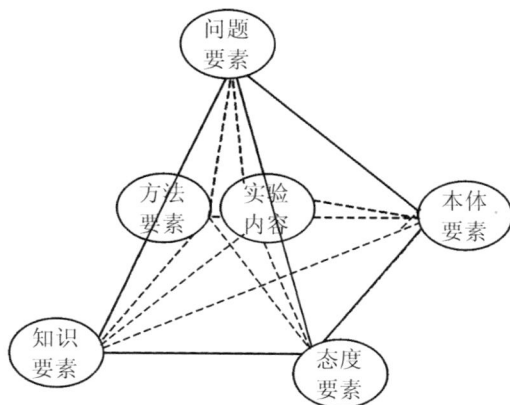

图 2-2　传统实验内容研究范围　　图 2-3　新课程高中化学实验内容的研究范围

面对我国当前正在进行的高中化学课程改革，构建新教科书中的化学实验体系已迫在眉睫，关于化学实验内容的研究与开发亦亟待创新。为此，北京师范大学王磊等人构建了高中化学新课程中实验内容的研究范围（如图 2-3 所示）。他们认为，新课程改革所倡导的化学实验内容应该具有更广泛和丰富的内涵，它至少应该反映出问题要素、方法要素（包括分离、性质、检验、制备等）、知识要素（包括概念、原理、元素化合物知识等）、本体要素（包括实验条件、仪器装置、所需药品、实验步骤等）、态度要素（包括安全意识、绿色意识、环保意识、责任意识等）5 个维度的内容。

（二）化学实验内容要素之间的关系

首先，化学实验必须解决一定的问题，突出并明确化学实验的问题性，才能使实验具有探究性和目的性。在解决这些问题的过程中，需要合理地运用实验的本体要素，同时也要求达到训练学生的方法与技能、教会学生一定的化学知识、培养学生科学态度和意识方面的目标。其次，实验本体要素主要是为其他四要素提供物质材料与各种条件支持的。使用不同的实验仪器、实验条件或实验药品等，可以解决不同的问题、提供不同的方法与技能训练、培养各种态度和意识。知识要素是正确选取实验本体要素、进行方法与技能训练、培养态度和意识、解决一定问题的必备基础。最后，一定的方法与技能又是正确选取实验本体要素、解决实验问题、继续深入学习化学知识、培养态度和意识的必要条件。此外，科学的态度与意识在一定程度上将对实验本体要素的合理运用、问题的圆满解决、知识的有效学习、方法与技能的科学训练进行必要调控。

从新课程中化学实验内容的 5 个维度出发，精选并合理组织一批优秀实验，改造并创新高中化学课程中的实验体系，才能有效发挥化学实验的教育教学功能，才能充分反映高中化学课程的基础性、时代性和选择性，才能达到培养学生科学素养的最终目的！

第二节　新课程高中化学实验教学的新理念

与以往的化学大纲相比，"高中化学课标"更重视培养学生的科学素养，突出科学探究在实验教学中的作用，期望通过实验学习，加深学生对化学的理解。这与过去那种仅重视实验的证实价值而缺乏实验的探究价值的教学相比，是一个重要的转变，因而也需要我们对这一新变化带来的化学实验教学新理念做出新的认识和理解。

一、培养科学实验素养，理解科学价值

科学实验是科学研究的重要方式，也是探索和鉴别科学研究成果的重要途径。在科学活动和科学探究的过程中，实验发挥着预测现象、验证事实、检证科学假说、复现理论学说和解释科学结论的功能。实验方法更是发现科学问题、搜集相关事实材料和测控实验过程的重要手段，通过科学的实验可以完成科学

探究，获取科学事实、证据和检验科学结论。因而科学实验的本质是探究、是认识"客观事实"和检验科学合理性的科学实践活动。

所以，通过实验这一特殊的实践活动促进学生理解化学实验的科学价值、培养和提高他们的科学实验素养，尤其是理解科学实验的作用、学习实验的方法和技能、经历实验探究的过程，逐步提高运用实验知识、技能和方法解决面临的实际问题，养成科学态度和探究精神，这些都是新课程化学实验教学观念革新的重要出发点，也是实验教学的新要求。

二、培养科学探究技能，掌握实验方法

高中化学新课程的一个重要变化，就是把化学实验作为学习科学方法和掌握科学探究技能的重要途径。所谓科学方法，是人们在认识和改造客观世界的实践活动中总结出来的正确的思维方法和行为方式。在化学实验过程中经常会运用到的科学方法有：①收集、选择、整理信息资料；②分析、设计研究方案，进行实验操作；③观察、测量、记录、处理实验数据；④分析、表达实验结果；⑤对结果进行评价和判断等。如化学实验中的科学方法有判别微粒形态的离子检出法，分离物质的提纯方法，探究元素组成与结构关系的物质结构测定法等。

在科学实验中，这些方法对于分析、鉴别事物的组成关系、整体与部分的关系以及定性与定量的关系起着直接作用，同时也对培养学生运用实验分析解决实际问题的能力有着重要的价值。

技能是指那些通过练习而巩固下来的，转变为自动化、完美化了的动作系统；也指运用一定的知识和经验顺利完成某种任务的活动方式。实验技能主要包括对实验操作方法、仪器装置的原理及有关数据、现象处理等方面的认识、理解。高中化学新课程涉及的、在中学阶段需要学生学习的实验技能主要包括以下 4 类：

（一）收集和处理信息的技能

主要有提出问题，探究并明确问题所在，查阅并收集资料、分析研究资料等技能。

（二）实验探究过程的技能

主要有建立假设、制订实验计划、设计实验过程等技能。

（三）实验操作的技能

主要包括使用仪器、制作和安装装置、优化调控实验条件、观察测量、记录数据等技能。

（四）表达和交流的技能

主要有提问、讨论、解释数据、制作图表、下定义以及描述、交流、推测等技能。

高中化学新课程还特别强调进一步发展学生书写实验报告和做实验记录的技能，使他们能够清楚地表达自己的想法，能独立地或在小组内协同工作，通过选择和使用参考资料，从一些信息源中收集、组织并内化信息资料以发展成为科学探究的能力。因而高中化学新课程特别要求要把实验融入化学教学的过程之中，通过实验学化学，在实验（或实践）的过程中认识和理解化学。

三、培养科学实验能力，体验实验过程

实验能力是构成科学素养的重要基础，因而高中化学新课程要求重视在实验教学中加强科学方法和实验技能的学习，通过解决实际问题来体验科学实验的过程、理解实验探究的作用和培养学生的科学实验探究能力。

培养科学实验探究的能力需要以培养学生的思维能力为基础。但就科学实验素养的形成特征来看，实验能力更多地表现在实践性上，所以与科学实验素养密切相关的化学实验能力培养还需要与实验过程紧密联系起来，并体现出综合性。就此而言，在实验教学中需要重视提出实验问题、进行实验设计、实施实验方案、处理实验数据、形成实验结论等具体能力的培养，让学生了解科学实验常用的方法，掌握基本的实验技能，为形成初步的实验探究能力奠定必要的基础。

四、培养科学实验态度和思维品质

通过科学实验活动培养学生的科学态度和思维习惯是高中化学新课程理念的重点之一。它反映了现代科学教育融知识、技能、能力教育与学科情感、科学意志、品格教育为一体的特征。由于科学品质具有非智力因素特点，所以它对科学态度、科学精神和个体的科学品格要求较高。就科学实验活动的教育因素来看，它更强调客观、求实、精确与严谨。即要求观察的客观性，要求观察、测定和控制实验的精确性，要求数据记录、解释实验结论的严谨与严密性，且要有探究的精神、创新的精神与不怕挫折、持之以恒的意志品质。只有高度重视这些情感及意志素质的培养，才能使学生在实验活动中形成正确看待科学实验的价值、深刻理解科学知识的价值等优良品质。

第三节   新课程高中化学实验内容的新特点

基于新课程的上述新理念，实验教学在内容上呈现出如下特点。

一、化学实验内容体现"四性"

所谓"四性"，即探究性、现实性、社会性、趣味性。这就是说实验内容不再拘泥于对具体事实和概念的陈述和解释，而是注重过程和方法，以真实情境

中的问题引发学生的认知冲突，给学生主动参与的机会。内容的选择紧随时代的发展，更接近于学生所熟悉的生活实际，并能更好地激发学生学习兴趣，让学生通过各种各样的探究活动，把提出假设、设计实验方案、进行实验操作、观察记录实验现象、处理实验结果、讨论等融入科学探究的过程中，并在这一过程中学会搜集、加工和处理信息的科学方法。例如，人教版高中化学教科书就编入了像市售食盐中是否含有碘元素的探究实验设计，硅及其化合物在信息技术、材料科学等领域的应用等体现综合探究特点的新实验。

二、化学实验内容的设置与实施形式发生了变化

高中化学新课程的实验内容不再简单地为训练某一技能、验证某个知识而设置，而是始终将化学实验与认识科学的价值紧密联系起来。

从实施形式看，不单独编排学生实验，淡化了学生实验和教师演示实验的界限，将学生动手实验的活动和指导融入到学习中，这是化学实验教学内容的又一特点。但是，在多年中学化学教学实践中，这一特点没有得到体现，反而削弱了化学实验教学效果。从现实情况看，修订中的高中化学课标必须明确学生实验及实验数量，同时要有相应的督促措施，方能真正落实实验教学目标。

三、实验（实践活动）类型多样

化学是一门实验科学。新课程高中化学中，化学实验是十分重要的教学内容，同时它又是新课程倡导的教学方法和学习方式的载体。因此，高中化学新课程中的实验类型多样，内容丰富。人教版、苏教版和山东科技版三种版本化学教科书（化学1、化学2）中的实验（实践活动）类型也是多样的（见表2-3）。化学实验能激发学生的学习兴趣，帮助学生形成化学概念、理解化学基础理论、掌握化学知识和技能、培养学生的科学态度和价值观，帮助学生发展思维能力，训练实验技能，从而达到全面提高学生科学素养的目的。

表2-3　三种版本化学教科书（化学1、化学2）中的实验（实践活动）数目

教科书 实验类型	人教版		苏教版		山东科技版	
	化学1	化学2	化学1	化学2	化学1	化学2
演示实验（观察与思考）	24	16	18	7	28	16
探究性实验（或实践活动）	7	9	34	33	31	26
实验设计	1	1	3	1	4	2
实验数	32	26	55	41	63	44
实验总数	58		96		107	

注：实验数目包含每个探究性实验中需做的实验和习题中的实验。

　　原人教版高中化学教科书在新授课中安排的化学实验，基本上是教师的演示实验，而其新教科书则增加了大量的学生探究性实验，教师进行的演示实验与探究活动也关系密切，很少有验证性实验，此外，还安排了一定数量的学生实验设计课题。

　　探究性学习是学生自主获取知识和技能、体验和了解科学探究过程和方法、形成和提高创新意识、树立科学价值观的学习活动过程。化学实验是学生化学学习中能动的实践活动形式，化学实验为学生创设了亲身参与实践的情境，具有获知、激趣、求真、寻理、育德等教育功能。化学实验的功能和探究性学习的特征决定了化学实验必然是探究性学习的重要途径。

　　另外，三种版本化学教科书（化学1、化学2）中都应用了大量相关实验的插图和表格（见表2-4、2-5），有利于提高学生的化学实验能力。

表2-4　三种版本化学教科书（化学1、化学2）中的插图统计

教科书　图片类型	人教版		苏教版		山东科技版	
	化学1	化学2	化学1	化学2	化学1	化学2
实验现象、实验仪器、实验装置	40	10	12	13	54	16
生产、生活、科技	40	31	43	33	87	53
理论、模型、分类、归纳	13	22	17	37	21	35
人物	1	2	4	1	5	3
图片数	94	65	76	84	167	107
图片总数	159		160		274	

注：表中统计的是三种教科书中有编号的插图，无编号及练习中的插图未统计在内。

表2-5　三种版本化学教科书（化学1、化学2）中的表格统计

教科书　表格类型	人教版		苏教版		山东科技版	
	化学1	化学2	化学1	化学2	化学1	化学2
实验步骤及现象（填表）	15	13	—	—	—	—
科学探究（填表）	6	8	14	3	19	21
交流与讨论	—	—	7	12	3	2
数据	3	11	2	14	2	5
归纳与整理（填表）	3	1	1	1	2	3
习题（填表）	3	4	1	1	2	4
表格数	30	37	25	31	28	35
表格总数	67		56		63	

实验现象、实验装置、实验仪器等图片对学生正确进行化学实验及操作，分析化学实验的现象，事后回忆有关化学实验过程及注意事项有很好的提示作用，有利于提高学生的化学实验能力、实验设计能力和实验知识综合应用能力，同时能大大减少学生对化学实验过程、现象记忆的信息量。山东科技版教科书（化学1、化学2）中有关实验的插图较多，人教版、苏教版相对较少些。

化学发展史实和化学在生产、生活、科技方面的成果和应用的插图，可以帮助学生了解20世纪化学发展的基本特征和21世纪化学的发展趋势，认识并欣赏化学科学对提高人类生活质量和促进社会发展的重要作用。理论、模型、分类、归纳方面的插图，为学生认识实验、假说、模型、比较、分类等科学方法对化学研究的作用提供了较好的学习平台，从而降低了学生学习化学理论知识的难度。

表2-5中"表格类型"主要分为3类，一类是实验记录和活动探究表（表2-5中的前3项），占了很大的比重（63%～71%），这类表格以学生填写为主；第二类是数据表（表2-5中的第4项），占11%～15%，这类表格不用学生填写；其余为归纳与整理和习题练习中的表格（表2-5中的第5、6项），占7%～21%。从表格的权重分析，表格在对实验现象的对比和分析中起着非常重要的作用。山东科技版教科书（化学1、化学2）在知识的归纳与整理方面（含习题）应用了较多的表格，与"以问题解决为教材的编写核心"的思想相一致。

大量图表的应用，增大了教科书的可读性、趣味性和信息量，对培养学生的归纳、对比能力和综合应用能力都起到积极的作用。

第四节　新课程高中化学实验教学的新要求

化学新课程要求充分发挥化学实验的科学探究功能和验证作用，运用设计性和探究性实验来培养和发展学生运用实证的方法认识问题、理解问题、探究问题和解决问题的能力，因而在实验教学中要做到如下几点。

一、转变教学观念，培养学生的科学思维

化学实验是进行化学科学探究的主要方式，从实验现象到某一化学概念、规律的形成是化学知识的形成和"再发现"过程。正如美国著名教育家杜威所说，知识绝对不是固定的、永恒不变的，它是作为探究过程的一部分，既作为这个过程的结果，同时又作为另一个探究过程的起点，它始终有待再考察、再检验、再认识，如同人们始终遇到新的、不明确的、困难的情景一样。

化学知识的获得依赖于特定的探究过程与方法，学生的学习重在掌握方法、

主动建构知识。此过程的核心是思维，它能使学生的理智过程和整个精神世界获得实质性的发展与提升。因而在这个过程中教师不仅要重视教给学生如何通过实验现象或结果的分析形成概念或规律，而且要教给学生如何进一步深入理解概念或规律形成的思路和方法。在教学中，教师应该尽可能地关注学生对实验过程的探索，碰到问题及时引导，充分发挥实验的认识论功能，启迪学生的思维，这样才有利于学生掌握科学的研究方法。

二、提高专业素养，丰富实验教学功能

（一）精心置疑，注重实验教学的启发性

在化学实验教学中，教师要精心设计问题，强化实验教学的启发性。在引导学生观察化学现象时，启发学生思考和建构现象与有关知识或经验的联系，要求学生尝试用言语表达自己对问题的理解，从而激起学生的问题感，使学生产生探索的欲望。例如，在探究二氧化硫的漂白性时，可构建以下教学环节：

1. 提出问题

二氧化硫与二氧化碳是否有相同的性质？当混合气体中既有二氧化硫又有二氧化碳时，如何检验二氧化硫的存在？二氧化硫有无漂白作用？如果有，漂白原理是否与氯气的漂白原理相同？

2. 收集资料

（1）某些不法商贩，为使所售卖的银耳白净好看常用硫黄加热熏蒸，加工粉丝时也常用同样的方法。

（2）用秸秆编织的白草帽，日久会变黄。

（3）氯气能使润湿的红色布条或鲜花褪色，且颜色不再恢复，因为氯气溶于水生成具有强氧化性的次氯酸。

3. 猜想与假设

二氧化硫具有漂白作用，其漂白过程是可逆的；二氧化硫的漂白原理与氯气的漂白原理可能不同。

4. 实验设计与探究

分别将二氧化硫和氯气通入品红试液中，观察到品红试液褪色；将褪色后的溶液加热，观察现象。

5. 表达与交流

二氧化硫能使品红试液褪色，说明二氧化硫有漂白作用，但加热后红色复现，说明其漂白作用是可逆的；二氧化硫的漂白是跟有色物质化合生成不稳定的无色物质。氯气使品红试液褪色，加热后，不再出现红色。

6. 迁移与应用

利用二氧化硫的漂白性可以鉴别二氧化硫和二氧化碳，还可以鉴别二氧化

硫和氯气。运用所学知识解释：氯气通入紫色石蕊试液中，试液先变红后褪色，而二氧化硫通入紫色石蕊试液中，试液只变成浅红色。

这样的活动主要是学生自主观察、分析思考、实验探究、交流讨论，不再是教师单纯的表演或展示，因而有利于激励学生深入思考特殊的现象或出奇的结论、实验装置的改进及实验过程的设计，也有利于学生认知能力和实践能力的发展。

（二）强化过程，突出实验教学的探索性

实验教学要重视探索性，是新课程对实验教学的新要求。因而必须重视把探究与思考贯穿于实验教学的过程之中，并采取促进学生积极参与实验探究的教学策略。这些包括：

（1）为学生营造开放、民主、灵活的思维空间。如在实验操作中允许学生在常规要求下设计并完成非常规实验。

（2）注重在化学实验过程中培养学生的个性心理特征。培养的学生能力有：确定实验课题的能力、设计实验方案的能力、实验操作的能力、实验观察与记录的能力、处理实验数据的能力、撰写实验报告的能力。

（3）在分组实验中激发学生探求知识的原动力和创新能力。

（4）在实验设计过程中培养学生创新意识和绿色观念。

例如，中学化学介绍了几种金属的焰色反应及实验操作，但利用铂丝（或铁丝）在酒精灯上灼烧来观察焰色反应时，现象不太明显。因而，可引导学生探究实验的改进。

主要实验药品：Na_2CO_3 粉末、KCl 固体、$CuSO_4$ 晶体、稀盐酸、无水酒精、工业酒精、蒸馏水、自来水；主要器材：坩埚钳、铂丝、酒精灯、蓝色钴玻璃、瓷坩埚、喷壶、防风罩、打孔器的小铁管。

第一步，分析问题。观察钠、钾、铜的焰色反应，分析影响观察实验现象的因素，探讨如何改进实验条件，使实验现象更明显。

第二步，提出假设。焰色反应需要观察火焰颜色的变化，所以怎样制取浅蓝色的背景火焰以及延长焰色反应的时间是该实验改进的焦点。

第三步，设计实验方案。主要是实验条件和控制变量的选择与试验。

（1）酒精的选择。将瓷质坩埚放在石棉网上，倒入各种酒精溶液（分别为工业酒精、无水乙醇用蒸馏水、自来水配制的酒精溶液），点火并观察火焰。

（2）浅蓝色火焰的制取。点燃酒精灯，使灯焰高达 6 cm，其中黄色火焰占 95% 以上，然后用镊子把灯芯不断往下压，随着灯芯的压低，火焰也变低，蓝色火焰所占比例越来越大。

（3）延长焰色反应时间。把少量盐粉直接投入燃着的坩埚中，利用酒精溶液中的水溶解盐，再夹住坩埚振荡，使盐溶液上升到坩埚内壁的上端。

第四步，得出结论。关键是建立实验结果与实验控制条件的关系，形成科学的实验方法。

（1）蓝色火焰的取得与酒精的纯度等级无关，但与酒精的浓度有关，用51%~60%的酒精溶液作燃料，能得到纯的浅蓝色火焰。

（2）当灯芯与灯头齐平时，火焰降到1.5 cm，蓝色火焰占90%以上（此实验也可用防风罩罩在灯头上，或使用双头酒精灯）。

（3）经烧烫的坩埚壁加热、火焰灼烧，就能得到6~10 cm高的、有明显特征焰色的火焰。火焰的焰色保持的时间比传统的方法延长了5倍多，达到10~20 s（也可用打孔器的小铁管蘸取浆状的盐水混合物在灯管上灼烧，得到3.5 cm高的焰火，焰色反应可持续20 s，或用喷壶向火焰喷洒盐溶液，焰色反应现象更明显）。

实验方案的改进过程中，学生必须对实验的现象进行细致的观察和分析，通过对原有实验方案不足之处的分析，才能得出影响实验现象的因素。通过实验设计，使学生了解探究性实验的一般程序：分析问题→提出假设→实验验证→修订假设→形成理论（知识、方法）。

教师在指导过程中，要增强实验的趣味性、直观性。汇报阶段可以让效果好的小组演示他们的操作；小组活动时，应积极参与小组讨论，对学生进行方法指导，使学生能力得到提高，同时注意小组协作。

此外，在实验教学时教师可从日常生活和社会生活中选择和确定研究专题，指导学生以个人或小组合作的方式进行自主设计、自主实验、探索问题，并获得结论。

（三）注重培养学生的科学精神和科学态度，体现实验教学的人文价值

科学态度是科学精神在人的心理和行为稳定倾向上的反映。科学态度基本上包括两个方面，即科学的态度和对待科学的态度，主要内容有：探究的兴趣、尊重事实、尊重科学理论、客观、精确、虚心、信心、恒心、成就感、责任感、合作等。化学实验集中体现科学精神和科学态度，具有非常丰富的教育价值和内容。在实验教学中，从实验目的、内容、步骤、现象的观察和分析、结果的解释到结论的得出和评价，都可以使学生受到科学精神的熏陶。

同时，在实验探究过程中，师生之间、学生之间的彼此交流与合作，更有益于培养学生对化学的好奇心、探究欲和科学兴趣，进而培养他们的辩证唯物主义物质观和科学的价值观等。因而在教学中要注意将科学精神和科学态度的培养落实到每节实验课中，通过教师的率先垂范、严格要求和学生的注意、领悟、模仿及体会，潜移默化地使他们形成受益终生的科学精神和科学态度。

三、打破传统的实验教学模式，从整体上驾驭教科书

新课程标准在教学模式上要求教师树立资源意识，紧密联系社会生活实际选择具体的教学内容，深入分析和挖掘教科书内容的多重价值，根据学生的实际合理调整教科书的教学体系，创造性地使用教科书，使学生通过对教科书内容的学习，在获得知识与技能的同时，在过程与方法、情感态度与价值观方面也得到全面和谐的发展。因而教师要打破传统的实验教学模式，在教学过程中有选择地变验证性实验为探究性实验，鼓励和引导学生设计验证的思路和方案、选择合适的药品和仪器装置、评价实验的结果等，对实验完整过程进行探索，或从教学内容中挖掘可探究的实验，从而培养学生的实验探究能力。

另外，尚有一些实验在中学阶段是无法演示的，如一些物质微观结构的观察实验、了解生产流程和原理的实验等。因此，就需要把实验教学与课堂讲授、计算机辅助课件、影视教学、参观活动等结合起来。

四、构建合理的实验教学评价体系，发挥评价的教育功能

教学评价是依据教学目标和测量结果，对学生的行为变化给予价值判断的过程。教师对学生的评价要体现促进学生发展的教育功能。对学生的评价应是面向未来的、发展性的、动态性的，在评价中发现和发展学生多方面的潜能，了解学生发展中的需求，帮助学生认识自我，建立自信，促进学生在原有水平上发展。由于新课标中的各项标准都是学生通过参与学习所应达到的行为目标，重点并不是对教学具体知识内容的硬性统一规定，因而实验教学评价应在实验过程中进行，从实验设计、实验操作、实验报告、交流讨论、合作意识以及实验态度等活动表现中考查。此外，还可通过学生学习成长记录袋（如实验设计方案、探究活动的过程记录、信息资料的收集与整理、他人评价和自我评价等）来评价学生实验探究技能的学习情况和实验能力的发展状况，给予学生表现自己进步的机会。

第五节　化学实验教学的内容和类型

化学实验是化学教学内容的重要组成部分，是学生学习化学的一种最有效的学习方式。中学化学实验教学的内容和类型丰富多样，不同教学内容和类型的实验对于学生的学习具有不同的作用，教师必须科学、合理、灵活地运用才能达到实验教学的目的。

一、化学实验教学的内容

化学实验教学的内容是根据中学培养目标和中学化学教学的目的与要求而决定的，以服从化学学科体系的需要为前提。一般来讲，教学中选择化学实验时，应遵循以下原则：①有利于培养和发展学生的实验操作技能；②有助于学生对化学事实和原理的理解；③有助于巩固所学化学知识，强化思维能力；④有利于训练学生的科学方法；⑤有利于得出清晰的化学结论；⑥有利于培养学生的实验能力、探究能力、创新意识和化学学习情感。

根据不同的标准，可以把中学化学实验内容进行分类，明确并掌握各类实验的基本要求，对合理组织和运用实验教学有着重要的指导作用。

（一）根据实验对学生学习化学知识和技能所起的作用来划分

1. 化学基本操作实验

化学实验中的基本操作是构成化学实验的基本要素，它是进行各类化学实验的基本功，对保证实验安全、顺利进行起着重要的作用。因此，要加强实验教学，应首先要求学生学会并熟练地掌握化学实验基本操作。化学实验基本操作的基本要求是严格遵守操作规程，熟练掌握操作技能。

中学化学实验的基本操作主要包括：试剂取用、仪器洗涤和使用、称量、溶解、搅拌、振荡、过滤、加热、蒸发、升华、结晶、气体收集、溶液配制、滴定等。

2. 元素及其化合物性质和制备实验

这类实验的教学主要目的是为学生学习元素及其化合物的性质提供生动直观的感性材料，为其形成具体的或抽象的物质知识打下基础。由于元素及其化合物知识是中学化学教学内容的主体部分，这方面的内容在中学化学实验中占有较大的比重，如验证性的性质实验均属于此项内容。任何一种元素、化合物都具有多种物理性质和化学性质。涉及的物理性质可分为两类：一是由感官感知的，如颜色、状态、气味、形状等；二是借助仪器测知的，如密度、熔点、沸点、硬度等。涉及的化学性质有可燃性、热稳定性、酸碱性、氧化性、还原性等。

这类实验的选择要求实验现象必须鲜明、准确、生动、可见度大，能为学生提供强有力的刺激，加深学生对物质性质的理解和记忆。

3. 阐明与形成化学概念和化学基础理论的实验

这类实验的教学主要目的是为学生理解和掌握抽象的化学概念和化学基础原理提供具体的感性认识材料，使其在教师的引导下，运用抽象思维达到对概念和原理实质的理性认识。

为达到上述目的，要选择那些实验典型性突出、次要因素干扰少、实验装置简易、操作简便、现象鲜明、易于观察的实验。例如，通过铝箔在氧气中的燃烧实验阐述化学变化的概念，通过在密闭容器中白磷的燃烧实验证明质量守恒定律等。

4. 结合生产和生活实际应用的实验

这类实验能较好地揭示化学反应原理在生产和生活实际中的具体应用，帮助学生认识在生产和生活实际中实现化学反应所需要的典型设备、生产流程，以及实验条件控制对实现化学反应的重要性。

此类实验虽然为数不多（合成氨、硝酸制法、硫酸制法、石油裂解等），但其实验原理综合性较强，实验装置较复杂，对学生实验能力的培养十分有益。这类实验不宜去追求"全面模拟"生产过程，而要紧密结合化学反应原理，突出重点装置，避免生产中的技术细节。

5. 综合运用化学知识和实验技能进行独立设计的实验

这类实验与其他实验内容完全不同，它没有现成的实验步骤和方法，常要求学生根据实验提出的问题独立运用已有的知识和技能去设计实验方案，并经过教师审查通过后，让学生独立进行实验、观察、分析实验现象，并获得问题的答案。

这类实验的教学主要目的是培养学生综合运用化学知识和实验技能分析、解决化学实验问题的能力，培养他们独立思考、开拓创新的精神和科学探究能力。

（二）根据高中化学课程标准中的三维目标来划分

1. 侧重于学习"知识与技能"的实验

这类实验的主要目的是让学生获得直接的实验事实，进而掌握物质的化学性质、有关安全操作和实验仪器使用的知识、实验基本操作技能以及仪器和药品的选用技能和综合运用技能。

例如，溶液中 Ag^+、CO_3^{2-}、Cl^-、SO_4^{2-} 等离子的检验，氢氧化铁胶体的制备，铝盐和铁盐的净水作用，氯气的漂白性，几种金属盐的焰色反应，碱金属、卤族元素的性质递变规律，乙烯、乙醇、乙酸的主要化学性质等。

2. 侧重于体现"过程与方法"的实验

这类实验的主要目的是让学生体验科学探究的过程（如提出问题、猜想与假设、制订计划、进行实验和搜集证据等），学习科学方法（如观察方法、实验方法、信息处理方法、科学抽象方法、假设方法和模型方法等）。

例如，制作典型的离子晶体结构模型，用生活中的材料制作简易电池，尿液中葡萄糖的检测，用淀粉自制吸水材料进行模拟保水试验，中和反应与中和热的测定，明矾或铬钾矾晶体的生长条件，不同催化剂对淀粉水解速率的影响等。

3. 侧重于培养"情感态度与价值观"的实验

情感是指人对客观事物是否符合自己的需要而产生的体验。实验情感是指学生在化学实验中形成的一种对实验活动的情感指向或情绪体验。人类的高级情感是遵循"情绪—情感—情操"这样的轨迹发展的。

实验态度是指学生对实验活动的一种内在反应倾向,它是通过学生的外部行为或外显行为表现出来的。

价值观是指个体看待客观事物及评价自己的重要性或社会意义所依据的观念系统。实验价值观是指学生在化学实验学习中形成的对实验价值的最基本的看法和见解。

这类实验的主要目的是让学生获得生理与心理、感性与理性、情感与思想等方面的体验。

例如,收集不同的水样,测定其 pH,并用图表或数据等表示实验结果;结合事例讨论遵守实验安全守则的重要性;测定土壤的酸碱度,讨论改良酸性土壤和碱性土壤的一般方法;用氧化还原滴定法或电化学分析法测定污水中的化学耗氧量;分析李比希法测定有机物中碳、氢元素含量的仪器装置与原理;探究一氧化碳的毒性等。

以上所述化学实验内容中的每一个实验都力图同时反映出科学素养的 3 个维度,而每一个实验反映的侧重点又有所差异。

此外,必修课程的"化学 1"中专门设置"化学实验基础"主题,选修课程中也设置了"实验化学"模块,这些措施都充分反映出实验是新课程高中化学的重要组成部分,从实验内容选材的角度体现了基础性。

二、化学实验教学的类型

化学实验内容丰富多彩、形式多样,对于同一个实验内容,可设计成多种实验组织形式进行教学。根据不同的标准,可以把中学化学实验分成不同的类型。

(一)根据实验教学的主体和形式来划分

1. 演示实验

演示实验是指为了达到某一化学教学目的,教师在化学课堂教学过程中进行讲解和示范操作(表演),并指导学生进行观察和思考的一类实验。演示实验过程简单,学生容易立即观察到实验现象,体会实验过程中蕴含的知识与原理。它是化学教学中广泛应用的、简洁生动的一种教学形式,在化学教学系统中起着重要的作用。

通过演示实验可以给学生以生动、鲜明而深刻的印象,帮助学生形成正确的化学概念、理论和学习化学的情感。学生通过对教师演示实验的观察还能学会使用仪器、组装实验装置以及正确的操作方式等。演示实验主要由教师演示，学生演示的较少。

主要的教学策略有：①目的明确，要求具体；②确保安全，保证成功；③注意直观，装置简单；④注意示范，掌握时间；⑤配合讲解，引导思维。

2. 学生实验

学生实验是指在教师的指导下，利用一段较完整的时间由学生亲自动手操作来完成的化学实验，它是培养学生实验能力的主要形式。绝大多数的学生实验是在化学实验室进行的。学生实验通常又分为边讲边实验、分组实验、习题实验和设计实验。

（1）边讲边实验。这种实验是在配合新知识的学习过程中，教师讲解，学生亲自动手完成实验，并通过自己的观察和思考来获得新知识的一种实验方式，又叫做随堂实验。其特点是讲、做同步进行，动手与思考相结合，充分调动学生学习的主动性和积极性。

主要的教学策略有：①精心选择实验内容；②充分做好实验准备；③精心组织实验教学；④做好实验结束工作。

（2）分组实验。分组实验是在学生完成一单元或一课题的学习任务以后，在教师的组织和指导下，利用整堂课的时间，在实验室里独立运用已获得的知识进行实验操作，并通过对实验现象的观察、记录和分析，获得正确结论的教学形式。其特点是在解决问题过程中学生具有一定的主动性。

主要的教学策略有：①做好课前准备工作；②加强上课时的组织指导；③做好实验结束工作。

（3）习题实验。习题实验是学生综合运用所学知识和实验技能，采用实验方法来解答有关化学问题（如物质的制取、鉴别及性质等）的习题的实验。其特点是突出了学生的主体性，有利于突出学生实验能力和创造性思维能力的培养，是一种要求较高的学生实验。

与其他习题的不同之处：只给学生提供题目（问题），不提供解答题目的具体实验方法，要求学生自己设计方案，通过实验操作获得答案。

主要的教学策略有：①指定命题，充分准备；②设计方案，审核方案；③严格要求，加强指导；④组织讨论，认真总结。

（4）设计实验。设计实验是学生在教师的指导下，自己选题，自己设计，独立操作，自己寻找结论的真正独立性实验。这类实验已具备了科学研究实验的雏形，其特点是学生独立实验，充分发挥了学生的创新才能。

这类实验对于培养学生综合运用所学的知识、技能解决化学实际问题的能力，培养他们的科学态度、探索精神、创新能力和独立实验能力都具有重要意义。

主要的教学策略有：①充分了解学生，做好思想准备；②认真审阅方案，做好用品准备；③严格实验纪律，加强实验指导。

《全日制义务教育化学课程标准（实验稿）》和以此为依据编写的新教科书，已淡化了演示实验和学生实验的界限。此种处理的科学性、合理性和实效性，有待进一步探讨和实践检验，但目前已出现了化学实验教学的弱化现象，应引起关注。

（二）根据实验在学生认识过程中的作用来划分

1. 探究性化学实验

探究性化学实验主要是针对验证性化学实验而提出的。所谓探究性化学实验，是指由学生自己运用实验手段，探索研究对象的未知性质，了解它具有怎样的组成，有哪些属性和变化特征，以及与其他对象或现象的联系等，并在获得实验现象或数据的基础上归纳总结出实验结论的一类实验。例如，实验探究温度对加酶洗衣粉洗涤效果的影响，实验探究制备硫酸亚铁的条件等。

探究性化学实验是以实验作为启发、引导学生探求知识的途径，让学生在实验和观察的基础上，通过积极的思维活动，概括得出有关的结论，并进行科学探究过程和探究方法的系统训练。

由于这类实验主要是在课堂教学中配合其他化学知识的讲授而进行的，又采用边讲边实验或演示实验的形式，因此，在进行这类实验教学时，要注意以下几点：①现象明显；②难度小，易操作；③时间短；④安全可靠。在课堂教学中，要特别注意实验难度和实验时间的控制；在课外活动中，实验难度可大一点，实验时间也可长一些。在探究性化学实验教学中，教师的有效指导十分重要。

2. 验证性化学实验

所谓验证性化学实验，是指学生对研究对象有了一定的了解，并形成了一定的认识，为了验证这种认识是否正确而进行的一类实验。例如，金属的性质验证、非金属的性质验证等。验证性化学实验一般安排在化学知识的讲授之后进行，适用于比较抽象的化学概念和化学原理的教学，可帮助学生加深对知识的理解。

由于这类实验的目的主要是验证化学理论及其化学现象，又多采用学生实验或边讲边实验的形式，因此在进行这类实验教学时，应注意以下几点：①现象明显；②有较强的说服力；③操作简单；④安全可靠；⑤时间适中。

除以上分类方法外，还可根据化学实验内容的质与量的关系，把实验分为定性实验和定量实验，等等。

把化学实验分为不同类型，完全是为了教学、研究的方便和需要。不同类型的实验有不同的教学组织形式和要求，发挥的作用也不同。对中学化学实验进行科学合理的分类，可以为化学教学提供多种有效的途径和方法，也有利于我们有效地进行中学化学实验研究。

参考文献

[1] 中华人民共和国教育部．普通高中化学课程标准（实验）[S]．北京：人民教育出版社，2003.

[2] 王磊，刘强，张小平，等．试析《普通高中化学课程标准（实验)》中的实验体系 [J]．化学教育，2004，15（9）：9–12.

[3] 中华人民共和国教育部．全日制普通高级中学化学教学大纲（试验修订版）[S]．北京：人民教育出版社，2000.

[4] 中华人民共和国教育部．全日制义务教育化学课程标准（实验稿）[S]．北京：北京师范大学出版社，2001.

[5] 国家研究理事会．美国国家科学教育标准 [M]．戢守志，译．北京：科学技术文献出版社，1999.

[6] 郑长龙，等．化学实验教学新视野 [M]．北京：高等教育出版社，2003.

[7] 彭蜀晋，李霞．新化学课程实验教学的新理念与新要求 [J]．化学教育，2005（11）：18–21.

[8] 孙夕礼，马春生．新课程三种高中化学必修教材的编写特点分析 [J]．化学教育，2005（7）：16–22.

第三章　科学探究与探究性化学实验教学

第一节　科学探究

随着基础教育改革的不断深入，人们的科学教育观念也发生了很大转变。人们越来越清楚地认识到，科学教育的目的不是为了把少数人培养成科学家，而是要把所有的学生都培养成具有科学素养的人。正如《面向全体美国人的科学》中所指出的："世界的发展要求每个人都必须具备科学素养，而不仅仅是少数享有特权的人。科学教育将不得不使其成为现实。""人人具备科学素养"正日益成为世界各国的一项重要教育目标。

美国国家研究理事会制定的《美国国家科学教育标准》（1996 年版）明确提出："科学探究"是学生科学学习中基本的、起支配作用的原则，是科学教育的核心。为了促进学生的科学学习，教师必须鼓励学生培养科学家的思维习惯、好奇心、兴趣和创造性，使学生的学习集中于探究。英国 2002 年颁布的《国家课程》中所提出的科学课程四个标准中，第一个目标就是"科学探究"。我国教育部 2001 年颁布的《全日制义务教育化学课程标准（实验稿）》也将科学探究列为化学课程目标之一，并指出"将科学探究作为课程改革的突破口"，由此可见科学探究在当前基础教育改革中的重要性。为了更好地理解和把握化学教学中的科学探究问题，以下从本质、特征与过程等三个方面对科学探究作探讨。

一、科学探究的本质

要准确理解和把握科学探究的本质，首先必须搞清楚什么是探究。从语义上讲，"探究（inquiry）"一词源于拉丁文的 in 或 inward（在……之中）和 quaerere（质询、寻找）。探究是指求索知识或信息，特别是求真的活动，是搜寻、研究、调查、检验的活动，是提问和质疑的活动。我国 1989 年版的《辞海》将"探究"界定为"深入探讨；反复研究"。1996 年版的《现代汉语词典》也将"探究"定义为"探索研究；探寻追究"，即努力寻找答案、解决问题。由此可见，从基本含义上讲，探究的目的是获得知识、真理，探究的途径或方法是搜寻、调查、研究、检验。为了准确、深入地理解和把握探究的本质，还要进一步对不同领域中的探究概念及其含义进行分析。

（一）社会学对于探究的理解和界定

在社会学领域中，无"探究（inquiry）"一词，社会学家主要是对与"探究"相关的"探索"（exploration）概念进行探讨。在《社会学词典》中提出，所谓探索性研究（exploratory study）是指研究者在对研究题目的范围和概念不甚清楚，对研究对象的内在联系不熟悉，不能确定假设和研究方向，并且缺乏前人的研究信息和理论的情况下，无法提出适合这类问题的具体方法以进行深入、细致研究时所采用的一种研究方法。在社会学家看来，探索的一个突出特点是未知性。因此，社会学中的探索是对未知事实的一种摸索性的初步研究。

（二）心理学对于探究的理解和界定

心理学领域的研究者主要是对个体的探索活动及其行为（exploratory behavior）进行探讨。如：在《简明心理学百科全书》中，探索（行为）是指动物进入新异环境中常常出现的行为，包括向各处探头、嗅、窥看、轻轻地迈步、慢慢地游走等。这种探索行为可以使动物获得有关新环境的各种信息，缓解因新异环境而引起的紧张状态。我国台湾心理学者张春兴认为，探索行为是个体在新的环境中面临新的事物时企图对其性质获得进一步了解或控制时所引发的行为。探索是儿童主动学习的方式之一，包括观察、触摸、摇动、敲打等。著名心理学家朱智贤指出，探索是个体解决问题时为搜索解决问题空间的道路而使用的一种策略。可见，在心理学家看来，问题是探索产生的主要动因。

（三）教育学对于探究的理解和界定

教育学领域的研究者主要是将探究作为个体的一种学习方式来研究。例如，美国著名教育家施瓦布认为，探究学习（inquiry learning）是儿童通过自主参与获得知识的过程，掌握研究自然所必需的探究能力，同时形成认识自然的基础——科学概念，进而培养探索未知世界的积极态度。我国一些学者提出，探究学习是学生在教师的指导下，为获得科学素养以类似科学探究的方式所开展的学习活动；是学生从问题或任务出发，通过形式多样的探究活动，以获得知识和技能、发展能力、培养情感体验为目的的学习方式；是从学科领域或现实社会生活中选择和确立研究主题，创设一种类似于科学研究的情境，通过学生自主、独立地发现问题、实验、操作、调查、搜集与处理信息、表达与交流等探索活动，获得知识、技能、情感和态度的发展，特别是探索精神和创新能力发展的学习方式和学习过程；等等。从上述定义中可以看出，尽管研究者对于探究的表述有所不同，但大家普遍认为，探究是个体围绕着问题或任务进行的一种探索活动，因此，问题是探究的起点。其次，探究作为一种类似于科学研究的活动，要经历科学研究的一般过程。同时，探究是以问题开始的，但问题的解决并不是探究的全部。通过探究，个体在知识、技能、情感和态度等方面都获得了发展和提高。

通过上述分析可以看出，探究的实质就是发现问题、解决问题。探究是个体在新的环境中通过自主探索、调查和研究来发现和认识新事物、解决新问题的活动。探究有广义的和狭义之分。广义的探究是指一切发现和认识活动。人们通常所说的追根究底、好奇、好问、爱琢磨，实际上就是广义探究的日常表现。广义的探究强调的主要是一种主动探索和发现的活动趋向，而并不一定要围绕一个明确的主题或经历一定的程序。因此，它既指科学家的专门研究，也指一般人解决问题的活动；既包括成人深思熟虑式的"实验"，也包括儿童尝试性的错误的摸索或探索。狭义的探究则是指个体围绕着一个明确的问题或任务，通过假设、推理、验证等一系列的探索过程而最终解决问题或完成任务的各类活动。狭义的探究作为一种比较系统的研究活动，要求探究者具有较广泛的知识和较强的思维能力，并遵循一定的研究程序等。科学探究或科学研究就属于狭义探究的范畴。

根据上述对于探究本质的分析，可以认为，所谓科学探究，就是个体通过自主调查和研究来认识和解释自然的活动。要准确地理解和把握科学探究，还必须明确以下四个方面：

（1）科学探究的对象是自然界，是对自然现象或问题的一种调查和研究。通过科学探究，个体发现和揭示客观事物的本质及相互关系，掌握自然发展的规律。

（2）科学探究作为一种认知活动，要经历一定的活动程序或阶段。如形成问题、建立假设、制订研究方案、检验假设、得出结论等。

（3）在科学探究中，为了发现和认识自然现象或事物的特征，揭示自然的发展规律，个体要运用一系列的科学方法，包括观察、比较、分类、测量、预测、假设、实验等来寻求自然问题的答案，获得对自然世界的理解。因此，科学方法是科学探究的灵魂。

（4）科学探究作为一种探索活动，具有双重含义。它既可以指科学领域里的探究，即科学家所进行的各种探索自然的活动，也可以是指个体以一种类似于科学研究的方式进行的各种科学学习活动。

二、科学探究的特征

由于知识经验、认知水平等的差异，儿童与科学家的科学探究在具体的表现形式上必然存在着一定差异，但两者在本质上是相同的，都属于科学探究的范畴，具有科学探究的基本特征。科学探究具有以下基本特征。

（一）问题性

科学探究是以问题为核心的，具有问题性特征。科学探究作为一种个体认识自然的活动，是以科学问题为起点的。所谓科学问题，是针对客观世界中的物体或事件而提出的。在日常生活中，当个体已有的科学知识与经验不足以对当前的客观现象或问题做出解释时，认知冲突就产生了。这种认知冲突促使个体产生探索的愿望和要求，引发其进行科学探究。

（二）建构性

科学探究是一种主动建构的活动，具有建构性特征。科学探究作为一种认知活动，是个体主动建构对客观世界的理解的过程。在科学活动中，当个体已有的知识经验不足以对当前的科学现象或问题做出解释时，就会产生认知冲突。为了解决冲突，实现认知的平衡，个体必须不断围绕所面对的问题进行思考，做出计划，通过各种途径获取有关信息，基于已有经验以自己的方式对问题做出分析和推论、综合和概括，将自己的发现与他人的发现进行比较，据此对自己的看法和做法做出反思与评价，并调节自己的活动等。在这一过程中，一方面个体以原有的知识经验为基础，通过将新知识与已有的、适当的知识经验相联系，主动地建构对新知识的理解；另一方面，个体又需要依据新经验对原有经验结构本身做出某种调整和改造，形成新的认知结构。因此，科学探究既是一个对新信息的意义的建构过程，同时又是由于新旧经验的冲突而引发的概念转变和认知结构重组的过程。

（三）思维性

科学探究是一种思维过程，具有思维性特征。科学探究作为一种科学研究，是一种多方面、多层次的活动，它需要个体做观察、提出问题、查阅书刊及其他信息源以便弄清楚什么情况已经是为人所知的东西，还需要个体提出假设和预测、设计调研方案、进行实验、运用各种手段分析和解释数据、提出答案和解释，并把研究结果公之于众等。在这一过程中，个体不仅要使用观察、分类、交流、测量、推论、预测、假设等一系列科学方法，而且要使用概括、分析、类比、归纳、推理等思维方法来形成并修正科学解释、识别和分析各种模型、交流和应用得出的科学结论。因此，科学探究的过程也是科学思维的过程。

（四）合作性

科学探究重视交流与合作，具有合作性特征。一方面，科学探究作为一种建构活动，每个人都以自己原有的知识和经验为背景建构对事物的理解，由于不同个体已有的知识、经验以及对经验的看法不同，且看到的事物的侧面也不同，对同一个问题常会表现出不同的理解。要使个体超越自己的认识，看到那些与自己不同的理解和事物另外的侧面，使理解更加丰富和全面，就必须通过彼此间充分的合作和广泛的讨论。另一方面，科学研究的一个突出特点就是可重复验证性。这就要求个体能够较清楚地说明所研究的问题、程序、证据、提出的解释以及对不同解释的考查，以使有疑问者能够进一步核实，或使他人将这一解释用于新的研究。科学发展的历史表明，科学研究离不开合作。

三、科学探究的过程

对于科学探究的过程，国内外的不少研究者都提出了各自的观点。例如，特罗布里奇、拜比尔和鲍威尔等人认为，科学探究的基本程序包括形成问题、建立假设、设计研究方案、检验假设、表达或交流结果等。《美国国家科学教育标准》提出，科学探究的过程主要包括观察，提出问题，查阅书籍和其他信息资源来寻找已有知识，利用各种工具收集、分析并解释数据，给出答案、解释或预言，交流结果。美国国家研究理事会认为，科学探究的过程包括形成科学研究问题、收集数据、建立假设、检验假设和交流结果。英国国家科学课程将科学探究过程划分为制订计划、获取并表达证据、思考证据、评价四步。我国《全日制义务教育科学（7－9 年级）课程标准（实验稿）》（2001）提出，科学探究基本过程包括提出科学问题；进行猜想和假设；制定计划，设计实验；观察与实验，获得事实与证据；检验与评价；表达与交流。此外，我国学者陈琴等人认为，科学探究主要包括观察和提出问题、形成假设、检验求证、得出和解释结论、交流和应用五个步骤（如图 3－1 所示）。

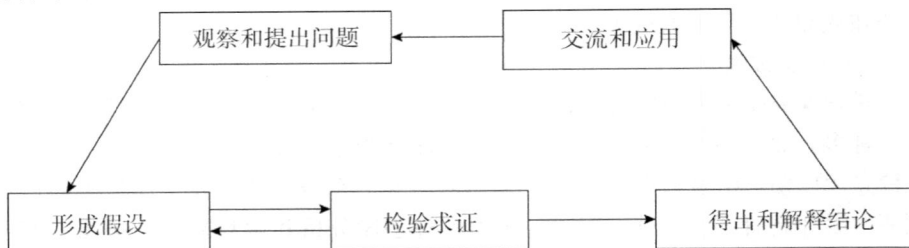

图 3－1 科学探究的一般过程

（一）观察和提出问题

观察是科学探究的基石，通过观察可以发现自然世界中未知的事物和现象，从而提出问题，确立探究的主题。因此，观察和提出问题是密不可分的。但是，并不是所有的观察都能导致提出问题，很多时候，我们会深陷于"已知的幻觉"之中，也就是说，当你"掌握"某些知识的时候，会使你所看到的现象符合自己理解的事物模型并从中得到解释。正如德国文学家歌德所说的："我们只看到我们所知道的。"因此，在科学探究中，个体要经常审视自己知识的界限，发现自己已有知识的局限和矛盾，探寻运用自己的理论所无法解释的难点，从而确立需要探究的事实。从某种意义上讲，科学探究就是要寻找一扇由已知通向未知的"大门"，推动"已知的幻觉"的不断扩张。

（二）形成假设

假设源于个体所提出的问题，是对问题的一种简洁的陈述，它试图解释一种模式或预测一种结果，是个体在已有的知识经验的基础上提出的关于问题的可能性解释。假设是科学发展的必经之路。虽然假设只是一种试验性的观点，必须通过观察或实验加以验证，但它能帮助探究者澄清思想和说明关系。德国文学家海涅就曾说过："谁若为我们指出了走不通的道路，那么他就像为我们指导了正确道路的人一样，对我们做了一件同样的好事。"假设可能有一种，也可能有多种，但不论多少，假设必须具有合理性，只有这样才有助于制订解决问题的可行性方案。由于一个假设只是对问题的一种观点或看法，因此在实际的探究中，个体不能将自己限制在一种假设之中，而要尽可能地提出多种假设，以避免那些有可能局限于某种观点的偏见，从而保证研究的开放性，以获得客观、真实的研究结果。

（三）检验求证

检验是对观察和假设的一种验证，通过检验，假设可能被证实或支持，也可能被否定或推翻，而那些由"权威"传递的错误观念也可以被抛弃。检验使我们能够探查自然世界中那些隐藏在自然现象和事物背后的奥秘，揭示自然的本质。检验的方式主要有两种：一种是引证式，即根据已选择的方案去搜集支持假设所需要的事实和证据，经分析、概括而得出结论，从而证明假设成立或者不成立；另一种是实验式，即个体亲自动手实验，通过分析实验和总结实验结果来验证假设的正确性和有效性。如果所提出的假设在实践过程中行不通，那么就需要重新对问题和假设进行分析，再次提出新的假设和验证假设。实验是有明确程序，并可重复进行的。但也不能过度地信任实验，因为实验错误的可能性总是存在的，这种实验错误会导致错误的结果。

（四）得出和解释结论

在对假设进行验证的基础上，个体概括、归纳其发现，得出并解释结论，形成关于某一现象或问题的科学认识。在此过程中，个体不仅要搜集证据，而且要将观察与实验的结果与自己已有的知识经验联系起来，借助于分析、推理提出现象或结果产生的原因，并在实验证据和逻辑论证的基础上建立各种变量间的联系，从而形成以已有知识和当前观察或实验结果为基础的新的理解。解释必须同自然观察或实验结果所获得的证据一致，遵循证据规则，同时，解释还必须接受公开的批评和质疑，并要求运用各种科学的认知方法和过程，如分类、分析、推论、预测、批判性推理和逻辑推理等。

（五）交流和应用

在形成关于某一现象或问题的结论、解释后，个体还需要与他人相互交流。

在这种交流中，一方面，个体要准确地向其他人阐明自己所探究的问题、方法、探究过程以及结果，并倾听他人对证据和解释的看法和态度；另一方面，他人也有机会就这些结论、解释提出疑问，指出其中有悖于事实证据的地方，或者就相同的观察提出不同的解释等。通过交流，个体可以获得各种可能的解释，有助于将实验证据、已有的科学知识和他人提出的解释这三者之间更紧密地联系起来，最终解决彼此观点中的矛盾，巩固以实验、事实为基础的论证，促进科学结论的获得。最后，个体还需要将其所获得的结论应用到其他情境中，以进一步验证结论，并扩大和丰富对自然世界的认识。

当然，对于科学探究过程的认识，我们不能采取绝对化、机械化的理解，以为只有经历上述五个阶段的探究才是科学探究。实际上，科学探究的问题是多种多样的，针对不同问题，人们经历的探究过程、采取的探究方式可能不同，不可能存在某一种绝对、固定化的模式或统一化的模式。同时，在科学探究的过程中，形成假设和检验求证是连续循环、交叉重叠的两个过程，正是在不断地假设—检验—再假设—再检验的过程中，个体不断地丰富、调整和完善对自然世界的认识，形成科学的世界观。

第二节　探究性化学实验教学

要培养学生的创新精神，就必须改变学生的接受性学习方式，倡导新的化学课程标准提出的科学探究性学习方式。探究性学习是与接受性学习相对应的一种学习方式，化学学科中的探究性实验更是体现探究性学习精髓的一种有效途径。

由前面的相关讨论可知，化学实验本身就是科学探究的过程，且为探究性学习中的验证假说提供了科学方法，因此，探究性实验是进行化学探究性学习的主要方式，其地位和作用是其他任何方法无法替代的。

一、探究性化学实验教学概述

探究性化学实验教学是指学生在教师的指导和引发下，主动运用已有的化学知识和技能，充当新知识的探索者和发现者角色，通过自己设计方案，进行操作实验，去探索化学问题和解决化学问题的一种教学活动。

（一）探究性化学实验教学的基本环节

探究性化学实验教学的基本环节一般是：提出问题—猜想与假设—设计实验方案—探究实验—解释与结论—表达与交流。

1. 提出问题

从日常现象或学习中，经过老师或同学的启发，或独立地发现一些有探究价值的化学实验问题，并且清楚地表达出来。所涉及的科学方法一般有观察、阅读、调查、表达等。

2. 猜想与假设

搜索原有知识经验，形成对实验问题情境及其内部关系的初步理解，建立起关于问题的猜想和假设。这是一个动脑的过程，猜想必须符合逻辑，同时又有所创新和突破，而且要有对猜想和假设作初步论证的意识。所运用的科学方法有预测、推理、形成假设。

3. 设计实验方案

针对探究的实验目的和条件，提出实验方案，设计具体的探究实验步骤，并考虑特定的实验条件对实验的影响。所涉及的科学方法是变量控制法。

4. 探究实验，搜集证据

积极参与并完成化学实验操作，通过观察、实验、调查、查阅资料等搜集证据，同时在实验过程中注意观察和思考的结合，不断发现新问题和解决新问题。所涉及的科学方法有实验、观察、测量、记录、数据处理。

5. 解释与结论

将搜集的事实与证据和所学知识建立起联系，从信息材料和事实出发，按照一定的理论逻辑方法推理变量之间的关系，经过加工与整理，对假设做出判断，得到结论。所涉及的科学方法是分类、科学抽象、模型化、图表化。

6. 表达与交流

用口头、书面、模型等形式明确表达探究实验的过程及结果，发表自己的观点，倾听他人的意见，吸收他人对探究过程的有益提示，分析他人对探究结论的有益质询，认识到表达与交流对探究活动的重大意义。

由以上探究性化学实验教学的基本环节可以看出，探究性化学实验教学有利于学生知识和能力的迁移，以及科学的学习方法的掌握。

（二）探究性化学实验教学的基本特点

1. 探究性

探究是人类认识世界的一种最基本的方式，人类正是在对未知事物的不断求索中获得不断进步和发展的。学生的认识尽管与人类的认识过程在认识对象、认识条件和认识方法上有差别，但他们在"提出问题—猜想与假设—设计实验—分析现象—得出结论"等探究过程中，能了解化学学科研究的一般过程，掌握基本的科学方法。

2. 自主性

探究性化学实验是以学生的直接经验为基础的，在选择和探求问题的过程中，学生可以依据自己的兴趣、爱好、特长等参与活动。在此过程中，他们始终处于紧张、积极、活跃、兴奋的状态。从提出问题、设计实验方案到动手实验、得出结果，都是学生自己进行价值判断的过程，学生不是被动地接受知识，而是主动地选择和获得新知识，教师只起指导、组织和协助作用，真正体现出学生在学习过程中积极主动地获取化学知识，认识和解决化学问题的自主性。

3. 过程性

与验证性化学实验重视获取知识的目标不同，探究性化学实验注重过程性。它注重实验过程中学生的思维方式、个人体验及对信息的处理和整合，注重培养学生的学习能力和研究能力。

4. 学会学习

学会学习是现代学习的一种新观念。探究性化学实验的显著特点之一，就是要求学生逐步进入"会学"的境界，它使学生通过设计、动手、观察、总结、交流而体会学习的价值，进而使思维领域不断扩大，开发创新潜力。

二、探究性化学实验教学模式

（一）教学模式的概念

1. 教学模式

教学模式是教育理论应用于教学实践的纽带和桥梁，帮助从教人员从整体上综合地认识和探究教学过程中各因素之间的关系及其多样化的表现形态，有利于动态地把握教学过程的本质和规律，无论在指导实践还是理论研究上都具有十分重要的意义。所谓教学模式，是指在某种教育思想、教学理论指导下，为完成特定教学任务、实现特定教学目标所建立的关于教学实践的一种规范化的运作方式及体系。

对教学模式概念的辨析：第一，教学模式不是教学方法；第二，教学模式也不是教学计划；第三，教学模式也不是理论，而是介于理论与实践之间的操作体系，它内含教学程序、结构、方法、策略等比纯粹理论更丰富的东西；第四，教学模式也不是教学程序，它作为教育理论的简约化样式和方法论体系，并不是一般操作意义上的教学流程。

2. 化学实验教学模式

所谓化学实验教学模式，是指在一定教育思想和实践经验的作用下，为完成特定的化学实验教学目标和内容而形成的稳定、简明的教学结构理论框架和相应的具体、可操作的实践活动方式。

（二）教学模式的功能

1. 增强了教学理论在教学实际中的应用

教学模式是一种相对稳定的结构框架和活动程序，是某种理论简约化的表现方式，它可以通过简单的象征性符号、图示和关系的解释，来反映它所依据的教学理论，使人们通过一个具体的教学程序框架将抽象的理论运用于实践。

2. 增强了教师在教学中的反思

　　教学模式来自实践，是对一定的具体教学活动方式进行概括、归纳、加工的结果，是为某一类教学及其所涉及的各种因素和它们之间的关系提供一种较为完备、便于操作的实施程序。掌握若干常用的教学模式，教师登上讲台就有了进行教学的"常见武器"。教师在运用这些"基本套路"时，可以根据具体教学条件或情境灵活调整，形成适合教学实际的"变式"。教师在这样"使用—反思—再使用—再反思"的过程中，使自己的教学水平得以提升，也使教学实践得以升华。

3. 增强了教师观念的转变

　　教学模式可以克服教学实践的盲目性，增强其有效性，但不限制或扼杀教师的创造性。教师可通过应用教学模式，使教学活动过程系统化，构成一个整体优化的系统。若要适应新的教学目标，就要对相应的教学条件、活动程序等诸因素做一些改进，这就要求教师提高能力水平，以促进模式转化，直到有更有效、更完善的新模式取代已僵化的旧模式。

（三）教学模式的特点

1. 操作性

　　教学模式是一种具体化、操作化了的教学思想或理论，它把某种教学理论或活动方式中最核心的部分用简化的形式反映出来，为人们提供了一个比抽象的理论具体得多的教学结构框架，使教师在课堂教学中有章可循，便于教师理解、把握和运用。正是由于教学模式总是从某一特定角度、立场和侧面来揭示教学规律，比较接近教学实际而易被人们理解和操作，同时由于它有一套操作的系统要求和基本程序，使得教学模式可以被传授和学习、被示范和模仿，也使得教学模式的运用成为一种技术、技能和技巧而被教师用来完成教学任务、获得预期的效果。

2. 指向性

　　任何一种教学模式都是围绕着一定的教学目标设计的，当然，可能有些教学模式的适用范围更宽广一些，但有些教学模式只能适用于极为特殊的教学情境。因此，不存在对任何教学过程都适用的教学模式，也不可能有一种普遍有效的、可以对一切教学目标都适用的万能模式。最好的教学模式就是在一定情况下达到教学目标的最有效的教学模式。在教学过程中，使用教学模式时，必须注意不同教学模式的特点和性能，注意教学模式的指向性。

3. 灵活性

　　任何教学模式都是简约了的教学结构理论框架及活动方式，大都以精练的语言、象征性的图式或明确的符号表达出来。因此，教学模式既能使那些纷繁杂乱的实践经验理论化，又能在人们头脑中形成一个比抽象理论更具体、更简明的框架，从而便于人们理解、交流、运用和传播。

4. 整体性

任何教学模式都是由各个要素构成的有机整体，本身都有一套比较完整的结构和机制。在运用时，必须整体把握，既透彻了解其理论原理，又切实掌握其方式方法。如果不能很好地领会其理论的精髓，或不能按要求操作，都会降低教学效果而不能发挥教学模式应有的功能。那种无视教学模式的整体性，放弃理论学习而简单套用其程序步骤的做法，对提高教学水平是有害的。

（四）探究性化学实验教学模式及教学案例

1. 探究性化学实验教学模式

探究性化学实验教学模式是一种由事实到理论的课堂教学模式，教师在教学中引导学生亲历研究过程，指导学生主动组织资料，进行因果关系的推理并建立验证理论，以对学生进行科学研究方法和思维方式的训练，培养学生获取和分析信息的技能，增进学生对科学的理解，发展学生的创造性思维。它有多种流程，其中主要有两种基本流程。

（1）探究性化学实验教学模式基本流程 I （如图 3 - 2 所示）：

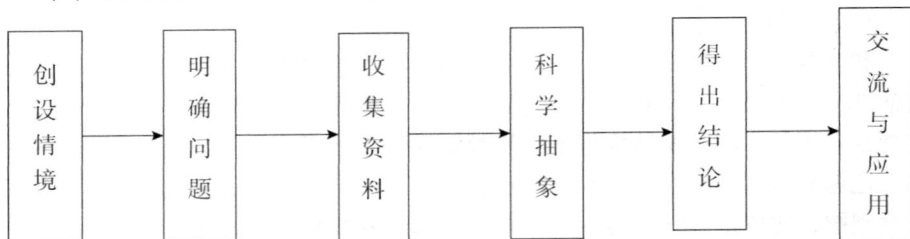

图 3 - 2　探究性化学实验教学模式基本流程 I

①创设情境。教师可根据教学内容和教学目标，依据学生的知识水平，以图片、故事、趣味实验、实物等多种情境方式引入课题，把学生置于研究现实未知问题的气氛中，激发学生的好奇心，促进学生积极主动地参与探索问题实质的学习活动，使学习成为有意义的学习，从而开动脑筋去寻找解决问题的途径和方法。

②明确问题。教师引导学生根据情境资料，提出问题。

③收集资料。可将学生分成小组，通过实验、上网、翻阅图书、实地考察等方法收集资料。其中，通过化学实验来收集资料是最有效的途径。

④科学抽象。运用比较、分类、归纳和概括的逻辑方法对收集的资料进行整理和因果关系的推理。

⑤得出结论。以合作者的身份和学生共同参与对材料的分析、整理过程，从不同的角度思考并发现问题，对问题的内涵、实质进行剖析，让学生积极思

考解决问题的途径、方法，提出解决问题的实验假设。对于化学原理比较复杂或综合性比较强的实验，可以提前让学生查阅资料，或组织小组进行讨论或阐述实验原理。

⑥交流与应用。由学生分析，教师指导，概括出有关的化学概念、原理或结论。

（2）探究性化学实验教学模式基本流程Ⅱ（如图3-3所示）：

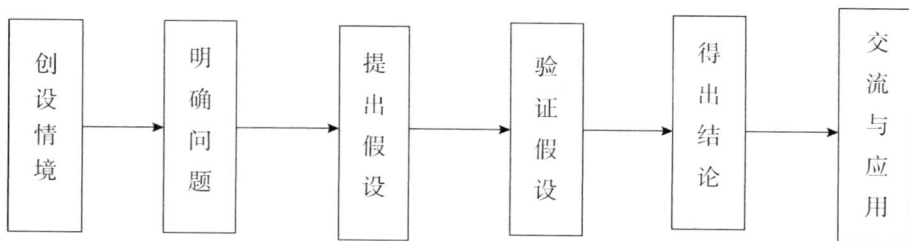

图3-3　探究性化学实验教学模式基本流程Ⅱ

其中的创设情境、明确问题、得出结论、交流与应用等环节与基本流程Ⅰ中的环节基本相当。

提出假设是指学生为解决问题所提出的各种设想。假设一定是由学生自己独立提出，教师不宜加以引导，更不能代替学生提出假设。教师的引导或假设会遏制学生的开放性思维，使他们的主体性和创造性难以发挥。不同的学生由于受知识水平、思维方式等制约，思考问题的途径、解决问题的方式等不尽相同，因而会提出不同的假设，教师应尊重学生的个性。

验证假设，即根据分析，用理论或实验进行验证。其中，通过正确的化学实验来验证假设是最好的方法。

探究性化学实验教学模式的两种基本流程都充分体现了以学生为主体、以活动为中心、以培养学生自学能力和创新精神为核心的特点，它是把教与学融为一体的有效教学模式。在整个教学过程中，学生始终带着问题学习，在不断解决问题的同时掌握了新知识并提高了自身能力。

探究性化学实验的研究内容，主要是教学中一些容易转化为运用探究性实验教学方法来进行学习的内容，以及将已学过的化学知识应用于解决日常生活、生产中的一些实际问题的内容。

2. 教学案例

（1）探究二氧化碳的实验室制法教学案例。

①提出问题。

教材在讲述二氧化碳的实验室制法时，主要强调用含碳酸根的碳酸钙和含氢离子的盐酸溶液来制取，在分析了其原理后，引导学生提出问题：能否用碳酸钠代替碳酸钙？稀硫酸能否代替稀盐酸？

②猜想与假设。

学生思维活跃，会提出多种猜想与假设，教师要适当对学生的思路加以引导。

假设一：碳酸钠也是含碳酸根的物质，它能够与稀盐酸反应生成二氧化碳。

假设二：稀硫酸中也含有氢离子，它也能够与碳酸钙反应生成二氧化碳。

但它们的反应速率如何？反应进行的程度如何？（这些也是在实验室制取气体时应考虑的问题。）

③设计实验，进行验证。

让学生在提出假设的基础上，设计出实验方案，教师检查学生的实验设计，并给予适当的指导。

实验一：用大理石和稀盐酸反应——能反应，放出二氧化碳，速率适中。

实验二：用碳酸钠和稀盐酸反应——能反应，放出二氧化碳，瞬间完成。

实验三：用大理石和稀硫酸反应——能反应，放出二氧化碳，但很快停止。

观察现象。（实验步骤略。）

④解释与结论。

根据实验现象，让学生分组分析、讨论。假设一、假设二都是正确的，但实验二尽管能反应放出二氧化碳，可是反应速度太快，不易控制；实验三中碳酸钙与稀硫酸能反应，但由于生成的 $CaSO_4$ 微溶覆盖在大理石的表面，阻止了反应的继续进行。得出结论：不能用稀硫酸代替盐酸或用 Na_2CO_3 代替大理石制取二氧化碳。

（2）探究乙烯气体能使酸性高锰酸钾溶液和溴水褪色原因的教学案例。

①提出问题。

使酸性高锰酸钾溶液和溴水褪色的是乙烯气体吗？实验装置如图3-4所示。

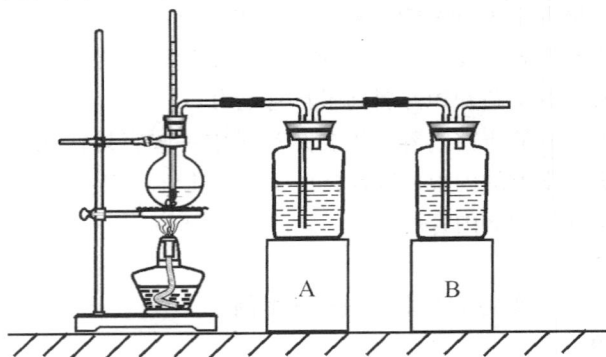

图3-4　实验装置Ⅰ（A瓶中装酸性高锰酸钾溶液，B瓶中装溴水）

收集资料和实验事实：a. 实验过程中圆底烧瓶溶液变黑；b. 浓硫酸能使乙醇脱水炭化；c. $C + 2H_2SO_4(浓) = CO_2\uparrow + 2SO_2\uparrow + 2H_2O$。

②猜想与假设。

假设一：CO_2 有可能使酸性高锰酸钾溶液和溴水褪色；

假设二：SO_2 有可能使酸性高锰酸钾溶液和溴水褪色；

假设三：乙烯有可能使酸性高锰酸钾溶液和溴水褪色。

③设计实验，进行验证。

实验一：取一支试管加入碳酸钙和稀盐酸，让生成的气体分别通入装有酸性高锰酸钾溶液的试管和装有溴水的试管。观察现象。

实验二：取一支试管加入铜片和浓硫酸，加热，让生成的气体分别通入装有酸性高锰酸钾溶液的试管和装有溴水的试管。观察现象。

实验三：在图3－4装置的发生装置和 A 装置之间插入如图3－5所示的装置。观察现象。

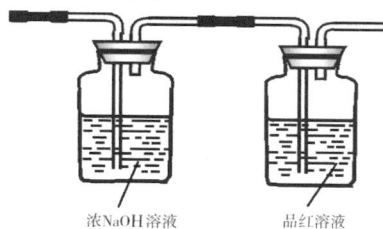

图3－5　实验装置Ⅱ

实验现象：实验一中酸性高锰酸钾溶液和溴水都没有褪色；

实验二中酸性高锰酸钾溶液和溴水都褪色；

实验三中品红没有褪色，酸性高锰酸钾溶液和溴水都褪色。

④实验结论。

a. CO_2 不能使酸性高锰酸钾溶液和溴水褪色；

b. SO_2 和乙烯都可以使酸性高锰酸钾溶液和溴水褪色；

c. 乙烯能使酸性高锰酸钾溶液和溴水褪色；

d. 按图3－4装置制取的乙烯中含有杂质 SO_2，不能证明是乙烯使酸性高锰酸钾溶液和溴水褪色。

三、探究性化学实验教学的理论依据

（一）建构主义的基本内容

建构主义是近年来流行于西方心理与教育学界的基础理论。建构主义是认知派学习理论的进一步发展，其理论基础主要来自杜威、皮亚杰和维果茨基，它强调经验性相互作用和社会性相互作用。建构主义是行为主义发展到认知主义以后的进一步发展。建构主义者由于受到不同理论、不同价值取向的影响，提出问题的角度有很大的不同，但都称为建构主义者，是因为他们对许多问题的看法有相同或相似之处。他们一般主张世界是客观存在的，但对世界的理解和赋予的意义却是由某个人自己决定的，人们是以自己的经验为基础来建构现实或解释现实的，因此对外部世界的理解是不同的，所以他们更加关注如何以原有的经验、心理结构和信念为基础来建构知识。建构主义重视学习活动中学生的主体性、学生面对具体情景进行的意义建构，以及学习活动中师生之间和学生之间的"协作""对话"和"反思"，从而建立一个民主、宽松的教学环境等，这些观点都为我们当前的教学改革向探究性教学发展提供了一定的理论基础。

建构主义者认为，只有在真实世界的情境中学习才会更加有效。学习的目的不仅是让学生领会某些知识，而且是真正运用所学的知识去解决现实世界中的实际问题。学习者的知识结构如何发挥作用，学习者如何运用自己的知识结构思考问题，是衡量学习是否成功的关键。在建构主义教学中，学生是知识的主动建构者，教师则是学生建构知识的支持者、辅导者和合作者，负有调动学习者积极性的使命，而他们对外部世界的理解是不相同的，故必须通过"对话"才能达成共识。

（二）探究性化学实验教学的理论依据

现代建构主义理论中各种教学方法的共同点是：教学环节中都有情景创设。在化学教学中，将探究性实验作为创设问题的手段是最好的情景创设之一。它可以通过对实验的设计、改进，使学生产生提出问题和解决问题的动机，使学生获得比知识更重要的东西——获得知识的方法。例如，在学习 SO_4^{2-} 的鉴别方法时，教科书中介绍的方法是"向可能含有 SO_4^{2-} 的溶液中加入 $BaCl_2$ 溶液和稀硝酸，观察是否有沉淀生成"，据此来证明 SO_4^{2-} 的存在。由于学生已学习过 Cl^- 的鉴别方法，有了一定的分析问题的能力，多数学生对这一结论提出质疑："加入 $BaCl_2$ 溶液和稀硝酸产生沉淀的溶液中不一定含 SO_4^{2-}，也可能含有 Ag^+"。问题提出后，经过积极讨论，学生设计出了用 $Ba(NO_3)_2$ 溶液和稀硝酸来鉴别 SO_4^{2-} 且不会产生干扰离子的实验方案，然后学生动手实验，分析现象，得出结论。这种探究性化学实验方法，激发了学生不断改进、完善实验的求异思维的欲望，使学生不受书本限制，带着一种批判性的思维方法去研究科学，使学生形成科学的思维方法和严谨的科学态度。

现代建构主义理论特别强调"社会性相互作用在学习中的作用"，即合作学习的作用。竞争与合作是人类进步的推动力。可以认为，探究性化学实验教学是培养学生合作精神、探索精神、竞争意识和实践能力的最佳途径之一。

例如，在学习"氢气的实验室制法"时，给学生介绍了可选择的几种活泼金属和两组稀酸，并介绍了两组实验装置后，让学生分组实验、探讨、选择出药品的最佳组合，并通过实验找出装置的不足之处。问题呈现后，学生的创造欲望得到激发，各组同学积极配合，经过实验—讨论—再实验—再讨论，不但选出了最佳的药品组合和装置，成功地完成了探究性实验，而且学生在实验改进、设计及创新的过程中学会了竞赛与合作。

四、验证性化学实验教学及案例

验证性化学实验侧重于对已得出的化学科学理论进行检验，从而进一步确立它或否定它。

（一）验证性化学实验教学基本流程

验证性化学实验教学基本流程如图 3-6 所示。

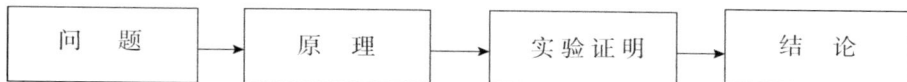

图 3-6　验证性化学实验教学基本流程

1. 问题

即提出问题，可由教师提出问题，也可由学生提出问题。教师可根据教学内容和教学目标，依据学生的知识水平，以图片、故事、趣味化学实验、文字等多种方式引入课题，激发学生的好奇心，提出相应的问题。

2. 原理

利用多媒体、直观教具等教学手段，用物质结构、元素周期律等知识作为铺垫帮助学生理解化学原理。

3. 实验证明

根据提出的问题，通过师生共同讨论得出结论，然后做化学实验加以验证。教师在做实验的过程中，要确保实验的准确性。学生在教师演示和操作实验的过程中，不仅加深了对概念、原理、物质性质的认识，而且这些感性材料也使得学生的观察能力得到了培养。教师在验证性化学实验中的规范操作，使学生有了模仿的原形，有助于学生实验技能的形成。

4. 结论

根据教师讲解的物质的结构特点、变化规律、化学反应原理，学生推测物质应该具备的性质和能够发生的反应。

（二）验证性化学实验教学案例

例1：二氧化硫的性质教学案例。

（1）问题：SO_2 具有哪些物理性质和化学性质？

（2）原理：

①SO_2 的物理性质：无色、有刺激性气味、有毒、比空气重、易液化、易溶于水的气体。

②SO_2 的化学性质：由 SO_2 是非金属氧化物可推出其具有酸性；SO_2 中 S 为

+4 价，介于 -2 和 $+6$ 之间，应该既表现出氧化性，又表现出还原性。

（3）实验证明：

①验证 SO_2 的水溶性。

实验：将收集满 SO_2 气体的试管倒置于盛有水的水槽中，试管口置于液面以下，观察现象。

实验现象：过了一会儿，水几乎充满整个试管。

②用胶头滴管取实验①试管中的少量液体，滴入另一支试管中，再滴加少量的紫色石蕊试液，观察现象。

实验现象：溶液变红。

③取一支试管，滴入酸性高锰酸钾溶液，再向其中滴入实验①试管中的少量液体，观察现象。

实验现象：溶液褪色。

④取一支试管，滴入少量氢硫酸溶液，再向其中滴入实验①试管中的少量液体，观察现象。

实验现象：出现淡黄色的混浊。

（4）结论：

①SO_2 易溶于水；②具有酸性；③具有还原性；④具有氧化性。

例 2：浓硫酸的强氧化性教学案例。

（1）问题：浓硫酸的强氧化性具体表现在哪些方面？

（2）原理：H_2SO_4 分子中，S 为正六价，处于最高价态，因此浓硫酸可表现出强氧化性，可以考虑与①金属、②非金属、③具有还原性的化合物反应。根据氧化还原反应价态变化的规律，H_2SO_4 可生成 SO_2，因此，可以通过检验 SO_2 气体来判断浓硫酸是否表现了强氧化性。

（3）实验证明：

①在一试管中加入铜片和浓硫酸，加热，将生成的气体通入品红溶液，观察现象。

实验现象：品红褪色。

②在一试管中加入碳和浓硫酸，加热，将生成的气体通入品红溶液，观察现象。

实验现象：品红褪色。

（4）结论：浓硫酸表现出强氧化性。

五、两种化学实验教学之间的差异

验证性化学实验通常采用"告诉—验证—应用"的教学模式，学生用实验验证已学过的化学原理、概念或性质，这种"照方抓药"的模式极大地影响了学生创新精神、创新能力的培养。

　　探究性化学实验是相对验证性化学实验而提出的一种教学方式。在教学过程中，验证性化学实验强调演示和证明科学内容的活动，注重探究的结果，而忽略了探究的过程。而探究性化学实验教学在观念上认为，社会中的人是一个天生的探究者，强调在探究过程中获得知识，使科学知识与科学过程相统一，让学生通过化学实验探究来学习化学知识。两种化学实验教学之间存在一定的差异（见表3－1）。

表3－1　探究性实验教学与验证性实验教学之间的差异

验证性化学实验教学	探究性化学实验教学
1. 告诉学生详细实验步骤 2. 告诉学生答案 3. 努力获得所需的答案 4. 教师依据学生接近答案程度给予评价	1. 告诉学生探究的步骤 2. 不告诉学生答案 3. 努力探究答案 4. 教师依据各组实验数据和学生书面解释程度给予评价

（一）验证性化学实验教学模式的优缺点

　　有利于完善学生的系统知识，培养正确的操作技能；有利于教师顺利完成教学设计和调控课堂；有利于学生练习探究性化学实验的验证操作，为学生进行探究性实验打下基础。由于教学内容是由教师设计好的，操作步骤也是按照教师的思路一步一步完成的，学生在整个过程中只是被动参与，没有利用所学知识进行积极思考，不利于培养学生的创新思维，也就谈不上培养学生的探究精神，没有达到新课程理念的要求。但由于实验条件要求不高，易于操作，耗时较少，教师在教学中经常采用这种实验教学模式。

（二）探究性化学实验教学模式的优缺点

　　符合新课程理念提出的探究性和创新性，满足新课改的需求。这种教学模式由于不利于形成完整的知识体系，对学生和教师的要求都比较高，实验条件要求也较高，耗时较多，因此实施起来难度大，真正使用这种模式的教师少之又少。

（三）合理利用两种化学实验教学模式

　　上述两种实验教学模式都存在不容忽视的利弊。面对新课程改革和新课程理念，化学实验教学应选择什么样的教学模式，如何改革化学实验教学模式，是值得我们仔细研究的问题。作者认为，应根据学校的条件和师生的素质，灵活地运用验证性化学实验和探究性化学实验教学模式。条件较好的学校可多运用探究性化学实验教学模式，反之，可多运用验证性化学实验教学模式。

六、实施探究性化学实验教学应注意的问题

实验是进行科学探究的主要方式，它的功能是其他教学手段无法代替的。在实施探究性化学实验教学中，教师时常遇到一些难处和困惑，主要有：①缺乏实例借鉴，无从入手；②探究步骤费时，课时紧张；③学生自主探究，如何指导；④探究是否万能，何处使用；⑤巧设问题情境，难上加难，等等。为更好地实施探究性化学实验教学，应注意解决好以下一些问题。

（一）确定好探究性化学实验问题

提出新的问题、新的可能性，从新的角度看旧的问题时，需要有创造性的想像力。探究性化学实验问题是实验探究的目标，规定了探究的方向和内容，是进行实验探究的首要步骤。确定探究性化学实验问题时应遵循以下原则：

1. 问题的设计宜小不宜大

探究性化学实验问题不要过于繁杂和开放，可将问题控制在一个点或一个面上，以便于学生实现探究目标，得到正确的结论。例如，用 H_2O_2 和 MnO_2 混合制氧气的实验，涉及许多化学问题，我们不可能将所有的问题都提出来加以研究和解决，但可探究一些小问题。又如，关于问题"在 H_2O_2 溶液中加入 MnO_2 产生氧气，MnO_2 是否也作为一种反应物""反应完毕后 MnO_2 如何回收"等的探究，使学生形成催化剂的概念即可。

2. 问题的应答域要明确具体

应答域是指在问题的表述中对问题答案的存在范围所做的一种预设。这种预设在学生实验探究过程中起定向和指导作用，可帮助学生明确探究的目标，少走弯路。例如，"盐酸能跟哪些物质发生化学反应"，这个问题的应答域是"物质"，范围很大，若将问题改为"盐酸能跟哪些金属反应"，应答域便是"金属"，范围很小，学生容易进行探究实验。

3. 问题的解决要有可行性

探究性化学实验问题主要是书本知识的升华，通常也应与日常生活、生产实践和先进的科学技术紧密结合，在内容、方式、方法和探究的程度等方面要符合学生的认识规律。学生的知识基础和能力水平，既不能低估也不能高估，设计的问题必须切实可行。对于中学生来说，由于他们所掌握的化学知识有限，生活经验不丰富，思维活动正处于由形象思维、抽象思维到创造性思维的发展过渡阶段，对实验过程中出现的一些现象，可能解决不了，如探究溶液的导电性时，为什么连接氯化钠水溶液的灯泡比连接氨水的灯泡亮，初中学生显然无法回答。

4. 问题的表述要互相匹配

探究性化学实验问题主要是通过探究性实验手段来解决的，为此，所提的

问题在表达方式上要与探究性实验互相配合。例如，学习质量守恒定律时，如果用验证性化学实验检验定律的正确性，问题应表述为"白磷燃烧前后天平两边一定平衡吗？"如果要通过探究性化学实验形成此实验事实，问题则应表述为"白磷燃烧前后，天平两边是否平衡？"

（二）精心设计探究性化学实验

探究性化学实验设计是教师对所提出的问题在课堂上进行的总体规划过程，或者是学生根据自己所学的化学知识和技能，独立地或在教师的启发指导下，灵活并创造性地对所提出的问题制订的解决方案。它是进行实验探究的关键一步，决定着探究的问题能否顺利解决。因此，对学生和教师的要求比较高，而且这些实验大多在课堂教学中配合化学知识的传授进行，多采取边讲边实验方式，故所设计的实验要力求效果明显、操作方便、安全可靠，且步骤少、时间短。

（三）注意探究性化学实验的条件

实施探究性化学实验教学，要有利于提高学生发现问题、分析问题和解决问题的能力。探究性化学实验要考虑四个条件：①探究性化学实验内容难易适中，具有可操作性；②实验用品能基本满足探究性化学实验的需要；③学生对进行探究性化学实验已有准备；④教师有充裕时间组织学生实施探究性化学实验。

（四）指导学生探究方法

为了顺利实施探究性化学实验教学，教师应对学生进行一些科学探究方法的指导，如在课堂教学中，多采用启发探究的教学模式，培养学生的探究兴趣，组织化学兴趣小组，模拟科学家进行实验探究的情境，对学生进行科学探究方法的训练等，使学生在实验过程中避免失误，提高学习效率。

（五）鼓励学生利用代用品

实施探究性化学实验教学，需要花费大量的时间、精力和财力，这就要求化学教育工作者尽量解决教育经费投入问题。可以发动学生收集日常生活中废弃的东西，如塑料瓶，小药瓶，西药片剂的包装盒，废旧电池中的锌皮、碳棒等，在保证实验质量和安全的情况下作为实验材料的代用品。

参考文献

［1］美国科学促进协会. 面向全体美国人的科学［M］. 中国科学技术协会，译. 北京：科学普及出版社，2001.

［2］陈琴，庞丽娟. 科学探究：本质、特征与过程的思考［J］. 教育科学，2005，21（1）：1-5.

［3］王康. 社会学词典［M］. 济南：山东人民出版社，1988.

［4］荆其诚. 简明心理学百科全书［M］. 武汉：湖北教育出版社，1991.

［5］朱智贤. 心理学大辞典［M］. 北京：北京师范大学出版社，1989.

［6］钟启泉. 现代教学论发展［M］. 北京：教育科学出版社，1988.

［7］徐学福. 探究学习的内涵辨析［J］. 教育科学，2002，18（3）：33-36.

［8］李亦菲，杨宝山. 如何认识探究学习与研究性学习的关系［J］. 学科教育，2002（12）：34-37.

［9］肖川. 论学习方式的变革［J］. 教育理论与实践，2002，22（3）：41-44.

［10］靳玉乐. 探究教学论［M］. 重庆：西南师范大学出版社，2001.

［11］亓永英. 探究性实验与多元智能的培养［J］. 中学化学教学参考，2004（5）：7-9.

［12］傅维华，陈信生. 对探究性实验教学的研究［J］. 中学化学教学参考，2004（4）：8-10.

［13］刘知新. 化学教学论［M］.3版. 北京：高等教育出版社，2006.

［14］钟海青. 教学模式的选择与运用［M］. 北京：北京师范大学出版社，2006.

［15］蔡亚萍. 中学化学实验设计与教学论［M］. 杭州：浙江教育出版社，2005.

［16］王策三. 教学实验论［M］. 北京：人民教育出版社，2000.

［17］王顺明. 探索性实验教学的尝试和体会［J］. 化学教学，2000（10）：5-7.

［18］赖天培. 贯彻化学课程改革理念　培养学生科学探究能力［J］. 中小学教材教学，2004（9）：38-40.

第四章 化学实验研究的过程

在化学教学中，为了获得更好的化学实验教学效果，人们对化学实验进行了多方面的研究，并取得十分显著的研究成果。化学实验研究有不同类型，不同类型的化学实验研究可能有着不同的过程、方法和特点，但它们也有一些相同之处。本章就它们的相同之处作一些探讨。

第一节 化学实验研究的分类

关于化学实验的研究，由于不同的研究者关注的焦点不同，因而综述出来的实验研究的特点和范围也不尽相同。高中化学新课程的宗旨是"进一步提高学生的科学素养"，这就决定了化学实验教学的总目标是发展学生的科学素养。因此，化学实验研究的目的就是做好中学化学实验教学，提高化学实验教学质量，培养学生的创新能力和实践能力，以适应社会发展需要。基于上述目的，可以把中学化学实验研究分为以下 5 种主要类型。

一、系统性研究

从系统论的观点来看，化学实验是一个系统，由实验者、实验对象和实验手段等要素构成。就化学实验本身而言，化学实验系统是由实验原理、实验物质（试剂）、实验条件、实验装置、实验操作以及实验结果等要素组成的有机整体。实验者是化学实验的主体，化学教学中的实验者，可以是化学教师（演示实验者），也可以是学生（学生实验者）。实验对象是化学实验研究的客体，它涉及两个方面：一是研究什么样的客体；二是研究客体的什么，也即化学实验的内容。实验手段是实验者发挥主体性，控制和认识实验对象的重要工具。实验手段常分为实物形态的手段（如实验仪器、工具和实验设备等）和观念形态的手段（如实验方法论和化学实验方法等）。实验方法论是关于实验方法在科学实验中产生、形成和发展的理论。化学实验方法是化学实验本身所特有的一类科学方法。可见，在中学化学实验研究中，系统性研究就是对中学化学实验及其要素做整体的研究。

该类研究的主要内容有：①研究化学实验的系统结构及其要素，以及要素之间的关系等；②研究化学实验与化学教育教学乃至素质教育的关系，以及化学实验的教育教学功能等；③研究化学实验系统的特点、分类、基本要求和评价标准等；④研究化学实验的内容、形式及呈现方式等；⑤研究化学实验内容的基本特征（基础性、时代性、选择性）等。

二、认知性研究

在中学化学实验研究中，所谓认知性研究，是以获得或探索化学实验的设计和改进所需要的科学认识为目的的一类实验研究，又称为实验原理研究。

该类研究的主要内容有实验的化学原理、条件原理、装置原理、操作原理等。

三、技术性研究

在中学化学实验研究中，技术性研究是以运用已有的知识和技术进行化学实验的设计和改进，形成良好的实验方案为目的的一类实验研究。此类研究又称为化学实验的方案研究或者开发研究。

此类研究的主要内容包括实验的化学原理变换，实验药品的替代，实验仪器、装置等的设计、改进和制作等；开发实验仪器；研究低成本、小污染的化学实验；充分利用生活中的常见用品和废弃物，设计富有特色的化学实验等。

四、应用性研究

在中学化学实验研究中，所谓应用性研究，是指研究化学实验在化学教学中应用问题的一类研究，常称为化学实验的教学研究，其目的是充分发挥化学实验在化学教学中的作用。同一类型实验，也可选择不同的实验技术、不同的实验内容和不同的实验策略。

五、发展性研究

在中学化学实验研究中，所谓发展性研究，是指研究化学实验的发展问题，以化学实验更好地适应基础教育化学教学改革和社会发展需要为目的的一类研究。

近年来，为配合化学课程改革的要求，国内外的典型教科书几乎无一例外地对化学实验进行了一些调整，改革的主要措施涉及 6 个方面：①注重联系生产与生活实际；②加强定量实验；③发展微型化学实验；④开展绿色化学实验；⑤增强实验的探究性；⑥重视实验的趣味性。从化学实验改革的内容、类型和发展方向来分析归纳，国内外中学化学实验的新发展和发展趋势有以下几个方面。

（一）中学化学实验的新发展

1. 家庭化学实验

将化学实验场所延伸到学生家庭中，可增加学生动手实验的机会和学习兴趣，因此出现了家庭化学实验。家庭化学实验是指在教师组织、指导和安排下，由学生在家庭环境下，从家庭日常生活用品中寻找一些易得的试剂和代用品，进行简易操作的一类化学实验。例如，指导学生在家中用食盐、食用油和面粉做不同物质溶解性的比较实验等。

根据家庭条件，家庭化学实验的内容可以不限，方法也可以多样，总之是结合家庭条件，因地制宜。

2. 密闭式化学实验

当前，中学化学实验十分重视实验环境的保护措施，并出现了一类防污染的密闭式化学实验。所谓密闭式化学实验，是指在化学实验中，为了不让有害气体（如 SO_2、H_2S、NO_2、NO、CO、Cl_2 等）外逸，使有害气体在相对密闭的装置内进行物理变化或（和）化学变化的一类化学实验。例如，在密闭的实验装置内，进行硫化氢气体的制备和性质探究的组合实验。

3. 微型化学实验

微型化学实验是 20 世纪 80 年代初在美国几所高等院校基础有机化学实验室里实验成功的，80 年代末期，这种方法和技术的应用范围已由有机化学迅速扩展到无机化学、普通化学和中学化学的实验教学中。美国一些典型的中学化学教科书甚至已将微型化学实验作为主要的实验方法和技术，如《现代化学》《麦瑞尔化学》《爱迪森—威斯利化学》等教科书中都编入了大量的微型化学实验。

1988 年，我国也开始了微型化学实验的引入与开发研究，并先后出版了多部微型化学实验著作，发表了 100 多篇微型化学实验论文。之后国家教育委员会（现为教育部）还将开展微型化学实验写入了《九年义务教育全日制初级中学化学教学大纲（试用修订版）》中。1995 年 7 月，多用滴定管、井穴板等微型化学实验仪器被国家教育委员会列入了中学理科教学仪器配备目录。尽管不同的研究者对于微型化学实验存在着不同的理解和认识，但他们都一致认为微型化学实验是实现化学实验绿色化的有效途径。

所谓微型化学实验，是指在一些专门设计的微型仪器装置中所进行的化学实验，是在不影响实验效果的前提下，将实验药品的用量减少到最低限度（药品用量通常只有常规化学实验药品用量的十分之一至千分之一）的一类化学实验。微型化学实验具有两个最基本的特征：一是仪器微型化；二是试剂微量化。同常规化学实验相比，微型化学实验具有以下一些特点：①节省实验经费。实验表明，微型实验的试剂用量比常规实验节省90%，且采用代用品做实验，在仪器花费上也很少，故微型实验大大节省了实验经费。②操作安全，污染小。微型实验药品用量少，反应产物少，实验中不会造成危险；同时，生成的污染性物质的量少，对环境的污染小。③节省实验时间，仪器简单，药品用量少，反应速率快，现象明显。④微型仪器来源广泛，可以做到人手一套，有利于激发学生学习化学的兴趣。教学中，教师只要积极引导，就能实现人人动手的目标。学生通过自制仪器和动手做实验，既锻炼了动手能力，培养了创新思维能力；同时，较强的参与意识及微型实验内在的魅力，又大大激发了学生进行化学实验的兴趣。例如，用曲管组做硫化氢的合成和分解实验。

虽然微型实验同常规化学实验相比，具有许多优越性，但在教学实践中也显示出一些不足，如某些实验操作（如加热、搅拌、过滤、萃取等）不太方便，难度较大；实验条件控制的精确程度较低；定量实验的难度和误差都较大；实验现象的可见范围小，不适于作为演示实验等。

4. 系列化学实验

所谓系列化学实验（又称组合化学实验），是指为了使有关化学知识、实验技能结构化、系统化，可将几个相关联的化学实验按照某种主题或一定顺序相对地集中起来所进行的一类化学实验。

例如，按照卤素的化学性质递变规律，在同一实验装置内，可做卤素活动性比较的实验。

5. 应用新技术、新材料和新仪器的化学实验

应用新技术、新材料和新仪器的化学实验，是指将新技术、新方法、新材料和新仪器应用于中学化学实验中的一类化学实验。

例如，电子天平、红外光谱仪、色谱仪、原子吸收光谱仪、核磁共振仪等现代化学分析测试仪器（技术）已在新课标教科书的化学实验中出现，有的已在中学化学实验中应用。

（二）中学化学实验的发展趋势

1. 化学实验趣味化

化学实验具有动机功能，可以激发学生的化学学习兴趣。化学实验作为增强学生学习化学兴趣的一种手段是其他手段无法比拟的。合理的化学实验能渗透化学知识的传授、技术的训练和能力的培养，并能成为引起学生学习化学兴趣的教学情境。鉴于此种情况，国内外化学教学中的实验设计已向题材新颖、趣味性较浓的实验方向发展。例如，氨的催化氧化实验可设计成二氧化氮的制备和喷泉的组合实验。

2. 化学实验简便化

化学实验越简单，就越容易实施。所谓化学实验简便化，是指用最少的药品、仪器、实验步骤和最简单的实验装置，在极短的时间内，获得最佳的实验

效果。例如，卤素活动性比较的实验在滤纸上做，可使该实验的药品、仪器用量少，污染小，操作简单。

3. 化学实验绿色化

化学实验中常有污染物存在，但采取合理的实验措施，可减少污染物的影响。所谓化学实验绿色化，是指化学实验对实验场所和环境的污染被降低到最低限度。从实验设计角度考虑，所谓化学实验绿色化，就是选取绿色化的原料、采用体现"原子经济性"原则的化学反应，使所获得的产物绿色化。所谓"原子经济性"，是指化学反应应该最大限度地利用原料分子中的每一个原子，使它们都结合到目标分子（产物）中去，从而实现零排放（即没有副反应、不生成副产物、不产生废弃物）。

针对化学给人类赖以生存的环境带来的诸多负面影响，人们提出了绿色化学（Green Chemistry）的新理念。如今，绿色化学的理念已经成为国内外化学课程改革的重要思想，开发绿色化学实验就成了化学实验改革的新趋势。绿色化学实验是指实验所用试剂、实验进行的条件、实验产物对环境的负面影响很小或根本没有影响的一类化学实验。因此，改进反应物、控制反应条件、降低生成物的危害程度已成为化学实验绿色化、研究减少实验室污染的一条新思路。

实现化学实验绿色化的有效措施主要有：①进行密闭实验，对反应产生的气体、液体和固体设法予以收集和处理，避免敞口操作，防止反应物质散逸到周围环境中。②在无法密闭操作时，加强回收、通风或其他防护措施。③加强反应物质的回收利用和消除处理，建立责任制度。④在设计实验方案时，要尽量避免使用和生成毒性较大、容易造成污染的物质，尽量选择污染小的实验方法和实验装置；在无法避免使用或者产生有害物质和污染物的情况下，实验方案必须包括有效的保护和消害处理措施。例如，一氧化碳还原三氧化二铁实验中，可用收集尾气和点燃的方法减少一氧化碳的污染。

4. 化学实验微型化

做化学实验需要一定的费用，而化学实验微型化就是减少化学实验成本的一个发展方向，同时还可以减少污染物的生成量。所谓化学实验微型化，是指化学实验的仪器和装置趋向微型仪器和微型装置，化学实验的药品使用量趋向微量的方向发展。

由于微型仪器具有成本低廉，药品用量少，反应产物少，实验中不会造成危险，产生的污染物质较少，对环境的污染也较小等特点，微型化学实验发展很快，并且在国外中学得到了很大程度的推广。微型化学实验特别适合我国的国情，将其引入到我国的中学化学教科书中，具有实际应用价值。

5. 化学实验探究化

化学实验探究化是指将一些验证性实验转化为探究性实验或者设计新的探究性实验，其实验过程含有假设、验证和获得未知结论等探究要素，让学生了解和掌握其中蕴含的科学过程和科学方法。一些发达国家十分重视探究性实验的研究，如美国《现代化学》（1999 年版）的"实验手册"中就专门设有探究性实验部分。我国现行高中化学新课程教科书中也增设了实验设计课，其主要目的是培养学生综合运用化学基本理论和基本实验技能，独立分析问题与解决问题的能力，同时也是对学生进行初步的科研训练，这无疑在一定程度上改变了"照方抓药"的实验现状。

目前，我国的研究者也对探究性实验的编写方法作了一些尝试，采用将验证性实验与探究性实验相结合的编写方法，主要涉及 4 个方面：①增加探究性实验的比例，要求学校根据实际情况，在高中化学实验中灵活体现科学探究的某一过程或一些过程或全部过程；②在验证性实验中融入探究性实验的成分，增强验证性实验的探究性和研究性；③将验证性实验作为探究活动的一种活动形式，配合思考与分析，以达到探究的目的；④增设实验设计的教学内容，其实验要体现"实验目的—设计方案—实验验证—获得结论"等主要过程。

6. 化学实验科学化

化学实验科学化是指化学实验方案具有比较坚实的科学基础，在探明实验的科学规律基础上，应用可行的技术原理，精确地控制实验条件，求得最好的实验效果。

7. 化学实验现代化

化学实验现代化是指将新技术、新方法、新材料和新设备应用于中学化学实验中，以体现化学实验的时代气息。例如，通过数据采集器与电脑连接起来，将化学反应信息直观地展现出来。

8. 化学实验虚拟化

所谓化学实验虚拟化，是指应用多媒体计算机和相关的一些软件将一些特殊的化学实验的过程和微观现象模拟出来。例如，利用 flash 软件制作电解饱和食盐水实验的微观变化和宏观变化现象等。

9. 化学实验普及化

化学实验需要一定的物质手段支撑，否则难以开展实验教学。所谓化学实验普及化，是指将低成本、简便的化学实验仪器、设备和价廉的试剂应用于化学实验中，使化学实验向所有地区的中学发展。

10. 化学实验生活化

化学是一门应用性和实践性很强的学科，它与生活实际的联系非常密切，化学知识渗透在生活实际的各个方面。在中学阶段，学生学习的知识和接触社会的机会有限，通过实验来了解化学在实际中的作用，可以说是一条很好的途径。学生获得与科学概念有关的客观事物的感性知识，主要来源于生活经验和观察实验。近年来化学实验的改革正向着生活化的方向进行，如美国《社会中的化学》里的部分实验：牛奶的分析，维生素 C 的分析，食物中铁含量的测定等；又如中国香港《今日化学》中的部分实验：制备碘酒，测试清洁剂的性质，制取肥皂并测试其性质等。这些实验选题广泛，内容设计新颖，注意联系生产和生活实际，有利于激发学生的学习兴趣，发挥实验的动机功能，将化学变化原理寓于联系实际生活的实验之中，这必然会激励学生的学习热情，收到良好的教学效果。

所谓化学实验生活化，是指将生活中的典型事例设计成化学实验，使化学教学与学生生活趋向于紧密联系的方向。这种发展，对创设良好的学习情境有很好的效果。例如，热水瓶内水垢的主要成分探究等。

上述几种研究类型中，系统性研究和发展性研究一般不采用科学实验方法；应用性研究虽然使用科学实验方法，但属于教育教学实验范畴；认知性研究和技术性研究都常采用科学实验方法，两者比较相近。因此，中学化学实验研究与设计中的实验研究，主要包括认知性研究和技术性研究两类。

第二节　化学实验研究的一般过程

一、形成和确定课题

无论是科学研究，还是化学教学研究，涉及多个课题。形成和确定课题是研究工作的首要环节，能不能找到适当的好课题，是研究工作取得成效的先决条件之一。对于中学化学实验研究来说，形成和确定课题也是首要环节。

（一）课题的形成

所谓化学实验课题，是指为了实现某个特定的化学实验目的所需要研究和解决的一个或一组化学实验问题。化学实验课题的形成通常产生于化学实验问题。化学实验问题是指化学实验主体在某个给定的化学实验中的当前状态与所要达到的目标状态之间存在的差距。与中学化学实验有关的问题，主要来源于化学教育教学实践，可归纳为 4 个方面：①化学教育教学需要跟化学实验现状的矛盾；②化学实验结果跟化学理论预期的矛盾；③不同化学实验方案之间的差异；④不同化学实验类型的教学方法之间的差异。化学教育教学实践是化学实验课题形成的源泉。不同的化学教育教学实践经历将会产生不同的教学体会与感受，不同的化学教育教学实践过程还会产生不同的课题创作"火花"。同时，化学实验教学反思也是化学实验课题形成的重要来源。

　　具体地讲，课题的来源有：①在备课中产生；②在课堂教学中产生；③在指导学生分组实验中产生；④在实验考核中产生；⑤在第二课堂科技活动、综合实践活动、研究性学习中产生；⑥在广泛学习研究中产生。另外，可从时事新闻背景、重要教研会议、课程改革过程和学生提问中形成课题。平时多注意了解、学习、研究国内外的化学实验研究工作情况，经常广泛地收集、阅读有关情报资料，也常常会从中发现问题、受到启发，产生课题。

　　化学实验课题可以称为大的化学实验问题，它是由一系列相互联系、具有一定层次关系的小的化学实验问题构成的。

（二）选题标准

　　在化学实验教学中产生的问题，并非都适合作为研究课题。能够作为研究课题的问题必须符合一定的标准。

　　1. 蕴含着问题解决的方向、目标和解答限域

　　在化学实验问题中包含问题求解目标、求解范围和求解方法。只有求解目标而无一定的解答限域，只是一般的疑问。只有研究人员领悟了解决问题的途径、范围和结果，知道如何解决，化学实验问题才能成为研究课题。

　　2. 问题的解决能满足教学需要，对化学教学具有积极意义

　　例如，一个重新设计的化学实验能获得更加鲜明、生动的实验现象，重复性更好，更加简便，这就有助于提高化学实验教学效果，这个化学实验研究才有实际意义。

　　3. 问题的解决过程或解决结果具有新颖性和创造性

　　（1）前人没有解决或者没有很好地解决的问题；

　　（2）研究人员对问题的解决有了某些新的设想，并经过后来实践检验证明是正确的。

　　4. 问题的解决具有较大的可能性

　　化学实验问题的解决过程和结果既要有可靠的科学理论依据或者事实依据，又要在研究的设备、材料、资料、经费、时间以及研究人员的水平、能力、经验等方面具备必要的条件，只有这样才具有较大的成功把握。

　　5. 研究人员对问题的解决具有强烈的兴趣

　　化学实验研究工作不同于一般工作，它需要创造性活动，特别是创造性思维。因此，研究人员的心理状态要十分敏感，始终处于一种亢奋状态。如果研究人员对化学实验课题不感兴趣，则难以产生研究所需要的新想法，也就不易使课题研究取得成功。

（三）课题的确定

　　化学实验课题确定的一般步骤如图 4 - 1 所示：

| 筛选问题 | → | 考查问题 | → | 提出课题 | → | 论证课题 | → | 确定课题 |

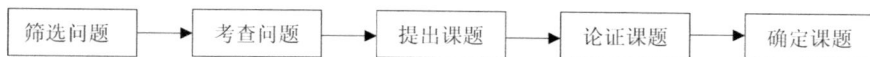

图 4 - 1　课题确定的一般步骤

1. 筛选问题

按照上述课题选择的一般标准对化学实验问题进行初步筛选。

2. 考查问题

筛选问题之后，需要先考查课题的历史和现实背景。对课题历史背景的考查主要通过文献调研进行，以便了解前人的工作情况、研究成果、经验教训、发展过程并进行分析研究，继承前人的研究成果，在新的起点上开展研究，避免不必要的重复和重犯前人的错误。

对化学实验课题现实背景的考查除了通过查阅文献外，还包括考查有关事实、进行试探性实验、调查化学教学需要的情况等。

3. 提出课题

在背景考查的基础上，明确研究目标，构思研究方法和途径后，即可提出课题。

4. 论证课题

对课题的价值、意义、科学性和可行性等进行论证和意见征询，研究需要的各种条件，以便预防错误和疏忽，使课题的解决更有把握性。

5. 确定课题

上述步骤做完后，即可确定课题。

科学史和科学方法论学者、科学学奠基人贝尔纳曾经指出："课题的形成和选择……是研究工作中最复杂的一个阶段。"有人认为，课题的形成和确定过程犹如一次简缩的研究过程，确定一个好的课题等于完成了一半研究工作。可见，认真对待课题的确定是十分必要的。

以下是成功选题的 4 个策略，仅供参考。

一是热点选题。针对当前中学化学实验研究的热点选题。这些热点也反映在近期杂志上，如研究性学习中的化学实验设计、密闭实验、微型实验、家庭实验、综合实践活动课实验、化学与生活实验、探究性实验、趣味实验等。

二是特点选题。根据个人兴趣爱好、知识经验选题。如擅长实验教学理论探讨和研究的，可多选实验教学理论方面的课题；专于化学实验设计与改进的，可多选化学实验设计与改进方面的课题；对探索性实验感兴趣的，可多选有关探索性实验类型设计方面的课题等。

三是小点选题。选题宜小不宜大，小题可大作。例如，"新教科书中化学实验研究"，题目过大，内容过多，范围过广，思路过宽，一篇论文难以写好，若改为"新教科书中某一实验研究"，则易于写作。

四是冷门选题。有些化学实验中的问题一直未能得到很好解决，甚至冷落多年，若用新思路去研究，将会有所创新。例如，电解水实验中，氢气、氧气的体积比误差原因研究。

值得提出的是，课题要准确、完整、清晰、具体、紧紧围绕主题，这是确定课题时要注意的一个重要原则。实践证明，化学实验研究重在选题，只有选对（准）题，才能深入研究，也才能研究出有价值的化学实验研究成果。

二、制订研究计划

化学实验课题确定之后，就要制订研究计划。好的研究计划有助于合理分配可利用的时间、设备和人力，使得研究有序地展开和实现，避免盲目性和减少忙乱现象，是研究过程中的重要环节之一。

制订研究计划时，要考虑以下几个方面：①选择研究策略，形成研究思路；②决定具体的研究步骤和研究方法；③做好时间分配、人员组织、器材准备等。

三、开展研究工作

制订研究计划后，就要准备化学实验所需要的用品，并进行化学实验，这是实验研究工作的一项基本内容。在这一阶段，除了要根据研究目的，通过操作化学实验器材来人为地控制化学变化过程、强化主要因素、排除偶然因素和次要因素的干扰，来观察和收集实验事实以外，还要进行理性的加工和研究，从而得出结论。

所谓理性加工，就是对获得的大量的第一手资料（如实验事实、实验数据等）进行整理加工和分析综合研究，进而发现规律或者作出判断，得出理性结论。

开展研究工作的程序一般为：实验准备—进行实验—观察、记录—整理、分析—作出判断—得出结论。

四、复查和验证初步结果

研究工作得到的初步结果，一般还停留在假说的阶段，需要通过进一步的实践来检验、证明、发展和完善。只有经过复查和验证且重复性好，研究结果才是成熟和可靠的。

（一）复查
复查主要是指对研究计划和研究过程进行检查、核对，防止可能发生的错误。

（二）验证
验证主要是对研究结果而言。验证有两种重要方式：①按照规定的条件和程序进行重复试验，同时对某些非规定条件作出变化，检验其结果是否一致；②从另一角度设计实验进行试验，检验两者的结果是否互相印证。

五、整合和表述研究结果

（一）整合研究结果

整合研究结果是把通过研究得到的各部分结果加以组合，并与别人已取得的有关成果结合起来，形成有密切联系的统一整体。

需要注意的是，引入别人的成果时，应在正文后的参考文献中标出，以示对别人劳动的尊重。

在这一阶段中，对于认知性研究来说，这一工作的结果常常是形成某一知识体系或理论体系；对于技术性研究来说，则是形成技术综合成果。

（二）表述研究成果

表述研究成果是中学化学实验研究的最后一个重要环节。缺少这个环节，就无法跟别人交流乃至推广，等于研究工作还没有完成。

1. 表述研究成果的意义

①便于与同行交流，服务化学教育教学；②便于发表、转载，使成果得到承认；③便于教学研究水平的提高。

2. 研究成果文字表述的一般要求

①具有一定的理论意义或实践意义，有发表和交流的价值（含有新论点或者新解释、新现象、新装置、新方法、新规律、新结果等）；②客观、准确、完整；③规范、简练、清晰、可读性强、紧扣主题；④及时；⑤针对性强（指论文与某期刊栏目要求的吻合程度）。

（三）表述研究成果的形式和基本格式

用文字表述中学化学实验研究及其结果的形式有多种，常见的有化学实验改进方案、化学实验设计方案、化学实验研究报告、学术报告、学术论文等。它们的内容、基本格式和特点有所不同。

1. 化学实验改进方案

化学实验改进方案是一种简单的形式。基本格式为：①化学实验改进名称；②署名、单位、邮编；③化学实验改进的内容和方法（如装置及其制作方法；试剂的选择、改换或处理方法；操作的程序或方法等）；④有关的化学实验原理和注意事项；⑤改进后的效果；⑥参考文献。

在改进后的效果部分可以列出必要的事实和数据加以说明。在注意事项中必须把影响化学实验成败和安全、卫生的关键交代清楚。

2. 化学实验设计方案

化学实验设计方案要求完整、细致、明确、扼要，可操作性强，按照方案进行实验有较高的成功率并且安全、卫生，不会引起污染等危害。

基本格式为：①实验名称；②署名、单位、邮编；③实验目的、教学意义和要求；④实验原理；⑤实验用品（仪器和药品）；⑥实验装置；⑦实验条件和操作方案；⑧实验记录和处理方法；⑨讨论、结论和要求；⑩注意事项；⑪对化学实验的评价标准和评价方法：⑫参考文献、注释和说明。

化学实验数据记录格式可附记录表格说明。

3. 化学实验研究报告

化学实验研究报告是用于介绍对中学化学实验所作研究工作及其结果的终结性报告，是化学实验研究工作的客观记录，要求叙述详尽、数据完整、结论可靠，并且简明扼要、便于交流。

基本格式为：①题名；②署名、单位、邮编；③摘要和关键词；④绪言；⑤正文；⑥讨论、结论和建议；⑦谢辞；⑧附录；⑨参考文献；⑩注释。

正文部分通常包括研究方法说明、理论分析或基本原理，实验装置和仪器，试剂和材料，操作条件和过程，现象和观测数据，实验结果等。

4. 学术报告

学术报告是对与中学化学实验有关的某些问题作比较深入、系统讨论的说明文，其内容除了展开理论讨论外，也可以包括实验研究和验证。学术报告要求分析合理、论说有力、观点鲜明、符合实际、给人启迪。

基本格式为：①题名；②署名、单位、邮编；③摘要和关键词；④绪言；⑤正文；⑥结论和建议；⑦谢辞；⑧附录；⑨参考文献；⑩注释。

正文部分可以把问题先分解为若干小问题展开讨论，然后再加以综合。

关于科学研究文章的署名原则如下：科学研究文章由一人独立完成（独立完成人）的，只署本人姓名；由两人及以上合作完成（合作完成人）的，一般按贡献大小署名，主要工作贡献者是第一作者和通讯作者。第一作者是整个科研工作的主要执行者，是把科研假设和构想通过科学实验、科学计算验证后证实的人员，是第一手科研资料的收集和采证者。通讯作者是整个科研工作的构思者和策划者，也是为进行这项科研工作所需的科研经费、仪器设备、人才梯队提供保障的领导者，相当于一部电影中的导演角色。需要指出的是，一篇科研文章，其著作权都是属于通讯作者的。除了第一作者和通讯作者外，其他作者都是以参与者或合作者的身份出现。科学界现在常规的做法是学生（硕/博士生）、科研人员一般在一篇文章上署第一作者，而教授、研究员等课题负责人一般署为最后一位作者加通讯作者。近些年来，有的科研题目很大，主要工作者无法仅凭一个人完成，或者课题是由不同的实验室共同合作完成，这种情况下就产生了并列第一作者。原则上并列第一作者无论排名第几，都是第一作者，他们都作出了同样的贡献。并列作者有时候多达 5 个，这说明了课题的复杂程度和团队的协作精神。如果课题是由几个不同科研背景的实验室共同完成的，那么不仅会产生并列第一作者，也会产生并列通讯作者。

5. 学位论文

学位论文是用于申请相应学位而撰写的供考核、评审的学术论文，要求能表明研究者在中学化学实验研究中取得的创造性成果，反映研究者独立从事中学化学实验研究的能力和学识水平。

学位论文跟一般的学术论文有所不同，它讨论的问题以及论文的理论水平和实验水平要与相应的学位相称。一般说来，学位论文的内容比较丰富、篇幅比较长。基本格式为：

（1）题名。用于指明论文主题的提要性词语，又称标题。题名要求能点明主题，准确得体，简短精练，鲜明醒目，便于索引，字数尽量在 20 个汉字以内。若因字数限制，题名难以完全表达文献内容时，可以使用副题名（副标题），对题名作进一步的补充说明。

（2）署名。署名一般用真名，不用笔名，还要有工作单位全称和邮政编码，必要时还可以注明通讯处，以便于联系。

（3）目次。它是因学位论文的论点较多、篇幅较长而增加的，以便于阅读者快速了解论文概况。目次一般含有论文的三级标题及页码。

（4）摘要和关键词。摘要是对论文内容准确、扼要而不附加解释或评论的简略表述，又称文摘。摘要的内容一般包括：①说明研究工作的首要目的、范围以及为什么要写这份论文；②介绍所用的技术手段和方法，介绍新技术手段的基本原理、应用范围及可能达到的精度，介绍非实验性工作论文的数据来源和数据处理方法；③说明研究的成果和结论；④附带介绍主要论题之外有意义的研究成果，如方法的改进等。

摘要应该具有完整性、准确性和适宜的长度。其长度以 300 字以内为宜，一般不超过 500 字。

关键词是指能够揭示论文主题内容，具有关键性、实质性意义的词语，一般为 3~6 个词。

（5）绪言。绪言或称前言、引言、导言等，是论文主体部分的开头，简明扼要地说明课题研究目的，要解决的问题，内容和范围，课题的背景、形成、发展过程和现状，本研究工作与以前研究的联系和不同，本次研究的贡献和意义；概要地介绍研究的方法、主要结果、结论和文献的性质等。绪言要求简短，篇幅应不超过全文的1/3。

（6）正文。这是学位论文的核心部分，要求详细、完整地介绍研究者的实验研究情况或者论证过程。正文要求论点明确，论据充分，论证合理，逻辑严密，语言规范，文字精当，图表清晰，数字准确，资料可靠。

（7）结论、讨论和建议。结论是整个研究工作的结晶，是认识的最终升华。结论部分主要阐明研究结果是什么、得到了什么认识、解决了什么理论问题或者实际问题等。结论应该富有条理、合乎逻辑、科学、可靠、恰如其分、令人信服，并且简洁、扼要、明晰、完整。

讨论、建议部分主要说明本次研究工作的不足、未解决的问题、可能存在的问题及问题解决的关建、今后进一步研究的设想等。

（8）谢辞。谢辞用于对那些在本研究中给予指导、帮助和支持的单位或个人表示感谢，同时也肯定和说明他们对本研究工作的贡献。致谢对象不参加论文资料的署名，也不对论文承担责任。

（9）附录。为使正文部分结构紧凑、合理，可以把篇幅较长的仪器、装置、试剂的自制或加工方法，详细的原始数据和实验记录，繁琐的公式推演，复杂的计算及其他不宜或不便放在正文中的内容以附录的形式放在正文之后，以便查阅。例如，调查问卷的内容就放在附录处。

（10）参考文献。参考文献是论文的重要组成部分。它不但说明论文中某些论点、公式、图表等的出处或依据，表明作者尊重别人的劳动成果和严肃的科学态度，而且可以帮助读者了解研究工作的背景、弄清作者的成果与前人成果的界限等。参考文献的选择应与研究内容有关，以重要、新近发表、作者亲自阅读过为原则。

参考文献采用国际通用的著录符号，如专著必须依次标明：［序号］作者姓名．著作名［文献类型］．出版地：出版者，出版年：起止页码；期刊必须依次标明：［序号］作者姓名．论文名［文献类型］．刊名，年号，卷号（期次）：起止页码。文献类型以大写的单字母标识（外加方括号），如专著为 M，论文集为 C，档案为 A，报纸文章为 N，期刊文章为 J，学位论文为 D，研究报告为 R，标准为 S，专利为 P，其他类型为 Z 等。学位论文的参考文献按中文文献在前，外文文献在后的顺序分别排列，并以第一作者姓氏的汉语拼音及外文字母为序，外文书名及期刊名可用斜体。非学位论文的参考文献按其在论文中引用的先后顺序排列。具体参考文献格式可参照《信息与文献　参考文献著录规则》（GB/T 7714–2015）。

六、实验教学型学位论文的要求

本节的实验教学型学位论文，是指与中学化学实验教学研究有关的学位论文，可以分为学士论文、硕士论文和博士论文，但它们有着不同的基本要求。

（一）学士论文要求

能综合运用所学化学专业知识技能和教育专业知识技能解决中学化学实验及其教学中的一个具体问题，表明研究者较好地掌握了有关中学化学实验及其教学的学科理论、专门知识和基本技能，具有从事中学化学实验研究和教学的初步能力。

（二）硕士论文要求

研究结果对于中学化学实验教学或中学化学实验研究具有一定的理论意义和实践价值，反映研究者在中学化学实验研究方面具有坚实的理论基础和系统的专门知识，有独立进行中学化学实验研究的能力。

（三）博士论文要求

研究结果对于中学化学实验教学和中学化学实验研究具有较大的理论意义和实践价值，反映研究者具有比较深厚和广博的理论基础和系统知识，具有对中学化学实验及其教学中的深层次问题和前沿性问题进行独立、创造性地开展研究并取得成果的能力。

附录：化学（教育）专业本科生学士学位论文（已作部分修改）

氮元素正价变化组合实验探究

张　敏

（安徽师范大学　化学与材料科学学院 2009 届化学专业，安徽 芜湖 241000）

摘　要　将二氧化氮的制备、二氧化氮溶于氢氧化钠溶液形成喷泉、一氧化氮被氧气氧化为二氧化氮等实验进行巧妙的整合，可实现含氮化合物中氮元素正化合价循环变化：$H\overset{+5}{N}O_3 \rightleftharpoons \overset{+4}{N}O_2 \rightleftharpoons H\overset{+3}{N}O_2 \rightleftharpoons \overset{+2}{N}O$，由此形成固定的实验装置和较好的实验方案，可用于含氮化合物知识与预防其污染的探究教学。

关键词　氮元素　正化合价变化　组合实验　实验探究

1　引言

一氧化氮、二氧化氮作为两种重要的氮氧化合物，由于其重要的工业应用价值和对环境的严重污染性而备受关注。但在中学化学教学过程中，关于其制备方法、性质等的实验探究，教材中提供的实验方案过于冗繁且对环境有污染[1]，进行实验时很难获得理想的实验效果。鉴于此，作者在实验研究过程中综合考虑了实验现象的鲜明性、重复性、趣味性和环境保护性等相关因素，尝试对相关实验方案进行科学整合，获得了理想的实验效果。

2　实验目的

（1）熟悉常见含氮化合物中氮元素正化合价的相互转化关系。

（2）分析、理解一氧化氮、二氧化氮、硝酸及其盐之间转化的条件及本质，逐步学会设计合理的实验方案，解释并验证探究式学习中遇到的疑惑。

（3）通过新颖、奇特的化学现象与科学的化学原理，拓展学生的知识视野，激发学生的学习兴趣，增强其绿色化学意识，提高学生观察、分析、解决实际问题的能力。

3　实验原理

3.1　氮元素由正五价转变为正四、正二价

铜与浓硝酸接触反应生成红棕色、刺激性气味的二氧化氮气体：

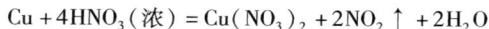

$$Cu + 4HNO_3（浓）= Cu(NO_3)_2 + 2NO_2 \uparrow + 2H_2O$$

随着反应的进行，硝酸消耗而浓度逐渐降低，可引发副反应，产生少量的一氧化氮气体：

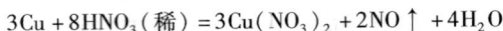

$$3Cu + 8HNO_3(稀) = 3Cu(NO_3)_2 + 2NO\uparrow + 4H_2O$$

3.2 氮元素由正四价转变为正三、正五价

二氧化氮与氢氧化钠溶液反应生成硝酸钠和亚硝酸钠，并产生负压形成内喷泉：

$$2NO_2 + 2NaOH = NaNO_3 + NaNO_2 + H_2O$$

另外，新生成的亚硝酸钠遇强酸（如烧瓶中剩余少量的硝酸）易发生歧化反应[2,3]：

$$3NaNO_2 + 2HNO_3 = 3NaNO_3 + 2NO\uparrow + H_2O$$

新生成的硝酸铜与剩余的氢氧化钠溶液接触反应生成蓝色絮状的沉淀：

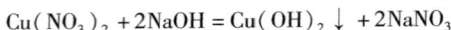

$$Cu(NO_3)_2 + 2NaOH = Cu(OH)_2\downarrow + 2NaNO_3$$

3.3 氮元素由正二价转变为正四、正五价

氧气与一氧化氮、氢氧化钠溶液充分接触，完全反应，实现反应体系"零"排放：

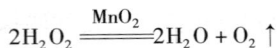

$$2H_2O_2 \xrightarrow{\quad MnO_2 \quad} 2H_2O + O_2\uparrow$$

$$2NO + O_2 = 2NO_2$$

$$2NO_2 + 2NaOH = NaNO_3 + NaNO_2 + H_2O$$

$$4NO + 3O_2 + 4NaOH = 4NaNO_3 + 2H_2O$$

4 实验用品

4.1 实验仪器

蒸馏烧瓶（250 mL）1 个，饮料瓶（1.25 L）1 个，注射器（100 mL）1 个，量筒（10 mL）1 个，具支试管（25 mm×250 mm）1 个，铁架台（附铁夹和铁圈）1 个，止水夹 3 个，橡皮塞 3 个，尖嘴导管 1 个，玻璃导管若干，橡胶导管若干。

4.2 实验药品

过氧化氢溶液（10%），氢氧化钠溶液（1%），浓硝酸（C.P），细铜丝（民用电线），二氧化锰（C.P），蒸馏水（可用自来水代替）。

5 实验装置

实验装置如下图所示（图中省略铁架台的绘制）[4]。

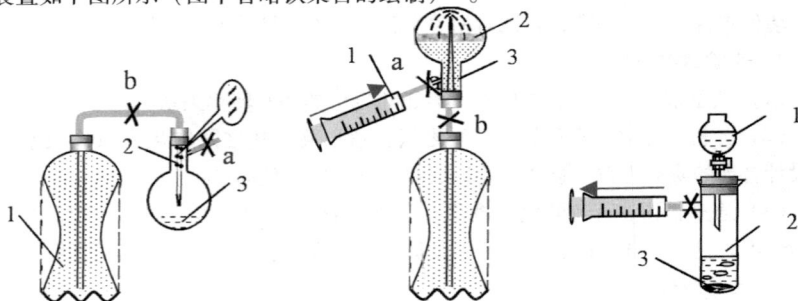

图1　NO₂ 的制备及喷泉实验装置　　图2　组合实验装置　　图3　氧气的制备与收集
1. NaOH 溶液（1%）　2. 细铜丝　　1. 氧气　2. Cu(OH)₂ 沉淀　1. 过氧化氢溶液（10%）
3. 浓硝酸　　　　　　　　　　　　3. NaNO₃ 和 Cu(NO₃)₂　　2. 氧气　3. 二氧化锰

6　实验步骤

（1）将 0.51 g 细铜丝均匀绕在尖嘴导管上，一端固定在橡皮塞上[5]；向饮料瓶中加入 0.9 L 1% 的 NaOH 溶液，并挤压使溶液上升至瓶口，塞上带导管的橡皮塞，关闭止水夹 b。

（2）向 250 mL 蒸馏烧瓶内加入 5～7 mL 浓硝酸，迅速将绕有细铜丝的尖嘴导管插入蒸馏烧瓶内，塞紧橡皮塞，关闭止水夹 a，连接成如图 1 所示的装置。打开止水夹 b，观察饮料瓶是否恢复原状，从而检查整个装置的气密性。

（3）将蒸馏烧瓶缓慢移至饮料瓶上方倒立并固定成如图 2 所示的装置，均匀绕在尖嘴导管上的细铜丝与浓硝酸充分接触并发生剧烈反应。

实验现象：铜与浓硝酸立即发生剧烈反应，红棕色气体逐渐充满蒸馏烧瓶，烧瓶内大部分空气经尖嘴导管排入饮料瓶内，并聚集在饮料瓶上方，饮料瓶最终恢复到原状，反应液由无色变为绿色。

（4）挤压饮料瓶，使少量的氢氧化钠溶液进入蒸馏烧瓶，即可观察到内喷泉现象。

实验现象：立即形成美丽喷泉，绿色溶液逐渐变为蓝色，并伴有蓝色絮状沉淀生成。最后上升的溶液体积约为蒸馏烧瓶体积的 2/3，并出现分层现象，上半部分悬浮着蓝色絮状沉淀，下半部分为澄清溶液。溶液颜色从上到下由无色渐变至蓝色，蒸馏烧瓶内气体由红棕色逐渐变浅，最终变成无色气体，剩余的气体体积约占蒸馏烧瓶体积的 1/3，饮料瓶向内有一定程度的凹陷。

（5）关闭止水夹 b，用注射器按图 3 所示收集 20～50 mL O_2（由 MnO_2 催化 10% 的 H_2O_2 制得），由蒸馏烧瓶支管处注入，使新生成的 NO 完全反应[6]。然后打开止水夹 b，观察实验现象。

实验现象：蒸馏烧瓶内无色气体渐变为浅棕色，然后又慢慢变浅，静置一段时间后可再次观察到短暂的喷泉现象，最后蒸馏烧瓶内气体变为无色，气体体积略有减少，溶液体积略有增加。

7　问题与研讨

（1）气密性直接决定实验的安全与成败，实验前一定要检验装置的气密性。

（2）含氮化合物在实验过程中涉及的化学反应较多，主要反应式有：

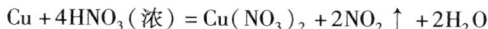

$$Cu + 4HNO_3（浓）= Cu(NO_3)_2 + 2NO_2 \uparrow + 2H_2O$$

$$2NO_2 + 2NaOH = NaNO_3 + NaNO_2 + H_2O$$

$$3NO_2^- + 2H^+ = NO_3^- + 2NO \uparrow + H_2O$$

$$2NO + O_2 = 2NO_2$$

①据此可实现含氮化合物中氮元素正价循环变化：$\overset{+5}{H}NO_3 \rightleftharpoons \overset{+4}{N}O_2 \rightleftharpoons \overset{+3}{H}NO_2 \rightleftharpoons \overset{+2}{N}O$，并可杜绝实验中 NO_2、NO 对环境的污染，实现污染物"零"排放，符合绿色化学要求。

②作者经反复对照实验发现，注入 20～50 mL 体积氧气，可使 NO 完全转化为 NO_3^-，但由于实际受 $NaNO_2$ 在酸性条件下发生部分歧化反应，收集 NO_2 的过程中空气又未完全由尖嘴导管排出等因素干扰，因此应视具体情况分步、适量注入氧气至蒸馏烧瓶内液面高度恒定。

（3）气体收集前，挤出饮料瓶内空气的体积应等于蒸馏烧瓶的体积，以确保蒸馏烧瓶内被排出的空气能够完全进入饮料瓶。

（4）浓硝酸对橡皮塞的腐蚀十分严重，会干扰实验现象的观察、判断。故实验前应使用生料带（聚四氟乙烯）缠绕橡皮塞，以防止橡皮塞腐蚀。

（5）在制备 NO_2 时发现当铜丝完全反应时，饮料瓶并未完全恢复原形。这可能是因为浓硝酸与铜反应时，其浓度逐步减小引发副反应生成 NO，同时加速了当量铜的消耗。为减少 NO 生成，浓硝酸应过量些[7]。

（6）细铜丝为民用电线，要用砂纸除去绝缘漆。250 mL 烧瓶实际体积为 360 mL，按标准计算，忽略副反应、温度等因素影响，取用铜丝 0.51 g 较合适 $[Cu + 4HNO_3（浓） = Cu(NO_3)_2 + 2NO_2 \uparrow + 2H_2O, 64 \times (360 \times 10^{-3})/(22.4 \times 2) = 0.51\ g]$。

（7）实验制备 NO_2 过程中发现反应液由无色变为深绿色，经实验反复探究表明，这是由于红棕色 NO_2 气体溶于蓝色 $Cu(NO_3)_2$ 溶液所致。

（8）本实验重复性较好。为使实验取得最佳实验效果，可在教学实践中设置一些情景问题，例如，"如果改变浓硝酸的用量产物有何变化，为什么？""实验过程中涉及哪些化学反应？试举例。""气体颜色变化情况如何，为什么？""氮元素在不同化合物中变价情况怎样，为什么？"等，再配合适当的启迪讲解，可让学生带着问题去进行实验，能进一步提高学生的实验探究能力。

8　实验设计优点

（1）氮元素正价变化组合实验现象鲜明、直观、趣味性强，涉及化学反应多。

（2）把氮元素正价变化组合实验中气体的制取与收集、喷泉、尾气处理等实验组成一个完整的体系，方案科学合理，装置简单，操作方便、安全，具有启发性和探究性。

（3）氮元素正价变化组合实验实现污染物"零"排放，体现绿色化学理念，对环境无污染，有利于化学课堂探究教学。

参考文献

[1] 赵东旺，王瑞珍. 改进浓硝酸和铜的演示实验，启发学生创新思维 [J]. 化学教学，2003（12）：11-12.

[2] 刘怀乐. 疑义 NO_2 溶于水的主反应 [J]. 化学教学，2008（7）：71-72.

[3] 武汉大学，吉林大学等校. 无机化学：上册 [M].3 版. 北京：高等教育出版社，1994：659-666.

[4] 熊言林. 二氧化氮的制取和喷泉组合实验新设计 [J]. 中学化学教学参考，2005（1/2）：69.

[5] 阎拥军，谌楚汉. 铜与浓、稀硝酸反应装置的组合设计 [J]. 化学教育，2005（9）：56.

[6] 纪贵川. 稀硝酸与铜反应的演示实验 [J]. 化学教育，2000（9）：42.

[7] 熊言林. 浓、稀硝酸跟铜反应比较实验新设计 [J]. 实验教学与仪器，2002（7/8）：38-39.

[8] 熊言林，张敏. 氮元素正价变化组合实验探究 [J]. 化学教育，2009，30（5）：

51 – 53.

第三节 化学实验教学研究成果的转化

将化学教研成果转化到教学中，对提高化学教学质量具有至关重要的作用。在化学教学中，化学实验研究成果是化学教学研究成果的一部分。化学实验研究成果的形式多样，如著作、论文、实验方案、实验装置和实验教具等。以下关于如何将化学实验研究成果转化到教学中，作初步探讨。

一、构建教研成果转化的循环体系

坚持化学实验教学研究，对提高化学教师自身业务水平是十分重要的。在长期的实验教学实践中，化学教师能够深刻理解到"教而不研则浅，研而不教则空，研而无果则耗，果而不用则废，用而不评则粗"的内涵。将化学实验教学研究成果转化到教学中，对提高化学教师教学质量具有至关重要的作用。转化化学实验教学研究成果，关键在于化学教师要在平时的实验教学、教学研究及其成果转化的过程中，逐步形成并构建"教学、教研、成果转化与评价"循环体系（如图4－2所示），只有这样才能保证化学实验研究成果的有效转化。

在这一循环体系内，以教师为主导、学生为主体的师生互动中，教学是教研及其成果产生的沃土；化学实验教学研究成果转化到教学中才有生机、活力，才能促进教学质量的提高。评价是改进与完善教研成果，促进教学研究不断深化的抓手；研究成果转化的同时，可生成新的研究成果，新的研究成果又将促进新的研究成果转化，从而形成良性互促的"教学、教研、成果转化与评价"循环体系。

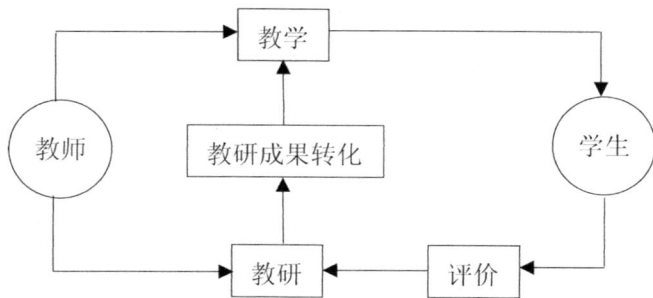

图4－2 "教学、教研、成果转化与评价"循环体系

不难看出，图4－2中的循环体系具有互促性、实践性、生成性、探究性、可行性和实效性的特点，它能很好地保证化学实验教学研究成果的有效转化。

二、化学实验教研成果转化的途径

（一）在理论课教学中转化，优化教学理念

理论课教学是其他教学形式的基础，也是传播各种先进教学理念的重要场所。教学理念是教学行为的先导，有思路才有出路。教师在理论课教学中，以学生为主体，将自己研究的、适合先进教学理念的、新的化学实验教学方式转化为可行的教学方法和新的化学实验方案，并应用到理论课教学中，可改变以往课堂灌输式教学方法，能收到较好的教学效果。

（二）在实验课教学中转化，更新实验内容

化学实验课教学是巩固与应用理论课上所学的知识和方法，培养学生实验技能和创新能力的主要途径。化学实验内容是培养学生实践能力和创新能力的重要载体。当今社会对人才的要求已发生很大变化，教育教学也随之发生变革，原有的化学实验内容已不再适应新的教育要求，因此，改革化学实验教学、更新化学实验内容势在必行。

在化学实验教学中，有许许多多实验本体问题没有引起重视或解决得不好，化学实验教学也存在这样或那样的问题，在这种形势下，教师将自己研究的新理念、新原理、新方法、新装置、新操作、新设计和新实验转化到教学中，能使化学实验内容更加科学、新颖，符合新时代发展的要求。

（三）在指导第二课堂活动中转化，培养动手能力

第二课堂活动是理论课、实验课的延伸和拓展，也是检验学生知识与技能掌握情况和培养学生能力的重要活动。一些学校每年都要举办实验技能大赛、实验开放周、科技活动周和化学晚会等第二课堂活动，教师可将自己最新的实验研究成果转化到第二课堂活动中，让学生表演教师设计的新颖的实验。学生不仅会喜欢，而且学习化学热情更高，动手能力也会在活动中得到有效培养。

（四）在对外交流中转化，展现学校风采

要使化学实验研究成果得到别人的认可或进一步完善，对外交流是一条重要的途径，同时也能展现该校教师的业务水平和风采。化学教师外出参加教学研讨会或讲座时，尽可能提交相应的教研论文和讲座材料，向同行专家学习，与同行专家交流、讨论，让自己的研究成果得到同行的认可与进一步完善，这样既提升了自己的教学研究水平，同时也为学校树立了良好的形象。

化学实验研究成果转化到教学中的途径有多种，以上列举的 4 个途径，仅供参考。

参考文献

［1］熊言林．化学教学论实验［M］．合肥：安徽大学出版社，2004.

［2］吴俊明. 中学化学实验研究导论［M］. 南京：江苏教育出版社，1997.

［3］熊言林，张敏. 氮元素正价变化组合实验探究［J］. 化学教育，2009，30（5）：51 − 53.

［4］王磊. 化学比较教育［M］. 南宁：广西教育出版社，2006.

［5］熊言林. 化学教研成果转化的理论与实践［J］. 化学教育，2009，30（2）：43 − 45.

第五章　化学实验设计的类型与内容

是否有眼力，主要看选题；是否有能力，主要看构思。所谓构思，在化学实验研究与设计中，就是化学实验设计。最有成就的化学实验家常常是这样的人：他们事先对课题加以周密思考，并将课题分成若干关键问题，然后精心设计为这些问题提供答案的实验。可见，化学实验设计是化学实验准备阶段的另一项十分重要的工作。本章就化学实验设计的类型和内容作初步探讨。

第一节　化学实验设计的类型

按不同的分类标准，可以将中学化学实验设计划分成不同的类型，如根据实验在教学认识过程中的作用、化学实验的用品和化学实验内容等标准来划分。

一、根据实验在认识过程中的作用来划分

（一）探究性化学实验设计

1. 探究性化学实验定义

探究性化学实验是指探究研究对象的未知性质，了解它具有怎样的组成，有哪些属性和变化特征，以及与其他对象或现象的联系等的一类化学实验。

2. 教学注意事项

由于这类实验主要是在课堂教学中配合其他化学知识的教授进行的，采用的又多是边讲边实验或演示实验的形式，因此，在设计这类实验时，要注意以下几点：①效果明显；②实验难度不大，易操作；③步骤少，时间短；④安全可靠，无污染；⑤教师指导要科学、合理。探究性化学实验过程，可涉及科学探究的全部要素，也可仅涉及科学探究的主要要素或部分要素，关键是要根据教学条件和教师专业水平来定。

3. 教学设计案例

例如："氯气与水反应"的探究性化学实验教学案例。

[实验] 氯气在水中的溶解性。盛有氯气的两个集气瓶，其中一个集气瓶中有三分之一的水。

[启思] 1. 比较水溶液与原氯气的颜色，可以得出什么结论？

2. 氯气溶于水后有没有与水反应？

〔引探〕怎样检验氯水中是否含有 Cl^-、H^+ 呢？

〔实验〕1. 在氯水中分别滴加少量 1% 的 $AgNO_3$ 溶液和加入少量的 $NaHCO_3$ 固体。

2. 在氯水中滴加 3～5 滴 0.1% 的石蕊试液（先不要振荡）。

〔启思〕为何石蕊试液先变红色后褪色？

〔引探〕是氯水中氯分子的氧化性，还是氯分子与水反应生成新物质的氧化性造成的？用实验怎样证明？

〔实验〕在一瓶干燥的氯气中，放入一张用水写有"Cl_2"字样的红纸，过一会儿，观察瓶中的红纸。

〔引导〕通过对上述实验现象的分析、讨论、概括后，得出结论。

〔结论〕氯气溶于水的过程以氯气在水中的溶解为主，并伴有一定程度的化学反应：$Cl_2 + H_2O \rightleftharpoons HCl + HClO$，$2HClO \rightleftharpoons 2HCl + O_2$。

采用探究性实验教学，创造了良好的教学情景，不仅体现了"教为主导，学为主体"的关系，而且在教师指导下进行探索，培养了学生的自信心，激发了学生探索的兴趣，同时培养了学生的创新意识和创造能力。

（二）验证性化学实验设计

1. 验证性化学实验定义

验证性化学实验是指对研究对象有了一定的了解，并形成了一定的认识或提出了某种假说，为了验证这种认识或假说是否正确而进行的一类化学实验。

2. 教学注意事项

由于这类实验的目的主要是验证化学假说和理论，又多采用学生实验或边讲边实验的形式，因此在设计这类实验时，应注意以下几点：①效果明显；②有较强的说服力；③操作简单；④污染较小，安全可靠；⑤时间适中。

3. 教学设计案例

例如，制备 $Mg(OH)_2$，并证明 $Mg(OH)_2$ 能溶于浓的 NH_4Cl 溶液，而不溶于稀的 NH_4Cl 溶液的实验。

（1）制备和验证（实验）：

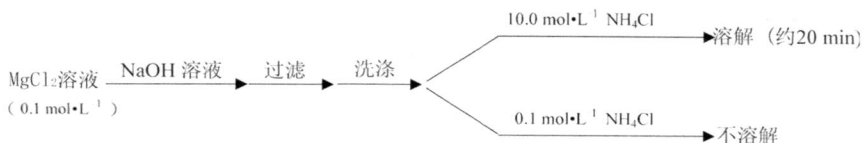

（2）验证怎样快速溶解 $Mg(OH)_2$（实验）：

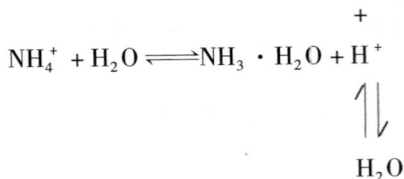

$MgCl_2$ 溶液 $\xrightarrow{\text{0.1 mol·L}^{-1}NH_3·H_2O}$ 一定量 NH_4Cl（s）$\longrightarrow$ 溶解（约 1 min）

（2 mL 0.1 mol·L^{-1}）

（3）解释溶解原因：

原因 1：

$$Mg(OH)_2 \Longrightarrow Mg^{2+} + 2OH^-$$
$$+$$
$$NH_4^+ + H_2O \Longrightarrow NH_3·H_2O + H^+$$

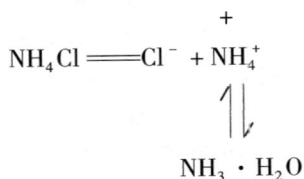

$$\Updownarrow$$
$$H_2O$$

原因 2：

$$Mg(OH)_2 \Longrightarrow Mg^{2+} + 2OH^-$$
$$+$$
$$NH_4Cl \Longrightarrow Cl^- + NH_4^+$$

$$\Updownarrow$$
$$NH_3·H_2O$$

究竟是哪一种解释是正确的呢？

（4）设计实验验证：

新制 $Mg(OH)_2$ 固体 $\xrightarrow{\text{浓 NH}_4\text{Ac 溶液}}$ 溶解

实验证明原因 2 的观点是正确的。

要全面了解探究性化学实验和验证性化学实验，可参见本书第二、三章的相关内容。

（三）运用性化学实验设计

1. 运用性化学实验定义

所谓运用性化学实验，是指综合运用所学的化学知识和技能，解决一些与化学知识有关的实际问题的一类化学实验。

2. 教学时应注意几点

由于这类实验要求较高，有一定的难度，因此，在进行实验设计时，要注意灵活性和综合性，尽可能设计多种方案，并加以比较，进而进行优选。运用性化学实验设计又包括课内的习题实验和课外的生产、生活小实验设计。

3. 教学设计案例

例如，氯化铁是工业上常用的净水剂之一，结合三废的综合利用，请提出一些用廉价原料制取氯化铁的实验设计方案，并对所提出的实验设计方案的优缺点加以评论。

分析：这是一个开放性的实验（生产）设计方案题，原理很简单（$Fe \xrightarrow{Cl_2} FeCl_3$，$Fe^{2+} \xrightarrow{Cl_2} FeCl_3$），关键是如何选用廉价的原料。思考时将视角对准原料、环境、反应可行性、产品这四个方面，然后对生产的原料成本、环境（包括生产环境）状况、生产的简单性和可行性、产品的状况（如是否有质量保证，是否便于贮存和运输等）等加以多角度、多层面的分析，提出一系列实验设计方案，再分析哪个方案可行或哪个方案最佳。

方案一：用机械加工切削的铁屑与氯碱工业所得的氯气直接反应来制备氯化铁；

方案二：用机械加工切削的铁屑与盐酸反应先制成氯化亚铁，再用氯气氧化使之转化为氯化铁；

方案三：用机械加工切削的铁屑与盐酸反应先制成氯化亚铁，再在溶液中通入氧气（或空气）将其氧化为氯化铁；

方案四：将采用硫铁矿为原料，通过接触法制硫酸工厂的废渣，与一些有机合成工厂产出的副产品盐酸发生反应来制取氯化铁；

方案五：建议净化水单位改用硫酸亚铁作为净化剂，硫酸亚铁可用机械加工切削的铁屑与某些有机合成工厂的废硫酸反应而制得。

又如：对制备 $Al(OH)_3$ 的最佳实验设计方案的探讨。

以金属铝为原料，如何制备 $Al(OH)_3$？

方案一：$Al \xrightarrow{稀 H_2SO_4} Al_2(SO_4)_3 \xrightarrow[\text{或 } NH_3 \cdot H_2O]{NaOH} Al(OH)_3$

方案二：$Al \xrightarrow{NaOH} NaAlO_2 \xrightarrow[\text{或 } CO_2]{稀 H_2SO_4} Al(OH)_3$

方案三：$Al \xrightarrow{稀 H_2SO_4} Al_2(SO_4)_3 \qquad NaAlO_2 \xleftarrow{浓 NaOH} Al$

$$\downarrow$$

$$Al(OH)_3$$

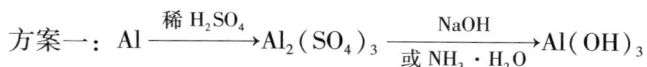

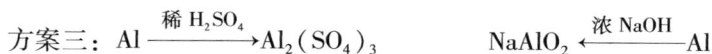

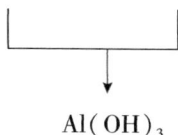

对这三种实验方案展开讨论，利用对比的方法进行分析，让学生发现：第三种方案得到同样的 $Al(OH)_3$，消耗酸、碱的量最少，另外还能回收副产物 Na_2SO_4，既节约了药品，又充分利用了药品。

二、根据化学实验用品来划分

（一）化学实验用品的改进或替代

对反应物的适宜规格、纯度、浓度、用量、制剂形式等研究后，进行实验设计。此类例子很多，在此仅举两例。

例1：铜片跟浓硫酸（98%）反应，常常会生成大量黑色物质，产物硫酸铜又常以白色无水盐形式析出。有人通过研究发现，用大约 3 cm 长的普通软电线中的细铜丝跟大约 5 mL 的浓硫酸在一起加热，可以避免黑色物质生成，并且使反应后的溶液呈蓝色，从而较好地配合浓硫酸与金属反应一般规律的教学。

例2：电石跟水反应生成乙炔的速度难以控制。有人介绍的实验设计方案为：把酒精与水按 1:4 体积比混合，再跟电石反应，生成乙炔气体的速度适宜用排水法收集，且收集的乙炔气体适宜在空气中点燃。若按 1:2 体积比混合，收集的乙炔气体适宜与溴水、高锰酸钾的酸性溶液反应。

$$CaC_2 + 2H_2O = Ca(OH)_2 + C_2H_2 \uparrow$$

（二）化学实验仪器、装置的改进

对仪器、装置研究后，设计出新的实验仪器和新的实验装置。

例1：在氨的催化氧化实验中，氨和空气混合后是否需要干燥一直存在争论。有人通过对比实验证明，水蒸气的存在对催化剂和转化率都没有影响。实际上，工业生产中也不对原料气进行干燥，因为水蒸气的存在可以使氨和空气混合气的爆炸危险性降低。被水蒸气饱和的氨气或氨氧混合气（NH_3、O_2、H_2O），即使在 450 ℃也不爆炸，有利于提高原料气中 NH_3 的量，以便制造高浓度的 NO。因此，在这一实验中，原料气的干燥装置可以省去。

$$4NH_3 + 5O_2 \xrightarrow[\triangle]{催化剂} 4NO + 6H_2O$$

例2：在氨的催化氧化实验中，催化剂通常装填在燃烧管、干燥管或者细玻璃管中。用哪一种仪器装填催化剂好呢？由于氨的催化氧化的一个显著特点是接触时间短（对于铂系催化剂来说，最适宜的接触时间是 1.2×10^{-2} s，非铂催化剂所需接触时间为 1~2 s），接触时间长反而会使 NO 的产率降低。这是因为接触时间长，热的器壁可以加速副反应，致使更多的氨被氧化成 N_2。为了保证气体通过催化剂时有适当的气流，不宜使用内径膨大的仪器来装填催化剂。

实验表明，发生反应所需要的催化剂用量并不多，用普通粗细的玻璃导管装填少量的催化剂已足以取得良好的实验效果。

（三）化学实验方法的改进

这主要是由于化学教科书中的一些实验因实验方法不太合适而影响化学教学效果，因此需要用新的实验方法，重新设计实验。

例如，硝基苯制备实验是原高中化学中危险性较大的一个实验，容易发生反应物飞溅现象而导致严重事故发生。有人在研究问题的原因后，提出苯的硝化反应实验方法为：取苯 2~3 mL 于试管中，在冷水浴中冷却，逐滴加入冷的浓硝酸（4~5 mL）与浓硫酸（4~5 mL）的混合液，振荡，再放在 50~60 ℃

水浴中加热 10 min，可克服多步硝化使产物呈黄色的缺点，得到了无色的硝基苯。

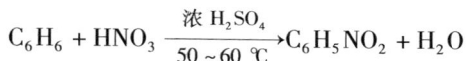

$$C_6H_6 + HNO_3 \xrightarrow[50 \sim 60\ ℃]{浓\ H_2SO_4} C_6H_5NO_2 + H_2O$$

原中学化学教科书上的实验方法为：浓 HNO_3 与浓 H_2SO_4 混合、冷却，再逐滴加入苯，振荡、冷却，然后在 $50 \sim 60\ ℃$ 水浴中加热，制得硝基苯。这种操作很容易引起反应物混合液局部过热，导致混合液飞溅出试管，造成实验事故。

（四）化学实验条件的整体优化

化学教科书中的一些实验由于装置过于繁杂、操作不太简便或可见度较低等原因，因而影响化学实验教学效果，所以需要对化学实验进行整体优化设计。

例如，木炭还原氧化铜实验，受到多种因素影响。有人从木炭和氧化铜的质量比、木炭和氧化铜的粒度、加热温度、木炭和氧化铜的来源、原料的研磨与混合方法以及实验装置等方面进行了研究，设计出新的化学实验方案。

$$2CuO + C = 2Cu + CO_2 \uparrow \quad （在加热的条件下）$$

三、根据化学实验内容来划分

根据目前的中学化学教学，就实验内容来讲，可归纳为以下几种类型：

（一）物质的组成、结构和性质实验设计

主要用来阐明概念，证明基本理论和定律，探究物质的性质和各类物质之间的相互关系等。例如，乙醇的化学式为 C_2H_6O，它的结构是 CH_3CH_2OH 还是 CH_3OCH_3 的测定实验设计等。

（二）物质的制备实验设计

制备的物质有固态、液态和气态。例如，由红磷制取白磷实验设计，由硫黄制取硫酸实验设计，由过氧化氢溶液和二氧化锰制取氧气实验设计等。

（三）物质的分离、提纯、鉴别实验设计

例如，Na_2CO_3、$NaHCO_3$ 溶液鉴别实验设计等。

（四）联系生活、生产实际的实验设计

例如，碳酸饮料中 CO_2 含量测定实验设计等。

第二节 化学实验设计的表述形式及内容

化学学科中，以化学反应为基础的实验统称为化学实验。实验既是进行科学研究的重要方式，也是实施科学探究的关键环节，还是化学教与学的重要内容和手段，因此当前基础教育课程改革以科学探究为突破口，着力将实验教学与探究学习融合起来，不但让学生获得知识、获得技能，更重要的是学到了获得知识的过程与方法，让学生受到科学方法、科学思维的训练，养成科学精神和科学品德，形成合作学习的意识，发展学习的兴趣，这是化学新课程的显著特征。要很好地落实这一教学理念，在实施化学实验教学之前，有一项十分重要的准备工作不能忽视，即进行化学实验设计。下面就何谓化学实验设计，化学实验设计的内容有哪些，化学实验设计时应注意哪些问题等，一一探讨。

化学实验设计，又称化学实验方案设计。它是在实施化学实验之前，根据化学实验的目的和要求，运用相关的化学知识和技能，对化学实验的药品、仪器、装置、方法和步骤所进行的一种合理、细致的安排。可见，化学实验设计重在实验操作过程细致化的设计。

化学实验设计是化学实验设计思路或化学实验规划的一种具体化、细节化的体现，它对化学实验成功与否、实验安全与否、实验效率高低都将起到至关重要的作用。可见，化学实验设计不是可有可无的，它的重要性不容置疑。化学实验设计不同于设计性实验，设计性实验是化学实验类型中的一种。从过程看，化学实验设计是设计性实验过程中的部分环节。

化学实验设计者既可以是亲自进行实验的实验操作者，也可以不是实验操作者，仅是实验设计者。对于后者，化学实验方案设计应具体化、细节化，否则他人难以成功验证。

一、化学实验设计的表述形式

化学实验设计的成果是化学实验方案。在化学教学中，化学实验设计的内容一般包括实验目的是什么、实验原理的选择、实验仪器及药品的选用、实验装置的设计以及装置的连接顺序、实验操作的顺序和实验注意事项等。化学实验设计的内容、类型多种多样，现没有一个统一的格式，可根据实际情况，采用不同的表述形式。常见的化学实验设计的表述形式有：

（一）文本式

文本式就是用文字图表将设计的化学实验方案内容完整、详细地表述出来。这是最常用的一种完整的化学实验方案设计的格式。

（二）流程式

流程式是将设计的化学实验方案按其操作先后顺序，用图示符号进行表述，并辅以简要文字说明。它的最大特点是设计的实验方案简明精练，层次清楚，一目了然。

（三）表格式

表格式就是将化学实验的操作顺序、操作内容、实验现象和结论等以列表的方式加以表述。

二、化学实验设计的内容

化学实验设计的成果，就是化学实验方案。在化学教学中，一个比较科学、合理、规范、完整、适用的化学实验设计的内容，一般包括以下 8 个部分。

（一）实验目的

"实验目的"是实验操作者研究或学习化学的指路标、方向盘。在化学实验教学中，实验设计者根据实验课题（题目）或教学情境所提供的信息，明确"做什么""为什么要做"。

关于"做什么"，就化学实验本体而言，是指做具体的、明确的化学实验。关于"为什么要做"，是与化学实验教育教学的功能和作用有关，主要涉及三维教学目标。实验目的的制订，可以侧重"知识与技能"教学目标的落实，可以侧重"过程与方法"教学目标的落实，也可以侧重"情感态度与价值观"教学目标的落实，还可以是优化整合三维教学目标的落实。总之，实验目的的制订既不能过高，也不能太低，要符合课标要求、学情和校情，要整体优化、科学合理、切实可行。

例如，义务教育新课标化学教科书中的实验内容"探究稀盐酸和稀硫酸的化学性质"，其实验目的为：①探究 2 种稀酸的化学性质的共同点；②通过实验初步学会归纳方法，同时增强勇于探索、合作交流的意识和能力；③练习使用试管、滴管，学会固体和液体试剂的取用、振荡、加热和在试管内进行化学反应的操作。又如，"乙酸乙酯的制备及反应条件探究"的实验目的为：①制取乙酸乙酯；②探究浓硫酸在生成乙酸乙酯反应中的作用；③体验通过实验的方法获取知识的过程。

在有的化学实验设计中，将"实验目的"表述为"你将会有哪些收获"。例如，"锌及其化合物性质的研究"实验中的"你将会有哪些收获"为：①了解金属锌、氧化锌、氢氧化锌、氯化锌等含锌物质的一些用途；②学习研究某些元素及其化合物性质的实验方法；③提高研究无机物性质的实验能力。

但是，很多化学实验设计中都没有"实验目的"这一项，这不能不说是化学实验设计中的一个缺陷。因此，化学教师在设计和安排实验时应该考虑实验目的是什么。

（二）实验原理

"实验原理"是化学实验能够顺利进行的理论依据。实验设计者根据课题（题目）或教学情境所提供的信息以及已贮备的知识和经验"搜索"达到这一"实验目的"有哪些途径（或原理），再考虑在各方面因素（其中包括现有实验条件等因素）的基础上从中筛选出最佳途径（或原理）作为本实验的原理，即明确"做的实质是什么"。

在化学实验设计中，实验原理大多是用化学方程式或一段文字和化学方程式表示。例如，"铜与浓硝酸反应实验"中的实验原理为："$Cu+4HNO_3(浓)=Cu(NO_3)_2+2H_2O+2NO_2\uparrow$"；又如，"乙酸乙酯的制备及反应条件探究"的实验原理为："乙酸乙酯是一种有机酸酯，它可以由乙酸与乙醇在一定条件下生成：$CH_3COOH+CH_3CH_2OH\rightleftharpoons CH_3COOCH_2CH_3+H_2O$，该反应为可逆反应。"但是，也有少数实验原理是用一段叙述文字表示，这类实验一般不涉及化学反应原理，只涉及实验方法或者物理方法。例如，"关于2种液体混合后增容的实验探究"的实验原理为："本实验采用密度法，用密度瓶测出乙酸、苯和混合液的密度，然后用电光分析天平分别称出乙酸、苯和混合液的质量，根据$V=m/\rho$，计算出乙酸、苯和混合液的体积，用混合液的体积减去乙酸和苯的体积，得混合后液体的增容。"又如，"海水的蒸馏"实验中的实验原理为："海水的化学成分复杂，含有较多盐类，如氯化钠、氯化钾、硫酸镁等。通过蒸馏的方法，可以将海水淡化。"因此，实验原理是化学实验设计中的核心部分，在设计时应确保它的科学性、可行性。

（三）实验用品

"实验用品"是顺利进行化学实验的物质保障。化学实验中，正确选用仪器和药品是保证化学实验能够顺利完成的前提条件之一。实验设计者根据实验目的和实验原理，以及反应物和生成物的性质和特点、反应条件（一般有常温、加热、加压、催化剂、光和电等条件）等因素，选择所需要的实验仪器和药品，即明确"需要什么东西"。

对于一个专业知识扎实、实践经验丰富的实验设计者，他在化学实验设计中，不仅能够给出所需要的实验用品的名称，而且还能注明所选用的实验仪器和药品的规格与用量，若药品是溶液，还能注明溶液的浓度是多少。这种化学实验设计，在教学上不仅给实验员的实验准备工作带来了极大的方便，而且为实验操作者顺利进行实验提供了便捷，还为节省实验用品提供了参考依据。例如，"证明氯酸钾元素成分的实验设计"中的实验用品为："铁架台（带铁夹），硬质试管，木条，酒精灯，蒸发皿；1 g $KClO_3$，10滴1%的$AgNO_3$溶液，2滴2%的HNO_3溶液，10 mL无水乙醇，10 mL蒸馏水，1盒火柴。"

目前，绝大多数的化学实验设计中给出的实验用品很笼统，无规格，无用量，像这样的化学实验设计，给实验操作者带来诸多不便，应引起化学实验设计者的关注。

（四）实验装置图

"实验装置图"是表示化学实验中仪器之间相互连接并形成固定装置，以及药品盛放部位的图示。根据实验原理、反应物和生成物的性质和特点、反应条件和已选择的实验仪器和药品等因素，实验设计者通过大脑构思后将化学反应在哪里发生，物质又是怎样流向的，用简单明了的图示直观地表示出来，即明确"实验装置或设备是什么样子"。

　　在大多数化学实验设计中，都有实验装置图。绘制一个比例合理、结构科学、连接正确、标注规范、线条清晰的实验装置图，不仅能让实验设计者得到绘制实验装置图技能的训练，而且能为实验操作者正确、快速地安装仪器、理解实验步骤提供帮助，还能让实验操作者获得实验装置图美的熏陶和享受。例如，"白磷的制取和性质实验探究"中的实验装置图（如图 5 - 1 所示），就比较直观、清晰、规范、美观。但是，目前许多化学实验设计中的实验装置图绘制不规范，平面图与立体图混用在一起，仪器连接难以理解，甚至还有错误。这种错误出现的原因可能有两方面：一是实验设计者没有按照真实的实验装置、仪器比例绘制，或绘图（制作）技能欠佳引起的；

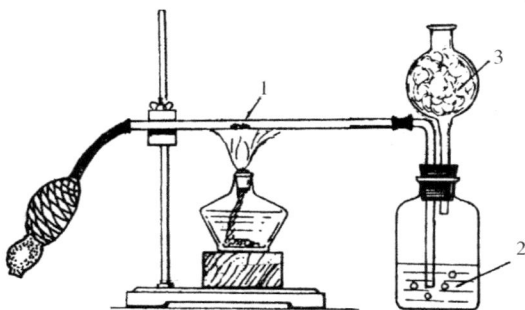

图 5 - 1　白磷的制取及其系列实验装置
1. 红磷　2. 滴有石蕊溶液的热水　3. 浸有氢氧化钠溶液和酚酞溶液的脱脂棉

二是排版人员在重新制版时出现疏漏引起的。总之，实验装置图是化学实验设计中不可忽略的部分，尤其是在基础教育化学实验教学中。

　　（五）实验步骤

　　"实验步骤"（具体的实验操作过程）是化学实验设计中的重点部分，是实验思想和实验方法的具体体现。根据实验目的、实验原理、反应条件、实验用品和实验装置或设备等，实验设计者要精心地设计出合理的实验操作步骤和实验操作方法，明确"怎样具体做"。

　　无论是在化学学科中还是在化学教学中，化学实验都可以分为验证性实验和探究性实验两大类。在化学教学中，验证性实验应该怎样设计实验操作步骤，探究性实验又应该怎样设计实验操作步骤，其设计方式是仁者见仁，智者见智的。

　　在验证性实验设计中，实验设计者对实验现象、结论是清楚的，因此设计的实验步骤就比较具体、明确、简洁，但对实验操作者来说，他们对实验设计者所设计的实验步骤未必理解，对实验现象、结论未必清楚，而且实验操作者"按图索骥""照方抓药"去做实验也未必能够得到正确的实验现象和结论。可见，做好验证性实验有许多教育教学功能，千万不要否定、贬低它的作用。在化学研究中，做好验证性实验也有很大的作用，例如，中国工程院院士、天津大学化工学院王静康教授为提高某一物质结晶的纯度，重复做了上万次结晶实验，最后终于获得成功，这一技术在世界上产生一定的影响。在化学教学中，如何对验证性实验的实验步骤进行设计？比较理想的设计形式是"清晰的实验步骤＋思考着结果、结论"。这样的设计方式，使实验操作者在积极进行实验操作的同时能主动地思考，即操作与思维同步，不会出现操作与思维断裂。

例如，"硝酸银与碘化钠反应"的实验步骤为：①向盛有 2 mL $0.5 \text{ mol} \cdot L^{-1}$ $AgNO_3$ 溶液的试管中加入 1 mL $1 \text{ mol} \cdot L^{-1}$ NaI 溶液，实验结果为＿＿＿＿＿＿；②再向上述试管中加入 1 mL $1 \text{ mol} \cdot L^{-1}$ NaI 溶液，实验结果为＿＿＿＿＿＿；③分析上述实验结果，可得出的结论是＿＿＿＿＿＿＿＿（可用化学方程式表示）。

在探究性实验设计中，无论是实验设计者还是实验操作者，对实验结果、结论未必都是清楚的。因此，在方法设计上力求做到"灵活的探究程式＋重点的实验探究"，更好地发挥实验的探究功能，为发展学生的探究能力，促进学生科学素养主动、全面的提高不懈地努力。义务教育化学课程标准中关于科学探究提出 8 个要素（提出问题、猜想与假设、制订计划、进行实验、搜集证据、解释与结论、反思与评价、表达与交流），在探究性实验设计中是否都要体现这 8 个要素呢？答案是否定的。在设计时，应根据具体情况制订探究的过程与方法，重点是在实验探究步骤设计上。

例如，对"硝酸银溶液与碘化钠溶液混合，生成黄色沉淀之后沉淀迅速消失"这一现象的原因探究，实验探究步骤可以设计为：

（1）提出问题。硝酸银溶液与碘化钠溶液混合后生成沉淀消失的原因是什么？

（2）进行假设。可能的原因为：$AgI + I^- \rightleftharpoons [AgI_2]^-$。

（3）实验探究。根据假设，实验设计者设计出 3 套实验方案并给予验证。

方案 1：在碘化钠浓溶液中滴加硝酸银溶液，实验结果为没有发现沉淀生成；

方案 2：在硝酸银溶液中滴加碘化钠稀溶液，实验结果为发现有黄色沉淀生成；

方案 3：在黄色沉淀中滴加碘化钠浓溶液并振荡，实验结果为黄色沉淀迅速消失。

（4）实验结论。从上述实验探究的结果可以推出，硝酸银溶液与碘化钠溶液混合，生成黄色沉淀之后沉淀迅速消失的原因，是硝酸银与碘化钠反应，生成黄色沉淀碘化银（$Ag^+ + I^- = AgI\downarrow$），碘化银又迅速与多余的碘离子结合，形成可溶性的二碘合银离子之故。可见，上述的假设是正确的。

又如，"探究稀盐酸和稀硫酸的化学性质"的实验探究步骤可以设计成如表 5-1 的格式。

表 5 – 1　探究稀盐酸和稀硫酸的化学性质

问题与预测	实验步骤	实验现象	结论和化学方程式
问题：稀盐酸和稀硫酸能与金属反应吗 预测：稀盐酸和稀硫酸能与金属反应	在稀盐酸和稀硫酸中分别加入镁条、粗锌粒和铜片	加入镁条、粗锌粒的稀盐酸和稀硫酸中均产生气体 加入铜片的稀盐酸和稀硫酸中均无反应现象产生	结论：稀盐酸和稀硫酸能与某些金属反应 $Mg + 2HCl = MgCl_2 + H_2\uparrow$ ……
……	……		
……	……		

注：表格中横线上的文字是实验后的结果、结论。

应该指出的是，在化学教学中，实验设计者的教育理念越新颖、化学专业知识越扎实、实验经验越丰富，设计的实验步骤就越全面、具体、细致，验证与探究的实验结论和体现与获得的教育教学价值就会越接近实验目的。

（六）实验现象及结果记录与处理

"实验现象及结果记录与处理"在记录实验操作结果和推出结论的预留空白处。实验设计者根据实验目的和要求，对实验过程中需要记录的实验现象、实验数据和实验结论而设计的专用空白处或空白表格，为后来分析实验现象、实验数据，得出实验结论，提供化学事实依据，即明确"要做的结果和结论"。

在化学实验设计中，"实验现象及结果记录与处理"往往与上述的"实验步骤"合二为一，称为"实验操作与结果、结论"。这样的处理方法，便于实验操作者及时完成实验现象和（或）实验数据的记录、实验结论的得出及实验报告的书写。其格式可参见上述"实验步骤"中的案例。

（七）注意事项

"注意事项"是实验设计者对在实施化学实验过程中的关键条件、操作重点和安全要素等给以的详细说明、讨论和解释，以引起实验操作者的重视，并把握实验操作要点等，即明确"怎样才能做好、做得安全"。

可是，目前有些化学实验设计中缺少"注意事项"这一部分。然而，在对它们进行验证时，往往出现重复性很差，甚至无法成功的现象。这一原因，可能与实验设计者没有强调说明实验中的关键问题或实验设计者本身就不清楚实验中的关键操作不无关系。可见，化学实验设计中的"注意事项"应引起实验设计者的重视。

（八）参考文献

"参考文献"是对化学实验设计有参考价值并且引用在化学实验设计之中的一类研究成果，通常引用的是正式出版的论文论著。在进行化学实验设计时，实验设计者查阅与该实验相关的文献资料越多，对实验设计者的启迪会越大，实验方案设计会越完善、越有新意。参考和引用别人的研究成果，是人类文明进步的标志之一。在化学实验设计中，注明参考和引用别人的研究成果的出处，既是对别人的尊重，承认别人研究成果的价值，又便于其他阅读者知道哪些是实验设计者自己的研究成果，哪些是别人的研究成果，同时还方便查阅引用的原始文献，最终说明实验设计者具有良好的科学作风和科学态度，明确"实验方案设计与别人的有什么不同"。

可是，在现有中学化学教科书、中学化学教学参考书和中等化学教育教学杂志中，有关化学实验设计的文章里有参考文献的较少，可能的原因是：①作者撰写的文稿中未注明参考文献；②有的出版社或杂志社为了节省版面而删去文稿中注有的参考文献。这些做法都是不妥当的，不利于提高"化学实验设计"这类文章的整体质量，也不利于形成良好的科学作风。关于参考文献的引用格式，可查阅相关文献资料、杂志投稿须知或本书第五章的相关内容。

总之，关于化学实验设计的内容应尽量做到科学合理、详略得当。要使化学实验设计有较高的质量，更加完美，可在化学实验方案设计中，多提一些问题，进而发掘实验方案设计中的缺陷。而提出的问题越详尽，实验设计就有可能越好。提出问题时，可从以下 4 个方面思考：思考实验问题的顺序，思考仪器连接的顺序，思考实验操作的顺序，思考实验与教学内容整合的问题。

参考文献

［1］熊言林．化学教学论实验［M］．合肥：安徽大学出版社，2004．

［2］钱哉宇．新课程背景下化学实验报告的优化设计［J］．化学教育，2007，28（7）：24，27．

［3］人民教育出版社课程教材研究所，化学课程教材研究开发中心．普通高中课程标准实验教科书·化学：选修 6，实验化学［M］．北京：人民教育出版社，2005．

［4］王磊．普通高中课程标准实验教科书·化学：选修，实验化学［M］．济南：山东科学技术出版社，2006．

［5］张月梅，郑长龙．关于 2 种液体混合后增容的实验探究——以乙酸和苯混合为例［J］．化学教育，2007，28（7）：55，60．

［6］孙跃枝，郭瑞霞．提升化学实验能力的探究［J］．中学化学教学参考，2007（7）：19-20．

［7］熊言林．白磷的制取及其系列实验新设计［J］．化学教育，2005，26（7）：57，62．

［8］王玉兰，钱扬义．中学教材数字化学习资源的建设——教材配套网站的设计及发展趋势［J］．化学教学，2007（4）：50-52．

［9］熊言林．化学实验设计的思路和策略［J］．实验教学与仪器，2004（10）：

20 - 22.

　　[10] 熊言林. 化学实验设计的内容与思考 [J]. 化学教学, 2008 (2)：2 - 5.

　　[11] 刘知新. 化学教学论 [M]. 3 版. 北京：高等教育出版社, 2004.

第六章 化学实验设计的原则与评价

教师根据教学内容的特点和教学过程的需要，改进教科书中原有的实验、设计新实验，不仅有利于教师掌握教学内容，顺利完成教学任务，而且能向学生示范实验设计的思路和程序，提高教师的教学水平和教学能力。因此，化学实验设计是一个化学教师必须具备的一种教研能力。

第一节 化学实验设计的原则

要设计一个具有良好教学功能的化学实验，需要以下面几项基本原则作为化学实验设计的指导思想和设计要求。

一、目的性原则

目的是指化学实验设计要达到的某种教学效果。有了目的，才能突出设计重点，突破设计难点。目的性是指在整个设计过程中，对实验原理、用品、装置、步骤、方法及实验结果等方面的设计，都应围绕实验的目的和要求进行。例如，CO 还原 CuO 的实验，实验目的是要学生认知 CO 具有还原性，因此设计时应突出 CO 还原性的实验现象。

在化学实验设计前，首先要搞清楚实验到底要达到什么样的目的。就中学化学实验教学而言，其目的主要有 3 个方面：

（1）配合课堂讲授内容给学生提供感性认识，帮助阐明科学概念和化学原理，同时向学生示范规范的实验操作，培养学生观察和描述实验现象的能力、发现和解决问题的能力，以及科学探究能力。

（2）巩固学生所学的理论知识，培养学生严谨的科学态度、良好的实验习惯和动手能力。

（3）拓宽学生的知识面，激发学生学习化学的兴趣，巩固和提高学生的实验技能，锻炼学生运用化学知识解决实际问题的能力，培养学生的创新意识和创新能力。

二、科学性原则

科学性是化学实验设计的核心原则。科学性是指化学实验设计中的反应原理、装置原理、操作原理和实验方法都必须与化学理论知识、实验方法论、实验教学论和实验研究过程相一致。一个优秀的化学实验设计，应具有严谨的科学性。简言之，就是合理性。

例如，乙酸乙酯的制备实验和二氧化氮的制备及性质系列实验中，如果吸收装置都是完全密闭的，会导致实验过程中发生冲塞现象，因此，这样的实验装置是不科学的，因为两个实验装置中都没有出气口。

又如，乙烯能使溴水褪色，其原因是有以下两种反应存在：

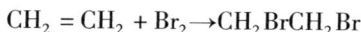

$$CH_2 = CH_2 + Br_2 \rightarrow CH_2BrCH_2Br$$
$$CH_2 = CH_2 + Br_2 + H_2O \rightarrow CH_2BrCH_2OH + HBr$$

如果把溴水的褪色完全归因于溴与乙烯发生加成反应生成 $1,2-$ 二溴乙烷，则不够严谨。

再如，制备 CH_3CH_2Cl 就不宜用 CH_3CH_3 和 Cl_2 的取代反应，因为这一反应在光照的条件下会发生许多副反应。如果改用 $CH_2 = CH_2$ 和 HCl 在一定条件下发生加成反应制备 CH_3CH_2Cl，则副反应少，制备实验合理。

三、安全性原则

安全性是指化学实验设计中应尽量避免使用有毒药品或反应生成有毒气体，以及具有一定危险性的实验装置和实验操作。如果必须使用，应在所设计的实验方案中详细写明注意事项和防护措施，以防造成环境污染和人身伤害。

"一朝被蛇咬，十年怕井绳。"在化学实验中，如果发生燃烧、爆炸、中毒事故，甚至出现伤亡事件，不仅会给教师和学生造成人身伤害，而且还将严重影响到学生今后学习化学的兴趣和积极性，甚至还会永远给学生留下"化学实验很危险"的潜意识。因此，设计化学实验时，对实验的安全性必须给予足够的重视，要做到万无一失。

近年来，广大教师在实验设计中，对化学因素和操作因素可能引起的安全问题都非常注意，但对物理因素可能引起的安全问题却常有忽视。

四、可行性原则

可行性是化学实验设计的根本原则。所谓可行性，是指设计的化学实验方案中所运用的反应原理、装置原理、操作原理和实验方法在实施时切实可行，所选用的化学实验药品、仪器、设备和方法在现有的条件下能够得到满足，并在实验中能够得到正确的结论和现象。例如，氯气与氢气混合见光爆炸实验中，将氯气与氢气混合气放入塑料袋中密封好，然后光照引爆，该实验设计既可行又安全。

五、简约性原则

对于同一实验，实验方案越简单越好，简单就是美。所谓简约性，是指要尽量采用简单的实验方法和实验装置，用较少的实验步骤和实验药品、仪器，在较短的时间内完成效果明显的实验。恰当的实验方案设计既突出实验重点，又没有冗长的实验步骤，充分体现出简约性。

一个科学家最大的本领就是在于化复杂为简单，用简单的方法解决复杂的问题。在中学化学实验教学中，也要用简约性原则指导化学实验设计。

六、创新性原则

创新是化学实验设计的灵魂。没有创新，就没有进步、没有发展。化学实验设计属于应用性研究，像其他研究工作一样，贵在创新。创新程度的高低，是衡量一个创新实验价值大小的重要标准。所谓创新性，是指化学实验设计要敢于突破陈规，独到于新颖、独特、巧妙之处，能反映新事物、新观点、新理论、新方法和新思路等。一个优秀的化学实验设计必须反映实验设计者独出心裁的构思。

七、趣味性原则

化学实验常令学生兴趣盎然、终生不忘的原因，就是实验现象具有趣味性。所谓化学实验趣味性，是指设计的化学实验所得出的现象和结果能够激发学生的好奇心和求知欲，从而引起学生学习化学的兴趣和动机。

八、启发性原则

教学中的化学实验设计不同于科研工作中的化学实验设计，其不同点之一是前者具有启发性。所谓启发性，是指化学实验设计本身具有启迪学生思维的作用，以及教师对实验作出一系列富有启发性的指导或提问，使学生在实验设计、实验操作或实验观察中能自觉、深入地思考，并对实验的结果进行推断和评价，从而培养学生的思维能力和创新精神。

九、发展性原则

所谓发展性，是指化学实验设计既符合学生的认知结构、知识和能力水平，又能促进学生的实验、思维、创新等能力的发展。因此，在学生进行化学实验设计时，教师应让学生在富有启迪作用的、难度适中的实验问题中由易到难、循序渐进地设计实验方案。例如，在初中化学教学中，CO_2 与 Na_2O 的反应原理是学生熟知的，但通过启发的方式来设计 CO_2 与 Na_2O_2 反应的实验，可发展学生的认知水平和实验、思维、创新等能力。

十、最优化原则

所谓最优化原则，是指在一个化学实验设计方案中，对所运用的反应原理、装置原理、操作原理和实验方法等进行全面优化，或在多个化学实验设计方案中，挑选出最佳的实验设计方案。优化和挑选的方法多是通过分析、比较或实验验证得出的。

应指出的是，一个优秀的化学实验设计，一定具有较高程度的创新性，但一个创新程度较高的实验则未必是一个优秀的实验，还要看它是否比已发表的同类实验更加优越。因此，在设计一个化学实验方案之前，必须尽可能多地掌握相关实验的设计方案，并在此基础上，提出自己的设计方案，经反复试验、比较、优化，获得满意的效果后，再付诸应用和交流。值得注意的是，不要片面地为了"创新"而设计，只"新"不优的化学实验或者只"新"而无法推广的化学实验都是没有多大价值的。

第二节 化学实验设计的评价

化学实验设计的成果是化学实验方案。评价化学实验设计，也就是评价化学实验方案是否优秀，这是一个化学教师必须具备的一种教学研究能力。在化学实验教学研究活动中，评价化学实验与设计化学实验同样重要。可以说，不懂得评价，就难以做到精益求精，也就难以设计出优秀的化学实验。评价化学实验的标准和原则很多，关键是看实验是否科学、合理、安全、简便、可行、适用等，如化学实验设计是否正确，实验条件控制是否严格，实验操作是否简便、安全，实验现象是否明显，收集的信息是否齐全，对信息处理的方法是否正确等。

一、评价化学实验设计的案例

下面结合一个具体的化学实验设计，对其实验方案作简要介绍（实验装置见图 6 − 1）。

（一）实验课题
蜡烛燃烧后其产物的质量真的减少吗？

（二）实验验证
在一天平的左盘上放一支蜡烛和一装有适量碱石灰的铁桶（其底部都为铁

丝网状结构。装好碱石灰后，上、下盖好塑料盖。实验时，去掉上、下塑料盖，如图 6-1 所示），天平的右盘上放等质量的砝码，使天平保持平衡，指针指在零刻度处。实验开始时，点燃蜡烛，不久，可观察到天平的左盘下沉、右盘升起，指针向右偏转、偏离零刻度，实验现象十分明显、直观。

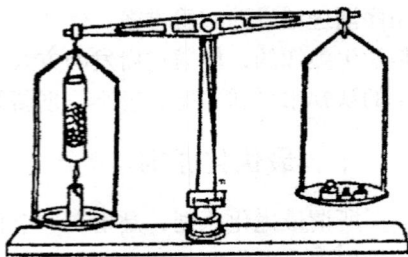

图 6-1　验证质量守恒定律实验

（三）实验思考

蜡烛燃烧后其产物的质量没有减少，反而增多，为什么？

二、评价化学实验设计的标准

根据以下 5 个方面对验证质量守恒定律的实验方案进行评价。从实验设计可以看出，该实验方案具有以下 5 方面优点：

（一）科学合理性

科学合理是指化学实验设计的原理、操作程序和方法，与化学知识的科学性和实验操作的合理性相一致。本实验中蜡烛燃烧，需要与空气中的氧气反应，生成的二氧化碳和水易被碱石灰吸收，天平左盘的重量增加，导致天平失去平衡。故实验设计思路科学、合理。

（二）安全可靠性

安全是指实验设计要尽量避免使用有毒药品、生成有毒性的气体物质和具有一定危险性的实验。可靠是指设计的化学实验方案要确保实验成功。本实验安全、可靠，基本无污染。

（三）效果明显性

效果明显就是按照实验设计进行操作，产生的实验现象明显、生动直观，易于观察、记录。本实验中可视现象是蜡烛减少，天平的左盘下沉、右盘升起，指针向右偏转、偏离零刻度，实验现象十分明显、直观，能引起学生联想。

（四）设计简捷性

设计简捷是指在保证实验现象明显的情况下尽可能采用简单的仪器或实验装置，用较少的实验步骤和药品，在较短的时间内完成化学实验。本实验用品较少（天平、蜡烛和碱石灰等），实验步骤简单，实验现象又明显、直观。

（五）富有启发性

所谓富有启发是指在化学教学中设计的实验操作、实验装置与实验中产生的现象具有某种内在的联系，并有激发学生兴趣，启迪学生思维的作用。本实验将不可视的反应物（空气中的氧气）参与反应转化为可视的生成物总质量增加的现象，启迪学生思考蜡烛燃烧后其产物的质量没有减少，反而增多的原因，可见其设计之巧妙。

同一个化学实验课题，可以设计出多种实验方案，这就需要进行评价、选择。一般来讲，化学实验方案的优劣标准可以从实验的安全性、操作的繁简、现象是否明显、误差是否能合理控制、对环境是否会造成污染等多方面考虑。但是，要评价化学实验方案是否最优，应遵循以上化学实验方案评价的 5 个标准来进行。在对多个化学实验方案优劣做出评价时，可依据下列流程：明确实验目的—分析各种实验方案的实验原理—对各种实验方案进行合理分析—选择最佳实验方案。

参考文献

［1］熊言林. 化学教学论实验［M］. 合肥：安徽大学出版社，2004.

［2］蔡亚萍. 中学化学实验设计与教学论［M］. 杭州：浙江教育出版社，2005.

第七章　化学实验设计的策略

化学是一门以实验为基础的自然科学。为了充分发挥化学实验在化学教学和学校素质教育中的作用，教师必须不断研究和设计教科书中的化学实验，以及与教学内容有关的化学实验。化学实验设计是一项创造性劳动，它跟其他创造性活动一样，是有规律可循的。因此，教师不能满足于引用和推广已经设计了的化学实验方案，而应该进一步研究实验设计的规律、思维过程和思维方法，同时要有"人无我有，人有我新，人新我变"的创新意识，力求在化学实验设计的研究过程中少走弯路，多出成果。

第一节　化学实验设计的难点

在化学实验设计过程中，一般分为化学实验改进和设计新的化学实验两大内容。若是化学实验改进，就应对原实验进行研究、分析，找出其中存在的不足，然后设计出自己的改进方案，并按此方案一步一步亲自做实验，直到满意为止，方可写出改进实验报告。若是设计一个新的化学实验，那么这个实验是用来做什么用的，是巩固概念、原理用的，还是为了建立新概念、新原理而设计的，或是为了培养学生的哪些技能或非智力因素而设计的。目的明确了，方案也就写出来了，但还要亲手去做实验，以至反复多次，看是否达到了原先设计这个实验的目的，最后写出实验研究报告。由此可见，无论是化学实验改进还是设计新的化学实验，都是一件有困难的事。

一、思维定势

在化学教学中，一些教师、学生往往会认为中学化学教科书中各个实验方案，在最初设计时已考虑到各个方面，而设法避免了种种可能存在的缺点，各个实验方案都是完美的，实验现象也是明显的，因此没有必要进行改进或重新设计。这就是一些教师、学生存在的思维定势，不想改进实验。

二、迷信权威

在化学教科书中，虽然某些化学实验客观上确实存在这样或那样的缺点或问题，可是有的教师、学生往往盲目地迷信权威，认为教科书是专家编写的，其中的实验不可能有更好的方法，也就没有必要对其进行改进或者重新设计。另外，一些教学内容与实验有关，专家在编写教科书时没有将此实验编入教科书，有的人就认为，实际教学中增设这类实验是没有必要的。

权威并非真理的化身，任何学术权威也可能受到当时种种条件的局限而判断有误。人类正是站在前人的肩膀上，不断改进研究工具，用先进的科学方法对大自然进行更全面、更深入的探索，并不断修正前人的不足和错误，不断丰富和发展前人的认识，才使人们的认识更接近真理、远离谬误。

在当前新课改背景下，基础教育教学十分重视培养学生的创新意识和实践能力。因此，化学教师应首先具有创新精神和创新能力。这就要求教师首先要克服从众心理、敢于面对权威，并努力去思考"这个实验的优点和缺点在哪里？我能不能改进它或干脆放弃它另辟蹊径？"其次要养成"不唯书、不唯上、只唯实"的科学态度，实事求是地对待现有的理论、方法与经验，形成独立思考的习惯。

三、惰性干扰

有些教师由于受惰性的干扰，满足于教科书上基本上还能比较顺利完成的化学实验。有时即使实验效果不理想，甚至失败，他们也只认为是自己的实验准备不充分、操作方法不当或经验不足所致，而不肯主动去寻找实验中存在的问题，分析实验失败的原因，进行改进或者重新设计实验，这就无形中扼杀了自己本来具有的创造力。

四、水平问题

由于长期受应试教育思想的影响，有些教师对化学实验教学不够重视，认为"黑板实验""电板实验""讲解实验"可以代替化学实验，因而自己主动动手做化学实验和从事化学实验研究的时间少，化学实验教学技能明显下降，化学实验研究水平和层次都不高，在用到化学实验时，发现不了实验中的问题，即使发现了问题也束手无策。

第二节　化学实验设计的策略与方法

由于化学实验设计的具体对象、内容、目的和方法形形色色，各不相同，因此没有固定的模式和方法可循。但是，在化学实验研究与设计中，人们已经创造了不少行之有效、可借鉴的策略，可从中总结出若干类型。同一种策略结合不同的具体情况，可以形成不同的方法。

一、化学原理物化策略

所谓化学原理物化策略，是指使化学原理通过基本的实验手段由纯化、简化的抽象形式或直接复原为实验这种具体的物质形态表现出来的一种方式。

例1：氯化钠晶体跟浓 H_2SO_4 的反应在不同温度条件下生成不同的盐。如何物化这一实验原理？

具体的实验设计方案：在一套防污染的实验装置里，可以先演示氯化钠晶体跟浓硫酸在微热条件下的反应情况，等到不再有氯化氢气体放出（即不再产生酸雾）后，改为强热，通过有氯化氢气体放出（即又产生酸雾）现象，可说明浓硫酸跟氯化钠晶体反应是分步进行的。其化学实验原理如下：

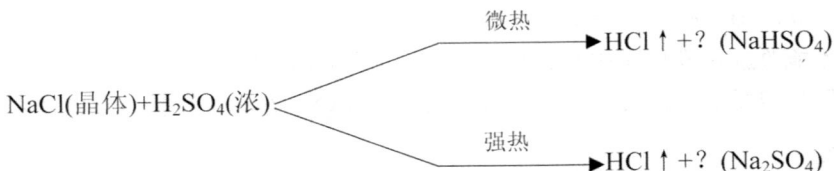

$$NaCl(晶体)+H_2SO_4(浓) \begin{cases} \xrightarrow{微热} HCl\uparrow +? \ (NaHSO_4) \\ \xrightarrow{强热} HCl\uparrow +? \ (Na_2SO_4) \end{cases}$$

例2：用最简便的方法鉴别 pH 均为 2 的盐酸（强酸）和醋酸溶液。如何物化这一实验原理？

具体的实验设计方案：取少量酸液分别放入两烧杯中，稀释相同倍数（如100 倍），用 pH 试纸测试稀释前后溶液的 pH。以此说明强酸稀释后，pH 上升较快；弱酸稀释后，pH 上升慢，从而鉴别它们。

例3：磷酸一氢钠溶液和硝酸银溶液反应时，生成的黄色沉淀是磷酸一氢银还是磷酸银？如何物化这一实验原理？

具体的实验设计方案：用 pH 试纸分别测试反应液前后 pH 大小，以此说明生成的黄色沉淀是什么物质。

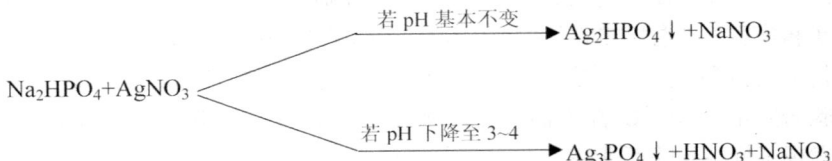

$$Na_2HPO_4+AgNO_3 \begin{cases} \xrightarrow{若 pH 基本不变} Ag_2HPO_4\downarrow +NaNO_3 \\ \xrightarrow{若 pH 下降至 3\sim4} Ag_3PO_4\downarrow +HNO_3+NaNO_3 \end{cases}$$

例4：铜在过氧化氢分解前后的质量不变，说明铜在过氧化氢分解反应中起催化作用。如何物化这一实验原理？

具体的实验设计方案：将盛有少量30% H_2O_2 的两支试管同时插入开水浴中，观察试管中双氧水的分解情况，然后将一已称重的铜丝网插入其中一支试管中，再观察变化情况。若铜丝网插入试管前后质量没有变化，以此说明铜在过氧化氢分解反应中起到了催化作用。

许多简单的化学实验方案，就是利用了这种物化策略进行设计的。这种策略可以为一些实验提供改进、发展的基础，不少复杂实验就是在利用这种策略形成的实验方案基础上再加以改进完成的。

二、组合策略

所谓组合策略，是指把一些相关的化学实验通过某种关联因素或特征进行重新组合成为系列实验的一种方式。

例1：将 NO_2 的实验室制取与 NO_2 跟水的反应以及 NO 和 NO_2 的相互转化等实验组合在一起。

例2：硫化氢气体的制备和性质系列实验。

例3：二氧化硫气体的制备和性质系列实验。

爱因斯坦曾说过："我认为，为了满足人类的需要而找出已知装置的新的组合人就是发明家。组合即创新。"同样，将已有的化学实验，按照一些共同特征或功能进行合理组合使其具有某种新的功能，也是对原有化学实验的一种创新。利用组合策略构思、设计的实验可以帮助学生把有关的知识、技能联系在一起，有利于知识、技能结构化和条理化，以及培养学生的创新能力和实践能力。有时，组合实验还有利于减少试剂消耗和避免污染发生，实现绿色化，体现环保理念。但是，组合实验不适用于观察能力和实验技能较差的学生。

三、强化（或弱化）策略

所谓强化（或弱化）策略，是指强化（或弱化）某些化学实验条件，使实验现象更加鲜明、直观、安全，并获得较高的实验成功率的一种方式。

例1：在制取甲烷的实验中，反应原理是醋酸钠与碱石灰中的氢氧化钠反应，若适当增加氢氧化钠的用量，可以提高反应的速率和产率。

例2：在氯水与溴化钠、碘化钠反应的实验中，改氯水为氯的四氯化碳（或苯）溶液，既省去了注入汽油（或四氯化碳）一步，又避免了副反应的发生。

（1）氯水适量。新制的饱和氯水的成分是氯单质、盐酸、次氯酸和水，在教科书中已明确介绍次氯酸有强氧化性。则反应有：

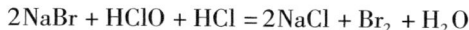

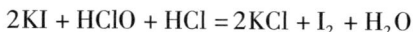

$$Cl_2 + 2NaBr = 2NaCl + Br_2$$
$$Cl_2 + 2KI = 2KCl + I_2$$
$$2NaBr + HClO + HCl = 2NaCl + Br_2 + H_2O$$
$$2KI + HClO + HCl = 2KCl + I_2 + H_2O$$

（2）氯水过量。当溴化钠、碘化钠浓度较低而加入的饱和氯水相对过量时又可能发生下述反应：

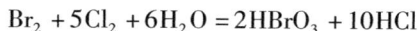

$$Br_2 + 5Cl_2 + 6H_2O = 2HBrO_3 + 10HCl$$

$$Br_2 + 5HClO + H_2O = 2HBrO_3 + 5HCl$$
$$I_2 + 5Cl_2 + 6H_2O = 2HIO_3 + 10HCl$$
$$I_2 + 5HClO + H_2O = 2HIO_3 + 5HCl$$

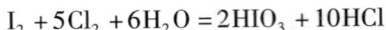

由上可知，氯水过量有可能影响化学实验结果。

而改氯水为氯的四氯化碳（或苯）溶液，一可避免次氯酸发生氧化的问题；二因生成的溴、碘及时被萃取到四氯化碳（或苯）中，避免了生成的溴、碘继续被氧化的问题。但实验后，应回收四氯化碳。

此外，在某些化学实验中，换用温度更高的热源、换用浓度或活性更大（或更小）的反应试剂、减少某些干扰因素的影响、改变试剂用量等，以提高化学实验效果和成功率，这些都属于强化（或弱化）策略。

四、变换输出策略

所谓变换输出策略，是指通过改变信息输出形式，使得实验现象更加鲜明、直观，观测更加方便的一种方式。

例1：无色气体的生成或溶解，使气球膨大或缩小的化学实验设计。

例2：利用热效应（如稀释浓硫酸、20 g $Ba(OH)_2 \cdot 8H_2O$ 与 10 g NH_4Cl 反应）使石蜡熔化、水结冰、有色液柱升降等，从而可以直观地观察热效应变化的情况。

例3：利用反应中产生的电流转化成电流计指针的偏转，或者转化成发光二极管的闪烁、音乐集成块（音乐贺卡中）的鸣响等。

例4：乙酸乙酯水解实验新设计，改嗅气味为观察乙酸乙酯体积减小的方式。

五、技术置换策略

所谓技术置换策略，是指通过某些技术要素的置换，以达到化学实验效果更加理想、化学实验更加安全，或者使化学实验更加简便的一种方式。被置换的技术要素可以是仪器或装置、反应试剂、反应条件与控制措施等。

例如，不同水质影响洗衣粉（或肥皂）去污效果的实验，将天然水用下列配制的水代替，实验效果更佳。

永久硬水：1.3 g $CaCl_2 \cdot 6H_2O$/1 L H_2O，30°~40°（硬度）。

暂时硬水：1 L 永久硬水 + 10 g $NaHCO_3$。

六、技术移植策略

所谓技术移植策略，是指把某些比较成熟的实验构思、实验设计移用到类似的实验中，以获得更好的化学实验方案的一种方式。

例1：反复把加热的铂丝伸入盛有少量浓氨水的锥形瓶中，可以演示氨的催化氧化。依照这一构思，把擦亮的铜丝放在氧化焰上灼烧，在铜丝表面生成黑色氧化铜后，趁热伸入倒置的、盛有 CO 或 H_2 的集气瓶里，可以演示 CO 或 H_2 的还原性。

例2：根据启普发生器制取氢气的原理，可以把二氧化锰制成块状，用此块状物与过氧化氢溶液反应在启普发生器中制取氧气。

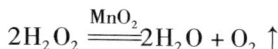

$$2H_2O_2 \xrightarrow{MnO_2} 2H_2O + O_2 \uparrow$$

七、技术模仿策略

所谓技术模仿策略，是指通过模拟化工生产原理或者某些实际操作过程来进行实验的一种方式。

例1：用玻璃器材和软木塞等制作的化工分馏塔模拟装置，可以演示石油的分馏实验。

例2：通过简单的实验装置来模拟氨碱法制纯碱的实验。

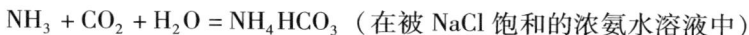

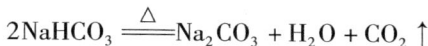

$$CaCO_3 + 2HCl = CaCl_2 + H_2O + CO_2 \uparrow$$
$$NH_3 + CO_2 + H_2O = NH_4HCO_3 \text{（在被 NaCl 饱和的浓氨水溶液中）}$$
$$NH_4HCO_3 + NaCl \xrightarrow{水浴} NaHCO_3 \downarrow + NH_4Cl \text{（在被 NaCl 饱和的浓氨水溶液中）}$$
$$2NaHCO_3 \xrightarrow{\triangle} Na_2CO_3 + H_2O + CO_2 \uparrow$$

八、简化策略

所谓简化策略，是指在保证实验结果更加理想的前提下，简化某些实验装置或者使某些实验操作步骤更加简洁的一种方式。

例1：用灼烧铜丝的方法做乙醇的催化氧化实验。

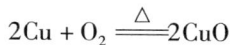

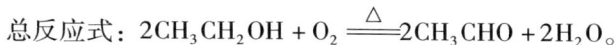

$$2Cu + O_2 \xrightarrow{\triangle} 2CuO$$
$$CH_3CH_2OH + CuO \xrightarrow{\triangle} CH_3CHO + Cu + H_2O$$

总反应式：$2CH_3CH_2OH + O_2 \xrightarrow{\triangle} 2CH_3CHO + 2H_2O$。

例2：用具支试管和弯管做一氧化碳还原氧化铜的实验。

例3：人呼出气体里二氧化碳含量（体积分数）的简易定量测定实验。

在一端封闭的玻璃管中盛满呼出气体，并倒扣在 NaOH 溶液中，看溶解多少（玻璃管长为 l cm，水柱高为 h cm）。

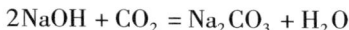

$$2NaOH + CO_2 = Na_2CO_3 + H_2O$$

二氧化碳含量（体积分数）：$CO_2\% = h/l \times 100\%$。

例4：在一张滤纸上做卤素的氧化性强弱比较实验。

例 5：用集满烟气的集气瓶做说明向下排气法原理的验证实验。

九、试探策略

所谓试探策略，是指从某一现有的化学实验方案出发，逐一试探改变某一实验条件，若效果不好，就停止这一方向的努力；若实验效果变好，则沿着这一方向继续改变实验条件，直到取得满意的实验效果为止，从而形成良好的实验方案的一种方式。

例如，在电解水溶液实验中，电解速度受到电压、电解质溶液、电极材料及其面积大小、两极间距离等因素影响。实验中，固定其他条件，变化一个实验条件（如电压），观察实验效果如何。

值得注意的是：涉及水的电极反应，依水溶液的酸碱性不同而以不同形态的物种参加。以前那种"不论溶液的酸碱性如何，电极反应均是阴极上氢离子放电，阳极上氢氧根离子放电"的观点是不科学的。

表 7-1 涉及水的电极反应

电解液介质	阴极反应	阳极反应
酸性	$2H^+ + 2e^- = H_2$	$2H_2O = O_2 + 4H^+ + 4e^-$
中性	$2H_2O + 2e^- = H_2 + 2OH^-$	$2H_2O = O_2 + 4H^+ + 4e^-$
碱性	$2H_2O + 2e^- = H_2 + 2OH^-$	$4OH^- = O_2 + 2H_2O + 4e^-$

电解水实验中的问题探讨：

利用电解器在直流电的作用下电解水，生成 H_2、O_2 的体积比应为 $2:1$，但实际上氢气的体积往往略大于氧气体积的 2 倍。该实验影响因素较多，经过反复实验探究，就其误差原因作一分析，并提出电解水的最佳条件及采取的措施。

（一）误差原因

（1）氢气、氧气在水中的溶解度不同。相同温度下，氧气的溶解度比氢气的大。

（2）两个集气管中水柱压力不相等。在电解水停止后，两个玻璃管的气体体积不一样多，且氢气体积大于氧气体积，因而两边高度不同的水柱产生的压强不等，影响气体的溶解度。

（3）电解过程中产生一定的副反应。电解水时因加入硫酸或氢氧化钠电解质增大了水的导电能力或因含氯离子等其他杂质而有不同的副反应出现。如用硫酸水溶液电解，则有 $H_2SO_4 = H^+ + HSO_4^-$ 反应。

阴极上：$2H^+ + 2e^- = H_2$

阳极上：$2HSO_4^- - 2e^- = H_2S_2O_8$

$$H_2S_2O_8 + H_2O \xrightarrow{水解} H_2SO_4 + H_2SO_5 \qquad H_2SO_5 + H_2O \xrightarrow{水解} H_2SO_4 + H_2O_2$$

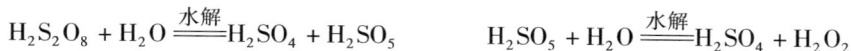

生成的过氧化氢在酸性溶液中较稳定，不易放出氧气。如用自来水或不纯的氢氧化钠配制成的电解液，因溶液中含氯离子，阳极放出的氧原子与氯离子生成次氯酸根离子，使放出的氧气量减少。

（4）电极氧化。铂电极不被氧化，氢气与氧气在铂电极上的超电压都小，然而铂丝太昂贵，在一般中学不易找到，往往用其他金属材料代替铂电极。由于电极取材不当，使部分氧气氧化了电极，消耗了氧气，造成氧气体积减小。在诸多因素中电极氧化耗氧尤为重要。

（二）电解水采取的措施及最佳条件的选择

（1）在实验前先电解一段时间，使电解产生的氧气与氢气分别在两侧量气管的液体里溶解达到饱和。

（2）正式实验前，预先进行一次电解，使阳极表面形成保护膜，以后可直接使用。

（3）所用的硫酸或氢氧化钠等尽可能纯净，用蒸馏水配制电解液。

（4）电极材料的选择。电极材料与电解液及电解质浓度一定时，电压越高，氢气与氧气的体积比越接近2∶1；电压越低，电解速度越慢，电极氧化速度越快，氧气溶于水的量越多；反之相反。因此，电极材料的选择应与电压、电解液及其浓度、电解时间的选择一并考虑。

下面以铁钉、保险丝、不锈钢、镍片做电极，分别以氢氧化钠溶液浓度为5%、10%、15%、20%，硫酸溶液体积比为1∶10、1∶8、1∶6、1∶4为电解液，电压为24 V、22 V、20 V、18V进行探索实验，综合各组实验记录如表7－1所示。

结果在相同电压下（18～24 V），相同浓度的硫酸（1∶8～1∶6）或氢氧化钠溶液（15%～20%）作电解液条件下，铁钉作电极效果最好，当然有铂丝会更好。

表 7－2　电解水溶液实验记录

电极材料	电解液		电解电压（V）	氢气、氧气体积比	时间
	氢氧化钠溶液	硫酸			
保险丝		1∶10	20～24	2∶1	2′48″
铁钉	5%～10% 15%～20%		22～24	2∶1	3′2″ 2′4″
不锈钢	15%～20%		22～24	2∶1	2′7″
镍片	20%		22～24	2∶1	3′1″

十、整体优化策略

所谓整体优化策略，就是对某一化学实验方案中的主要实验条件、实验装置和实验步骤进行全面优化、组合等，从而获得最佳实验效果的一种研究方法。

通常采用全面比较法、优选法、简单比较法和正交设计法来进行整体优化、组合。

参考文献

[1] 彭银，熊言林，张敏. 化学实验装置设计与教学思考 [J]. 教学仪器与实验，2009，25（1）：11 - 15.

[2] 熊言林. 简析化学实验失败的原因 [J]. 化学教育，2000，21（4）：26 - 27.

[3] 熊言林. 浅析化学实验中的异常现象 [J]. 化学教育，1996，17（3）：32 - 36.

[4] 熊言林. 化学实验设计的思路和策略 [J]. 实验教学与仪器，2004（10）：20 - 22.

[5] 吴俊明. 中学化学实验研究导论 [M]. 南京：江苏教育出版社，1997.

第八章　化学实验条件的种类与控制

任何化学实验都是在一定的实验条件下才能进行的。可见，实验条件决定着化学实验的开始、进程和结果。因此，研究化学实验条件及其种类，以及对化学实验条件进行控制，是化学实验研究中的一项重要工作。

第一节　化学实验条件

实验，实际上是条件控制下的观察。所有的实验，都是在条件控制下进行的。控制实验条件是这种实践活动最突出的一个特点。在化学实验研究的过程中，常常要进行条件控制，需要掌握各种实验技术。因此，要进行化学实验研究与设计，就必须对有关化学实验条件的种类和实验条件控制的方法论问题加以探讨。

一、化学实验条件

所谓化学实验条件，是指与特定化学实验对象相联系，并对其状态、性质和变化发生影响的诸因素的总和。例如，用氯酸钾制取氧气的实验，实验装置、催化剂、温度、氯酸钾和二氧化锰的用量、氯酸钾与二氧化锰的质量比等，都是影响氧气产量或速率的实验条件。又如，用过氧化氢制取氧气的实验，实验装置、催化剂、温度、浓度、催化剂的用量、过氧化氢溶液加入速度等，都是影响氧气产量或速率的实验条件。

二、相关化学实验条件的注释

（一）任何化学实验都存在实验条件

任何一个化学实验都有实验条件，即便是最简单的化学实验，也有实验条件。例如，在空气中点燃蜡烛实验，其点燃、烛芯等都是实验条件。

（二）任何一个化学实验，实验条件有主次之分

一个化学实验，一般有多个实验条件，其中有主要的，也有次要的。例如，上例中的点燃就是蜡烛在空气中燃烧的主要实验条件。

（三）实验条件（水平）不同，实验结果也不同

在一个化学实验中，一个实验条件的水平不同，其实验的结果也不同。例如，乙醇跟浓硫酸混合反应中，实验条件之一的温度不同，其产物也不同。又如，铁与硫酸反应，硫酸的浓度不同，其实验结果也不相同。

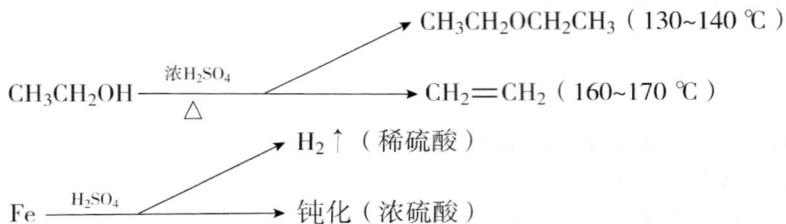

$$CH_3CH_2OH \xrightarrow[\triangle]{\text{浓}H_2SO_4} \begin{cases} CH_3CH_2OCH_2CH_3（130\sim140\ ℃） \\ CH_2{=\!=}CH_2（160\sim170\ ℃） \end{cases}$$

$$Fe \xrightarrow{H_2SO_4} \begin{cases} H_2\uparrow（稀硫酸） \\ 钝化（浓硫酸） \end{cases}$$

同一化学实验条件取不同的数值（或状态），这些数值（或状态）称为水平。

（四）实验条件是物质发生变化的外因

反应物确定之后，实验条件只有通过物质的本质属性或内部结构而起作用，在这种情况下，实验条件是物质发生变化的外因。例如，乙醇与浓硫酸的混合物在不同温度下生成不同物质的根本原因是由乙醇结构决定的。

第二节　化学实验条件的种类

根据化学实验的影响因素，并从中学化学实验的化学药品、实验仪器和实验操作来考查，化学实验条件主要分为化学实验试剂、化学实验仪器与装置、化学实验操作三大类。

一、化学实验试剂

化学实验试剂是化学变化的第一物质要素。这类化学实验条件主要包括实验试剂的种类、纯度、状态（固态、液态、气态和超临界状态）、形状（块状、球状、线状、片状、柱状、颗粒状或粉末状）、质量、体积、浓度及有无催化剂等。

在化学实验中，经常要对这类实验条件进行控制，否则将难以得到显著的实验效果。

二、化学实验仪器与装置

这类化学实验条件主要是指不同规格的化学实验仪器或单独使用，或各种化学实验仪器采用不同的安装、连接方式形成独特的实验装置，从而达到预期的实验结果。它们是物质发生物理变化和化学变化的载体。

例如，氨的催化氧化实验中，用圆底烧瓶代替试管作为氧化瓶时，实验现象更加鲜明。

三、化学实验操作

这类化学实验条件主要包括点燃（爆鸣气）、加热、蒸发、蒸馏、冷却、振荡、溶解、洗涤、过滤、试剂加入方式与顺序等化学实验操作，以及对温度、电流、电压、时间、压强和介质的控制等。

这些也是化学实验中经常需要严格控制的一类实验条件。例如，乙醛的银镜实验中，温度是一个很重要的实验条件。

第三节　化学实验条件的控制

化学是一门以实验为基础的学科，化学实验离不开一定的实验条件，只有对化学实验条件进行严格、有效的控制，才能获得正确的化学科学事实，才可能取得重大发现。由此可见，没有化学实验条件的控制，就没有化学实验科学，控制实验条件是化学实验的灵魂。

既然实验条件对化学实验如此重要，因此，要想使实验对象保持或达到某种状态、发生某种特定变化，得到理想的实验结果，就必须对实验条件进行严格、有效的控制。

一、化学实验条件的控制

化学实验条件的控制，是指通过改变实验条件，运用各种不同的实验比较法，来探寻最佳实验条件的一种科学操作方法。其实验比较法主要有：全面比较法、优选法（或称0.618法）、简单比较法、综合比较法（或称正交实验法）等。中学化学实验中比较常用的是简单比较法，即将影响实验结果的诸条件中的一个条件作为可变条件，其他条件保持不变，从而探寻此条件的变化对实验结果影响的一种实验比较法。

实验室中各种化学实验条件的控制，包括反应前的试样预处理和反应进行过程中的反应条件控制等。其中涉及反应物纯度、浓度、用量控制，反应体系的温度、压力、介质、催化剂、pH控制等。常见的实验条件控制列举如下：

（一）反应物纯度的控制

反应物纯度的控制，主要有：①选择适宜的试剂规格；②进行适当的提纯处理。

（二）反应物浓度的控制

反应物浓度的控制，主要有：①使用适当浓度的溶液；②增加分散质或分散介质；③利用溶解平衡维持一定浓度。

（三）温度控制

温度控制，主要有：①选择适宜的加热或冷却手段；②使用仪器设备调节加热温度；③调节受热（冷却）面积、受热距离和散热介质。

（四）反应速率控制

反应速率控制，主要有：①改变反应物浓度；②改变反应温度；③选择适宜的固体药品颗粒大小与形状，改变固、液反应物的接触程度；④使用催化剂；⑤利用抑制平衡的竞争性反应；⑥改变反应物的加入顺序和加入方式。

二、化学实验条件的控制方式

在化学实验中，由于具体的化学实验目的和要求不同，因而实验条件的控制方式也不尽相同。

（一）从所控制的实验条件的时间先后来看

1. 固定控制

在开始实验前即给足各种确定的实验条件，以后不再调整，又称前期控制、一次性控制或者静态控制。例如，选定适宜的试剂、等级和用量，并且一次加料、混合，发生反应。

若采用这种控制方式，要求在设计化学实验方案时要考虑到各种条件在实验过程中能够保持在适当的范围之内。例如，在银镜实验中，乙醛、银氨溶液的浓度、用量和体积比都有适当的范围。

2. 随动控制

在化学实验过程中，不断或者定时对某些实验条件加以调整，又称中期控制、动态控制，如实验过程中，添加、补充或移走某一反应物。在铜跟浓硝酸反应实验中，铜丝固定在穿过橡皮塞的玻璃棒上，通过玻璃棒上下移动，可以随时改变铜与浓硝酸的接触面，从而控制反应的剧烈程度，就是随动控制的一个具体实例。

3. 自动控制

利用某些原理，或者借助于控制仪器，使某一或某些实验条件维持在一定范围内。例如，用恒温仪、稳压电源等控制温度、电压，利用专门设计的装置使液面保持恒定等。

一般说来，固定控制、随动控制和自动控制的复杂程度依次增大。在设计化学实验方案时，要在原理、试剂、仪器与装置、实验操作等方面考虑到条件控制的需要，就条件控制的内容、范围和方法作出相应设计，力求有效和简便。

（二）从所控制的实验条件的多少来看

化学实验条件又称为实验因素，或实验变量。根据控制实验条件的多少，实验条件的控制方式主要分为两大类：单因素控制和多因素控制。

1. 单因素控制

所谓单因素控制，是指只对化学实验中的一种实验条件进行严格控制。例如，在用硫酸铝与氢氧化钠制备氢氧化铝实验中，对氢氧化钠的用量要严格控制。

对一种实验条件进行控制，并不意味着影响该实验的条件只有一个。事实上，任何一个化学实验都包含有多种实验条件。但在具体的化学实验中，由于实验目的和要求不同，不一定对每一个实验条件都必须进行严格控制。

2. 多因素控制

所谓多因素控制，是指对化学实验中的多种实验条件同时进行控制。这种情况较为复杂，从实验条件对实验结果的影响来看，又可分为两种。

（1）固定其他条件，改变一种条件。这种方式所控制的实验条件对实验结果的影响具有相对独立性，每种实验条件都能单独地影响实验结果。例如，浓度和温度对化学平衡影响的实验——硫代硫酸钠溶液与硫酸反应。

（2）对几种实验条件同时加以综合控制。这种方式所控制的化学实验条件对实验结果的影响并不是单一的，而是共同起作用的，具有综合性。例如，氨的催化氧化实验、接触法制硫酸实验等，需要对催化剂、温度、鼓气速度、反应物用量等多个实验条件同时进行综合控制，否则，难以得到满意的实验结果。

参考文献

［1］熊言林. 化学教学论实验［M］. 合肥：安徽大学出版社，2004.

［2］刘知新. 化学教学论［M］.3 版. 北京：高等教育出版社，2004.

第九章　化学实验失败的原因分析

在化学教学中，无论是教师演示实验还是学生分组实验常有不成功或失败的实验现象出现，并时有事故发生。究其原因，除了化学仪器不够精确、试剂纯度不够高及副反应等客观性因素影响外，绝大多数情况是由于操作者平时对化学实验基本操作和实验基本技能训练不够重视或者考虑问题不够周到等主观性因素影响所造成的。归纳起来，化学实验失败的原因有客观因素和主观因素两个方面，主要是主观因素影响。

第一节　化学实验失败的客观因素

一、仪器精密度因素

在中学化学实验中，常用仪器可分为普通仪器、称量仪器、计量仪器、投影仪器、电学仪器等，其中有些仪器是有一定精密度的，而仪器的精密度能决定一些化学实验的成败，特别是定量实验。但是，往往也有精密度不符合要求的仪器进入实验室或由于使用与保管不当，使仪器精密度降低，如果使用这些仪器做实验，将会给实验结果带来一定的影响。

例如，硫酸铜晶体结晶水含量的测定实验。有的学生如果使用刀口已被磨损或锈蚀的托盘天平去称量瓷坩埚和硫酸铜的质量，实验将会出现很大误差，结果导致该实验失败。

二、试剂纯度因素

化学试剂的规格是按不同的纯度来决定的。我国国产试剂的纯度规格，按国家标准主要分为 4 级，分别为优质纯（G. R）、分析纯（A. R）、化学纯（C. P）和实验试剂（L. R）。此外，还有基准试剂、光谱纯试剂、生物试剂、工业试剂等。需要指出的是，同种规格的不同试剂所含有效成分也各不相同。例如，同是化学纯试剂，碳酸氢钠含 $NaHCO_3$ 99.8%，而无水硫酸锌含 $ZnSO_4$ 不少于 98%，亚硫酸钠只含 Na_2SO_3 90%。各种试剂每一规格的纯度、杂质允许的最高含量、试验方法，以及包装、标签颜色等均由国家统一规定（见表 9 – 1）。

表 9 - 1 国产试剂纯度规格

试剂规格	代号	特点	使用范围	标签颜色
优质纯 （一级试剂）	G. R	有效成分高 杂质含量很低	精密科学 研究和分析	绿色
分析纯 （二级试剂）	A. R	有效成分较高 杂质含量低	一般科学 研究和分析	红色
化学纯 （三级试剂）	C. P	杂质含量低 质量低于二级	一般无机 和有机实验	蓝色
实验试剂 （四级试剂）	L. R	质量低于三级 高于工业品	中学一般 化学实验	黄色

不同的实验对试剂纯度的要求不同。有些化学实验对试剂的纯度要求较高，若试剂纯度不够，将导致实验失败。

例如，在中学化学实验中，验证蔗糖不发生银镜反应的实验。

蔗糖是二聚糖，是不会发生银镜反应的。但演示实验时，有的教师用市售蔗糖做实验，即使不加酸水解也能发生银镜反应。这是因为市售蔗糖往往混有葡萄糖以及长期存放可能有少量蔗糖水解的产物（葡萄糖和果糖）存在。因此，在做此实验时就不能使用市售蔗糖，而应选用纯度较高的分析纯试剂。

也有个别化学实验对试剂的纯度要求较低，试剂纯度高了，反而会影响实验正常进行。

例如，在中学化学实验中，氢气的制取和性质实验。

在做该实验时，有的教师、实验员、学生（包括大学生）都用稀硫酸与化学纯或纯度更高的锌粒发生反应，其反应速率非常缓慢，原因是在锌粒表面存在过电位。若选用纯度较低的粗锌粒，或在稀硫酸中加入几毫升硫酸铜溶液，这样一来反应速率就会大大加快，而不至于影响实验进程。加入硫酸铜溶液后，可形成原电池，降低锌粒表面的过电位，使锌与稀硫酸反应更快。

三、副反应因素

在化学反应中，尤其是有机化学反应中，除发生主反应外，还伴有副反应发生，其结果往往影响主反应呈现的实验现象，导致实验失败或实验现象不真。

例如，在中学化学实验中，甲烷的制取和性质实验。

有的学生将制出的甲烷气体直接通入酸性高锰酸钾溶液中，结果溶液褪色，导致实验失败。其原因是发生了副反应，生成一些还原性物质（如丙酮、乙烯等）。在实际实验操作中，应将制出的甲烷气体预先通入盛有浓硫酸的洗气装置中，除去副反应所生成的还原性物质后，再进行甲烷的性质实验。

又如，在中学化学实验中，氧气的制取和性质实验，其制备方法之一是用氯酸钾和二氧化锰的混合物在加热的条件下制取氧气。该实验中有时产生粉红色的物质和有刺激性气味的气体，这些都是该实验中副反应的产物。该实验反应很复杂，涉及的反应如下：

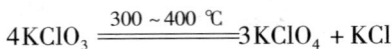

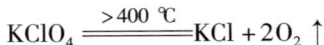

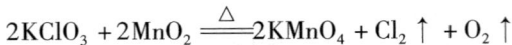

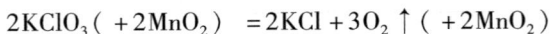

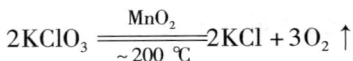

$$4KClO_3 \xrightarrow{300 \sim 400\ ℃} 3KClO_4 + KCl$$

$$KClO_4 \xrightarrow{>400\ ℃} KCl + 2O_2 \uparrow$$

$$2KClO_3 + 2MnO_2 \xrightarrow{\triangle} 2KMnO_4 + Cl_2 \uparrow + O_2 \uparrow$$

$$2KMnO_4 = K_2MnO_4 + MnO_2 + O_2 \uparrow$$

$$K_2MnO_4 + Cl_2 = 2KCl + MnO_2 + O_2 \uparrow$$

$$2KClO_3(+2MnO_2) = 2KCl + 3O_2 \uparrow (+2MnO_2)$$

$$2KClO_3 \xrightarrow[\sim 200\ ℃]{MnO_2} 2KCl + 3O_2 \uparrow$$

杂质的影响：

$$16Pb(ClO_3)_2 \xrightarrow{\triangle} 14PbO_2 + 2PbCl_2 + 6ClO_2 + 11Cl_2 \uparrow + 28O_2 \uparrow$$

$$4Fe(ClO_3)_3 \xrightarrow{\triangle} 2Fe_2O_3 + 6Cl_2 \uparrow + 15O_2 \uparrow$$

另外，可能还有如下反应：

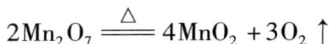

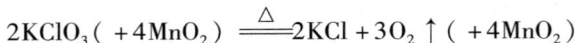

$$2KClO_3 + 4MnO_2 \xrightarrow{\triangle} 2KCl + 2Mn_2O_7$$

$$2Mn_2O_7 \xrightarrow{\triangle} 4MnO_2 + 3O_2 \uparrow$$

$$2KClO_3(+4MnO_2) \xrightarrow{\triangle} 2KCl + 3O_2 \uparrow (+4MnO_2)$$

$$Cl_2 + 2O_2 \rightarrow 2ClO_2$$

$$O_2 + O \rightarrow O_3$$

第二节　化学实验失败的主观因素

一、实验基本操作不当

在中学化学实验中，属于实验基本操作的内容很多，主要有试剂的取用、称量、溶解、振荡、搅拌、过滤、倾倒、加热、蒸发、结晶、升华，气体的收集与干燥、溶液的配制与稀释、仪器的洗涤与组装等。可见，实验基本操作是构成化学实验活动的基本要素，它对保证实验顺利进行起着重要作用。因此，化学实验基本操作是教师和学生必备的基本功，必须学会或较熟练地掌握，不然，将会给实验的顺利进行带来一定的影响。

例如，在中学化学实验中，经常要用到十字夹的实验操作。十字夹是将夹持玻璃仪器的铁夹固定在铁架台上的一种金属仪器。实验中，有些学生常常将十字夹的虎口朝下，夹持又不紧，造成装置固定不稳或铁夹连同所夹持的玻璃仪器脱落、摔碎，导致实验失败。

又如，检验氢气纯度的实验操作。有的学生在检验氢气纯度时，当听到尖锐的爆鸣声后，未经任何处理，就立即再用该试管重新用排空气法收集氢气，继续检验纯度，结果造成气体发生器爆炸事故。

二、仪器选用不当

在中学化学实验中，经常要使用不同的仪器，而不同的仪器具有不同的特性、功能和适用范围；即使使用同种仪器，但规格不同，所承受的量也不相同。因此，在做同一化学实验或不同的化学实验时，应根据化学实验的性质、特点以及实验类型选择适当的仪器。否则，将会影响实验的成功，甚至会发生实验事故。

例如，在用氯酸钾和二氧化锰混合物制取氧气的实验中，为了除去二氧化锰中可能含有的炭粉、纸屑、油污等还原性物质，以防与氯酸钾混合后在加热条件下发生爆炸事故，实验前应对二氧化锰进行焙烧处理。在学生实验中，学生也知道二氧化锰要进行焙烧处理，但有的学生选用了不能加热的表面皿作为焙烧器皿，结果导致表面皿受热破裂，二氧化锰撒落在酒精灯和实验台上。

又如，金属钠与水反应的演示实验。在一次化学公开课上，有一位重点中学的教师演示了自己改进的实验，即在一支盛有三分之一容积水的平底烧瓶中，滴入几滴酚酞试液，然后投入一小块金属钠，金属钠立即与水反应，浮在水面游动，并发出"咝咝"声，但到了反应后期突然发生爆鸣声，险些造成平底烧瓶爆炸。这位教师改进的意图是，防止金属钠与水在敞口的烧杯中剧烈反应时出现液体外溅伤人的情况，但改进的结果又带来了新的不安全因素。这是因为在小口大容积的平底烧瓶中，金属钠与水反应产生的氢气与瓶内的空气混合，当达到氢气与空气混合的爆炸极限时，钠与水剧烈反应放出热量，使局部温度过高，产生火星，可引爆混合气体。

三、实验装置不当

所谓化学实验装置，是指为达到某种实验目的，而将单个仪器通过玻璃导管、橡皮管、橡皮塞或铁架台（包括铁夹）等一一连接起来并固定成为一套有机的物体组合体。化学实验仪器的装配、连接得当与否，不仅关系到在造型上能否给人以美感，而且关系着化学实验的成败，同时与实验安全与否也有很大关系。

例如，氨的喷泉演示实验。一位很有教学经验的老教师，在一次演示氨的喷泉实验时未能成功。其原因是，上课前集满氨气的圆底烧瓶与橡皮塞不配套，即与圆底烧瓶相配的双孔橡皮塞过大，橡皮塞不能被塞入到瓶口内的三分之二处，而仅被塞入到瓶口内的五分之一处左右，由于橡皮塞反弹滑出而松动，圆底烧瓶内的氨气外逸，结果导致演示实验失败。

又如，氢气还原氧化铜的实验。学生实验时，有的学生将盛有氧化铜的试管固定在铁架台上，试管底不是高于试管口而是低于试管口，结果使反应中产生的水蒸气在试管口处冷凝后又倒流到试管底部，致使灼热的试管炸裂。

四、试剂用量不当

试剂用量是指化学实验中使用试剂量多少的问题。试剂用量不当，通常有两种情况：一是用量过大；二是用量不足。试剂用量过大，是学生在化学实验中经常出现的问题。有的学生认为，实验时，试剂用量越多，实验现象就会越明显。恰恰相反，试剂用量过多，不仅影响实验效果，反而造成极大的浪费，有时还会发生事故。

例如，银镜反应的实验。有的学生在制取银氨溶液时，向硝酸银溶液里滴加氨水过多，由于溶液中氨的浓度较大，使 $\left[\,Ag(\,NH_3\,)_2\,\right]^+ \rightleftharpoons Ag^+ + 2NH_3$ 的平衡难以向右移动，不利于银离子的还原，结果较长时间都不见银镜出现，致使实验失败。

试剂用量不足，同样可能导致实验失败。

例如，铝热剂反应的演示实验。有的教师在铝热剂上堆放的引燃剂（一般可用过氧化钡、镁粉、氯酸钾等混合而成）用量太少，燃烧后达不到铝热剂反应的温度，结果导致实验失败。

又如，制备澄清的偏铝酸钠溶液时，就不能按三氯化铝与氢氧化钠的物质的量之比为 $1:4$ 混合（$AlCl_3 + 4NaOH = 3NaCl + NaAlO_2 + 2H_2O$）。这是因为氢氧化铝必须在过量的氢氧化钠溶液中才能溶解，即三氯化铝与氢氧化钠的物质的量之比应小于 $1:4$。

五、试剂加入顺序不当

两种或两种以上物质间发生反应，其反应现象和生成物一般不会受到试剂加入的先后顺序影响。但也有一些化学反应，所用试剂加入的先后顺序不同将会产生不同的实验结果。

例如，苯酚与溴水反应的实验。有的学生错将苯酚溶液滴加到浓溴水中，则立即会生成白色的 2,4,6 - 三溴苯酚沉淀，而后沉淀又快速溶解成黄色的 2,4,4,6 - 四溴 - 2,5 - 环己二烯酮，结果出现异常实验现象，导致实验失败。其原因可用如下反应方程式表示为：

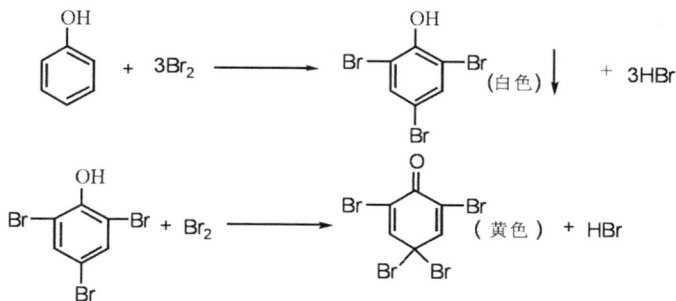

又如，用硫酸铝溶液和氢氧化钠溶液制取氢氧化铝的实验。有的学生错把硫酸铝溶液往氢氧化钠浓溶液中滴加，则产生白色沉淀但随即消失，结果未达到实验目的。

六、试剂选用不当

化学实验中，由于学生粗心错选同一试剂不同浓度的溶液，或同一试剂不同外观（如形状、晶型等）的试剂，结果未达到实验目的；或者由于学生考虑不全面往往只注意根据一种离子的特征来选用试剂，而不注意排除干扰因素，导致结果无法判断或结论错误。

例如，铜与浓硝酸反应的实验。粗心的学生错把稀硝酸当作浓硝酸滴入盛有一片铜片的试管里，结果反应极缓慢，而且无红棕色的气体产生，结果未能达到实验目的。

又如，鉴别硫酸铵溶液和氯化铵溶液的实验。有的学生只选硝酸银溶液为试剂，导致结果无法判断；或者任取一种未知液进行检验，认为产生白色沉淀的就是氯化铵，剩下的必是另一种，往往导致结论错误。

七、实验条件不当

实验条件通常是指反应物的浓度、温度、介质、压强、催化剂等。化学反应往往只有在一定实验条件下才能显示出预料的结果，否则，将会随着实验条件的不同而发生不同的变化，导致实验失败。

例如，过氧化钠与水反应的实验。有的学生在做完检验产生的气体后，即向试管里滴加酚酞试液，以此来检验反应后的溶液是否是氢氧化钠溶液，结果无色酚酞溶液变成紫红色后又立即褪去。学生则认为酚酞被氧化或者生成物不是氢氧化钠。其实不然，酚酞试液只有在稀碱性的溶液中才变成紫红色，且紫红色保持时间较长；而在浓强碱的溶液（6 mol/L 以上）中，酚酞试液变成紫红色后很快褪色，呈无色。这是由于酚酞分子结构随着碱的浓度大小而发生下列转化关系。

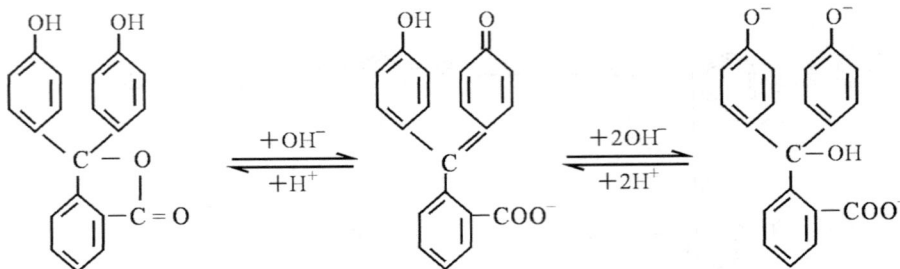

无色（内酯式结构）　　　　　红色（醌式结构）　　　　　无色（甲醇式结构）

因为过氧化钠与少量水反应后所生成的氢氧化钠溶液的浓度很大，所以才出现上述的异常现象。因此，做此实验时，应先加较多的水稀释后，再滴加酚酞试液，这样才能出现正常的实验现象。

又如，制取乙烯的实验。有的学生将盛有乙醇和浓硫酸混合液的试管（其中放有小瓷片）离酒精灯火焰太高，使得混合液的温度长时间维持在 140 ℃左右，而不能迅速升高到 170 ℃，结果产生大量有特殊气味的乙醚，使实验未能达到预期的实验目的。

再如，甲苯与酸性高锰酸钾稀溶液反应。有的学生未将高锰酸钾稀溶液进行酸化，就与甲苯混合反应，结果出现暗褐色浑浊现象，与预料的实验结果不一样。这是因为甲苯能被高锰酸钾的酸性溶液、碱性溶液和中性溶液氧化，生成苯甲酸（或苯甲酸盐），而高锰酸钾却被还原为不同价态锰的产物，使溶液呈现出不同的颜色。若在酸性介质中，高锰酸钾稀溶液的紫红色褪去，接近无色溶液（Mn^{2+}）；若在碱性介质中，紫红色的高锰酸钾稀溶液变成鲜艳的绿色溶液（MnO_4^{2-}）；若在中性介质中，紫红色的高锰酸钾稀溶液变成暗褐色浑浊液（MnO_2）。它们的反应方程式如下：

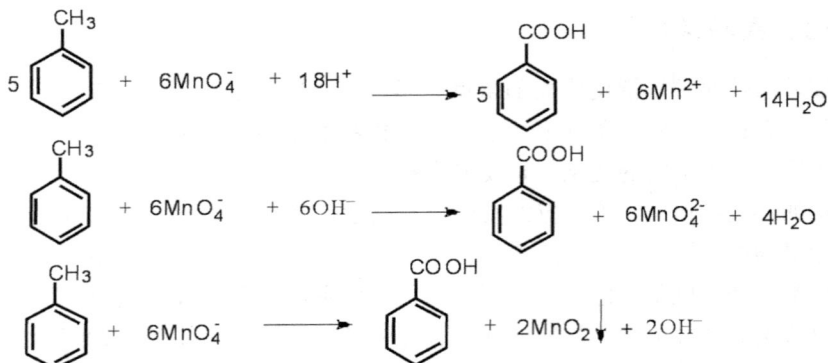

综上所述，欲保证化学实验成功，达到预期的目的，在实验之前，教师应切实做到以下两点：

（1）坚持亲自准备实验，预做每个实验（包括演示实验和学生分组实验），切实掌握实验的成败关键，熟悉实验过程，过好实验操作关。

（2）针对学生分组实验内容，对实验中可能出现的情况在实验前作必要的讲解或演示，引导学生认真预习实验的有关内容，写好预习报告，让学生做到实验时心中有数，有的放矢，敢于探究。

只要这样，不仅可避免化学实验失败和事故的发生，还能激发学生学习化学的兴趣和热情，培养学生的创新意识和动手能力，提高化学实验教学效果。

参考文献

[1] 熊言林. 化学教学论实验 [M]. 合肥：安徽大学出版社，2004.

[2] 熊言林. 简析化学实验失败的原因 [J]. 化学教育，2000，21（4）：26－27.

[3] 熊言林. 浅析化学实验中的异常现象 [J]. 化学教育，1996，17（3）：32－36.

第十章 化学实验安全知识与救护措施

第一节　化学实验安全知识

安全是化学实验工作的第一要素。为使化学实验顺利进行，必须重视实验安全工作，杜绝麻痹大意思想。进行化学实验时，要对化学实验安全知识有所了解，严格遵守关于水、电、气和各种仪器、药品的使用规定，并在实验中严格遵守安全守则，以防失火、爆炸、中毒及其他事故的发生，这是圆满完成化学实验教学任务、确保师生人身安全和国家财产免受损失的必要前提。此外，还要学会并掌握基本救护措施，如遇意外事故发生，能够及时处理和简单自救。对于实验室废弃物的处理方法也要有所了解，以保持实验室环境不受污染。

一、安全实验操作常识

（1）了解实验室的环境，熟悉水、电、气的阀门，急救箱和消防用品的放置地点以及使用方法。

（2）避免用湿的手、物接触电源。水、电、煤气（液化气）一经使用完毕，就立即关闭开关或电闸。点燃的火柴用后立即熄灭，放入有水的废物桶内，不得乱丢。

（3）严禁在实验室内饮食、吸烟，不能把餐具带进实验室。实验时应穿实验服，不得穿拖鞋，实验完毕洗净双手。

（4）不要将实验室内的药品携带出室外。用剩的有毒药品应及时还给教师进行保存。

（5）各种化学药品及试剂不能随意混合、撞击，以免发生意外事故。

（6）钾、钠和白磷等暴露在空气中易燃烧，钾、钠应保存在煤油中，白磷可保存在水中，取用时要用镊子。一些有机溶剂（如乙醚、乙醇、丙酮、苯等）极易被引燃，使用时必须远离明火，用毕立即盖紧瓶塞。

（7）混有空气的可燃性气体（在爆炸极限范围内），如 H_2、CO 等，遇火易爆炸，操作时勿接近明火，点燃气体之前，必须先验纯。某些强氧化剂（如氯酸钾、硝酸钾、高锰酸钾等）或其混合物不能研磨，否则将引起爆炸。

（8）应配备必要的防护眼镜。倾注药剂或加热液体时，防止溅出。尤其是浓酸、浓碱具有强腐蚀性，尽量避免溅到眼睛、皮肤或衣服上。稀释浓硫酸时，应将其慢慢倒入水中，以防迸溅。

（9）不要俯向容器去嗅放出来的气体，应面部远离容器，用手把逸出容器的气流慢慢地扇向自己的鼻孔。产生有毒、有害气体（如 H_2S、HF、Cl_2、CO、NO_2、Br_2 等）的实验，必须在通风橱内进行。液溴易挥发，瓶中要加一层水保护。

（10）有毒药品（如重铬酸钾、钡盐、铅盐、砷的化合物、汞的化合物、氰化物等）不得入口或接触伤口，剩余的废液不能随便倒入下水道。

（11）金属汞易挥发（瓶中要加一层水保护），并能通过呼吸进入人体内，逐渐积累会引起慢性中毒。取用汞时，应该在盛水的搪瓷盘上方操作。做金属汞的实验应特别小心，不得把汞洒落在桌上或地上，一旦洒落，必须尽可能收集起来，并用硫黄粉盖在洒落的地方，使汞转变成不挥发的硫化汞。

（12）洗涤后的试管等容器应放在规定的地方（如试管架上）干燥，严禁用手甩干，以防未洗净容器中的酸、碱等液体伤害别人或损坏衣物。

二、安全用水常识

水，在中学化学实验室里通常是指自来水。自来水是中学化学实验中最常用的清洗剂和实验试剂，合理使用自来水，既节约实验经费，也避免实验事故。

（1）水路与电路相距要较大一些，以防漏水而引起电线短路，发生火灾。

（2）用水时，应轻开水龙头，用后立即关闭。用自来水洗涤仪器时应少量多次，节约用水。

（3）在实验要求不太高的条件下，尽可能用自来水代替蒸馏水作为实验试剂，以节约实验经费。

三、安全用电常识

化学实验与用电的关系十分密切，掌握一定的电器安全知识是非常必要的。

一般情况下，45 V 以上具有较大电流的电源就是危险电流。人体通过 50 Hz 的交流电时，10 mA 以上能使人肌肉强烈收缩；25 mA 以上可导致呼吸困难，甚至停止呼吸；100 mA 以上可使心脏的心室产生纤维性颤动，以致死亡。直流电在同样电流的情况下，对人体有相似的危害。为防止触电，在实验室中应注意以下几点：

（1）操作电器时，手必须干燥。因为手潮湿时电阻显著减小，容易引起触电。不得直接接触绝缘性不好的通电设备。

（2）一切电器设备应有良好的绝缘装置，金属外壳应接地。实验结束后，应首先切断电源，然后再拆除电路。

（3）不得带电安装或修理电器设备，在安装仪器或连接线路时，电源线应最后接上。不得用电笔测试高压电。

（4）如果有人触电，应首先切断电源，然后进行抢救。如触电人的呼吸不规则或已停止，必须进行人工呼吸并送往医院进行抢救。实验人员应了解实验室中电源总闸所在的位置，以利于迅速切断电源。

（5）防止设备超负荷工作或局部短路，应使用符合规定安培数的保险丝。

（6）注意仪器设备所要求的电源是交流电还是直流电、三相电还是单相电，电压的高低和功率大小是否相符。

四、合理处理实验废弃物常识

在化学实验教学中，妥善处理化学实验后的废弃物，既是防止教学环境污染的重要措施，也是向学生进行环保教育的重要手段。

实验室中产生的废弃物分别为有毒气体（废气）、液体（废液）和固体（废渣），称为实验室的"三废"。不经处理的废弃物直接排放，会污染空气、水源、生态和环境，损害人体健康，而且废弃物中的贵重成分和有用成分未能回收，在经济上也造成了一定的损失，因此，实验室的废弃物需经一定的处理才能排放或利用。

（一）处理废弃物的原则

科学处理废弃物，应遵循下列基本原则。

1. 分别处理原则

实验室排放的废弃物，最大的特点是种类繁多、杂乱而且组成经常变化，因而必须区别对待。根据废弃物的不同成分、性质及含量，综合考虑安全、经济、时间、可行性等因素，分别选择处理方案。该及时处理的，要在实验结束后马上处理；可暂缓处理的，应先行分类收集、妥善贮存，再将可以统一处理的废弃物一起处理；需个别处理的，收集后再集中处理。

2. 安全弃废原则

化学实验废弃物的另一个特点是具有一定的危害性，因而进行处理时，必须确保不留后患，即不腐蚀或堵塞下水管道，不影响环境保护，不造成着火、爆炸等事故。

3. 变废为宝原则

这一原则要求发挥化学学科的特长，积极考虑废物利用。凡能回收且有回收价值的废弃物，应设法予以回收利用。对不能回收的废弃物，也要挖掘其利用价值，尽量考虑用一种废弃物去处理另一种废弃物。

（二）处理废弃物常用的方法

处理废弃物时，要根据上述原则，根据废弃物的成分及性质，选择适当的方法。常用的废弃物处理方法如下：

1. 沉淀（或共沉淀）法

这种方法一般用于处理含有害金属离子的无机类废液。处理方法是在废液中加入合适的试剂，使金属离子转化为难溶性沉淀物。有时为了增强沉淀效果，还可加入明矾等凝聚剂，使其与沉淀物共沉淀，以便分离；然后进行过滤，将滤除的沉淀物妥善保存，检查滤液，确定其中不含有害物质（或含量在允许范围内）后，方可排放。

例如，汞及汞的化合物有剧毒。初中化学教学中，硝酸汞跟铜丝发生置换反应后的废液中含有未反应完的汞离子（Hg^{2+}）和反应生成的铜离子，可用硫化钠或硫氢化钠和明矾，使汞离子变成硫化汞沉淀，同时铜离子也变成硫化铜沉淀，从废液中析出。

$$Hg^{2+} + S^{2-} = HgS \downarrow$$
$$Cu^{2+} + S^{2-} = CuS \downarrow$$

滤出沉淀物后，将其装入瓶子里。另外，还要把覆盖了一层汞的那段铜丝剪下，一起放入瓶子里，用硫黄粉盖好，再密封好瓶子。

2. 中和法

处理含酸或碱类物质的废弃物，常用中和法。处理时，可以利用废酸和废碱相互中和，用 pH 试纸检验至废液 pH 约等于 7，如果这时废液中不含其他有害物质，则加水稀释至含盐浓度在 5% 以下，即可排放。

3. 氧化还原法

此法主要用于处理含氧化剂的废弃物。处理方法是：在废弃物里加入一定的还原剂或氧化剂，使其发生氧化还原反应。如果两种废液混合时没有危险，可将其中一种废液分次、少量逐步加入另一种废液中，使之反应。然后，用淀粉碘化钾试纸检验反应液。若淀粉碘化钾试纸变蓝，再加入亚硫酸钠（或硫代硫酸钠、硫酸亚铁等）溶液，至试纸不变颜色为止。若淀粉碘化钾试纸不变色，可加入双氧水，至使试纸刚好变色为止，再加少量亚硫酸钠。最后将反应液中和至 pH 为 7，并使其含盐浓度在 5% 以下，方可排放。

4. 焚烧法

含可燃性物质（如绝大多数有机物）的废弃物，一般可用焚烧法处理，即把废弃物置于燃烧炉中（少量废弃物可装入铁制或瓷制容器），选择室外安全的地方把它燃烧掉，并保管好残渣。某些在燃烧时可能产生二氧化氮、二氧化硫等有害气体的废物，应做到特别处理，最好用配备有洗涤有害气体的装置进行燃烧。

5. 吸附法

含难燃烧物质或低浓度可燃性有机废液，可用吸附法处理。即选用活性炭、硅藻土、矾土、聚丙烯、氨基甲酸乙酯泡沫塑料、稻草屑及锯末之类具有良好吸附功能的物质，使废液被充分吸附后，与吸附剂一起焚烧。另外，某些无机类废液，亦可选择适当的离子交换树脂作为吸附剂，用吸附法处理。例如，含 Pb^{2+} 的废液，使用强酸性离子交换树脂为吸附剂，几乎能把它完全除去。处理铁的含氰配合物废液时，也可用阳离子交换树脂吸附。

（三）处理"三废"的方法

在中学化学实验里，为了方便，通常根据废弃物的种类进行分类处理，即按照实验室的废气、废液和废渣进行处理。

1. 废气处理

在化学实验中，若生成有毒气体，实验装置中要增加有毒气体的吸收或处理装置，如 NO_2、SO_2、H_2S、Cl_2、Br_2 等可用导管通入废碱液中，CO 可以点燃转化成 CO_2 等。对于实验中无法消除的有毒气体，应在通风橱内进行实验，并在通风橱顶部安装过滤装置，减少毒气的排出量，防止室内空气的污染。

2. 废液处理

实验室中的废液必须倒入废液缸内，不能直接冲入下水道中。一般的酸碱废液在中和后可排放。对于含有重金属离子或汞盐的废液，可加碱液调 pH 为 8~10 后，再加硫化钠处理，使其毒害成分转变成难溶于水的氢氧化物或硫化物沉淀而分离，生成的残渣跟其他废渣一起埋入指定地点。铬酸洗液尽量少用或不用，用过的废液可加入 $FeSO_4$ 溶液，使 CrO_4^- 溶液还原为无毒的 Cr^{3+} 后，按普通重金属离子废液处理。

3. 废渣处理

无毒废渣可在指定地点深埋，有毒废渣必须交有关专业部门进行处理。

实验室的"三废"中还包括实验产物，可进行综合利用，一般提倡前一实验的产物作为后边一些实验的反应物，如"粗盐提纯"实验中得到的氯化钠可用在"配制溶液"实验中。所以"三废"的利用是实验室管理中的重要内容之一，有待于进一步实施。

由于实验废弃物的处理工作，目前尚未引起人们足够的重视，因此，化学教育工作者及有关人员应充分认识化学实验废弃物处理的重要性和必要性，了解国家有关的政策和法令对各种废弃物排放标准的规定，加强对废弃物处理的研究，积极创造条件，采取措施，努力做好这项工作。

各类各级学校的化学教材，应增编实验后废弃物处理的有关内容，各实验室也应增加实验废弃物处理的相应设施。

五、消防常识

当实验室不慎起火时，应根据具体情况采取必要而有效的灭火措施。因为物质燃烧需要空气和一定的温度，所以灭火的原则是降温或将燃烧的物质与空气隔绝。化学实验室常用的灭火措施和方法如下：

（1）火较小时，用湿布、石棉布或沙子等覆盖燃烧物，即可灭火。火势大时，可用灭火器灭火。活泼金属如钠、钾、镁、铝以及白磷等着火，宜用干沙覆盖灭火，不宜用水、泡沫灭火器以及四氯化碳等灭火。有机溶剂着火时，切勿用水浇灭，应使用二氧化碳灭火器、沙子或干粉灭火器等灭火。

（2）加热时着火，应立即停止加热，关闭煤气总阀，切断电源，将一切易燃易爆物移至远处。

（3）电器设备着火时，先切断电源，再用二氧化碳或四氯化碳灭火器灭火，也可使用干粉灭火器或 1211 灭火器灭火，不要使用泡沫灭火器以免触电。

（4）实验人员衣服着火时，不要惊慌乱跑，应赶快将衣服脱下或用石棉布覆盖着火处，或在地上卧倒打滚，即可起到灭火的作用。

（5）火灾发生时，应及时拨打"119"报警。

常见灭火器种类及其使用范围见表 10 - 1。

表 10 - 1　常见灭火器种类及其使用范围

名称	使用范围
泡沫灭火器	用于一般失火及油类着火。此种灭火器是由 $Al_2(SO_4)_3$ 和 $NaHCO_3$ 溶液作用产生大量的 $Al(OH)_3$ 和 CO_2 泡沫，泡沫把燃烧物质覆盖与空气隔绝而灭火。因为泡沫能导电，所以不能扑灭电器设备着火
四氯化碳灭火器	用于电器设备、汽油、丙酮等着火。此种灭火器内装液态 CCl_4。CCl_4 沸点低，相对密度大，不会被引燃，所以把 CCl_4 喷射到燃烧物的表面后，CCl_4 迅速汽化，覆盖在燃烧物上而灭火
1211 灭火器	用于油类、有机溶剂、精密仪器、高压电器设备着火。此种灭火器内装 CF_2ClBr 液化气，灭火效果好
二氧化碳灭火器	用于电器设备失火及忌水的物质着火。内装液态 CO_2
干粉灭火器	用于油类、电器设备、可燃性气体及遇水燃烧物质等的着火。内装 $NaHCO_3$ 等物质和适量的润滑剂和防潮剂。此种灭火器喷出的粉末能覆盖在燃烧物上，形成阻止燃烧的隔离层，同时它受热分解出 CO_2，能起到中断燃烧的作用，因此灭火速度快

第二节　预防与救护措施

化学药品通过呼吸道、食道、五官以及伤口等侵入人体后可引起中毒。化学药品的毒性一般分为腐蚀、刺激和神经中毒或血液中毒等几种。

一、毒物的类型

所谓毒物就是能够扰乱人体正常生活活动，使人体内发生一系列难以想象的复杂的化学反应的物质。有时毒物仅仅引起不适，但有时会引起疾病或死亡。将毒物按照它们破坏人体的化学方式的不同，可分为六种类型。

（一）腐蚀性毒物

真正破坏人体细胞组织的物质是腐蚀性毒物。强酸、强碱和许多氧化剂都属于这类毒物。它们的毒性作用是破坏细胞组织使其失去正常活动能力。以浓 H_2SO_4 为例，它使细胞脱水，细胞死亡后，其蛋白质结构由于肽键的酸性催化水解而被破坏。

还有一种毒物是由于能发生产生腐蚀性毒物的化学反应而引起人中毒的物质。第一次世界大战中使用的致命毒气——光气就是这一类。当人吸入这些毒气时，它在肺中水解产生盐酸：

$$COCl_2 + H_2O \rightarrow 2HCl + CO_2$$

由于强酸对组织的脱水作用引起肺水肿，并损坏组织使肺不能有效地吸收氧气，而使受害者死于窒息。

还有一些具有氧化性的毒物是通过氧化作用使某些组织破坏而丧失活性。

（二）代谢性毒物

这类物质主要是干扰重要的生物化学过程，使生理过程停止或阻止它有效地进行，从而引起疾病或死亡。以 CO 中毒为例，CO 干扰细胞外的氧气传递，CO 与血红蛋白的结合力大约为氧气与血红蛋白结合力的 140 倍，正是由于血红蛋白被 CO 牢固束缚，而使其失去了传递氧的作用，造成动物缺氧死亡。氰化物中氰根离子是一种毒性作用极迅速的毒物之一，它和 CO 一样也是窒息性毒物。但它的中毒机制不同，它的机制是干扰氧化酶的正常作用，与氧化酶中的某些金属离子（通常是铁离子和铜离子）生成稳定的氰配合物而使氧化酶失去作用。另外，还有众多的重金属离子及砷等也是常见的这类毒物，它们的毒性主要在于能和含巯基（—SH）的酶反应，而使它们失去正常生理功能。

（三）神经性毒物

这类毒物的作用只限于神经系统，大多数这类毒物的作用方式人们尚未确切了解，一般认为它主要是过分刺激神经、腺体和肌肉，使心脏产生不规律搏动、痉挛以致死亡。但这类物质在医学上非常有用，像吗啡、阿托品是已知最有效的镇痛药，广泛用于由于外科手术、骨折、烧伤等引起的短期剧痛。但经常使用这类物质，很易使人成瘾。像烟草中含有的尼古丁、茶叶中含有的咖啡因也属于这类毒物，所以不少人由于长期抽烟、喝茶而上瘾。

（四）诱变性毒物

这是一类改变遗传因子和染色体，引起后代异常的有毒物质。在化学上，它们主要是改变人体中的 DNA 和 RNA 的结构，亚硝酸及其盐是这类毒物的典型代表。

（五）致癌物

能引起有机体出现不正常生长状况的化合物是致癌物。它们的作用可以认为是致癌物与体内某些细胞组织反应，从而使其生理功能和生长速度异常。在正常生长中，细胞分裂、器官生长到一定程度即停止，而与致癌物结合的细胞——癌细胞将会异常生长。这类致癌物大部分为含氮的多环芳烃有机化合物。

（六）致幻物质

这是一类能引起感觉、思维及情绪暂时改变的物质，它和神经性毒物的作用有许多类似之处，主要是干扰神经系统。它们在较小量时就有毒，中毒的主要特征是：通过刺激神经系统，使视觉或对其他外界刺激产生怪异甚至歪曲的理解。人们普遍认为这类物质之所以能致幻作用，是因为这种物质以某种化学方式把通常隐藏起来或从生物上讲贮存在中脑和脑体中的情感释放出来，而产生虚构的迷幻。这类物质大多是含有苯环的较复杂的有机化合物。

上述这些毒性物质，有的在极微量的情况下就会引起中毒症状，而另一些则需要在少量多次摄取的情况下才会中毒。

二、常见事故的预防和急救措施

（一）创伤

发生原因：创伤是很容易发生的事故之一，多发生在手指、手掌、面部及暴露的皮肤上。如安装仪器时用力过猛，或违反操作规定，使玻璃仪器破损而引起创伤。

预防措施：装卸玻璃管等物时，可用湿布包裹，并滴加少量水润滑，手要持管的前端，用力大小要适当；实验中要集中精力，严格遵守操作规程。

救护方法：伤处不要用手抚摩，伤口较小且无碎玻璃时，可敷止血消炎药并用纱布包扎或使用创可贴；如伤口内有碎玻璃，要小心取出后，再进行上药、包扎处理；如伤口较大，要用手或止血带压迫伤口处进行止血，并迅速送往医院救治。

（二）烫伤

发生原因：烫伤也是实验室中常发生的事故之一，多发生在皮肤表面。如使用不能加热的仪器加热时，造成仪器炸裂；用手触摸过热的受热器皿或仪器；使用电烙铁时都可能引起烫伤和创伤。

预防措施：不要用手去拿刚加热过的玻璃仪器，可使用坩埚钳或垫毛巾；使用高温液体或对液体加热时，不要随意移动，同时液体不得盛装过满；加热盛有液体的试管、使用烙铁时，都应严格按操作规程进行操作。

救护方法：不要用冷水洗涤伤处，要保护烫伤部位。轻度烫伤可涂擦饱和碳酸氢钠溶液或将碳酸氢钠粉调成糊状敷于伤处，也可抹獾油或烫伤膏等。伤势严重时，应立即就医。

（三）酸、碱灼伤或溅伤

发生原因：配制酸、碱溶液时，不慎溅在皮肤上或溅到眼里；盛装酸、碱的容器突然破碎造成迸溅等。

预防措施：配制及使用酸、碱时，必须按照操作规程进行。操作时可戴防酸、碱手套和保护镜加以保护。

救护方法：可先用大量水冲洗。酸烧伤时可先用饱和碳酸氢钠溶液（或稀氨水、肥皂水）洗，然后用水清洗，最后涂敷碳酸氢钠软膏。碱烧伤时可先用 $1\% \sim 2\%$ 的乙酸溶液或饱和硼酸溶液洗，然后用水冲洗，还可涂凡士林或烫伤药膏。如果酸溅入眼内，可用大量水冲洗后，用 3% 的 $NaHCO_3$ 溶液洗眼；碱溅入眼内，可立即用 1% 的硼酸溶液冲洗，严重时立即就医。有条件的实验室应安装喷淋洗眼器。

（四）吸入刺激性或有毒气体

发生原因：制取有毒气体时，有毒气体未被充分吸收，实验室未安装通风设备或通风效果不好时，都有可能导致鼻、眼、口腔黏膜被刺激或吸入毒气而中毒。

预防效果：安装有毒尾气吸收装置和通风设备。制备有毒气体时，一定要在带有尾气吸收装置的实验装置或通风橱内进行。

救护方法：吸入氯、氯化氢气体时，可吸入少量乙醇和乙醚的混合蒸汽使之解毒。吸入硫化氢或一氧化碳气体而感到不适时，应立即到室外呼吸新鲜空气。但应注意氯、溴中毒不可进行人工呼吸，一氧化碳中毒不可使用兴奋剂。

（五）毒物进入口内

发生原因：用嘴直接吸移液管、在实验室吃东西或饮水、用被药品污染的手拿取食物等。

预防措施：认真鉴别标签，在实验室不要饮用饮品和食用食物。

救护措施：毒物入口时，要迅速吐出，如已咽下，可用手指伸入咽喉处进行催吐，也可服促吐剂（30 g 硫酸镁溶于一杯水）、肥皂液或蓖麻油促使呕吐，严重时要送往医院抢救。

（六）爆炸

发生原因：由于药品用量过大或错误使用，造成剧烈反应，从而引起爆炸；点燃可燃性气体前，未验纯而发生爆炸；粉碎氯酸钾、硝酸铵等物质时，由于混入有机物或用力过猛引发爆炸；使用大量的金属钾、钠、钙时，遇水发生剧烈反应，而引起爆炸；使用启普发生器时，中途添加反应物，而未再次验纯，或因仪器漏气而发生爆炸。

预防措施：严格遵守药品的使用规则和管理方法；认真检查仪器质量和气体流路；做可燃性气体实验时要通风，避免明火；有爆炸物生成时要及时处理。

救护方法：爆炸发生时，应冷静、镇定，根据爆炸原因迅速分析是否有可能再次发生爆炸，并及时排除爆炸的隐患。爆炸中如果生成有毒物质，应根据需要将有关人员疏散撤离。如爆炸引发起火、创伤、烧伤、中毒等要立即分别处理。

第三节　高中化学（必修）教科书中的实验安全教育

化学家傅鹰先生曾说，只有实验才是化学的"最高法庭"。新课程十分重视中学化学实验教学，倡导通过实验学化学。为了将通过实验学化学的理念进一步落实到实处，《义务教育化学课程标准（2011 年版）》中特别增加了学生必做实验，要求学生至少完成 8 个实验，同时要求教师应采取多种形式（如随堂实验、演示实验、微型实验、家庭小实验等），尽可能增加学生进行实验操作和实验探究的机会。《高中化学课程标准（实验）》强调实验对于实现高中化学课程目标具有不可替代的作用，要求突出化学学科特征，更好地发挥实验的教育功能，并十分注意培养学生的环境保护意识。由此可见，实验在化学教学中的重要性是不言而喻的。但是，在开展多种形式的化学实验教学过程中，有许多未知因素可能造成危险，甚至会引起人身伤亡事故，有关这方面的安全教育在当前教科书和实际教学中还没有引起足够的重视。因此，研究化学实验的安全教育是十分重要和必要的。本节就人教版、鲁科版和苏教版（以下简称"3 个版本"）高中化学（必修）教科书中化学实验隐患、实验安全教育内容、实验安全标志等进行统计和分析。

一、中学化学实验安全教育的意义

安全是生命的基石，安全是欢乐的阶梯，安全是未来的希望。随着素质教育和创新教育的理念不断落实，在高中化学学习中，化学实验内容形式逐渐多样化，化学实验数量不断增加，加之对学生实践能力的要求逐渐提高，学生接触到的实验试剂、实验仪器、实验条件控制、实验产物检验等会增加很多，其中可能有易燃易爆物、有毒物质、高温、高压等不安全因素存在。在人教版高中化学（必修）教科书中，化学实验就有 51 个（必修 1 有 30 个，必修 2 有 21 个），高温加热的实验有 8 个，可能接触到易燃易爆物的实验有 6 个，涉及有毒物质的实验有 5 个。面对如此之多的安全隐患，如果处之不慎，就会造成不可挽回的痛苦。因此，实施并推广化学实验安全教育势在必行。

（一）实验安全教育是化学教学的重要内容之一

实验安全教育作为教学内容的组成部分，常常不是独立呈现，而是以具体化学知识、技能为载体。中学化学实验安全教育的内容按涉及的范围可分为安全知识及规范实验、实验事故处理、安全制度 3 个模块。其表现出来的形式常为"什么物质具有什么特性""应用时注意什么事项""实验怎样操作，若不这样会导致什么样的后果，这种后果如何处理"等。

实验既是教学的内容，也是探究学习的手段，其实验对象、操作环境常常会具有潜在危险性。例如，在学习化学知识时，常会用到易燃气体 H_2，学生需获得的安全知识有："H_2 与空气在 4.0% ~75.6% 的爆炸极限内混合后遇火源会发生燃烧爆炸，所以，点燃 H_2 之前应先检验纯度"。同样，CH_4、C_2H_4、C_2H_2 等可燃性气体的实验也同样会遇到潜在的危险。因此，实验安全教育必然成为中学化学实验教学的重要内容，为了确保化学实验教学中的人身安全，学校有必要开展实验安全教育。

（二）实验安全教育是实验教学顺利开展的首要保障

化学实验是学习化学、体验化学和探索化学的重要途径。化学实验经常使用到易燃易爆、有毒、强腐蚀性试剂，易引起火灾、爆炸、中毒或发生烧伤、割伤、触电等事故。例如，学生在进行化学实验的过程中，若吸入溴、苯、甲苯、氯气、一氧化碳或硫化氢等气体，容易中毒。若发生这些事故，要即时对学生进行相应的救护，教师实验教学势必要中断。故化学实验过程中一旦发生事故，后果往往不堪设想，不但危及人身安全，而且也会直接或间接影响学生的学习秩序和以后的学习兴趣，更有甚者，学生有可能会畏惧化学实验，不利于教师今后对化学实验教学的顺利开展。

（三）实验安全教育是学生维护自身安全的需要

美国心理学家马斯洛提出了需要层次理论，该理论将需要分为五种，像阶梯一样从低到高，按层次逐级递升，分别为：生理上的需要、安全上的需要、情感和归属的需要、尊重的需要、自我实现的需要。可见，安全是人的基本生存需要，这是与生俱来的，只有在满足低层次需要之后，才能满足其他需要。在化学实验过程中，难免会有潜在的不安全因素存在，而学生在心理、知识、能力、情感等方面不够成熟，因此对学生进行化学实验安全教育是满足每个学生生存和发展需要的基础，是把人对安全的本能需要提升到人自主具有安全素质的有效手段。只有在学校提供安全的环境氛围基础上，学生才可以毫无顾虑地、放心地学习化学知识。

二、高中化学（必修）教科书中实验安全教育内容的统计分析

（一）化学实验安全教育内容的分类

根据中学化学实验的特点和学生的身心发展特点，可以把高中化学（必修）教科书中实验安全教育内容分为以下类型：

（1）实验室安全守则类，指有关实验安全的法律、法规，以及实验室的规章制度，它是人们在长期的实验室工作中归纳总结出来的，保证实验人员安全的强制性规定，是安全教育的纲领性文件。具体包括实验前要做好预习和实验准备工作、未经允许不得擅自实验、实验中不得喧哗打闹等。

（2）实验安全知识和操作技能类，指相对于实验室安全守则来说更具体的实验安全知识和安全操作技能方面的内容，包括化学试剂使用准则、加热与用火安全、仪器设备操作规范、动物植物安全、实验清理规则、穿戴规则等方面。

（3）实验安全标志类，即安全警示图标，用图标的形式提醒学生可能发生的危险及要注意的问题。常见的实验安全标志包括：戴护目镜、穿实验服、当心极端温度、当心易碎物品、腐蚀性化学药品、有毒试剂、禁止明火、注意用火安全、当心触电、当心烟雾、洗手、废弃物处理等。

（4）实验室急救措施类，指侧重于指导学生解决实际实验中所遇到的安全问题，具体包括创伤、烫伤、受酸（碱）腐蚀、吸入刺激性或有毒气体、触电、起火等方面。只有掌握了这些急救措施，一旦发生意外情况，学生才会沉着应对，迅速处理事故，而不至于造成更大的损失。

（二）高中化学（必修）教科书中实验安全教育内容的统计

教科书是课程标准具体化的产物，对教师在教学中实施化学实验安全教育具有最直接的提示和指导作用，而教科书中的化学实验安全隐患直接关系到学生和教师的人身安全。基于此，现对我国现行的 3 个版本高中化学（必修）教科书中化学实验总数、实验安全隐患、实验安全教育内容、实验安全标志进行了统计（见表 10 - 2、10 - 3、10 - 4、10 - 5）。

表 10 - 2　3 个版本高中化学（必修）教科书中化学实验总数统计

版本 数量	人教版		鲁科版		苏教版	
	必修 1	必修 2	必修 1	必修 2	必修 1	必修 2
小计	30	21	33	26	30	47
合计	51		59		77	

表10-3　3个版本高中化学（必修）教科书中实验安全隐患统计

数量分类 版本	实验试剂 （易燃易爆、 有毒、腐蚀性）	实验条件 （高温、高压）	实验产物 （易燃易爆、 有毒、腐蚀性）	合计
人教版	12	3	2	17
鲁科版	16	2	7	25
苏教版	16	3	3	22
合计	44	8	12	64

注：表中的实验安全隐患统计皆是根据实验内容的特点而定，并未出现重复统计现象（下同）。

表10-4　3个版本高中化学（必修）教科书中实验安全教育内容统计

版本	实验室安全守则		实验安全标志		实验操作注意项		实验急救措施		合计
	数量	呈现方式	数量	呈现方式	数量	呈现方式	数量	呈现方式	
人教版	1	正文（化学实验安全）	4	正文（化学实验安全）＋习题＋元素周期表	6	正文（实验中涉及溶液的蒸馏、萃取、定容）＋闻气体正确操作	1	正文（金属化合物性质中灭火的方法）	12
鲁科版	3	工具栏	1	正文（图1-2-5）	6	正文（实验观察与思考中的注意事项）＋安全提示	0	无	10
苏教版	0	无	0	无	8	正文（实验观察与思考中的提示）	0	无	8

表10-5　3个版本高中化学（必修）教科书中实验安全标志统计

教科书版本	实验安全标志	呈现方式
人教版	标志1：爆炸品；标志2：易燃气体；标志3：易燃液体；标志4：易燃固体；标志5：自燃物品；标志6：遇湿易燃物品；标志7：氧化剂；标志8：剧毒品标志；标志9：三级放射性物品；标志10：腐蚀品	正文 （化学实验安全）
鲁科版		正文 图片1-2-5
苏教版	无	无

（三）高中化学（必修）教科书中实验安全教育内容的分析

从表 10－2、10－3、10－4、10－5 分析可得，3 个版本高中化学（必修）教科书中对于化学实验安全教育内容的呈现上有如下特点：

1. 3 个版本教科书中化学实验安全隐患都比较多

从整体上看，3 个版本教科书中化学实验总数依次增加，可以说明实验对于化学的学习是关键内容。由表 10－2、10－3 可见，总体上具有安全隐患的化学实验比较多，其中人教版教材中具有安全隐患的实验占了实验总数的 33.33％，鲁科版教材中具有安全隐患的实验占了实验总数的 42.37％，而苏教版教材相对于其他两版较少，只占了总体的 28.57％。从整体上看，3 个版本教科书中化学实验隐患都比较多，学生接触到危险因素的几率相对来说都较大。显而易见，在学习高中化学知识过程中，学生还是处在一个不安全的环境当中。因而，学校应该创造一个相对安全稳定的环境，保护学生学习化学，这样才可以使学生学得更好，生活得更好。

2. 3 个版本教科书中对实验安全隐患的处理方式有所不同

对于同一个物质的化学性质的验证实验，3 个版本教科书所呈现的方式有所不同，相对应的实验方法也有所不同。而对于有不安全因素的实验，在不同的实验方法中，学生面临的又将会是不同的考验。例如，在学习 Cl_2 的化学性质实验时，由于 Cl_2 是一种有毒气体，所以在进行一系列实验时，实验仪器的密闭性决定着有毒气体是否会泄露，关系到学生、教师的人身安全。可是，在面对同一种物质的实验时，苏教版采用的实验仪器是针筒，利用针筒来完成 Cl_2 盛装和反应发生的整个过程，此种方法摆脱了采用传统的玻璃实验仪器密封是否严密的问题，同时也避免了可能由于气密性不好而造成的中毒事件；而人教版与鲁科版皆采用了传统的玻璃实验仪器，实验的整个过程也是在敞口的集气瓶中进行。类似的情况在 SO_2 的性质实验中也有所体现。由此看来，对于同一个具有危险隐患的化学实验，因 3 个版本教科书处理的方法不同，学生面临的也可能是截然相反的情况。

3. 3 个版本教科书中实验安全教育内容呈现的方式有所不同

3 个版本教科书中，对于化学实验安全教育内容的呈现方式也有所不同。例如，对于有毒、易燃易爆物质，在验证其性质的实验前，人教版教科书中在介绍其物理性质时会直接指出其危险性。这种直接指出的呈现方式会使学生在进行实验学习前，在心理上开启预警信号，提前具有自我保护意识。可是，另一方面，正是这种直接指出的呈现方式，可能会导致学生对于即将进行的化学实验产生害怕、畏惧心理，不利于学生学习化学实验。鲁科版教科书中对于易燃易爆物质的实验，通常是在实验讲解时，以"注意"和"工具栏"的形式呈现。这种方式虽然在实验中提醒学生实验的危险性在哪里，可是呈现的方式不够突出，不能引起学生对危险性的足够重视，从而使学生轻视实验的隐患，如此也有可能对学生的人身造成伤害。苏教版教科书中，对于有毒物质的实验，如 SO_2、Cl_2，都采用了相对较安全、创新的实验方法进行，而对于化学实验安全教育内容的呈现较少，这种方式的安全教育内容编排在一定程度上可以提高学生的创新意识，但是会潜移默化地削弱学生自我保护的安全意识。

无论 3 个版本教科书在实验安全教育内容的呈现方式上是否一致，但是这些不同的呈现方式所要达到的效果都应该是实验安全教育内容清晰、简便，既要吸引学生的注意，也要保证学生能正确地获取知识、掌握技能。

4.3 个版本高中化学（必修）教科书中的实验安全教育均不足

从表 10-5 实验安全标志对比中可以看出，只有人教版教科书中直接涉及化学实验安全标志，但也仅仅是在教科书的第一章和元素周期律（表）中有所呈现；而鲁科版教科书中只有一处并且是间接呈现实验安全标志。在 3 个版本教科书中，实验安全教育都存在不足的问题，主要表现在以下几个方面：

（1）化学实验隐患较多，且对于培养化学实验安全操作技能的内容呈现较少。学生操作技能提升了，不仅可以增强学生进行化学实验的信心，同时也会提高实验的成功率，实验隐患也将有可能会化有为零。

（2）实验急救措施内容较少。急救措施预示着学生在面临已经发生的事故时，是否能保护自己免受更大伤害，是学生自我保护的"法宝"。教科书应当着重呈现在面对实验事故时学生应采取哪些急救措施。

（3）实验安全标志少。3 个版本教科书中只有人教版仅在一处正式涉及了部分实验药品的安全标志，而其他方面诸如实验操作方面的安全标志并未涉及，而另外 2 个版本的教科书中更是很少提及，甚至是并无涉及有关化学实验安全标志的介绍。

从以上种种情况可以看出，我国现今高中化学（必修）教科书中关于化学实验安全教育内容的匮乏，不得不让人深思这样一个问题，即如何保障学生在学习化学的同时免受伤害？

第四节　中学化学实验安全教育的教学策略

化学课程标准十分突出实验，在中学化学教学中开展化学实验安全教育的工作刻不容缓。首先，提高学生思想认识是前提；其次，以教科书为载体实施实验安全教育是学生获取安全知识的保证；再次，教师结合化学实验，做好安全示范、规范学生操作是培养学生安全操作能力的关键；最后，学生如何将学得的技能熟练自如地运用到工作生活中，是教师和学校的目标。

一、加强安全教育，提高安全意识

古人云：兴之所至，学而无怨。教师只有了解学生对待实验的态度，才可能更好地掌握教学的方法，深入学生的情感世界，激发学生学习实验安全教育内容的兴趣，并达到提高学生安全意识的目的。教师在实验教学中应以实事求是的态度，而不应采用夸大实验危险性的方式来使学生注重实验安全，否则将不利于加深学生对实验的防护心理。因此，若要提高学生对实验安全的思想认识，把安全意识作为学生的自觉意识，在实践中宜采用如下方法：

（1）牢固树立"安全第一"的思想，时刻注意实验室安全，确保教学工作紧张而有序地进行。

（2）观看一些国外关于同样具有危险性实验所采用的、有别于学生周围接触到的创新、绿色、安全的实验录像，传播绿色化学思想，消除学生对实验的惧怕感和厌恶等不良情绪，并提高学生实验创新意识。

（3）在学生周围开展生命安全教育活动，把注意安全的思想落实到化学学习过程中，更重要的是落实在学生学习、生活的方方面面，学生可以在实践中通过理性教育和情感体验，把安全教育知识真正运用起来。

二、结合教科书内容，渗透安全教育

化学教科书是学生获得知识的载体，其中蕴含着丰富的安全教育素材。教师在教学时应深入挖掘并充分利用，使学生在获得知识的同时系统掌握安全知识，提高安全预防能力。例如，教科书中涉及 H_2、Cl_2、浓 H_2SO_4、C_2H_5OH、$NaOH$、K、Na 等的实验，根据中学化学教科书的统计，可以看出教科书中具有大量潜伏的实验安全隐患，因此若是在教科书的编写中增加实验安全教育内容，确保实验安全教育受到应有的重视，将是学生受到安全教育的保证。

首先，在化学教学中，教师应根据教科书中实验安全内容对学生进行安全教育，强化学生自我保护的安全意识。

其次，学生直接通过阅读教科书也可以更系统、全面地掌握实验安全知识，给学生以正面的引导。

最后，实验安全知识可以丰富教科书内容，使教科书多样化，还可以丰富化学实验内容，引起学生学习的兴趣，提高学习效率。

教师应按课程标准的要求，根据化学学科知识的特点，结合课堂教学内容，渗透安全教育。

三、示范实验操作，突出安全教育

规范操作是保证实验安全顺利进行的必要条件。在化学实验中进行具有危险性实验教学时，要强调操作规范，注意安全。教师应充分利用演示实验的机会，对实验存在的危险做好充分的估计和预防，实验时不仅要讲清楚实验药品的性质、实验的注意事项，而且还要强调出现意外时应如何处理。

例如，在遇到酒精灯不慎碰倒后着火时，不要惊慌，应立即用防火布、湿抹布或细沙扑灭；皮肤上沾到酸液，立即用清水或 3% ~ 5% 的 $NaHCO_3$ 溶液冲洗；在碰到有毒气体参与或生成的反应时，实验前要开启通风橱等。

在学生实验时，教师还应加强巡回指导。学生仿照教师演示规范的实验操作，然后自己动手实验，能主动地认识和理解各方面应注意的安全问题，不仅了解到安全问题带来的后果，也知道怎样预防和处理这些问题，从而形成严谨的实验态度和科学规范的实验操作习惯。这样就让学生在主动建构实验安全知识的同时，消除自己原有的关于实验的错误观念和认识误区，为养成健全的实验安全观提供了现实的可能性。

四、拓展实验环节，实施全面安全教育

化学实验课是对学生进行安全教育的主渠道。为保证化学实验安全进行，教师应在化学实验课中潜移默化地增加实验安全教育环节。教师可以利用实验课时刻警示学生在实验中涉及的危险物质，并重温之前学过的安全操作，教育学生一开始就要养成良好的实验态度和实验习惯，严格遵守实验操作规程，认真学习"四防"（防触电、防火灾、防中毒、防创伤）知识和实验室安全规则。尤其是在遇到危险的实验，一定要强调保证安全。

例如，乙酸的酯化反应，需要用到乙醇、乙酸和浓硫酸试剂。虽然浓硫酸只是实验中起吸水、催化的作用，但众所周知，浓硫酸是具有强腐蚀性的物质。因此，教师要利用此反应中涉及浓硫酸，再次提醒学生在加入浓硫酸时要将浓硫酸缓缓沿反应器壁倒入，边倒边摇，切不可将乙酸倒入浓硫酸中，否则可能会出现混合物沸腾、飞溅现象，还会伤及到人。另外，还可提问学生能否在量筒内混合乙醇、乙酸和浓硫酸。教师可以经常利用实验课对学生采用温故知新的方法，从而巩固和加深学生的实验安全知识与安全意识。

"隐患险于明火，防范胜于救灾，责任重于泰山。"有安全才有未来，有行动才有明天。在中学化学实验教学中，只要师生思想重视，安全教育到位，提前预防，操作得法，做足急救准备，实验安全就不会远离。

参考文献

[1] 熊言林. 化学教学论实验 [M]. 合肥：安徽大学出版社，2004.

[2] 王秋才，赵鸿喜，张守民，等. 基础化学实验 [M]. 北京：科学出版社，2003.

[3] 王希通. 化学实验教学研究 [M]. 北京：高等教育出版社，1990.

［4］郑长龙．化学实验教学论［M］．北京：高等教育出版社，2002．

［5］《中学化学实验教学》编写组．中学化学实验教学［M］．石家庄：河北教育出版社，1998．

［6］刘知新．化学教学论［M］.3 版．北京：高等教育出版社，1991．

［7］毕华林．化学实验教学研究［M］．青岛：青岛海洋大学出版社，1998．

［8］孙公望．中学化学演示实验［M］．南京：江苏人民出版社，1983．

［9］林明建．一项不容忽视的工作——化学实验后废弃物处理［J］．化学教育，1991（1）：35 – 37．

［10］《化学同人》编辑部．化学实验安全手册［M］．陈琼，译．南宁：广西人民出版社，1980．

［11］谢克希里．化学演示实验［M］．王耐冬，译．上海：上海科学技术出版社，1985．

［12］马建峰．化学实验教学论［M］．北京：科学出版社，2006．

［13］阎建辉．生活中的毒物及中毒［J］．化学教学，1994（4）：27，29．

［14］古凤才，肖衍繁．基础化学实验教程［M］．北京：科学出版社，2000．

［15］刘冰，毕华林．中学化学教科书中实验安全教育内容编排的思考［J］．化学教育，2012，33（9）：50 – 54．

［16］张海舰，韩庆奎．安全教育，化学教育中必须强调的重要内容［J］．化学教育，2005，26（9）：14 – 15．

［17］梁杏娟．对新课程化学实验安全教育的思考［J］．基础教育研究，2005（4）：23 – 24．

［18］史婧华．中学化学实验教学的安全教育［J］．实验教学与仪器，2011（11）：63 – 64．

［19］韦平．中学化学实验教学中的安全教育问题［J］．中学化学教学参考，2003（8 – 9）：38 – 39．

［20］季晖．化学教学中如何渗透安全教育［J］．考试周刊，2008（27）：184．

［21］何国梅．化学实验教学中安全教育的探讨［J］．实验科学与技术，2011，9（3）：182 – 184．

［22］白慧杰．化学实验教学中对学生安全意识的培养［J］．化学教育，2005，26（1）：51 – 52．

［23］熊言林，魏巍．3 版本高中化学（必修）教科书中实验安全教育内容统计分析与思考［J］．化学教育，2015，36（3）：27 – 31．

第十一章 化学教学实验研究选编

化学教学实验涉及的内容很多，实验类型多样，依据不同的标准可划分为不同的类型。依据化学实验的质与性关系来划分，化学教学实验可分为定性实验和定量实验；依据研究化学知识的范畴来划分，化学教学实验主要有物质的分离与提纯，物质性质及反应规律的研究、物质的表征（检验、鉴别与鉴定）、物质的制备（或合成）等。从中学化学来看，化学教学实验方法主要包括化学实验基本操作方法、物质的分离与提纯方法、研究物质性质及反应规律的方法、物质的分析（检验、鉴别与鉴定）方法、物质的制备（或合成）方法等。鉴于中学化学教学实际情况以及现代新仪器、新设备和新方法在中学化学中的应用，本章设有 8 个部分共 44 个内容、难度、属性不同的实验活动。通过本章的学习，能使师范生熟练掌握化学实验的基本方法和基本技能，形成运用化学实验解决问题的能力，增强动手意识、安全意识、创新意识、节约意识、绿色意识、环保意识和责任意识等，进而提高师范生的实验能力、实验研究能力和实验教学能力。

第一节 物质的分离和提纯实验探究

物质的分离和提纯是化学实验方法之一，它的思想和方法在其他化学实验方法或化学实验中都有体现和应用。因为天然的和人工合成的物质往往不是纯净物，而在生产、生活、科学研究和化学教学中往往要求使用较纯净的物质，因此需要对物质进行分离和提纯。

所谓分离，在化学中，是指将相互混在一起的不同物质彼此分开而得到相应的各个组分的过程。所谓提纯，在化学中，是指把物质中混有的杂质除去的过程。

分离和提纯的方法有多种，在中学化学实验里，主要有过滤法、结晶法、萃取法、蒸馏法、升华法、纸上层析法、化学沉淀法等。

根据实验过程的变化实质，可将分离和提纯的方法分为两种，即物理方法和化学方法。

物质的分离和提纯 {
物理方法——分离和提纯物质：如过滤、蒸发与结晶、萃取与分液、蒸馏与分馏、升华、渗析、纸上层析等
化学方法——分离和提纯物质：如生成沉淀法、转化法、酸碱法、氧化还原法、离子交换法等
}

实验一　海带中碘元素的分离实验探究

碘，是一种重要的工业原料，可用于半导体材料的研制和生产。碘还参与人体甲状腺素的合成，能够调节新陈代谢，是人体生长发育不可缺少的微量元素，还称为人的智慧元素。

碘在海水中含量甚微，但在海带、紫菜等海藻类植物中含量较为丰富。其中海带产量高、价格低，常用作提取碘的原料。海带中主要含有碳、氢、氧三种元素，还含有钾、钠、氯、溴、碘等元素。那么，怎样通过简单的实验将碘元素分离出来呢？海带中碘元素分离的流程如图11-1所示。

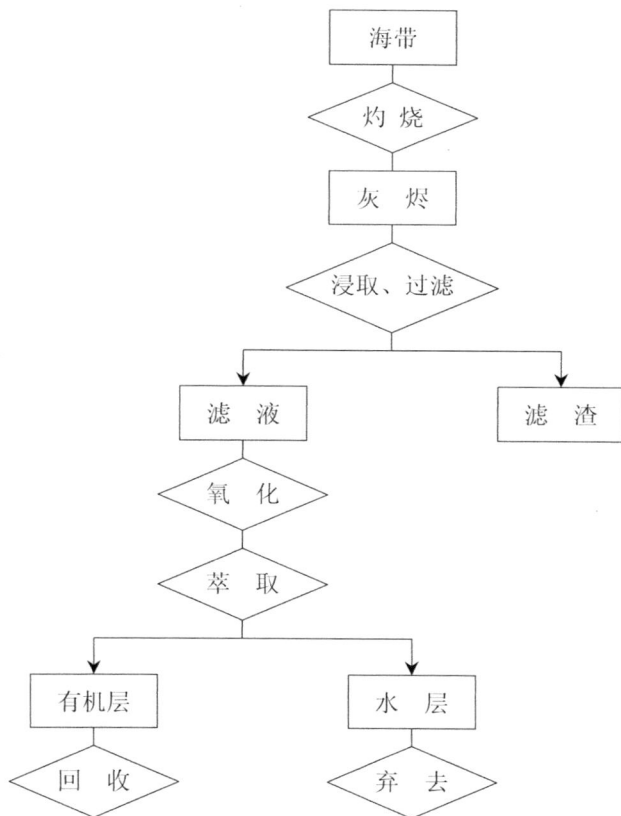

图11-1　海带中碘元素分离的流程

(一) 实验目的

(1) 熟悉从海带中提取碘元素的一般方法及实验原理，了解海带中碘元素的存在形式。

(2) 通过实验，巩固萃取的原理和相关实验操作。

(3) 探讨海带中碘元素分离的最佳实验条件，体会相关方法在物质分离中的应用。

(二) 实验原理

海带中含有的碘化钠等可溶性碘化物，存在于植物细胞内外，通过灼烧、浸取、氧化、萃取等方法获得单质碘。

$$2I^- + H_2O_2 + 2H^+ = I_2 + 2H_2O$$

或 $2I^- + Cl_2 = I_2 + 2Cl^-$

(三) 实验用品

干海带，6% 的 H_2O_2 溶液（或新制的氯水），$2 \ mol \cdot L^{-1}$ 的 H_2SO_4 溶液，四氯化碳试剂，0.5% 的可溶性淀粉溶液，蒸馏水（可用自来水代替）。

试管，小烧杯，量筒，台秤，铁架台（附铁圈），普通漏斗，滤纸，坩埚，坩埚钳，三脚架，泥三角，玻璃棒，酒精灯，镊子，火柴，分液漏斗，石棉网，回收四氯化碳试剂的试剂瓶。

(四) 实验步骤

1. 取样

将干海带表面的盐粒、泥土等刷干净，称取 3 g 洁净的干海带片，剪成小块（或剪成长条），放入坩埚中。

2. 灼烧

在通风罩下加热灼烧，待海带完全灰化后（或在酒精灯下方垫上一张废报纸，用镊子夹持海带片，放在酒精灯火焰上直接灼烧，使其完全灰化），让其自然冷却，再将灰分转移到小烧杯中。

3. 浸取和过滤

向小烧杯中加入 30 mL 蒸馏水，搅拌，煮沸 2~3 min，尽量使可溶物质溶解，然后进行过滤操作。过滤后，用少量的蒸馏水冲洗滤渣，收集滤液（呈什么颜色），最后弃去滤渣。

4. 氧化

向滤液中加入 1~2 mL 2 mol·L⁻¹ 的 H_2SO_4 溶液进行酸化，再加入 3~5 mL 6% 的 H_2O_2 溶液（或 1 mL 新制的氯水），充分振荡，混合液的颜色由＿＿＿＿＿变为＿＿＿＿＿。（为什么？）

5. 检验

取出少许上述混合液于试管中，滴入 1~2 滴 0.5% 的可溶性淀粉溶液，混合液的颜色由_____变为_____。

6. 萃取

将剩余的混合液转入分液漏斗中，加入 2~5 mL 四氯化碳试剂，进行萃取。经振荡、放气、静置后，下层为富含碘单质的四氯化碳溶液（呈什么颜色），上层为水溶液（又呈什么颜色？若上层水溶液的颜色很深，可再次萃取）。

7. 分液

打开分液漏斗上下旋塞，使下层溶液慢慢流到烧杯中。待下层溶液完全流出后，关闭下旋塞，将上层溶液从漏斗上口倒出。上层溶液可以弃去或者再进行一次萃取、分液（与第一次萃取液的颜色比较，有何不一样）。收集后的富含碘单质的四氯化碳溶液存放于指定的容器中，可用于进一步提纯。

（五）问题与探究

（1）海带灼烧不完全，会对实验有什么影响？灼烧的作用是什么？怎样使海带灼烧完全？能否用镊子夹持海带在酒精灯火焰上灼烧？

（2）怎样证明海带中碘元素主要是以碘离子形式存在？证明方法之一是：将干海带表面的盐粒、泥土等刷干净，剪成碎片状，放入烧杯中浸泡 1~2 h，取少量的浸泡液于试管中，分别加入少量的 H_2SO_4 溶液、H_2O_2 溶液、淀粉溶液，振荡试管，观察试管中混合液的颜色变化情况。

（3）氧化剂（如 H_2O_2 溶液、新制氯水等）不足，萃取操作中，上层水溶液呈现什么颜色？

（4）碘元素在整个实验过程中是如何转化的？写出有关转化过程的化学方程式。

（5）海带中含有碘化物以及钠、钾的盐类。海带中碘元素约有 88.3% 以碘离子形式存在，约 10.3% 以有机碘形式存在，约 1.4% 以碘酸根离子形式存在。海带灰中碘的含量约为 0.5%，主要是以碘离子形式存在。向海带灰的滤液中加入 H_2O_2 溶液不要过多，否则会使碘进一步被氧化。除用 H_2O_2 溶液作为氧化剂外，还可用"84 消毒液"代替，但要严格控制"84 消毒液"的用量。

（6）在本实验中，怎样进一步纯化碘单质？

参考文献

［1］熊言林. 化学教学论实验［M］. 合肥：安徽大学出版社，2004：142 – 145.

［2］王祖浩. 普通高中课程标准实验教科书·化学　实验化学［M］. 南京：江苏教育出版社，2006：2 – 5.

［3］王后雄. 高中化学实验［M］. 北京：龙门书局，2003：80 – 82.

［4］王磊. 普通高中课程标准实验教科书·化学　实验化学（选修）教师用书［M］. 济南：山东科学技术出版社，2006：23 – 26.

实验二　粗盐的提纯实验探究

粗盐来源于海盐、湖盐、井盐或岩盐，主要成分是氯化钠。粗盐中含有钙盐、镁盐等可溶性杂质和泥沙等不溶性杂质，这些杂质无论是对试剂级、医用级或食用级氯化钠，还是对工业生产（如氯碱工业生产等）都有很大的影响，因此，必须要除去粗盐中的可溶性杂质和不溶性杂质。那么，如何除去粗盐中的杂质？请参考图 11-2 所示的设计思路和提示，设计出粗盐提纯的实验方案，并进行实验。

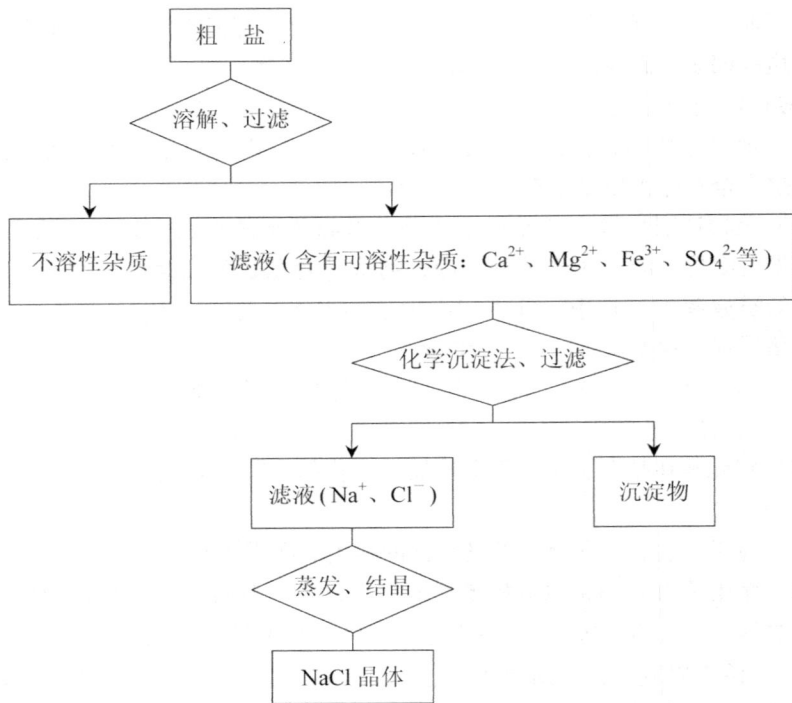

图 11-2　粗盐提纯的实验流程

（一）实验目的

（1）学会用过滤法、化学沉淀法、结晶法等方法提纯粗盐，掌握有关的基本操作。

（2）体会在用化学沉淀法除去可溶性杂质的过程中，试剂的滴加顺序对提纯效果的影响。

（3）探讨粗盐提纯的最佳实验条件，并探讨如何指导学生实验。

（二）实验原理

通过过滤方法除去粗盐水中不溶性杂质，以及通过化学沉淀法除去粗盐水中可溶性杂质，再通过蒸发与结晶等过程，达到粗盐提纯的目的。

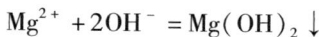

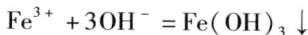

$$Ba^{2+} + SO_4^{2-} = BaSO_4 \downarrow$$
$$Ca^{2+} + CO_3^{2-} = CaCO_3 \downarrow$$
$$Mg^{2+} + 2OH^- = Mg(OH)_2 \downarrow$$
$$Fe^{3+} + 3OH^- = Fe(OH)_3 \downarrow$$

（三）实验用品

粗盐，$1\ mol \cdot L^{-1}\ BaCl_2$ 溶液，$2\ mol \cdot L^{-1}\ Na_2CO_3$ 溶液，$2\ mol \cdot L^{-1}\ NaOH$ 溶液，$6\ mol \cdot L^{-1}\ HCl$ 溶液，$3\ mol \cdot L^{-1}\ H_2SO_4$ 溶液，蒸馏水，pH 试纸，$0.1\ mol \cdot L^{-1}\ KSCN$ 溶液。

滤纸，火柴，烧杯，普通漏斗，铁架台（附铁圈），蒸发皿，胶头滴管，玻璃棒，酒精灯，台秤，回收食盐的试剂瓶。

（四）实验装置

实验装置如图 11 – 3 所示。

（五）实验步骤

1. 粗盐的溶解

称取 5 g 粗盐（精确到 0.1 g），放入小烧杯中，用量筒量取 20 mL 水倒入小烧杯中，边倒边用玻璃棒搅拌，并观察发生的现象，直到粗盐溶解为止。

2. 过滤

按照过滤方法，自制一个过滤器，过滤粗盐

图 11 – 3　过滤装置

水。观察滤纸上剩余的物质和滤液的颜色。若滤液仍浑浊时，应再过滤一次，直至得到透明的滤液。

3. 除杂

（1）除去 SO_4^{2-}。向透明的滤液中滴加过量的 $1\ mol \cdot L^{-1}\ BaCl_2$ 溶液，边滴加边搅拌，然后静置，检验上层 SO_4^{2-} 是否除去。（如何检验 SO_4^{2-} 是否除尽？为何加过量的 $BaCl_2$ 溶液？）

（2）除去 Ca^{2+}。向（1）中滴加过量的 $2\ mol \cdot L^{-1}\ Na_2CO_3$ 溶液，边滴加边搅拌，然后静置，检验上层清液中 Ca^{2+} 是否除尽。（如何检验 Ca^{2+} 是否除尽？）

（3）除去 Mg^{2+}、Fe^{3+}。向（2）中滴加过量的 $2\ mol \cdot L^{-1}\ NaOH$ 溶液，边滴加边搅拌，然后静置，检验上层清液中 Mg^{2+}、Fe^{3+} 是否除尽。（如何检验 Fe^{3+} 是否除尽？）

4. 过滤

再自制一个过滤器，过滤步骤（3）中的混合液。

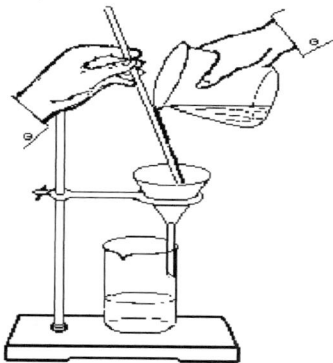

5. 调 pH

向透明的滤液中逐滴加入 6 mol·L⁻¹HCl 溶液，边滴加边搅拌，用 pH 试纸检验，直到溶液呈中性或弱酸性即可。

6. 蒸发

将透明的滤液倒入蒸发皿中，用酒精灯加热。加热过程中，要用玻璃棒不断搅拌液体，以免液体局部过热而飞溅出来。待蒸发皿中出现较多量固体（呈稠糊状）时，停止加热，利用蒸发皿的余热使滤液蒸干。

7. 洗涤

用玻璃棒把固体移入一个新做的过滤器里，用少量蒸馏水均匀冲洗，洗掉固体表面残留的液体，比较提纯前后两晶体的状态和颜色。

8. 称量和计算

称量精制的食盐，然后把精制的食盐回收到指定的容器中。计算粗盐提纯后的产率：_____%。

（六）问题与探究

（1）怎样才能将粗盐中的杂质完全除去而不引入新的杂质？

（2）实验中的除杂顺序是否可以颠倒？怎样的除杂顺序更合理？

（3）为了使杂质完全除去，加入的试剂应该是过量的。如何判断加入的试剂是否过量？

（4）在粗盐提纯实验过程中多次使用玻璃棒，其作用分别是什么？

（5）怎样确保滤液透明、澄清？

（6）用化学沉淀法除去杂质的基本思路是什么？钾离子是在哪些实验步骤中除去？

（7）在设计和实施粗盐提纯实验方案时应该注意哪些问题？

参考文献

［1］张多霞. 中学化学实验手册［M］. 广州：广东教育出版社，1995：23 - 25.

［2］王磊. 普通高中课程标准实验教科书·化学　实验化学（选修）［M］. 济南：山东科学技术出版社，2007：3 - 5.

第二节　物质的制备和性质实验探究

在日常生活中，人们使用的绝大多数化学品都是人工制备的，可以说，生活中的化学品无处不在。化学品的性质决定其用途，合理使用化学品，对提高人们的生活质量起到了至关重要的作用。因此，研究物质的制备和性质既是化学学科的重要组成部分，也是学生学习化学的重要内容。

　　物质的制备要依据原料与产品的组成、性质，选择合适的反应路线和反应装置，并根据反应的原理，选择恰当的实验条件（即反应条件）。实验条件对反应的方向、速率和进程有很大的影响，因此要注意控制好物质制备反应的条件。物质的制备方法有多种，一般制备流程如图 11 - 4 所示：

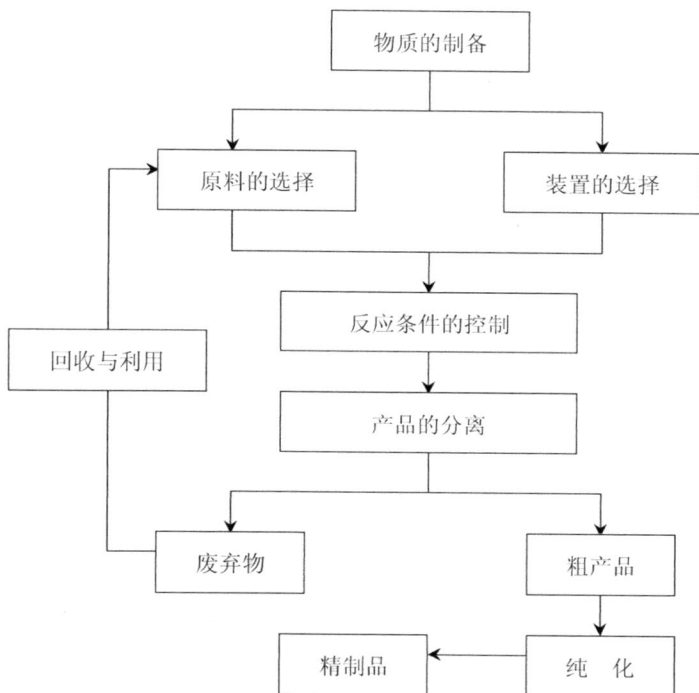

图 11 - 4　物质制备的实验流程

　　化学实验是研究物质性质的重要方法。通过化学实验活动不仅使学生获得化学知识与技能，提升对物质及其化学反应的认识，而且让学生获得研究一类无机物性质和一类有机化合物性质的基本方法，同时有助于提高学生通过化学实验研究物质性质的能力。物质种类繁多、性质各异，如何研究它们的性质呢？图 11 - 5 所示的研究流程仅供设计化学实验方案时参考。

　　在了解物质制备和性质的研究流程基础上，你可以自己设计化学实验方案，制备有关物质和（或）验证其相关性质。

```
                    ┌─────────────────┐
                    │ 研究物质性质的基本方法 │
                    └────────┬────────┘
              ┌──────────────┴──────────────┐
    ┌──────────────────┐          ┌──────────────────┐
    │  研究无机物性质的方法  │          │  研究有机化合物的方法  │
    └─────────┬────────┘          └─────────┬────────┘
           ◇ 实验 ◇                       ◇ 实验 ◇
      ┌────────┴────────┐          ┌────────┴────────┐
┌──────────┐    ┌──────────┐   ┌──────────┐   ┌──────────┐
│  物理性质  │    │  化学性质  │   │  物理性质  │   │  化学性质  │
└─────┬────┘    └─────┬────┘   └─────┬────┘   └─────┬────┘
┌──────────┐    ┌──────────┐   ┌──────────┐   ┌──────────┐
│颜色、状态、密│    │通性、氧化性、│   │颜色、状态、密│   │官能团、    │
│度、熔点等  │    │还原性、特性 │   │度、熔点等  │   │通性等     │
└──────────┘    └──────────┘   └──────────┘   └──────────┘
```

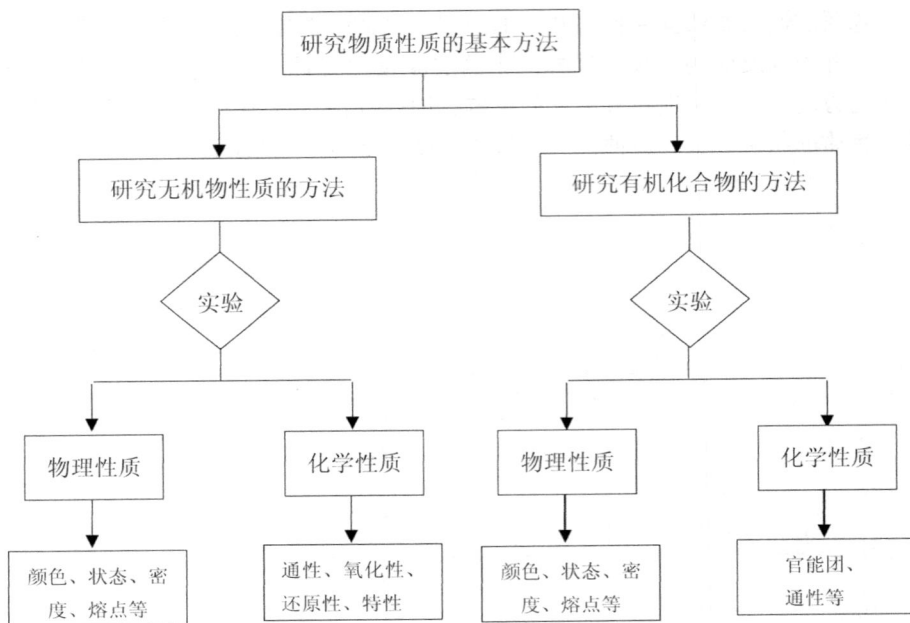

图 11 – 5　研究物质性质的实验流程

实验三　纯碱的制备实验探究

纯碱是碳酸钠的俗称之一，碳酸钠另一俗称叫苏打。纯碱是一种常用的日用化学品，它易溶于水，水溶液呈碱性。在日常生活中常用它去掉做面食时发酵产生的酸味（即除去多余的酸），也可用它洗涤餐具及沾有油污的衣物等。此外，碳酸钠还是重要的化工原料，用于玻璃、造纸、纺织、石油精炼等工业。

（一）实验目的

（1）巩固制备纯碱的基本原理，并探究如何指导中学生做好本实验。

（2）学会气体除杂、尾气吸收、水浴加热等基本实验操作。

（3）探究纯碱制备的最佳实验条件。

（4）了解碳酸钠在日常生活中的一些用途，体验化学在人们日常生活中的重要意义。

（二）实验原理

二氧化碳和氨气在饱和食盐水溶液中进行反应。首先，二氧化碳和氨在溶液中反应生成碳酸氢铵，碳酸氢铵再和氯化钠反应生成氯化铵和溶解度较小的碳酸氢钠，然后将碳酸氢钠分离出来，再将它进行煅烧，即得纯碱成品。回收滤液中的氯化铵，可作为制取纯碱原料中的氨气来源。

$$NH_3 + CO_2 + H_2O = NH_4HCO_3$$

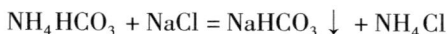

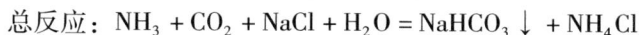

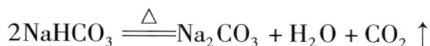

$$NH_4HCO_3 + NaCl = NaHCO_3 \downarrow + NH_4Cl$$

总反应：$NH_3 + CO_2 + NaCl + H_2O = NaHCO_3 \downarrow + NH_4Cl$

$$2NaHCO_3 \xrightarrow{\triangle} Na_2CO_3 + H_2O + CO_2 \uparrow$$

（三）实验用品

浓氨水，食盐，大理石，盐酸（1:2），稀硝酸（1:5），稀硫酸，饱和碳酸氢钠溶液，1% 的 $AgNO_3$ 溶液，冰。

滤纸，启普发生器，125 mL 广口瓶，100 mL 锥形瓶（或 20 mm × 200 mm 具支试管），500 mL 烧杯，普通漏斗，蒸发皿，铁架台，酒精灯，台秤，温度计，300 mL 烧杯。

（四）实验装置

实验装置如图 11 - 6 所示。

（五）实验步骤

（1）在浓氨水中加入适量的食盐至饱和，沉淀，上层即为浓氨水的饱和食盐水。在 100 mL 的锥形瓶（或 20 mm × 200 mm 具支试管）中加入 20 mL 浓氨水的饱和食盐水，塞紧橡皮塞，备用。

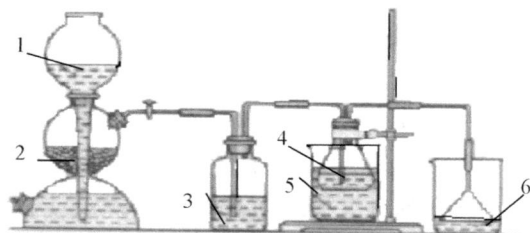

图 11 - 6 制取碳酸氢钠的实验装置
1. 盐酸 2. 大理石 3. 饱和 $NaHCO_3$ 溶液 4. 含浓氨水的饱和食盐水 5. 冷却水 6. 稀硫酸

（2）按图 11 - 6 所示组装实验装置，先检查装置的气密性，再向各仪器中加入相应试剂（在启普发生器中放入 100 g 大理石、150 mL 1:2 的稀盐酸。在广口瓶中放入 30 mL 饱和碳酸氢钠溶液，含有浓氨水的饱和食盐水放在 100 mL 的锥形瓶或 20 mm × 200 mm 具支试管中），打开启普发生器的活塞，有气体不断逸出，开始制备碳酸氢钠。气体一直通入浓氨水的饱和食盐水里，直到有大量的晶体析出，可停止通入气体。

（3）反应结束后，将锥形瓶（或具支试管）浸在冷水（由冰和自来水混合）中，使碳酸氢钠晶体析出更多，然后用自制的过滤器过滤。

（4）将制得的碳酸氢钠转移到蒸发皿中，加热至没有水蒸气逸出为止，冷却。称重：_____ g。

（5）取少量产品放入试管中，先向其中加入足量的稀硝酸（1:5）至固体溶解，再滴入 2 ~ 3 滴 1% 的 $AgNO_3$ 溶液。观察实验现象：_____。

（六）注意事项

（1）食盐最好用氯化钠试剂（C.P）代替，且为细颗粒状更好。

（2）一定要使食盐最大限度地溶解在浓氨水中，否则即使长时间通入二氧化碳，碳酸氢钠也不易析出。

（3）通入二氧化碳的速度不要过猛，只要使气泡一个接一个地均匀产生即可，即每秒钟 2 ~ 3 个。

（4）二氧化碳和氨的反应是放热反应。温度超过 35 ℃，碳酸氢铵开始分解，温度太低，碳酸氢铵溶解度太小，不利于反应进行。故反应温度应控制在 30 ~ 35 ℃最适宜，如果室温在 15 ℃以下，则可加热，使温度在 30 ~ 35 ℃；如果室温在 25 ℃以上，则可不必加热。

（七）问题与探究

（1）为什么刚制的二氧化碳还必须通过盛有饱和碳酸氢钠溶液的洗气瓶？能否用浓硫酸进行洗气？为什么？用 $AgNO_3$ 溶液检验最后产品的目的是什么？

（2）在 $NH_4HCO_3 + NaCl = NaHCO_3 \downarrow + NH_4Cl$ 反应中，所有的反应物和生成物都能溶于水，那么，该反应为什么能够进行，而且还应用于工业生产中？这一反应是否属于复分解反应？

（3）在制备碳酸钠的过程中，分离出碳酸氢钠后的母液中主要含有氯化铵和没有转化的食盐，请你设计一个实验方案将两者分离。

（4）通过本实验的学习，你认为在设计制备某种物质的化学实验方案时应考虑哪些问题？

【实验教学资源】　二氧化碳的毒性

人吸入的二氧化碳仍以原形从呼气中排出。空气中大约有 0.03% 的二氧化碳，根据生物体正常的物质代谢，此时在肺泡中含有 6% 的二氧化碳。但是，如果环境中的二氧化碳浓度增加，肺泡内的浓度也增加，从而血液中二氧化碳浓度增加，进而使血液的 pH 发生变化。这种变化刺激呼吸神经，条件反射地放出过剩的二氧化碳，因此，呼吸自然变急。长时间吸入高浓度的二氧化碳，将引起代谢障碍，特别是因中枢神经沉滞而逐渐陷入沉睡。当空气中的二氧化碳浓度超过 3% 时，会出现呼吸困难、头痛、眩晕、呕吐等症状；浓度超过 10% 时，可引起视力障碍、痉挛、呼吸加快、血压升高、意识丧失等；浓度超过 25% 时，会出现中枢神经的抑制、昏睡、痉挛以及窒息死亡。如果皮肤接触固体或液体二氧化碳，能引起冻伤。

在土法储存蔬菜、水果、谷物等不通风的地窖及密闭仓库，长期不开放的下水道、阴沟、矿井、油井及船舱底部，以及偶尔开放的沼气池中，往往积存有大量二氧化碳。因此，不要骤然进入多日未通风的菜窖、干井、矿坑等中。人们常用的预防方法是下窖前先做火焰试验。如果蜡烛入窖即熄灭，说明氧气不足，不可进入。此外，还有小动物试验，常用鸽或鸡进行试验，动物进入后无任何不良反应时人才能进入。怀疑窖内氧气不足时，先进行通风，通风管必须插入窖底。通风后再用火焰或小动物做试验。如果没有通风设备，可将窖门打开，促进自然通风。进窖时，不可一人单独行动，否则发生意外时无人抢救。

由上可见，二氧化碳气体虽然无色、无味、无毒性，但环境中的二氧化碳浓度增加时，对人体有一定的危害。因此，实验中需要制取二氧化碳气体时，应保持实验室通风，确保实验人员健康安全。

参考文献

［1］熊言林.化学教学论实验［M］.合肥：安徽大学出版社，2004：55 – 56.

［2］孙志宽.中学化学实验教学研究［M］.杭州：杭州大学出版社，1996：270 – 272.

［3］王磊.普通高中课程标准实验教科书·化学　实验化学（选修）教师用书［M］.济南：山东科学技术出版社，2006：144 – 147.

实验四　固体酒精的制备实验探究

（一）实验目的

（1）熟悉固体酒精的制备原理，掌握有关实验基本操作。

（2）探究固体酒精制备的最佳实验条件，并探究如何指导学生开展化学实践活动。

（3）通过实验激发学生学习化学的兴趣，体验化学在日常生活中应用的重要性。

（二）实验原理

硬脂酸，又称十八酸，化学式为 $CH_3(CH_2)_{16}COOH$，式量为284，是白色有光泽的柔软固体，不溶于水。加热至 $70 \sim 71\ ℃$ 时，硬脂酸熔化，并能溶于酒精形成溶液。当加入氢氧化钠溶液后，氢氧化钠与硬脂酸反应生成硬脂酸钠。硬脂酸钠在较高温度下溶于酒精，冷却时以凝胶块析出。该凝胶的结构是以硬脂酸钠为长链状骨架，骨架间隙充满大量的酒精分子，这就是固体酒精。主要的化学反应为：

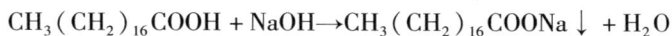

$$CH_3(CH_2)_{16}COOH + NaOH \longrightarrow CH_3(CH_2)_{16}COONa \downarrow + H_2O$$

固体酒精燃烧，实质上是酒精燃烧。酒精燃烧以后，余下的残渣即为硬脂酸钠。化学反应为：

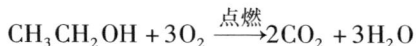

$$CH_3CH_2OH + 3O_2 \xrightarrow{点燃} 2CO_2 + 3H_2O$$

（三）实验用品

硬脂酸，95%的灯用酒精，40%的氢氧化钠溶液。

烧杯（300 mL，100 mL），量筒（100 mL，10 mL），台秤，坩埚，蒸发皿，酒精灯，石棉网，铁架台，玻璃棒，温度计（量程为200 ℃）。

（四）实验步骤

（1）在 300 mL 的烧杯中加入 1/2 体积的热水，置于酒精灯火焰上加热，将水煮沸。

（2）称取 1.5 g 硬脂酸，放入 100 mL 的烧杯中，然后将小烧杯放入热水中，在水浴中加热，直至硬脂酸完全熔化。

（3）在熔化的硬脂酸中加入 30 mL 灯用酒精，并搅拌使硬脂酸溶于酒精。加热至溶有硬脂酸的酒精溶液刚沸腾，再边搅拌边用小量筒滴入约 2 mL 40% 的氢氧化钠溶液，继续搅拌至呈均匀的液体。

（4）趁热将液体倒入坩埚（或蒸发皿）中，冷却后将其取出，置于蒸发皿中，观察其外观和硬度（用手触摸，有何感觉）。

（5）用制得的固体酒精加热烧杯中的 300 mL 水，观察并记录烧杯中水的温度和固体酒精完全燃烧的时间。烧杯中水的温度差：_____℃；固体酒精完全燃烧的时间：_____ min。

（五）注意事项

（1）实验时应注意使酒精远离明火，室内应注意通风，防止火灾。

（2）实验中使用的反应物比例应合理，使氢氧化钠得到充分利用。产品的碱性较小，产品光润、色白。

（3）根据本实验原理制得的固体酒精，燃烧时无烟、无味、无毒，可以用来烧水、炒菜、烤肉等，用塑料袋或罐头盒包装，可以长期保存，携带方便，是家庭、饭店方便使用的固体燃料，具有很广泛的实用价值。

（4）固体酒精燃烧后的剩余物是硬脂酸钠，但还有极少量的硬脂酸钠燃烧后的碳化物。

参考文献

［1］范杰．化学实验论［M］．太原：山西科学技术出版社，2001：361－362．

［2］钱晓春．固体酒精的合成工艺研究［J］．化学世界，1992（7）：325－328．

［3］康振晋，赵若珍．生活化学实验两例［J］．化学教育，1998（2）：37－38．

实验五　氨的催化氧化制硝酸实验探究

（一）实验目的

（1）熟悉氨的催化氧化制硝酸的实验原理，掌握氨的催化氧化实验的操作技能。

（2）在实验过程中探究氨的催化氧化实验的最佳条件，以及实验的成败关键。

（3）研讨氨的催化氧化实验的教学方法，创设氨的催化氧化的问题情景，丰富学生的科学体验，使学生认识到化学与生产和人类生存的密切关系，激发学生探究的兴趣和学习化学的动机。

（二）实验原理

在适当的温度下，如果有催化剂存在，氨和氧气反应可生成一氧化氮：

$$4NH_3 + 5O_2 \xrightarrow[\triangle]{催化剂} 4NO + 6H_2O$$

由于反应放出许多热，催化剂不需要外面能量供应，就能继续保持红热。

生成的一氧化氮立即跟剩余的氧气化合生成红棕色的二氧化氮气体：

$$2NO + O_2 = 2NO_2$$

二氧化氮再被水吸收生成硝酸：

$$3NO_2 + H_2O = 2HNO_3 + NO$$

用氧化氨的方法可以制取硝酸，通常称为合成硝酸法。

（三）实验用品

浓氨水，三氧化二铁，重铬酸铵，浓硫酸，氢氧化钠溶液。

玻璃丝，催化管，广口瓶，圆底烧瓶，双连球气唧，烧杯，多头酒精灯或酒精炉，铁架台。

（四）实验装置

实验装置如图 11 – 7 所示。

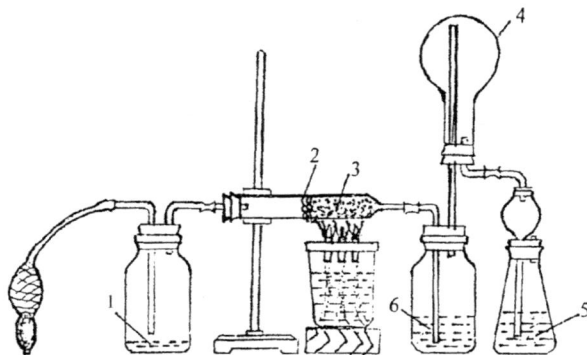

图 11 – 7 氨的催化氧化实验装置
1. 浓氨水 2. 玻璃丝 3. 三氧化二铁（或三氧化二铬）
4. 氧化瓶 5. 氢氧化钠溶液 6. 浓硫酸

（五）实验步骤

（1）实验装置按图 11 – 7 安装。

（2）在催化管中加入 0.5 g 三氧化二铁（或三氧化二铬），两端用玻璃丝堵住，在左边的广口瓶中加入 10 mL 浓氨水，在右边的广口瓶中加入 20 mL 浓硫酸。

（3）实验时，先用多头酒精灯（或酒精炉）预热催化剂 1～2 min，然后用双连球气唧缓缓鼓入空气，氨气便随着空气流进入催化管。在催化剂的作用下，氨与空气中的氧气发生反应，并可观察到催化剂呈现红热，在烧瓶中有棕色气体生成。这时，可逐渐加大挤压气唧的频率，以增大气流速度，同时移走多头酒精灯（或酒精炉），便可观察到靠近气唧一端的催化剂继续保持红热状态，圆底烧瓶中出现浓厚的棕色气体，最后圆底烧瓶中呈红棕色。

（4）实验结束后，继续鼓气，直至圆底烧瓶里呈无色，尾气用氢氧化钠溶液吸收。

（六）注意事项

（1）本实验装置中也可不用铁架台而用两个广口瓶来固定催化管，但会增加药品的用量。若用两个具支试管代替广口瓶，可减少药品的用量，但需用铁架台。用倒立圆底烧瓶是为了增大二氧化氮气体的观察厚度以增强观察效果。

（2）应注意装置的气密性。圆底烧瓶要干燥，如果用纯氧气代替空气进行实验，效果会更好，但此时必须在催化管的进气一端放入一卷铜丝网或一团细铜丝球，以防止参加反应的气体燃烧爆炸。

（3）通过实验探究，请你设计一套氨的催化氧化微型实验装置。

（七）问题与探究

（1）无催化剂存在的情况下，在纯净的氧气里，氨燃烧生成氮气和水，发出黄色火焰：

$$4NH_3 + 3O_2 \xrightarrow{\text{点燃}} 2N_2 + 6H_2O$$

尾气用氢氧化钠溶液吸收，主要除去其中氮的氧化物：

$$NO_2 + NO + 2NaOH = 2NaNO_2 + H_2O$$

（2）氨的催化氧化所用的催化剂可分为两大类：一类是金属铂催化剂，通常采用铂石棉或铂丝；另一类是非铂催化剂，多用以石棉为载体的 Cr_2O_3、V_2O_5、Fe_2O_3、Co_2O_3、Ni_2O_3、MnO_2、CuO 及细铜丝等。铂催化剂催化性能虽好，但价格昂贵，不易得到，即使用了铂催化剂，若用量不够，产生一氧化氮的量很少，空气和未反应的氨多（虽有浓硫酸的吸收干燥装置），则易生成硝酸铵和亚硝酸铵小颗粒悬浮在空气中，形成白烟。

氧化铜虽易得到（用铜丝加热即可），但催化性能欠佳，且易发生副反应，故不宜采用。

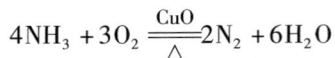

$$4NH_3 + 3O_2 \xrightarrow[\triangle]{\text{CuO}} 2N_2 + 6H_2O$$

氧化钴催化性能虽次于铂催化剂而优于其他非铂催化剂，但在中学里不易得到。

三氧化二铁、三氧化二铬催化性能差不多，但三氧化二铬需新制，而三氧化二铁可用陈放的试剂，体积又小（指同质量的两种催化剂），现象明显，又易购到。因此，三氧化二铁是中学里氨的催化氧化实验较理想的催化剂。

实验证明，某些金属氧化物混合物（如三氧化二铁与二氧化锰混合），比其组分中的任一种氧化物的催化活性要高。

（3）在本实验里，催化剂出现并保持红热状态和圆底烧瓶中出现红棕色气体是本实验的成功标志。要使这一实验成功，就必须控制好鼓气速度和氨水浓度。

如果在加快鼓气速度时，催化剂红热现象不明显，烧瓶中只有很淡的红棕色气体，则可能是催化剂层出现了缝隙，致使反应物未能与之充分接触，或者催化剂尚未完全达到活化温度，以致氨的转化率太低。

如果催化剂红热现象早已正常、明显，而圆底烧瓶中的白烟久久不消失，则主要是反应物中氨气过浓，洗气瓶中的浓硫酸没有完全吸收未转化的氨。这时可将氨水瓶中的进气导管慢慢向上抽动一点，减少其插入氨水的深度（必要时可使管端完全露出液面）或减慢鼓气速度，以减少氨的逸出量，保证浓硫酸能完全吸收未转化的氨，直到催化剂的红热现象仍能保持，白烟完全消失为止。

如果加快鼓气后，催化剂始终不出现红热现象，则大多是反应物中氨量不足，可先增大氨水瓶中进气管插入氨水的深度，若仍不奏效，则是氨水的浓度过低，应增大氨水浓度或换浓氨水。

（4）本实验中氨水浓度应尽可能高一些，因为实验装置中有一个盛浓硫酸的洗气瓶，它可将反应后生成的水及未转化的氨均吸收掉。其优点是，只要鼓气速度适中，就能得到纯净的红棕色气体，而不易出现白烟。若鼓气速度太快，洗气瓶中的浓硫酸来不及吸收反应生成的水及未转化的氨，则圆底烧瓶中就会出现白烟。其中的反应有：

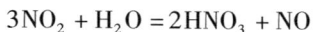

$$2NO + O_2 = 2NO_2 \text{（红棕色）}$$
$$NO + NO_2 + 2NH_3 + H_2O = 2NH_4NO_2 \text{（白烟）}$$
$$3NO_2 + H_2O = 2HNO_3 + NO$$
$$HNO_3 + NH_3 = NH_4NO_3 \text{（白烟）}$$

因此，本实验的关键操作之一是控制鼓气速度。

（5）通过本实验，请你探讨氨的催化氧化实验中最佳催化剂的选择。

参考文献

［1］熊言林. 化学教学论实验［M］. 合肥：安徽大学出版社，2004：100 – 103.

［2］熊言林. 氨催化氧化实验的改进［J］. 实验教学与仪器，1992（11）：11.

实验六　接触法制硫酸实验探究

（一）实验目的

（1）熟悉接触法制硫酸实验的原理，掌握接触法制硫酸实验的操作技能。

（2）在实验过程中探究接触法制硫酸实验的最佳条件，以及实验的成败关键。

（3）研讨接触法制硫酸的教学方法，创设接触法制硫酸的问题情景，丰富学生的科学体验，使学生认识到化学与生产和人类生存的密切关系，激发学生探究的兴趣，提升学习化学的动力。

（二）实验原理

硫棉燃烧时，硫与鼓入空气中的氧气化合成二氧化硫：

$$S + O_2 \xrightarrow{\text{点燃}} SO_2$$

二氧化硫在催化剂（Cr_2O_3）的作用下，继续被氧化生成三氧化硫：

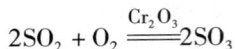

$$2SO_2 + O_2 \xrightarrow{Cr_2O_3} 2SO_3$$

反应生成的三氧化硫气体通入水中时，不能被水完全吸收，当从水中逸出的三氧化硫与空气中的水汽结合时，形成硫酸的雾滴，因此水不是三氧化硫的良好吸收剂。工业上，是用浓硫酸来吸收三氧化硫，得到发烟硫酸（用化学式 $H_2SO_4 \cdot xSO_3$ 表示）。

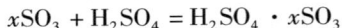

$$xSO_3 + H_2SO_4 = H_2SO_4 \cdot xSO_3$$

（三）实验用品

硫粉，重铬酸铵，浓硫酸，氯化钡溶液（0.25 mol·L^{-1}），稀盐酸，氢氧化钠溶液，脱脂棉。

催化管，广口瓶，烧杯，多头酒精灯或酒精炉，Y 形管，试管，双连球气唧，三脚架，蒸发皿，止水夹，石棉网。

（四）实验装置

实验装置如图 11 - 8 所示。

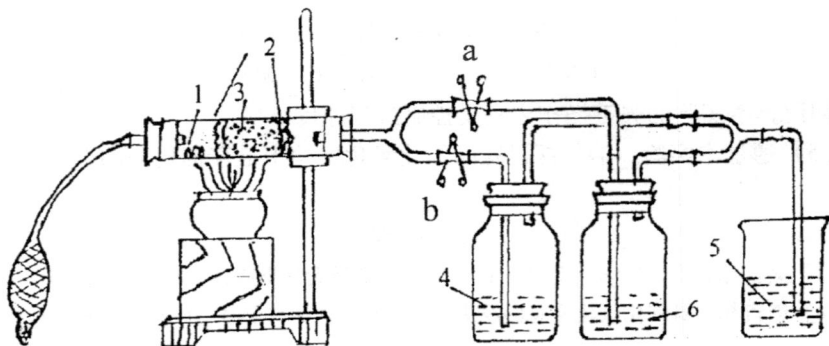

图 11 - 8　接触法制取硫酸实验装置

1. 硫棉　2. 玻璃毛　3. 催化剂（Cr_2O_3）　4. 浓硫酸　5. 氢氧化钠稀溶液　6. 水

（五）实验步骤

1. 硫棉的制备

在蒸发皿中加入少量研碎的硫粉，并放在多头酒精灯或酒精炉上加热。当硫粉在蒸发皿中受热熔化后，投入一团疏松的脱脂棉并搅拌，使熔化的硫粉沾在脱脂棉上，便成硫棉。取下蒸发皿中的硫棉，备用。

2. 催化剂三氧化二铬的制备

在蒸发皿里加入研碎了的重铬酸铵，盖上石棉网，露出一条隙缝，放在三脚架上，用多头酒精灯或酒精炉加热。橘红色的重铬酸铵晶体即分解成疏松的绿色三氧化二铬粉末。

$$(NH_4)_2Cr_2O_7 = Cr_2O_3 + N_2 \uparrow + 4H_2O \quad （在加热条件下）$$

继续加热至不再发生反应，打开石棉网，再加热几分钟以便去除水分，就得到干燥的三氧化二铬粉末。应用时，将冷却的三氧化二铬粉末填入催化管中，并在三氧化二铬粉末的两端用玻璃丝固定、备用。

3. 按图 11 - 8 所示安装仪器

4. 实验过程

打开止水夹 a，夹紧止水夹 b，先预热催化剂 1~2 min，然后再加热硫棉，随后慢慢地鼓入空气，硫棉开始燃烧，将多头酒精灯或酒精炉固定加热催化剂，不久，在盛水的广口瓶中有大量的白雾出现。这时，夹紧止水夹 a，打开止水夹 b，继续鼓入空气，盛浓硫酸的广口瓶中没有或者只有少量的白雾出现。

5. 实验结果

实验完毕后，取出盛有水的广口瓶中的溶液少许，倒入一支小试管中，滴加 $0.25 \ mol \cdot L^{-1}$ 氯化钡溶液，观察有何现象出现。当再加入几滴稀盐酸时，试管中的沉淀是否溶解。

（六）注意事项

（1）应保证装置的气密性。

（2）装入催化剂时，应均匀而疏松，不留大缝隙。将鼓入空气改为通入纯氧气，则反应速度更快，实验效果更好。

（七）问题与探究

（1）本实验基本上表示了接触法制取硫酸的工业生产过程，因此它是这一生产方法的实验模拟。目前生产中常常用燃烧硫铁矿（主要成分是 FeS_2）的方法来制取二氧化硫。该反应的化学方程式如下：

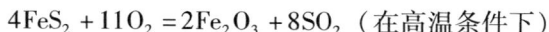

$$4FeS_2 + 11O_2 = 2Fe_2O_3 + 8SO_2 \quad （在高温条件下）$$

三氧化硫不易被水吸收，因为三氧化硫和水反应是放热反应，容易形成酸雾不易被吸收。而三氧化硫能被浓硫酸吸收生成发烟硫酸，而后发烟硫酸可根据需要用水稀释成不同浓度的硫酸。

$$H_2SO_4 \cdot xSO_3 + xH_2O = (x+1) \ H_2SO_4$$

（2）二氧化硫的催化氧化是接触法制取硫酸原理中的关键反应。该实验中是用三氧化二铬作催化剂的，除此之外，还有下面几种催化剂，其活性比较见表 11-1 所示：

表 11-1　几种催化剂对二氧化硫催化的活性比较

催化剂	SO_2 的最大转化率（%）	相应的温度（℃）	催化剂	SO_2 的最大转化率（%）	相应的温度（℃）
铂石棉	99.5	425	CuO	58.7	700
V_2O_5	90.0	512	TiO_2	49.0	700
Cr_2O_3	81.0	580	MoO_3	47.0	700
Fe_2O_3	69.5	625	SnO_2	35.0	750
WO_3	62.5	670	Mn_2O_3	22.0	700

（3）请你通过实验探究，寻找接触法制取硫酸的最佳实验条件。

【实验教学资源】　硫酸制造史话

说到硫酸，不少人认为它是现代化工产品，其实古代就已有生产。我国唐朝人记录的炼丹术文集《黄帝九鼎神丹经诀》收录了东汉末年炼丹术士狐刚子（又名胡刚子）的"出金矿法"中有"炼石胆取精华法"。所谓"石胆"是指硫酸铜的五水结晶体（$CuSO_4 \cdot 5H_2O$），它至今在我国还称为"胆矾"，因为它是蓝色，跟胆的颜色一样。"炼石胆取精华法"就是蒸馏胆矾，制取硫酸。因为硫酸铜的五水结晶体在受热分解后，生成氧化铜（CuO）、三氧化硫（SO_3）和水，三氧化硫溶于水就成硫酸。这就是说，在公元 2 世纪左右，我国已创建"土室法"制造硫酸。但这种方法在我国未被推广。

13 世纪，欧洲德国天主教神父阿尔伯特在他的著述中提到过蒸馏绿矾制取硫酸。绿矾是硫酸亚铁的七水结晶体（$FeSO_4 \cdot 7H_2O$），因色绿而得名。蒸馏绿矾制取硫酸的化学过程和蒸馏胆矾是一致的。因此，欧洲人在中世纪称硫酸为绿矾油。

1736 年，英国人瓦德在英格兰泰晤士河畔特维肯翰建立"大矾工厂"，开始较大规模地制造硫酸。他采用燃烧硫黄和硝石的混合物制造硫酸，这种方法最早是荷兰发明家德莱贝尔创造的，也叫钟罩法。

由于生产中产生有害的烟雾，污染环境，瓦德的硫酸制造作坊遭到当地居民的反对，在 1740 年迁到英格兰北部里士满，并在 1749 年取得英国专利。

瓦德的硫酸工厂使用了大约 100 个球形广口玻璃瓶，使当时的硫酸价格降到每磅 2 先令 6 便士（英国货币单位）。不过，瓦德制造硫酸的方法很快被另一位英国人罗布克创造的铅室法取代。

到 1749 年，罗布克在苏格兰普雷斯顿潘创建"普雷斯顿潘硫酸公司"，建造了更大更多的铅室。

为降低硫酸的生产成本，一些制造厂家逐渐用黄铁矿或黄铜矿和其他含硫矿物代替硫黄。一些厂家在生产设备方面也在不断改进，使硫酸产量大增。到 1878 年，欧洲硫酸的年产量已达数百万吨。

从 1831 年人们开始用接触法也就是触媒法或催化法制造硫酸，接触法制造硫酸的化学原理不同于铅室法，促使硫酸制造者们和化学家们寻找更便宜的催化剂。到 20 世纪 20 年代，出现了钒的氧化物、氧化铁等催化剂。现代接触法硫酸制造中几乎都使用钒催化剂。

参考文献

[1] 熊言林. 化学教学论实验 [M]. 合肥：安徽大学出版社，2004：104 - 106.
[2] 马建峰. 化学实验教学论 [M]. 北京：科学出版社，2006：116.

实验七 白磷的制取和性质实验探究

优秀的化学实验设计方案，不仅具有较高程度的创新性，而且还隐含着较多的化学信息，为创设真实的教学情景提供了丰富多彩的素材。化学教学中，如果合理运用这些实验设计方案，对改变学生学习方式，促进学生主动建构知识，启发学生智慧，培养学生创新意识，提高学生科学素养都会起到十分重要的作用。该实验对"红磷转化为白磷、白磷自燃生成五氧化二磷、五氧化二磷与热水反应生成磷酸"等实验进行了优化组合，并形成了固定的实验装置和良好的实验设计方案。

（一）实验目的

（1）熟悉白磷的制取原理及化学性质，掌握有关实验基本操作。

（2）探究白磷的制取及性质实验的最佳条件。

（3）通过实验激发学生学习化学的兴趣，体验组合策略在化学实验教学中应用的重要性。

（二）实验原理

红磷在含有少量空气的直玻璃导管内受热转化成白磷。在余热下，白磷与鼓入的空气发生自燃，其产物（五氧化二磷）与热水化合，使紫色的石蕊溶液变成红色，剩余的五氧化二磷又与氢氧化钠溶液反应。有关化学反应如下：

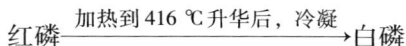

$$红磷 \xrightarrow{\text{加热到 416 ℃升华后，冷凝}} 白磷$$

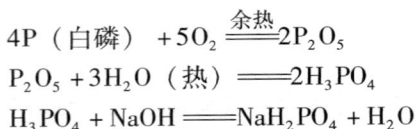

$$4P（白磷）+5O_2 \xrightarrow{余热} 2P_2O_5$$

$$P_2O_5 + 3H_2O（热）== 2H_3PO_4$$

$$H_3PO_4 + NaOH == NaH_2PO_4 + H_2O$$

（三）实验用品

红磷，紫色石蕊溶液，酚酞溶液，0.5%～1%氢氧化钠溶液，脱脂棉。

8 mm×400 mm 直玻璃导管（95 料），90°玻璃弯管，125 mL 广口瓶，球形干燥管，双连球气唧，酒精灯，铁架台，自制的长塑料吸管药匙。

（四）实验装置

实验装置如图 11-9 所示。

（五）实验步骤

（1）取 50 mL 左右的热水，放入广口瓶中，滴入 10～15 滴紫色石蕊溶液，塞上带有球形干燥管和 90°玻璃弯管的双孔橡皮塞，并与直玻璃导管连接好。球形干燥管中放入浸有 0.5%～1%氢氧化钠溶液的脱脂棉。

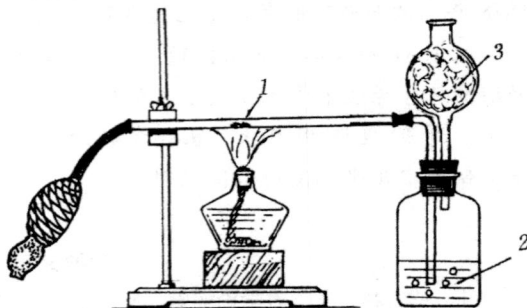

图 11-9　白磷的制取及系列实验装置
1. 红磷　2. 滴有石蕊溶液的热水　3. 浸有氢氧化钠溶液和酚酞溶液的脱脂棉

（2）用长塑料吸管药匙挖取约 0.1 g 干燥的红磷（体积约为绿豆大小），放在离直玻璃导管左端管口约 10 cm 处，接好双连球气唧。

（3）先预热红磷两边的直玻璃导管（目的是尽量赶走管中的空气，使空气尽可能少地与磷反应，但是导管内还残留少量的空气。另外，预热还起干燥作用），然后固定对红磷加强热。可以观察到：直玻璃导管内有浅黄色蒸气产生，并且在红磷两边的直玻璃导管内壁冷的地方有浅黄色固体附着（此固体主要是白磷），还能观察到一次短暂的白磷燃烧现象（内有少量空气的缘故）。再加热 0.5～1 min，停止加热。

（4）向球形干燥管中的脱脂棉上均匀地滴加 3～5 滴酚酞溶液。用火柴棒上的药头接触酒精灯加热处的直玻璃导管外壁。可以观察到：火柴棒上的药头立即燃烧起来，说明此处温度很高（>200 ℃）。（此时，直玻璃导管里的物质为什么没有燃烧？）

（5）让直玻璃导管冷却一会儿，再用火柴棒上的药头接触酒精灯加热处的直玻璃导管外壁。当火柴棒上的药头不燃烧时，说明此时温度低于 200 ℃，用双连球气唧轻轻鼓入空气。可以观察到：直玻璃导管内的浅黄色物质燃烧起来，发出红色火焰，产生大量白烟，白烟进入广口瓶和球形干燥管中，紫色石蕊溶液逐渐变成红色，红色脱脂棉逐渐褪色。

（6）继续鼓入空气，直到无火焰出现为止。可以观察到：白磷燃烧处的直玻璃导管内壁有棕红色物质出现（此物质主要是红磷）。直玻璃导管右端的内壁和90°玻璃弯管的内壁都附着白色的物质（此物质主要是五氧化二磷）。

（六）问题与探究

（1）"95料"玻璃导管是用硼硅玻璃材料拉制的，其软化温度较高（＞700 ℃），用酒精灯加热时不会变形。一般玻璃导管是用钠钙玻璃材料拉制的，其软化温度较低（＜500 ℃），用酒精灯加热时会变形、弯曲。

（2）长塑料吸管药匙的制作：将较粗的塑料吸管的一端剪成30°的斜角，再把尖端剪圆，即为塑料吸管药匙，用于取少量的固体粉末状药品，可方便地送入直玻璃导管内。

（3）磷有多种同素异形体，其中主要有白磷、红磷和黑磷三种。纯白磷是无色而透明的晶体，遇光即逐渐变为黄色，所以又叫黄磷。在此实验中，为什么直玻璃导管内的白磷蒸气呈黄色，冷却后也呈黄色固体？

因为红磷升华成白磷过程中有一个逆过程（红磷 $\xrightarrow[\text{隔绝空气加热到}260\,℃]{\text{加热到}416\,℃\text{升华后，冷却}}$ 白磷），在通常情况下，参与反应的红磷不可能全部转化成白磷。所以，加热产生的白磷蒸气中含有极少量未转化的红磷，致使白磷蒸气呈黄色，冷凝后的固体也呈黄色。这从白磷燃烧后直玻璃导管内壁有棕红色物质可以证明；若要进一步验证，可加热棕红色物质，然后冷却一会儿，再鼓入空气，则又能看到白磷燃烧和白烟生成的现象。另外，可能还有白磷燃烧时因氧气不足而转化为红磷。

（4）用直玻璃导管制取白磷的目的是尽量减少管内的空气，防止氧气与磷反应。但是，在制取白磷过程中仍有一次白磷与少量空气中的氧气发生短暂的燃烧现象。双连球气唧中的大球部分，在不鼓空气时，呈扁瘪状态，没有空气。

（5）球形干燥管内盛放浸有氢氧化钠溶液和酚酞溶液的脱脂棉的目的，一是吸收剩余的白烟，清除白烟对空气的污染，使本实验变成一个环保型实验；二是验证五氧化二磷与碱的反应，使实验现象更加鲜明、直观。

（6）用火柴棒上的药头接触直玻璃导管外壁的目的，一是说明可燃物燃烧应同时满足两个条件：可燃物与空气（或氧气）接触，温度达到可燃物着火点；二是说明自燃的物质是白磷（着火点为40 ℃）而不是红磷（着火点为240 ℃）。

火柴棒上的药头含有氯酸钾、二氧化锰和硫黄等物质。氯酸钾与二氧化锰的混合物在200 ℃以上就会发生催化反应，生成氧气，放出热量；硫黄的着火点为250 ℃。所以当火柴棒上的药头达到200 ℃左右时就会自动燃烧起来。

（7）用滴有紫色石蕊溶液的热水的目的，是说明五氧化二磷与热水化合，生成磷酸，使实验现象变得直观。另外，在此实验中，由于空气量不足，不可避免有 P_4O_6 和 H_3PO_3 生成。

（8）为使该实验取得最佳教学效果，可在教学中提出一些巧妙的设疑，例如，白磷是在什么条件下制得的？实验用到什么仪器？这些仪器有什么特点？仪器是怎样组装在一起的？为什么要这样组装？使用的先后顺序是什么？为什么要这样操作？如果不这样操作，结果会怎样？实验现象是什么？生成什么物质？可能还有什么物质？实验解决了什么问题？等等，让学生在实验中手脑并用，观察与思考同步，从而使学生掌握有关化学知识和提升科学素养。

（七）实验优点

本实验仪器、药品用量少，实验装置简单、新颖，实验内容组合巧妙，实验操作简单、时间短、安全，实验现象鲜明、直观、成功率高，实验隐含化学信息多、综合性强，实验操作与实验现象富有启发性，适用于探究教学。

参考文献

［1］北京师范大学等三校无机化学教研室．无机化学（下册）［M］．3 版．北京：高等教育出版社，1992：534 – 541.

［2］人民教育出版社化学室．全日制普通高级中学教科书（试验修订本·必修加选修）化学（第二册）［M］．2 版．北京：人民教育出版社，2000：5 – 6.

［3］熊言林．白磷的制取及其系列实验新设计［J］．化学教育，2005，26（7）：57，62.

实验八　氧气的制取和性质实验探究

（一）实验目的

（1）熟悉氧气的实验室制取原理和催化剂的作用，掌握氧气的实验室制取和性质实验的操作技能。

（2）在实验过程中探究氧气的实验室制取和性质实验的最佳条件，以及实验的成败关键。

（3）研究氧气制取和性质实验的教学方法，创设氧气制取和性质的问题情景，丰富学生的科学体验，使学生认识到化学与生产和人类生活的密切关系，激发学生探究的兴趣和学习化学的动机。

（二）实验原理

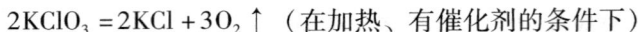
$$2KClO_3 = 2KCl + 3O_2 \uparrow \quad （在加热、有催化剂的条件下）$$

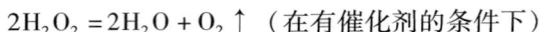
$$2H_2O_2 = 2H_2O + O_2 \uparrow \quad （在有催化剂的条件下）$$

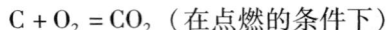
$$C + O_2 = CO_2 \quad （在点燃的条件下）$$

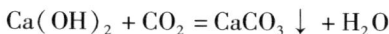

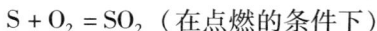

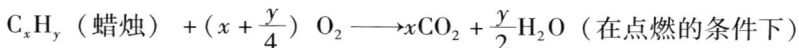

$Ca(OH)_2 + CO_2 = CaCO_3 \downarrow + H_2O$

$S + O_2 = SO_2$（在点燃的条件下）

$3Fe + 2O_2 = Fe_3O_4$（在点燃的条件下）

C_xH_y（蜡烛）$+ (x + \dfrac{y}{4}) O_2 \longrightarrow xCO_2 + \dfrac{y}{2}H_2O$（在点燃的条件下）

（三）实验用品

氯酸钾（A. R），5%的过氧化氢溶液，10%的过氧化氢溶液，二氧化锰（A. R），蜡烛（民用），石灰水，木炭，硫粉，细铁丝。

试管（20 mm × 200 mm，附单孔橡皮塞和导气管），试管（15 mm × 150 mm），试管夹（木制），试管架（12 孔），集气瓶（125 mL，附毛玻璃片），集气瓶（250 mL），铁架台（附铁夹、十字夹），燃烧匙，玻璃水槽（外径 140 mm），表面皿（$\Phi = 60$ mm），尖嘴导管（长 20 mm），研钵（内径 90 mm），镊子，火柴，木条（可用火柴棒代替），抹布，红色月季花瓣（学生自带）。

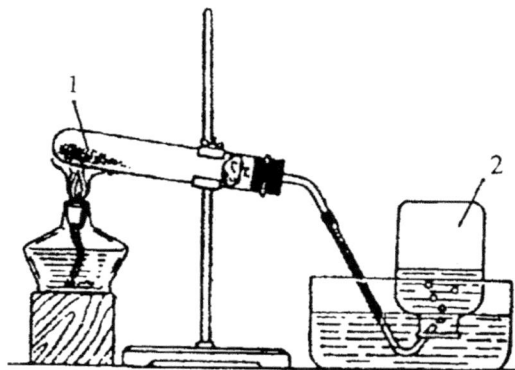

（四）实验装置

实验装置如图 11 – 10 所示。

（五）实验步骤

1. 试验二氧化锰的催化作用

图 11 – 10　氧气制取实验装置
1. 混合物　2. 氧气

（1）试验二氧化锰的催化作用 1。

在一支干燥而洁净的试管（15 mm × 150 mm）中，加入少量氯酸钾，用试管夹夹住试管，在灯焰上加热，并随时用带有火星的木条检验是否有氧气放出。

另取一支干燥而洁净的试管，先加入少量氯酸钾，用试管夹夹住试管，放置在灯焰中加热至氯酸钾正好熔化。用带有火星的木条插入试管中，观察木条是否复燃。然后把试管移开火焰，迅速加入少量二氧化锰，再用带火星的木条插入试管中，观察木条是否复燃。

另取一支干燥而洁净的试管，加入少量二氧化锰，用带火星的木条插入试管之中，观察木条是否复燃。再用试管夹夹住试管，在灯焰上加热一会儿，用带火星的木条检验。

从上面三个实验，概括出用氯酸钾制取氧气时二氧化锰的作用。

结论：＿＿＿＿＿＿＿＿＿＿＿＿＿＿＿＿＿＿＿＿＿＿＿＿＿＿＿＿＿＿＿＿。

（2）试验二氧化锰的催化作用 2。

①在一支试管中加入 5 mL 5% 的过氧化氢溶液，把带火星的木条伸入试管，观察木条是否复燃。

②微微加热上述装有过氧化氢溶液的试管，观察有什么现象发生。把带火星的木条伸入试管，观察发生的现象。

③在另一支试管中加入 5 mL 5% 的过氧化氢溶液，并加入少量二氧化锰，迅速用拇指堵住试管口一会儿，然后松开拇指，立即把带火星的木条伸入试管，观察发生的现象。

④待实验③的试管中没有气泡时，重新加入 1 mL 5% 的过氧化氢溶液，再迅速用拇指堵住试管口一会儿，然后松开拇指，立即把带火星的木条伸入试管，观察发生的现象。如果再加过氧化氢溶液，又有何现象？

表 11－2　试验二氧化锰对过氧化氢的催化作用

实验编号	现象	原因
①		
②		
③		
④		

结论：_____。

2. 氧气的实验室制取和收集

用干燥而洁净的表面皿（或塑料薄膜片），在台秤上称取 6 g 氯酸钾（倒入研钵或在光洁的塑料薄膜纸片上，用角匙轻轻压碎）和 2 g 二氧化锰（事先在蒸发皿内焙烧处理），倒入研钵里混匀。用药匙（或光洁的凹形纸条）送入大试管（20 mm×200 mm）中，然后按图 11－10 把装置连接好。

加热试管中的混合物，先用排气法收集 2 瓶氧气（其中有 1 个 250 mL 集气瓶），再用排水法收集 3 瓶氧气（其中一瓶要留五分之一体积的水）待用（如图 11－10）。

若无氯酸钾，可用 30 mL 10% 的过氧化氢溶液和 2 g 二氧化锰制取氧气。实验装置可由 60 mL 分液漏斗和 20 mm×200 mm 具支试管（或 60 mL 蒸馏烧瓶）组成。

3. 氧气的化学性质实验

（1）木炭在氧气里燃烧。

把一小块木炭放在燃烧匙里，加热到发红，然后连木炭带燃烧匙一起伸入盛有氧气的集气瓶中，观察实验现象。等燃烧停止后，立即向瓶内倒一些澄清的石灰水，振荡后，观察实验现象（如图 11－11）。

图 11 - 11　木炭在氧气里燃烧装置　　图 11 - 12　硫在氧气里燃烧装置

（2）硫在氧气里燃烧。

将少量硫粉放入燃烧匙里，在通风罩下加热到发生燃烧，观察硫在空气里燃烧的现象。然后把燃烧着的硫的燃烧匙，伸进盛有氧气的集气瓶里，观察实验现象（如图 11 - 12）。燃烧结束、冷却后，将湿润的红色月季花瓣放入集气瓶里，盖上毛玻片，观察实验现象。

（3）铁在氧气里燃烧。

用砂纸打亮细铁丝，然后绕成疏松的螺旋状，一端系在燃烧匙的柄上，另一端插入一根火柴梗。点燃火柴梗后，待火柴梗快要烧完时，立即连同燃烧匙的柄伸进盛有氧气的集气瓶里（瓶中应有五分之一体积的水），观察实验现象（如图 11 - 13）。

11 - 13　铁在氧气里燃烧装置　　11 - 14　蜡烛在氧气里燃烧装置

（4）蜡烛在氧气里燃烧。

点燃蜡烛并放在燃烧匙上，然后将燃烧匙和点燃的蜡烛一起慢慢地伸入盛有氧气的集气瓶里（要用排气法收集的氧气，为什么），观察蜡烛燃烧的情况（如图 11 - 14）。燃烧停止，待冷却后，观察瓶内壁有何现象。最后向瓶里倒入少量澄清的石灰水，振荡，观察现象。

通过上述实验现象，总结出氧气的制法和性质：_____

_____。

（六）注意事项

（1）氯酸钾是一种强氧化剂，若混有少量可燃性杂质（如纸屑、炭粉、硫粉等），在加热或摩擦情况下都会引起爆炸。因此，称量时要用干净的表面皿（或塑料薄膜片），而不能用一般的纸。二氧化锰事先放在蒸发皿中灼烧，以除去可能含有的可燃性杂质。在制取氧气过程中，若有小爆炸及火星闪光也应停止加热。

（2）制取氧气的实验装置要严密不漏气（如何检查）。

（3）氯酸钾和二氧化锰的混合物要斜铺在试管里，不要堆积在试管的底部，以防止气流冲散固体粉末。

（4）试管口略向下倾斜，使其低于试管底部，以防止加热时固体试剂所吸附的水释放出来，冷凝水倒流，致使试管骤然受冷而破裂。

（5）加热时，先使试管均匀受热，然后固定加热试管底部，随着反应的进行，把灯焰逐渐移向试管底部中间有混合物的部位，这样可防止熔融的氯酸钾流淌。可用加热的温度来控制气体产生的速度。

（6）导气管口开始放出的气泡的成分主要是空气，不宜收集，应让其排尽。只有当出现连续均匀的气泡时方可收集。

（7）氧气收集完毕，一定要将导气管移出水面，再熄灭灯焰，停止加热。

（8）在集气瓶内做燃烧实验时，一般应将燃烧物从瓶口慢慢伸向瓶底，以充分利用全部气体，延长燃烧时间，同时也避免集气瓶局部受热炸裂。为此，燃烧匙柄上可穿一个铁片或硬纸片，这样燃烧匙伸进集气瓶时盖子会自动盖上，以减少氧气外逸。

（9）做硫在氧气中燃烧实验时，硫的用量要少，以防止硫过多时在氧气瓶中消耗不完，取出燃烧匙后在瓶外继续燃烧，产生较多的二氧化硫气体，污染空气。

（10）做铁丝燃烧实验时，应用留有水的集气瓶，以防止生成炽热的四氧化三铁熔融物落入瓶底，使瓶底局部受热而破裂或熔粘在瓶底上。铁丝燃烧时，一定待火柴梗烧至快完时方可将铁丝伸进集气瓶内，否则一部分氧气会消耗在火柴梗的燃烧上。

（七）问题与探究

（1）分析氧气的性质实验在教材中的地位和作用，并练习该实验的讲解法。

（2）二氧化锰对氯酸钾分解反应的催化机理比较复杂。有人认为有以下催化机理：

$$①2KClO_3 + 2MnO_2 \xrightarrow{\triangle} 2KMnO_4 + Cl_2\uparrow + O_2\uparrow \quad\cdots\cdots\cdots\cdots\cdots\cdots (1)$$

$$2KMnO_4 = K_2MnO_4 + MnO_2 + O_2 \uparrow \cdots\cdots\cdots\cdots\cdots\cdots\cdots（2）$$

$$K_2MnO_4 + Cl_2 = 2KCl + MnO_2 + O_2 \cdots\cdots\cdots\cdots\cdots\cdots（3）$$

$$2KClO_3（+2MnO_2）= 2KCl + 3O_2 \uparrow（+2MnO_2）\cdots\cdots\cdots（4）$$

$$②2KClO_3 + 4MnO_2 \xrightarrow{\triangle} 2KCl + 2Mn_2O_7 \cdots\cdots\cdots\cdots\cdots（1）$$

$$2Mn_2O_7 \xrightarrow{\triangle} 4MnO_2 + 3O_2 \uparrow \cdots\cdots\cdots\cdots\cdots\cdots\cdots（2）$$

$$2KClO_3（+4MnO_2）\xrightarrow{\triangle} 2KCl + 3O_2 \uparrow（+4MnO_2）\cdots\cdots（3）$$

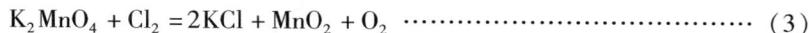

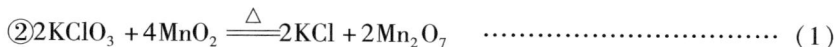

在上述反应中，可能还有下列反应：

$$Cl_2 + 2O_2 = 2ClO_2$$

$$O_2 + [O] = O_3$$

（3）净化氧气的方法：

制取氧气往往出现白烟及臭味，主要是因为有氯气、臭氧、二氧化氯等副产物生成，可以在氧气制取装置和导气管之间安装过滤、洗气、加热分解的装置除去。脱脂棉可除去白烟、水分，氢氧化钠溶液可以吸收微量的氯气等，空的燃烧管可使臭氧受热分解。

（4）臭氧和氯气的检验方法：

臭氧和氯气均可用淀粉碘化钾溶液来检验。

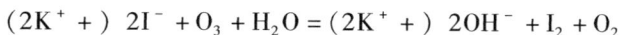

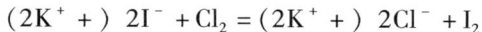

$$（2K^+）2I^- + O_3 + H_2O = （2K^+）2OH^- + I_2 + O_2$$

$$（2K^+）2I^- + Cl_2 = （2K^+）2Cl^- + I_2$$

（5）中学化学实验常用高锰酸钾加热分解制取氧气：

$$2KMnO_4 \xrightarrow{\sim 200\ ℃} K_2MnO_4 + MnO_2 + O_2 \uparrow$$

一般用 318 g 高锰酸钾可以制得氧气约 17 L。

（6）根据现有条件，请你探究氧气的制取和性质实验的最佳方法。

（7）在氧气的制取和性质实验中，常用过氧化氢和催化剂来制取氧气。请你选用氧化铜、三氧化二铁、三氧化二铬、二氧化锰等不同的催化剂来设计它们的催化效果、催化剂的选择与用量的最佳比值的探究实验。

【实验教学资源】　化学史话——化学之父发现氧气和氮气

空气中含量较多的气体——氮气和氧气的发现，与法国人拉瓦锡（图 11 - 15）的工作是分不开的。1772 年金秋时节的一天，拉瓦锡称量了一定质量的白磷，将其点燃，燃烧过后，他发现燃烧后的产物的质量居然比燃烧前的白磷质量还大。他又燃烧硫黄，得到了类似的结论。反常的现象令拉瓦锡设想，一定是空气中的某种气体被燃烧的白磷和硫黄捕获了。为了证明自己的判断，他设计了一个更细致的实验：将白磷放在水银面上，上面扣一个钟罩，钟罩里保留一部分空气供白磷燃烧。加热水银到 40 ℃时，水银面上的白磷立刻燃烧起来，之后水银面出现了上升现象。拉瓦锡描述到："这表明部分空气被消耗，剩下的空气不能使白磷燃烧，并可使燃烧着的蜡烛熄灭……白磷增加的质量与所消耗的 1/5 容积的空气质量接近相同。"

为了得到与燃烧物质结合的气体，1777年，拉瓦锡对汞进行加热（如图 11 – 16 所示），发现随着红色汞渣的生成，空气的体积减小了 1/5。接着，拉瓦锡对汞渣继续加热，结果从汞渣中还原出汞，并释放出了大量气体，这种气体可以使蜡烛燃烧得更旺，并有益于动物的呼吸。拉瓦锡把与汞结合的气体称为"生命气体"，因为它是呼吸所必需的；剩下的气体叫做"无生命气体"，因为它会让蜡烛熄灭，

图 11 – 15　拉瓦锡

令动物窒息。后来，人们将"生命气体"改称为氧，将"无生命气体"改称为氮。虽然早在 1772—1773 年，瑞典的化学家舍勒就发现氮气和氧气，而第一个公开宣布发现氧气的人是英国化学家普里斯特里，但是两人都没有像拉瓦锡那样对气体性质有深入的了解，也没有对燃烧做出像拉瓦锡那样的正确解释。正是由于拉瓦锡的工作，化学研究才脱离谬误"奔向"真理，因此，后人尊

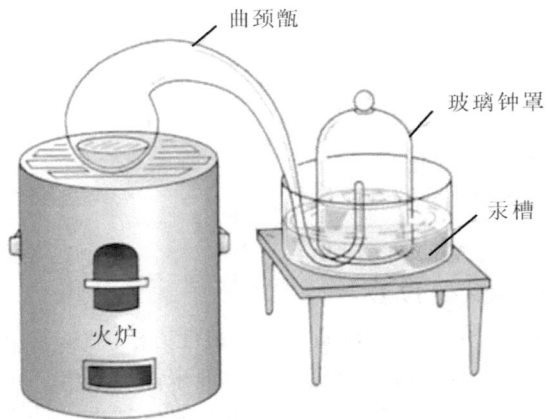

图 11 – 16　拉瓦锡研究空气成分的装置

称拉瓦锡为"化学之父"。

【实验教学资源】一场论战——催化科学诞生的催化剂

19 世纪上半叶，人们发现一种化学现象：一杯双氧水（H_2O_2，化学名称是过氧化氢）平静地搁在那里，一点变化也没有；若放进一块铂块（Pt，俗称白金），马上就会气泡翻滚。把铂块取出，双氧水又恢复平静，铂块无损一根"毫毛"。这种现象在今天，每一个高中学生都能回答，但在当时却是一个科学之谜。

1835 年，瑞典化学家贝采里乌斯为解释这种现象，第一次提出了"催化反应"这一新名词。他认为，在这样的一些物质的参与下，引起了催化反应，这些物质的组成不包含在最后产物中，这些物质就是催化剂。

德国化学家李比希反对贝采里乌斯的观点，他认为如果接受了催化剂"催化力"的概念，会导致一个未知解释另一个未知。

许多科学家参与了这场论战，经过整整 10 年，人们逐步了解了催化作用的原理。在大量事实面前，李比希也接受了"催化力"的概念。当人们谈论起这段化学史时，都称赞贝采里乌斯和李比希的论战本身就是一种"催化剂"，它加速了催化科学的诞生和发展。

参考文献

［1］熊言林. 化学教学论实验［M］. 合肥：安徽大学出版社，2004：79 – 84.
［2］马建峰. 化学实验教学论［M］. 北京：科学出版社，2006：58 – 59，83 – 84.

实验九　氢气的制取和性质实验探究

（一）实验目的

（1）熟悉氢气的实验室制取原理和性质，掌握氢气的实验室制取和性质实验的操作技能。

（2）在实验过程中探究氢气的实验室制取和性质实验的最佳条件，以及实验的成败关键。

（3）研究氢气制取及性质实验的教学方法，创设氢气制取和性质的问题情景，丰富学生的科学体验，使学生认识到化学与生产和人类生活的密切关系，激发学生探究的兴趣和学习化学的动机。

（二）实验原理

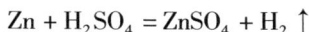
$$Zn + H_2SO_4 = ZnSO_4 + H_2 \uparrow$$
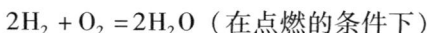
$$2H_2 + O_2 = 2H_2O（在点燃的条件下）$$

$$CuO + H_2 = Cu + H_2O（在加热的条件下）$$
$$Zn + CuSO_4 = ZnSO_4 + Cu$$

（三）实验用品

高锰酸钾，粗锌粒（或用纯锌粒和硫酸铜晶体），氧化铜，无水氧化钙，稀硫酸（1:4），酒精，海鸥洗涤剂，洗衣粉，肥皂，甘油，洗洁精，火柴，凡士林。

硬质试管（20 mm × 200 mm，附有带导管的橡皮塞和 90°尖嘴玻璃导管），长颈漏斗，启普发生器（125 mL，附有能塞紧球形漏斗口的橡皮塞、30°玻璃管和 10 cm 长的尖嘴玻璃管），干燥管（附有带 5 cm 长的直玻璃管的橡皮塞），烧

杯（500 mL，50 mL，100 mL），玻璃水槽（外径 240 mm），试管（15 mm ×
150 mm），铁架台（附铁夹、铁圈），储气瓶，500 mL 的分液漏斗和吸滤瓶，
尖嘴导管，弹簧夹，酒精灯，小试管，量筒（10 mL，50 mL），玻璃棒，坩埚
钳，石棉绒（或玻璃纤维），直玻璃管（长
30 cm），蒸发皿，铁桶（或塑料桶）。

（四）实验装置

实验装置如图 11 – 17 所示。

（五）实验步骤

1. 启普发生器的安装、使用以及氢气的
实验室制取

（1）启普发生器的安装。

实验室所用氢气通常是在启普发生器中用

图 11 – 17　启普发生器结构
1. 球形漏斗　2. 容器　3. 导气管
4. 上侧口　5. 下侧口

粗锌粒与稀硫酸（1:4）反应制得的。其反应方程式是：

$$Zn + H_2SO_4 = ZnSO_4 + H_2 \uparrow$$

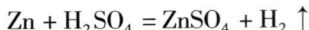

启普发生器是由上部的球形漏斗 1、下部的容器 2（玻璃球体和半球体）和
导气管 3 组成。玻璃球体有两个开口，正上方开口是球形漏斗插入的孔道，上
侧口是气体的出口（配有带导气管的橡皮塞）。半球体有一个下侧口，是排废
酸用的，用玻璃磨砂塞或橡皮塞塞紧并拴住（见图 11 – 17）。

将发生器各部件洗净，擦干并在磨砂处和活塞处涂上薄薄一层凡士林，装
上并旋转呈均匀透明状，以防漏气或漏液。

（2）启普发生器的气密性检查。

先打开导气管活塞，从漏斗处加水至充满半球体，关闭活塞，继续加水至
液面到达球形漏斗容积的一半处为止，作一记号，静止 2 min。如果水面不下
降，证明启普发生器不漏气，把水放掉重新安装。如果水面下降，证明启普发
生器漏气，要把水放掉，处理漏水处，然后重新检查，直到不漏气为止。

（3）启普发生器的装锌。

拔去上侧口的橡皮塞，从上侧口加入一层玻璃丝到球体和半球体之间的
"蜂腰"处，或用橡皮圈（橡皮圈应打孔，周围小孔供硫酸上下流动，中间大
孔留插入球形漏斗用）或橡皮筋套在球形漏斗的玻璃管上，固定在合适的地方，
以防止锌粒掉下去。启普发生器的装锌方法有两种：一是用药匙从球体上侧口
加入粗锌粒；二是将容器横放，用药匙从球体正上方开口加入粗锌粒，插入球
形漏斗，竖立启普发生器并摇动，使粗锌粒平铺在"蜂腰"处。

该实验需要大约 30 g 粗锌粒。

（4）启普发生器的装酸。

先扭开导气管活塞，然后将稀硫酸从球形漏斗口加入至浸没锌粒，关闭活

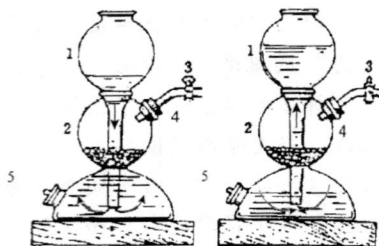

塞待用。

（5）检查氢气纯度。

打开导气管活塞，用向下排空气法收集一小试管氢气，移去导气管并关闭活塞，用拇指堵住试管口，管口向下移动到火焰处，进行点燃。如果有尖锐的爆鸣声证明试管里的氢气混有空气，这时需要再进行试纯，直到只发出轻微的"噗"声为止。若用原小试管进行第二次验纯，验纯之前，必须堵住小试管一会儿，以防止原小试管内有燃烧的氢气火焰存在。因为如果小试管内有火焰，拿这种小试管到导管口处收集氢气，会引起导管口处的氢气燃烧。若这时启普发生器中还有空气，且在氢气爆炸极限范围内，就会引起启普发生器的爆炸。因此，在检查氢气纯度这一实验操作时要特别注意安全。

（6）启普发生器的排酸。

启普发生器用过后应排掉废酸。首先关闭导气管活塞，再用橡皮塞塞住球形漏斗口，然后右手握住启普发生器的球体（不能握球形漏斗）把下侧口放在大口接收器（废液缸或大烧杯）之上，左手拔去半球体下侧口的活塞，让酸液慢慢流出来。然后将锌粒、玻璃丝或橡皮圈、橡皮筋洗净，再用清水洗净启普发生器，并在有磨砂处垫上纸片，以防黏结。如中途需要加酸，可以在排完废酸后，再塞紧塞子，加入新的酸液。

2. 氢气的性质实验

（1）氢气密度与空气密度的比较。

在启普发生器的导气管上装一个装有无水氯化钙的干燥管（也可省略这一实验操作步骤）。在干燥管的大口一头装上带有直玻璃管的橡皮塞，再在干燥管小端口连接一段 10 cm 左右的橡皮管，用橡皮管蘸取肥皂液后慢慢打开启普发生器上的活塞，肥皂泡即生成。再轻轻摆动橡皮管，肥皂泡即离开橡皮管而上升（如图 11 – 18 所示）。若上升的肥皂泡遇到蜡烛的火焰，肥皂泡会被引燃，在空中形成一个美丽的火球。

图 11 – 18　氢气吹肥皂泡实验装置

（2）氢气与空气混合爆鸣。

方法一：选择两个大小相同、瓶口吻合的集气瓶，其中一个集气瓶用排水法收集满氢气。将有氢气的集气瓶隔着玻璃片倒放在另一装有空气的集气瓶上，并使两个瓶口对齐，抽去毛玻片（如图 11 – 19 所示），将两个集气瓶一起拿着上下翻几次，使氢气与空气混匀。再向两瓶口之间迅速插入两块毛玻片，将两个瓶口盖好后分开，分别倒置在实验台上。拿起倒置的一瓶混合气体，抽去毛玻片，移到酒精灯火焰的正上方引爆，立即发出较大的爆鸣声并产生一股气流，气流甚至能吹灭酒精灯火焰。

方法二：在一个高约 8 cm，口径约 7 cm 的铁桶（或塑料桶）底上，用小铁钉在中央打个孔，以纸或火柴棒塞住。然后从铁桶（或塑料桶）口处迅速地通入氢气约 3~5 min，估计收集的氢气已纯时，移走氢气导管和氢气发生器。铁桶（或塑料桶）底应留有缝隙。点燃玻璃棒上吸有酒精的棉球，同时拔掉铁桶（或塑料桶）小孔里的纸或火柴棒，立即用燃着的酒精棉球接触桶上小孔处逸出的氢气，氢气立即燃烧，随后发生爆炸并将铁桶（或塑料桶）弹起（如图 11-20 所示）。

图 11-19 氢气与空气混合装置

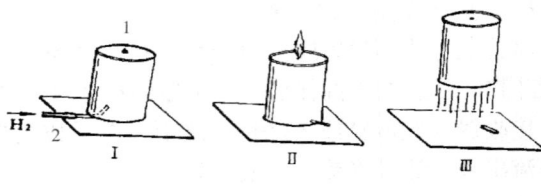

图 11-20 氢气与空气爆鸣装置
1. 小孔（收集氢气时堵住）　2. 导气管

（3）氢气与氧气混合爆鸣。

方法一：用排水法先收集 1/3 集气瓶的氧气，再继续收集氢气至瓶内的水刚排完。关闭氢气发生器出口旋塞，用毛玻片盖严集气瓶口，从水槽中取出，瓶口向下，用毛巾包裹集气瓶，拿着瓶下部，抽去毛玻片，移到酒精灯火焰的正上方引爆，立即发出很响的爆鸣声并产生一股气流，气流甚至能吹灭酒精灯火焰。（注意操作安全。）

方法二：采用图 11-21 的装置进行爆鸣实验。向肥皂液中通入氢、氧（2:1）混合气体，成泡后，关闭止水夹，移走该装置，再用坩埚钳夹持燃着的火柴点燃肥皂泡，立即发出很响的爆鸣声。

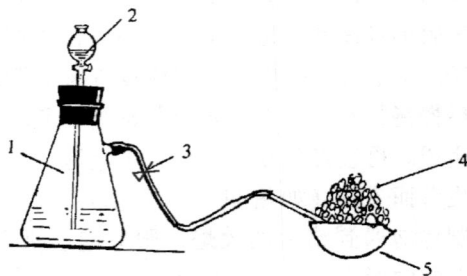

图 11-21 氢氧混合爆鸣气产生装置
1. 氢氧混合气体　2. 水　3. 止水夹　4. 肥皂液　5. 蒸发皿

（4）氢气在空气中燃烧。

在启普发生器的导气管上，先安装一支有无水氯化钙的干燥管（也可省略这一操作），再接一根尖嘴玻璃导管（最好用陶瓷管），点燃已验纯的氢气，观察氢气燃烧现象。在火焰的上方罩一冷而干燥的烧杯，观察现象（如图11-22）。

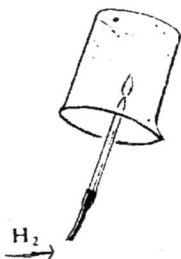

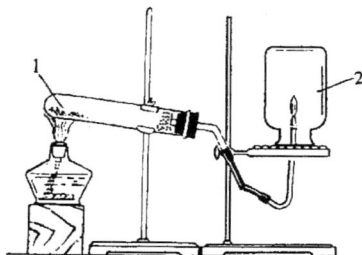

图11-22 氢气在空气中燃烧实验装置　图11-23 氧气在氢气中"燃烧"实验装置
1. 高锰酸钾　2. 氢氧焰

（5）氧气在氢气中"燃烧"。

取一硬质试管装入压碎的高锰酸钾5 g，管口放置少量脱脂棉，配单孔塞，连接导管，导管末端要有90°尖嘴玻璃导管，以便伸入集气瓶内。试管口稍低于管底，固定在铁架台上，用于制备氧气。

选取一个250 mL集气瓶（事先应与铁架台上的铁圈匹配好），用排水法收集满一瓶纯氢气，用毛玻片盖好，瓶口向下，放在铁圈上。

加热高锰酸钾，把导管末端插入水中，当有显著连续气泡放出时，抽去毛玻片，让集气瓶落入铁圈内、放稳，迅速点燃氢气，立即将氧气的导管穿过氢焰，慢慢伸入瓶中，观察观象（如图11-23所示）。

（6）氢气还原氧化铜。

取干燥的大试管一支，装入少量氧化铜粉末，使它平铺在接近试管底部的一侧，用铁夹固定在铁架台上，并使试管口稍向下。用启普发生器（或自制氢气简易发生器）制取氢气，将经检验证明已纯净的氢气通入大试管中（通氢气的玻璃管要伸到大试管的底部，为什么）。估计试管中的空气排尽后，在装有氧化铜的地方加热，观察氧化铜粉末的颜色变化和试管口内壁处的实验现象。反应结束后，移去酒精灯，

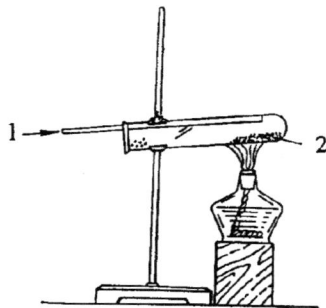

图11-24 氢气还原氧化铜实验装置
1. 氢气　2. 氧化铜

再继续通氢气至试管冷却，停止通气（如图11-24所示）。其操作步骤可概括为4个字：通、点、撤、停。

（六）注意事项

（1）点燃氢气或加热氢气之前，一定要检验氢气的纯度，否则有爆炸的危险。因为在氢气和空气的混合物中，当氢的体积在4%～74.2%范围内遇到火星就会立即爆炸，而纯净的氢气则能在空气中安静燃烧。连续检验氢气纯度时，最好不要用同一个试管，可更换一支试管重新检验。

（2）使用启普发生器时，要远离火源，关闭导气管活塞，防止氢气不纯而引起爆炸。

（3）做氢气与氧气混合爆鸣实验时，应注意在点燃肥皂泡前一定要拿走储气瓶，并夹好橡皮导管，否则易引起爆炸事故。

（4）在做氢气还原氧化铜实验时，加热前应先通入氢气把试管内的空气排尽，然后才能加热（为什么）。同时氢气流要均匀，避免时快时慢，一般每秒2～3个气泡即可。在停止加热后，要继续通入氢气至试管冷却（为什么）。

（七）问题与探究

（1）分析氢气还原氧化铜实验的关键操作，练习演示该实验时的讲解法。

（2）根据启普发生器的原理，以具支试管、长颈漏斗、U形管为主要仪器，设计并制作一套制取氢气的简易装置。

（3）肥皂液的配制：在蒸发皿中用肥皂0.4 g（或洗衣粉1 g），加约10 mL水，再加5～10滴甘油调制而成肥皂液；或取海鸥洗涤剂10 mL，加甘油10～15滴充分混合而成；或取2 mL洗洁精和3 mL水混合而成。

（4）氢气还原氧化铜反应后的试管，用稀硝酸并微热洗涤，可以除去管壁的铜迹。

（5）氢气和空气混合爆鸣实验的改进：用一个小塑料袋代替小铁桶做此实验，既能产生爆炸现象，又安全可靠。

打开一不漏气的小塑料袋，倒扣在产生氢气的导管上，在袋口处套上一松开的活结扣，稍通入一会儿氢气后，抽出导管拉紧绳扣，然后用火点塑料袋，即听到爆炸声音，同时看到塑料袋向上轻轻弹起。

另外，氢气和空气混合爆炸极限的范围可通过实验探究。具体方法是：用一个250 mL集气瓶通过排水集气方法收集一定体积的氢气，多余的水用空气排去，然后将集气瓶移到酒精灯火焰上方，观察是否爆鸣，从而计算出氢气和空气混合爆炸极限的范围。

（6）吸取启普发生器内废酸装置。

启普发生器内的废酸，可按图11－25的装置十分简便地排出。其方法如下：

①插入导管，塞紧上方单孔橡皮塞，并使导管接触启普发生器底部。

②关闭玻璃旋塞，当废酸和锌粒稍稍反应，把废酸压入导管，流入贮酸瓶

中，立即打开玻璃旋塞。

　　③贮酸瓶一定要放在比启普发生器低的地方。为什么？

　　④当废酸排出后，导管内仍有少量余酸，为了不使余酸洒在外面，提起导管即可。

　　此装置的优点在于：排酸安全、简便，锌粒可相对多装些。若是酸装多了，也可用此装置取出多余的酸。

　　（7）氢气还原氧化铜的产物常是土红色，有人认为土红色物质是氧化亚铜。你能否通过实验进行探究，给出你的结论。

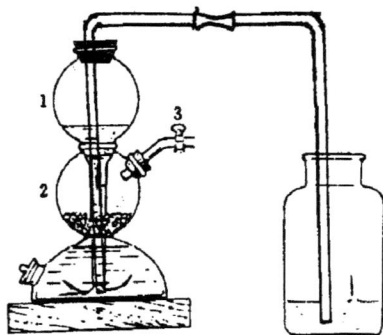

图 11-25　向上排废酸装置

　　（8）通过实验探究，设计一套氢气的制取和性质实验的最佳实验装置。

　　【实验教学资源】　启普与启普发生器

　　启普发生器由球形漏斗、容器（球形和半球形两部分）和导气管组成。启普发生器的发明人叫启普，荷兰人，生于 1808 年，卒于 1864 年，终年 56 岁。启普是一个药物商人，但是他对化学很感兴趣。在经商之余，他根据制备硫化氢气体的简单装置，设计出一种用来制取气体的装置，并请会吹玻璃的工人吹制成形。这套装置的设计非常巧妙，能随时使反应发生和停止，使用非常方便。由于这套装置是由启普发明的，后来人们就称这套装置为启普发生器。

　　除了启普发生器外，启普还发明过一些小东西。例如，画家绘画用的彩色铅笔也是启普首先制成的，所以他同时的许多画家都很熟悉。

　　启普死得比较早，他的产业由他的儿子继承下来，后来虽然转让给了别人，但公司的名称仍然叫做"启普父子公司"，至今它仍然是荷兰著名的科学仪器公司。

参考文献

　　[1] 熊言林. 化学教学论实验 [M]. 合肥：安徽大学出版社，2004：85-91.

　　[2] 马建峰. 化学实验教学论 [M]. 北京：科学出版社，2006：64.

　　[3] 熊言林，魏先文. 土红色物质是氧化亚铜还是铜 [J]. 化学教育，2006，27（2）：59-60.

实验十　二氧化硫的制取和性质实验探究

　　二氧化硫具有漂白性、还原性、氧化性，其水溶液具有酸性。在化学教学中，一般的实验方法存在如下不足：①药品用量多，造成浪费；②使用仪器多，装置冗杂，操作麻烦；③实验时间长，影响教学进程；④实验过程中有二氧化硫、硫化氢逸出，造成教学环境污染，影响师生健康。下面介绍一种密闭式二氧化硫的制取和性质一体化实验。

（一）实验目的

（1）熟悉二氧化硫的实验室制取原理和性质，掌握二氧化硫的实验室制取和性质实验的操作技能。

（2）在实验过程中探究二氧化硫制取和性质一体化实验的最佳条件，以及实验的成败关键。

（3）研究二氧化硫制取及性质一体化实验的教学方法，创设二氧化硫制取和性质的问题情景，丰富学生的科学体验，使学生认识到化学与生产和人类生活的密切关系，激发学生探究的兴趣和学习化学的动机。

（二）实验原理

$Na_2SO_3 + H_2SO_4 = Na_2SO_4 + SO_2 \uparrow + H_2O$

$SO_2 + H_2O \rightleftharpoons H_2SO_3 \rightleftharpoons H^+ + HSO_3^-$

$5SO_2 + 2KMnO_4 + 2H_2O = 2MnSO_4 + K_2SO_4 + 2H_2SO_4$

$3SO_2 + 2Na_2S = 2Na_2SO_3 + 3S \downarrow$

（三）实验用品

无水亚硫酸钠，浓硫酸（98%），0.1%品红溶液，1%酸性高锰酸钾溶液，20%硫化钠溶液，5%氢氧化钠溶液，蓝色石蕊试纸，滤纸条，脱脂棉。

大试管（20 mm×200 mm），球形干燥管，粗玻璃管（12 mm×160 mm），细玻璃管，透明胶带（用于固定4个纸环）。

（四）实验装置

实验装置如图11－26所示。

（五）实验步骤

（1）实验前在1支12 mm×160 mm粗玻璃管的外壁从下往上依次用透明胶带分别粘牢宽度为2 cm的蓝色石蕊试纸环1个、白色滤纸环3个，纸环之间相隔1.5 cm左右，备用。

（2）取1支带有单孔橡皮塞的球形干燥管，内放吸有2 mL 5%氢氧化钠溶液的脱脂棉，备用。

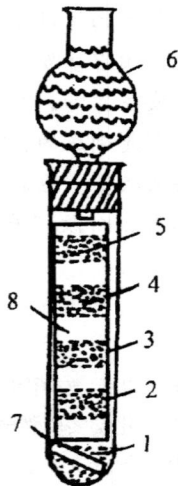

图11－26　密闭式二氧化硫系列实验装置
1. 无水亚硫酸钠＋浓 H_2SO_4　2. 湿润的蓝色石蕊试纸　3. 吸有品红溶液的滤纸环　4. 吸有酸性高锰酸钾溶液的滤纸环　5. 吸有硫化钠溶液的滤纸环　6. 吸有氢氧化钠溶液的脱脂棉　7. 细玻璃管　8. 粗玻璃管

（3）取 1 支干燥的 20 mm×200 mm 大试管，加入半药匙无水亚硫酸钠和 1 小段长约 2 cm 细玻璃管（细玻璃管起支撑粗玻璃管的作用，以防亚硫酸钠堵住粗玻璃管下端，导致浓硫酸流不下来），备用。

（4）实验时，分别将 4 滴蒸馏水、0.1% 品红溶液、1% 酸性高锰酸钾溶液和 20% 硫化钠溶液，从下往上依次滴在粗玻璃管外壁的 4 个纸环上，并将此粗玻璃管放入上述大试管内，然后沿着粗玻璃管的内壁加入 1 滴管浓硫酸，立即塞上备用的带有单孔橡皮塞的球形干燥管，观察纸环上的颜色变化情况。

（5）在实验后期，用酒精灯火焰烘烤褪色的品红溶液滤纸环处的试管壁，并旋转试管（注意：不能将滤纸环烤焦），观察纸环上的颜色变化情况。然后冷却试管，观察纸环颜色变化情况。

（六）注意事项

（1）实验装置应不漏气。

（2）品红、高锰酸钾和硫化钠溶液既不能太浓，也不能太稀，应适中。品红、高锰酸钾溶液太浓，着色深，需要二氧化硫的量多，褪色时间长；太稀，着色浅，需要二氧化硫的量少，褪色时间短，但可见度差。硫化钠溶液太浓，碱性强，需要二氧化硫的量多，显出淡黄色需要很长时间；太稀，碱性弱，需要二氧化硫的量少，但生成硫的量也少，显色不明显。

（3）在亚硫酸钠与浓硫酸反应后期，二氧化硫气流产生的速度变慢，可用小火微热反应物以加速气体的产生。

（4）亚硫酸钠放置过久可能被氧化成硫酸钠。为此，最好选用新开瓶的无水亚硫酸钠，以保证实验的顺利进行。

（七）问题与探究

（1）湿润的蓝色石蕊试纸环变成红色，说明二氧化硫溶于水后，具有酸性。

$$SO_2 + H_2O \Longleftrightarrow H_2SO_3 \Longleftrightarrow H^+ + HSO_3^-$$

（2）吸有品红溶液的滤纸环由红色逐渐变成白色，说明二氧化硫具有漂白作用。在实验后期，用酒精灯火焰烘烤褪色的品红溶液滤纸环处的试管壁，该滤纸环由白色逐渐变成红色，说明二氧化硫的漂白作用具有可逆性。冷却试管后，红色纸环又褪色了。

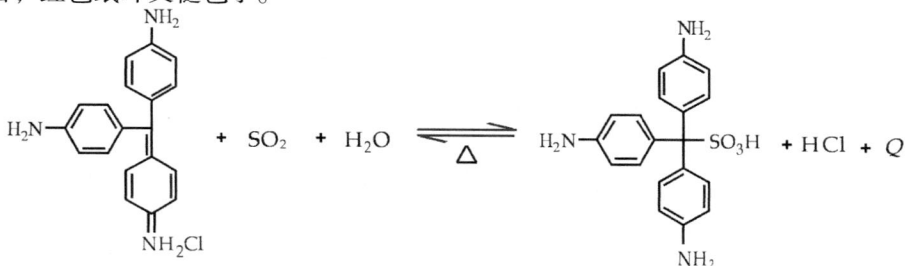

（3）吸有酸性高锰酸钾溶液的滤纸环由紫红色变成棕褐色再逐渐变成白色，说明二氧化硫能将高锰酸钾分步还原成二氧化锰、二价锰离子，从而说明二氧化硫具有还原性。

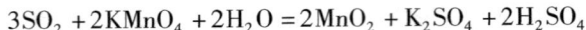

$$3SO_2 + 2KMnO_4 + 2H_2O = 2MnO_2 + K_2SO_4 + 2H_2SO_4$$

$$SO_2 + MnO_2 = MnSO_4$$

总的反应式为：$5SO_2 + 2KMnO_4 + 2H_2O = 2MnSO_4 + K_2SO_4 + 2H_2SO_4$。

（4）吸有硫化钠溶液的滤纸环由白色逐渐变成淡黄色，说明二氧化硫能氧化硫化钠，从而说明二氧化硫具有氧化性。

（八）实验优点

（1）将二氧化硫的制取和性质实验集中在一个密闭式仪器内完成，使实验装置简单、操作简便、实用、省时，可防止有毒气体污染教学环境。

（2）实验现象明显，药品用量少，适合教师演示实验和学生实验。

（3）本实验还适用于硫化氢、卤族元素等某些气体物质性质系列实验。

（4）作为演示实验，能使课堂教学更加直观，学生注意力更加集中，并具有启发性。

参考文献

[1] 熊言林. 化学教学论实验 [M]. 合肥：安徽大学出版社，2004：50 – 52.

[2] 人民教育出版社化学室. 全日制普通高级中学教科书（试验修订本，必修）化学（第一册）[M]. 2 版. 北京：人民教育出版社，2000：130 – 131.

[3] 熊言林. 二氧化硫系列演示实验的设计 [J]. 化学教育，2001，22（12）：37.

[4] 熊言林. 硫化氢和二氧化硫化学性质的联合实验 [J]. 实验教学与仪器，1991，（6）：16.

实验十一　甲烷的制取和性质实验探究

甲烷是有机物中分子量最小的饱和烷烃，是重要的能源之一。"西气东输"的天然气、农村中有机物发酵产生的沼气，其主要成分都是甲烷，甲烷与人们的生活、生产联系十分密切，因此，了解它的性质很有必要。高中化学课程标准和高中化学新课标教科书的编写者都认识到甲烷的重要性，在编写中都编有甲烷的性质实验。遗憾的是，高中化学课程标准和高中化学新课标教科书中都没有制备甲烷实验的详细介绍，这给教师的"教"和学生的"学"都带来某些不便。因此，增加制备甲烷实验，并与甲烷性质实验有机组合是十分必要的。可是，甲烷的实验室制备实验是一个难做的实验，一直有人研究它，但效果都不是十分理想。原人教社出版的高中化学教科书（必修）第二册第 59 页实验4 – 1 中，制取甲烷是采用无水醋酸钠和碱石灰以 1∶3 混合加热进行的，实验中反应速率很慢，产气率低，副产物多，而且实验易失败。对此，作者认为可让学生通过实验进行探究，同时与甲烷性质实验结合起来，形成一个完整的实验探究。

（一）实验目的

（1）熟悉甲烷的实验室制取原理和性质，掌握甲烷的实验室制取和性质实验的操作技能。

（2）在实验过程中探究甲烷的实验室制取和性质实验的最佳条件，以及实验的成败关键。

（3）研究甲烷制取及性质实验的教学方法，创设甲烷制取和性质的问题情景，丰富学生的科学体验，使学生认识到化学与生产和人类生活的密切关系，激发学生探究的兴趣和学习化学的动机。

（二）实验原理

$$CH_3COONa + NaOH \xrightarrow{\triangle} Na_2CO_3 + CH_4\uparrow$$

$$CH_4 + 2O_2 \xrightarrow{点燃} CO_2 + 2H_2O$$

$$Ca(OH)_2 + CO_2 == CaCO_3 + H_2O$$

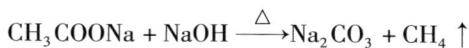

在光照条件下，甲烷跟氯气反应：

$$CH_4 + Cl_2 \longrightarrow CH_3Cl + HCl$$

$$CH_3Cl + Cl_2 \longrightarrow CH_2Cl_2 + HCl$$

$$CH_2Cl_2 + Cl_2 \longrightarrow CHCl_3 + HCl$$

$$CHCl_3 + Cl_2 \longrightarrow CCl_4 + HCl$$

（三）实验用品

无水醋酸钠（A. R），氢氧化钠（C. P），碱石灰（医用），蜡烛（20 cm 长），0.002 mol·L^{-1}酸性高锰酸钾溶液，溴水，澄清石灰水，铜箔（或铝箔）。

硬质试管（20 mm×200 mm），研钵（附研杵），玻璃棒，玻璃水槽，集气瓶（125 mL 或 250 mL），毛玻璃片，小试管（10 mm × 160 mm），烧杯（50 mL），酒精灯，铁架台（附铁夹和铁圈），500 mL 量筒。

（四）实验装置

实验装置如图 11 –27 所示。

（五）实验步骤

1. 适宜的原料配比探究

从甲烷制备反应原理来看，其实质是醋酸钠与氢氧化钠参加反应，但

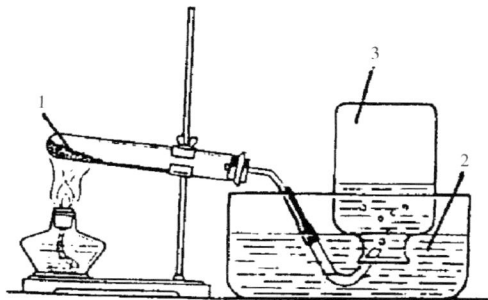

图 11 –27　制取甲烷实验装置
1. 混合物　2. 水　3. 甲烷

在加热条件下，氢氧化钠对试管的玻璃腐蚀十分严重，且醋酸钠、氢氧化钠的熔点都很低（无水醋酸钠的熔点为 324 ℃，氢氧化钠的熔点为 327.6 ℃），很容易熔化而流到试管口，堵住导气管，导致实验失败。另外，该反应在干燥条件下更容易进行，而醋酸钠、氢氧化钠、碱石灰都容易吸收空气中的水分，因此，药品取用的顺序和操作的快慢，都应考虑。

碱石灰是钠石灰的别名，为氢氧化钙与氢氧化钠的混合物。实验室用的碱石灰是市售碱石灰，属医用试剂，其中氢氧化钠含量约为 10%。市售碱石灰是由氧化钙和氢氧化钠浓溶液作用后，加入少量红色素，制成颗粒状，在 200 ~ 250 ℃下干燥而成，它的主要成分并不是氢氧化钠、氧化钙，而是氢氧化钙、氢氧化钠，其中氢氧化钙的含量很高。红色素作为碱石灰吸水程度大小的指示剂。干燥时，它呈浅红色；吸有较多的水时，它呈红色。氢氧化钙的熔点较高（580 ℃时分解），在无水醋酸钠与氢氧化钠的混合物中加入适量的碱石灰，可防止熔融的无水醋酸钠与氢氧化钠的混合物流动，也减少氢氧化钠对试管的腐蚀。

根据以上分析，对无水醋酸钠、氢氧化钠、碱石灰的最佳原料配比进行探究。为使氢氧化钠对试管的腐蚀降低到最低程度，可将反应混合物放在铜质或铝质小舟内，然后送入试管内。为使碱石灰干燥，可将碱石灰放入蒸发皿内进行灼烧。探究方案见表 11 - 3 所示，实验装置如图 11 - 27 所示，但应将集气瓶换成量筒。

表 11 - 3　制取甲烷最佳原料配比的实验探究

序号	无水醋酸钠 /匙	氢氧化钠 /匙	碱石灰 /匙	气体量 /mL	加热时间 /min	备注

根据上述探究情况，确定制取甲烷的最佳原料配比。

结论：_____。

2. 甲烷的制取（若学生没有进行上述探究，可直接用以下配方来制取甲烷）

（1）依次取 2 药匙（约 4 g）无水醋酸钠、1 药匙（约 2 g）碱石灰和 1 药匙（约 2 g）的氢氧化钠固体，放入研钵中混合，快速研碎混匀，然后将制取甲烷的混合物放在一个铜箔（或铝箔）做成的小舟中。

（2）将小舟快速放入干燥的玻璃试管里，紧贴管壁，管口略向下倾斜，塞上带有导管的橡皮塞，并固定好（装置如图 11-27 所示）。

（3）预热 1 min，再对试管底部加热 1~2 min，即有大量甲烷生成。这时，开始做甲烷的性质实验。

3. 甲烷的化学性质实验

（1）稳定性实验。甲烷是否稳定，价键是否饱和，能否发生加成反应？请探究。

用酒精灯加热制取甲烷装置上硬质试管中的反应物，并将逸出的甲烷经导气管分别通入盛有 2 mL 0.002 mol·L^{-1} 酸性高锰酸钾溶液和 2 mL 浅黄色溴水的试管里，观察试管里的溶液是否褪色。

结论：_____。

如果褪色，为什么会出现这种颜色变化？怎样处理？

收集两瓶甲烷气体，备用。

（2）可燃性实验。甲烷的组成元素是什么，能否燃烧，燃烧的产物是什么，又怎样检验燃烧的产物？请探究。

在导气管口处点燃甲烷，并在甲烷火焰上方罩上一个干燥、较冷的烧杯，观察甲烷燃烧时火焰的颜色和烧杯内壁有何现象，然后再换一个内壁用石灰水润湿的烧杯，罩在甲烷火焰上，观察并解释所观察的现象。为什么会出现这种现象的变化？

结论：_____。

另外，将一瓶纯的甲烷气体正立，打开毛玻璃片，立即点燃，并向瓶中倒水，观察有何实验现象。为什么会出现这种现象？

（3）不支持燃烧实验。甲烷能否支持燃烧，怎样设计？请探究。

将另一瓶纯的甲烷气体倒置在铁架台的铁圈上（放稳），抽去毛玻璃片，再放稳，然后把燃着的蜡烛慢慢地伸入集气瓶中，再将蜡烛慢慢地拿出来，如此反复数次，观察有何现象发生。为什么会出现这种现象？

结论：_____。

（4）甲烷的取代反应。甲烷能否发生取代反应，如能，有什么实验现象，怎样设计实验？请探究。

取一个集气瓶，把它的体积分为 6 等份，并在集气瓶上做好标记，用排饱和食盐水法收集甲烷至标记一处，再通入氯气至集气瓶内的饱和食盐水排完，使集气瓶内气体体积比为 $CH_4:Cl_2=1:5$（氯气过量），用玻璃片盖紧集气瓶口，置于散射光处（不可阳光直射以免爆炸）。20 min 后，可看到什么实验现象，为什么？

结论：_____。

（六）注意事项

（1）制取甲烷成败的关键是反应物原料配比，且反应物原料应干燥。

（2）加热反应混合物，开始时温度要高，最好选用粗芯的酒精灯加热，一旦气体产生，温度要降低，可采取升高试管或降低酒精灯火焰的方法，以减少副产物的生成。

（3）若验证甲烷与溴水是否反应，通入甲烷气体的时间不宜过长，否则因溴易挥发，它可能被甲烷气流带走，溶液也会褪色。

（4）甲烷与空气混合物中甲烷占 5% ~ 15%，或甲烷与氧气混合物中甲烷占 5.4% ~ 59.2% 时，遇火会发生爆炸。因此，在点燃甲烷之前，必须检查甲烷的纯度。按照上述甲烷性质实验操作，就不用检查甲烷的纯度，为什么？

（5）防止试管破损。

将制取甲烷的混合物放在一个铜箔（或铝箔）做成的小舟中，再把小舟放入试管紧贴内管壁，这样可以使试管不破损，如图 11 - 28 所示。如果用铝箔，会有极少量的铝与氢氧化钠固体发生反应。

图 11 - 28　防止试管破裂装置
1. 铜箔小舟　2. 反应混合物

$$2Al + 2NaOH + 2H_2O = 2NaAlO_2 + 3H_2 \uparrow$$

（6）甲烷发生取代反应后，可见集气瓶内氯气的颜色消失，集气瓶内壁有油状液滴出现。

（七）问题与探究

（1）实验室制取甲烷时，无水醋酸钠和碱石灰的用量比以多大为好？碱石灰中的氢氧化钠和氢氧化钙的比例以多大为好？可通过实验进行探究。

（2）制取甲烷，加热时应注意哪些问题？

（3）你对该实验有哪些改进建议？可通过实验探究，来证明你的建议是否可行。

（4）制取甲烷时，高温下会发生副反应，生成丙酮、乙烯、乙炔等杂质。为了制得纯甲烷，可使气体通过酸性高锰酸钾溶液，则丙酮与水混溶、乙烯和乙炔被氧化而除去。若仍有少量丙酮未除去，可使气体通过装有碘化钠固体的球形干燥管，丙酮与碘化钠生成固体络合物（$NaI \cdot 3CH_3\overset{\overset{O}{\|}}{C}CH_3$）而被除去。最后让气体通过盛有浓硫酸的洗气瓶，除去水蒸气得纯甲烷，装置如图 11 - 29 所示。

（5）醋酸钠脱羧生成甲烷的产率可达 99%，其脱羧反应机理可能如下。在 300 ~ 400 ℃（无水醋酸钠的熔点为 324 ℃，氢氧化钠的熔点为 327.6 ℃，两熔点均在此温度范围内），醋酸根首先脱羧，生成甲基负离子和二氧化碳：

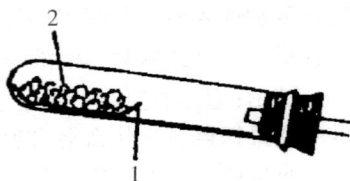

$$CH_3COO^- \rightarrow {}^-\!:CH_3 + CO_2$$

二氧化碳和氢氧化钠反应生成碳酸
钠和水：

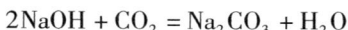

$$2NaOH + CO_2 = Na_2CO_3 + H_2O$$

甲基负离子是一个活性较强的碱，
它夺取水中的氢，便生成甲烷：${}^-\!:CH_3 +$
$H^+ \rightarrow CH_4$。要快速度制得高产率的甲
烷，只有融熔无水醋酸钠和氢氧化钠的
混合物，使醋酸根更易发生脱羧，生成
甲基负离子，而甲基负离子的形成是生
成甲烷的关键一步。

图 11 − 29　提纯甲烷实验装置
1. 甲烷　2. 高锰酸钾酸性溶液　3. NaI 固体
4. 浓硫酸

由于熔点较高的氢氧化钙（在 580 ℃时分解）用量增大，必然使得碱石灰
中的氢氧化钠含量降低，混合物难以成为融熔状态，妨碍醋酸钠与氢氧化钠的
充分接触，致使醋酸根难以脱羧形成甲基负离子，同时使得加热时间延长，反
应中的温度增加，高温下醋酸钠易发生副反应，生成丙酮及不饱和烃等杂质，
其结果必然导致甲烷产率的降低。当碱石灰中的氢氧化钠含量低于 20% 时，产
气率极低，以致实验失败。

【实验教学资源】　关于甲烷

沼气的主要成分是甲烷，甲烷也是天然气的主要成分，目前我国为解决农
村能源问题和环境问题正大力发展农村沼气池的建设。

我国农村能源问题比较突出，能源的极度缺乏与惊人的浪费并存。以全国
1.7 亿农户计算，可以算一笔账。在利用沼气前存在两大浪费：一是直接燃烧
作物秸秆因为热效低而造成的浪费，每年约有 2.5 亿吨生物质能源被浪费掉；
二是人畜禽粪便、生活废水、生活垃圾等所含的生物质能源的浪费，每年相当
于 2.5 亿吨生物质能源（或 1.4 亿吨标准煤）。发展沼气走进农村是一种趋势。
我国农村是把秸秆、杂草、树叶、人畜禽粪便等废弃物放在密闭的沼气池中发
酵，经过几天后，就有大量甲烷气体生成，如果控制好条件，定期取出旧料，
加入新料，就可持续产生沼气。

沼气建设给农民带来的好处是显而易见的，在全面建设农村小康社会中的
作用也是非常突出的。首先在于它符合可持续发展战略。发展农村沼气，把动
物、植物、微生物这个生态系统有机地结合在一起，并把种植业、养殖业有机
地结合在一起，不仅能带动生态养殖业和高效种植业的发展，增加农民经济收
入，还能改善农村环境卫生质量，保护农民的身体健康，同时又促进农业资源
的深层次利用，大大提高资源的利用率，并巩固生态环境建设成果。其次在于

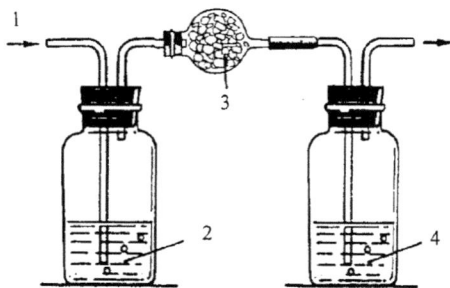

它对于建立资源节约型社会是一个了不起的贡献。生产沼气利用的生物质能，是一种可再生能源，而且，它的节能效果非常明显。我国农村很多地方有着适宜发展沼气的自然条件和环境条件，应当在农村沼气建设上有所作为。

参考文献

[1] 熊言林. 用碱石灰制取甲烷实验失败原因的探讨 [J]. 化学教学，1994（4）：7 – 8.

[2] 熊言林. 化学教学论实验 [M]. 合肥：安徽大学出版社，2004：107 – 111.

[2] 马建峰. 化学实验教学论 [M]. 北京：科学出版社，2006：155 – 156.

实验十二 乙烯、乙炔的制取和性质探究

（一）实验目的

（1）熟悉乙烯、乙炔的实验室制取原理和性质，掌握乙烯、乙炔的实验室制取和性质实验的操作技能。

（2）在实验过程中探究乙烯、乙炔的实验室制取和性质实验的最佳条件，以及实验的成败关键。

（3）研究乙烯、乙炔制取及性质实验的教学方法，创设乙烯、乙炔制取和性质的问题情景，丰富学生的科学体验，使学生认识到化学与生产和人类生活的密切关系，激发学生探究的兴趣和学习化学的动机。

（二）实验原理

1. 乙烯的制取

用乙醇与浓硫酸共热脱水来制备乙烯，其反应过程中首先生成硫酸氢乙酯，在 150 ℃ 以上硫酸氢乙酯开始分解而产生乙烯。

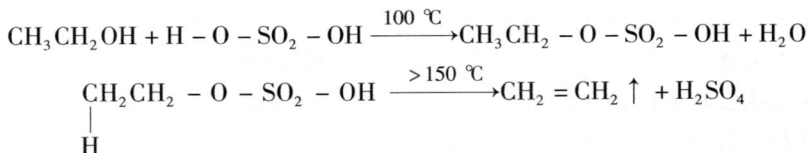

$$CH_3CH_2OH + H - O - SO_2 - OH \xrightarrow{100\ ℃} CH_3CH_2 - O - SO_2 - OH + H_2O$$

$$\underset{\overset{|}{H}}{CH_2CH_2} - O - SO_2 - OH \xrightarrow{>150\ ℃} CH_2 = CH_2 \uparrow + H_2SO_4$$

2. 乙烯的化学性质

（1）乙烯与溴水作用：

$$CH_2 = CH_2 + Br_2 \longrightarrow BrH_2C - CH_2Br$$

（2）乙烯与酸性高锰酸钾溶液作用：

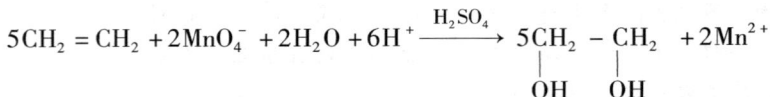

$$5CH_2 = CH_2 + 2MnO_4^- + 2H_2O + 6H^+ \xrightarrow{H_2SO_4} 5\underset{\overset{|}{OH}}{CH_2} - \underset{\overset{|}{OH}}{CH_2} + 2Mn^{2+}$$

（紫红色）   （肉色，浓度小时，接近无色）

当溶液的酸度不够时，MnO_4^- 可能被还原为二氧化锰褐色沉淀：

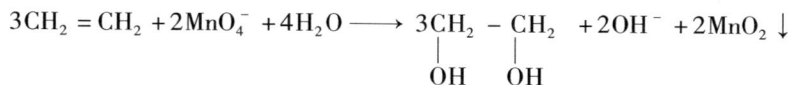

$$3CH_2 = CH_2 + 2MnO_4^- + 4H_2O \longrightarrow 3CH_2 \underset{|}{\overset{}{-}} CH_2 + 2OH^- + 2MnO_2 \downarrow$$
$$\underset{OH}{\quad} \underset{OH}{\quad}$$

（褐色）

当高锰酸钾的浓度过大时，MnO_4^- 被还原成 Mn^{2+}，而 Mn^{2+} 又可能与过剩的 MnO_4^- 发生氧化还原反应而析出 MnO_2：

$$3Mn^{2+} + 2MnO_4^- + 2H_2O \longrightarrow 5MnO_2 \downarrow + 4H^+$$
（紫红色）　　　　　　（褐色）

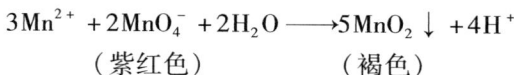

如果反应强烈，生成的乙二醇可进一步被氧化，导致碳碳键断裂，生成羧酸或二氧化碳等。

（3）乙烯与空气中的氧气作用：

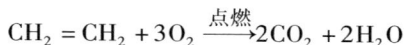

$$CH_2 = CH_2 + 3O_2 \xrightarrow{\text{点燃}} 2CO_2 + 2H_2O$$

3. 乙炔的制取

乙炔的实验室制法与工业制法相同，都是用电石（碳化钙）与水反应：

$$CaC_2 + 2H_2O = Ca(OH)_2 + C_2H_2 \uparrow$$

4. 乙炔的化学性质

（1）乙炔与溴水作用，发生加成反应：

$$HC \equiv CH + 2Br_2 \longrightarrow Br_2HC - CHBr_2$$

（2）乙炔与高锰酸钾溶液作用，随条件的不同，生成不同的产物。

在中性溶液中：

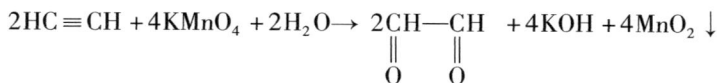

$$2HC \equiv CH + 4KMnO_4 + 2H_2O \rightarrow 2CH\underset{\overset{\|}{O}}{-}CH\underset{\overset{\|}{O}}{} + 4KOH + 4MnO_2 \downarrow$$

（紫红色）　　　　　　　　　　　　　　　（褐色）

或　　$3HC \equiv CH + 10KMnO_4 + 2H_2O \rightarrow 10KOH + 6CO_2 \uparrow + 10MnO_2 \downarrow$

在酸性溶液中：

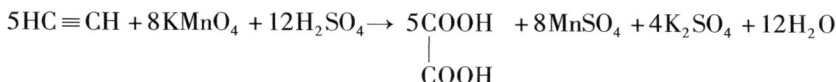

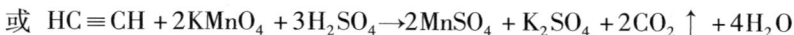

$$5HC \equiv CH + 8KMnO_4 + 12H_2SO_4 \rightarrow 5COOH\underset{|}{\overset{}{}}_{COOH} + 8MnSO_4 + 4K_2SO_4 + 12H_2O$$

或　$HC \equiv CH + 2KMnO_4 + 3H_2SO_4 \rightarrow 2MnSO_4 + K_2SO_4 + 2CO_2 \uparrow + 4H_2O$

（3）乙炔的燃烧：

$$2CH \equiv CH + 5O_2 \xrightarrow{\text{点燃}} 4CO_2 + 2H_2O$$

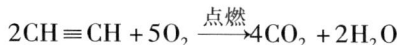

（4）乙炔与银氨溶液作用：

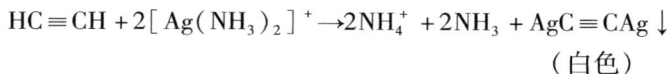

$$HC \equiv CH + 2[Ag(NH_3)_2]^+ \rightarrow 2NH_4^+ + 2NH_3 + AgC \equiv CAg \downarrow$$

（白色）

（三）　实验用品

乙醇（C.P），浓硫酸（C.P），尿素（C.P），生石灰（C.P），电石（C.P），0.05%高锰酸钾溶液，0.5%溴水，2%硝酸银溶液，10%氨水。

圆底烧瓶（60 mL），试管（10 mm×100 mm），平底烧瓶或蒸馏烧瓶（60 mL），大试管（25 mm×220 mm），温度计（200 ℃），集气瓶（125 mL，附毛玻片），酒精灯，分液漏斗（60 mL），玻璃水槽，碎瓷片。

（四）　实验装置

制取乙烯实验装置如图 11-30 所示。

制取乙炔实验装置如图 11-31 所示。

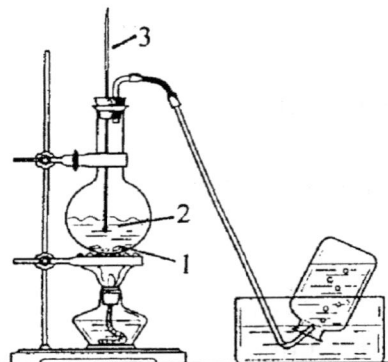

图 11-30 制取乙烯实验装置
1. 碎瓷片　2. 浓硫酸、乙醇的混合液　3. 温度计

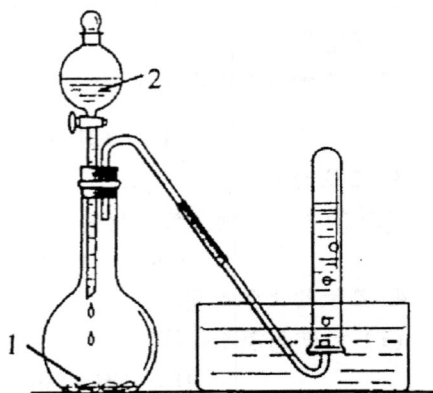

图 11-31　制取乙炔实验装置
1. 电石　2. 水

（五）　实验步骤

1. 乙烯的制取和化学性质

（1）乙烯的制取：

取一个干燥、洁净的 60 mL 圆底烧瓶（或蒸馏烧瓶），配一装有量程为 200 ℃温度计的双孔橡皮塞，另一孔作为气体导出口。在烧瓶内加入 2 粒碎瓷片、3 g 尿素和一粒黄豆大小的生石灰，再加入 6 mL 乙醇，然后将 15 mL 浓硫酸慢慢地边振动边加入乙醇中。按照图 11-30 所示把仪器连接好，并检查装置气密性。然后用强火加热使混合液体温度迅速升到 160 ℃，再使用温火加热，使温度范围控制在 160~170 ℃，当烧瓶内空气排尽后，用排水集气法收集乙烯气体。

（2）乙烯的化学性质：

乙烯的制取和化学性质实验是连续操作的，事先必须做好一切准备，充分利用乙烯气体。

①将乙烯分别通入盛有 2 mL 0.5%溴水、2 mL 经过酸化的 0.05%高锰酸钾

溶液的试管中，观察试管中溶液颜色的变化情况。

②在导气管管口点燃已验纯的乙烯，观察乙烯燃烧时的火焰情况。

③用排水法收集乙烯于 125 mL 集气瓶中，移去导气管，停止加热。将集气瓶从水槽中取出正立，抽走毛玻璃片，点燃乙烯，观察现象。随着乙烯的燃烧，火焰逐渐进入集气瓶内。再向集气瓶内注水，以便把乙烯排出，观察乙烯在瓶内和瓶口的燃烧现象。

2. 乙炔的制取和化学性质

（1）乙炔的制取：

取一个干燥、洁净的 60 mL 平底烧瓶（或用蒸馏烧瓶、大试管代替），放入 5～6 块蚕豆大小的电石，用一个配有分液漏斗和导气管的双孔橡皮塞塞紧管口，分液漏斗里加入水，如图 11–31 所示。向烧瓶里滴水，控制好分液漏斗的滴液速度，使反应不要太快，待烧瓶内的空气排尽后，用排水集气法收集乙炔。

（2）乙炔的化学性质：

①将乙炔通过盛有 5 mL 0.5% 溴水和 5 mL 0.05% 酸性高锰酸钾溶液的试管里，观察发生的现象。

②用试管取 2 mL 2% 的硝酸银溶液，滴入过量的 10% 氨水（使生成的沉淀刚好消失）后，通入乙炔，观察发生的现象。

③在导气管管口点燃已验纯的乙炔，注意观察乙炔的火焰，直到乙炔气体烧完为止。

（六）注意事项

（1）在制取乙烯时，应注意以下 5 个问题：

①要检查装置的气密性，以防加热时由于漏气而引起燃烧甚至发生爆炸。

②配制乙醇、浓硫酸混合液时，应先加乙醇，再缓缓地加入浓硫酸，并不断搅拌，不可先加浓硫酸再加乙醇。

③生成硫酸氢乙酯的反应是可逆的，反应混合物中会有乙醇存在。加热时，乙醇会与生成的乙烯一同逸出。在实验中为了尽可能使平衡向正反应方向移动以减少乙醇的逸出，通常是加入过量的硫酸，使浓硫酸与乙醇的体积比为 3∶1。

④乙醇与浓硫酸的混合物在加热到 130～140 ℃时，会生成乙醚：

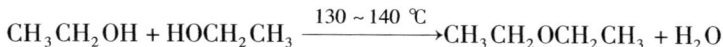

$$CH_3CH_2OH + HOCH_2CH_3 \xrightarrow{130\sim140\ ℃} CH_3CH_2OCH_2CH_3 + H_2O$$

因此，应集中加热，使反应物温度迅速从 130 ℃升到 170 ℃，以尽量减少乙醚的产生。同时，在升温到 170 ℃以前所产生的气体不要收集。

⑤沸石、碎瓷片、砂子或其他惰性固体是硫酸氢乙酯分解成乙烯的催化剂。因此，在反应器里加一些沸石等，不但可以防止反应混合物在受热时产生瀑沸现象，而且可以起催化作用。

⑥浓硫酸既是脱水剂，又是氧化剂。在反应中它可使乙醇等有机物氧化，最后生成碳、一氧化碳和二氧化碳（这时反应物变黑）而本身被还原为二氧化硫混杂在乙烯中。二氧化硫能使溴水或高锰酸钾溶液褪色。因此，要通过氢氧化钠溶液或碱石灰再处理，以除去其中的二氧化碳和二氧化硫，剩下的一氧化碳对乙烯的性质实验无多大妨碍。

（2）制取乙炔时要用较大粒的碳化钙，最好有蚕豆大小，使它跟水的接触面积不太大，防止反应太猛烈而产生大量泡沫，堵塞导管或从导管喷出。为了使反应缓慢地进行，常用饱和食盐水跟碳化钙反应。尽管碳化钙与水反应是固体与液体不加热的反应，但不能用启普发生器作为反应器。

（3）乙烯或乙炔跟空气的混合物在爆炸范围内遇火，会发生猛烈的爆炸（乙烯：3.0% ~ 33.5%，乙炔：2.3% ~ 82%）。为了安全起见，最好先做它们跟溴水和高锰酸钾溶液的实验，让发生器里的空气全部排出后，再在导气管管口点燃。点燃前仍应检查气体的纯度。

（4）乙烯和乙炔加成反应实验所用的溴水和氧化反应所用的高锰酸钾溶液都不宜过浓，溴水用 0.5% 的较合适，高锰酸钾溶液可以用 0.01% ~ 0.05% 的，并先加几滴硫酸使高锰酸钾溶液酸化，以利于氧化反应的进行。溶液用量不宜过多，2 ~ 3 mL 即可，这样反应现象明显，还可以防止因气流过急而使混合液冲出试管。

（5）乙炔本身是无色、无臭、无味的气体，但用电石与水反应生成的乙炔，往往有强烈的刺激性臭味。这是由于电石中含有少量的硫化钙、磷化钙、砷化钙等杂质，它们与水反应生成对应的氢化物 H_2S、PH_3、AsH_3 等混在乙炔中之故。这些气体既有恶臭又有毒，要防止逸散在实验室里。实验完毕，最好在通风橱内或室外拆除制取装置。

（七）问题与探究

（1）用浓硫酸使乙醇脱水制取乙烯的实验过程中，为什么有时会有黑色的物质产生？黑色物质是什么？如何防止？浓硫酸除了作催化剂外，还利用了它的什么性质来促进反应的进行？

（2）乙炔比乙烯更不饱和，为什么它们使溴水和高锰酸钾溶液褪色的速度反而是乙炔比乙烯慢？

（3）通过实验探究，分别设计一套乙烯、乙炔的制取和性质实验微型装置。

（八）实验改进

1. 乙炔的简易制取

制取少量乙炔时，可在试管里放入少量的水，中间放一些脱脂棉，脱脂棉上面放几块电石，倾斜试管即可，如图 11 – 32 所示。

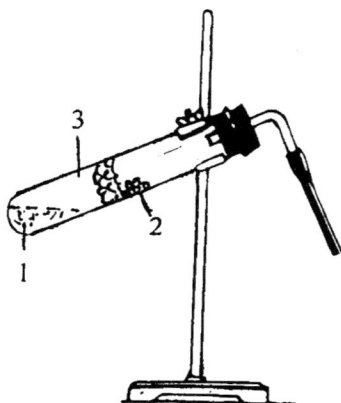

图 11 – 32 制取乙炔简易实验装置
1. 水 2. 电石 3. 脱脂棉

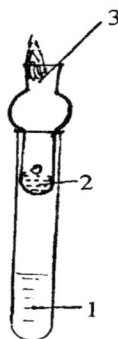

图 11 – 33 乙烯横口试管实验装置
1. 乙醇和浓硫酸混合液
2. 溴水或高锰酸钾溶液 3. 乙烯焰

2. 乙烯、乙炔的制取和性质实验可用横口试管进行

（1）乙烯的制取和性质实验可用横口试管进行（如图 11 – 33 所示）。在试管中加入 2 mL 乙醇、6 mL 浓硫酸和 1 粒沸石。在横口试管（或在上方再套一横口试管）内分别放入少量溴水、酸性高锰酸钾溶液，用酒精灯加热片刻，试管中的液体成黑褐色，横口试管中的溶液开始褪色，此时可在横口试管口点火，管口的火焰随加热程度的变化而变化。加热时，必须注意，一旦反应过于激烈要马上撤火，否则试管里的液体便逸出，进入横口试管的液体里。

（2）乙炔的制取和性质实验可用横口试管进行（如图 11 – 34 所示）。试管

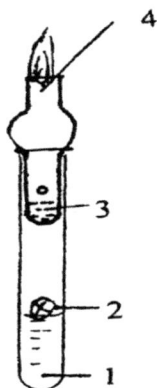

图 11 – 34 乙炔横口试管实验装置
1. 水 2. 包在有孔蜡纸中的电石
3. 高锰酸钾酸性溶液 4. 乙炔焰

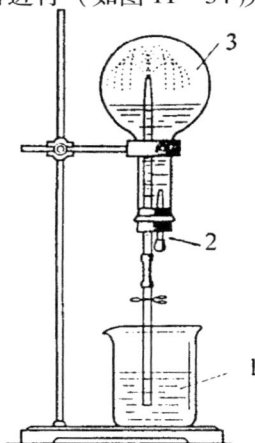

图 11 – 35 乙烯与溴反应喷泉实验装置
1. 水 2. 吸有液溴的滴管 3. 乙烯

中放入少量水，放入一块包了有孔蜡纸的电石，横口试管中放入少量酸性高锰酸钾溶液。片刻后高锰酸钾溶液开始褪色，用火柴在横口试管口点火（注意要等高锰酸钾溶液褪色，再点火。否则，会因混有空气而爆炸）。

3. 乙烯和溴的加成反应可用喷泉法进行

在一支 250 mL 的圆底烧瓶上装上有尖嘴的长玻璃管和盛有液溴的滴管的双孔塞，然后在烧瓶里装满乙烯倒放在盛水的烧杯上（如图 11 - 35 所示）。实验时把滴管里的溴挤入烧瓶里。乙烯跟溴发生加成反应，生成的 1,2 - 二溴乙烷是液体，瓶内的压强减小，水就被吸入烧瓶里，形成喷泉。要使喷泉喷射有力，并使注入的溴全部褪色，必须控制好溴的用量。250 mL 乙烯约需 0.3 mL（约 6 滴）液溴。

参考文献

［1］熊言林. 化学教学论实验［M］. 合肥：安徽大学出版社，2004：112 - 118.

［2］李旻，熊言林. 乙烯性质系列实验的组合设计［J］. 化学教育，2007，28（5）：49.

实验十三　胶体的制备和性质实验探究

清晨，一道道光柱透过森林的枝叶照到地面上，这是自然界中常见的现象，也是胶体的一种性质。胶体在自然界尤其是生物界普遍存在，它与人类的生活及环境有着密切的联系，应用很广，且随着技术的进步，其应用领域越来越广。

胶体很早以来就引起了人们的注意，但直到 19 世纪中叶，人们对各种胶体和悬浮液才有了更系统的研究。世界胶体化学的奠基人是英国的化学家 T. 格雷阿姆，对胶体化学有突出贡献的科学家还有沃尔伏甘·奥斯特瓦尔德、弗兰德利希、哈第、贝希霍德和魏曼等，我国北京大学傅鹰教授作为我国胶体化学的奠基人也作出了重要贡献。

（一）实验目的

（1）通过本实验进一步认识几种胶体制备的原理及胶体所具有的各种性质，学会胶体的制备和性质实验的操作技能。

（2）在实验过程中探究胶体的制备和性质实验的最佳条件，以及实验的成败关键。

（3）创设胶体性质的相关问题情景，丰富学生的科学体验，使学生认识到胶体与生产和人类生活的密切关系，激发学生探究的兴趣和学习化学的动机。

（二）实验原理

胶体是分散质颗粒的直径为 1 ~ 100 nm 的分散系。胶体的制备方法是利用化学反应生成某物质的过饱和状态，从而凝聚成胶体粒子，这种方法称作化学凝聚法。

$$FeCl_3 + 3H_2O = Fe(OH)_3(胶体) + 3HCl（在煮沸条件下）$$

$$KI + AgNO_3 = AgI(胶体) + KNO_3$$

$$Na_2SiO_3 + 2HCl = H_2SiO_3(胶体) + 2NaCl$$

（三）实验用品

$FeCl_3$ 固体，饱和 $FeCl_3$ 溶液，$0.01\ mol \cdot L^{-1}$ 的 $AgNO_3$ 溶液，$1.0\ mol \cdot L^{-1}$ 的盐酸，尿素，水玻璃，1% 的食盐溶液，$0.01\ mol \cdot L^{-1}$ 的 KNO_3 溶液，$0.1\ mol \cdot L^{-1}$ 的 $NaCl$ 溶液，$0.1\ mol \cdot L^{-1}$ 的 $MgSO_4$ 溶液，蒸馏水，$0.01\ mol \cdot L^{-1}$ 的 KI 溶液，1% 的明胶溶液，可溶性淀粉。

烧杯，试管，激光器（或激光笔），低压直流电源，石墨电极，酒精灯，半透膜，玻璃棒，U 形管。

（四）实验装置

　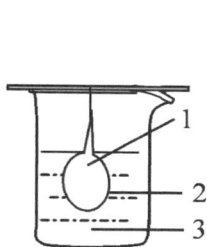　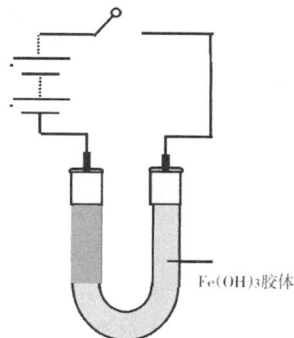

图 11 - 36　丁达尔现象　　图 11 - 37　胶体渗析　　图 11 - 38　胶体电泳
1. 淀粉胶体、食盐溶液
2. 半透膜　3. 蒸馏水

（五）实验步骤

1. 胶体的制备

（1）$Fe(OH)_3$ 胶体的制备：在 50 mL 小烧杯中加入 20 mL 蒸馏水，加热煮沸，然后在沸水中逐滴加入饱和 $FeCl_3$ 溶液 1 ~ 2 mL，继续煮沸，待溶液呈红褐色后，停止加热即得 $Fe(OH)_3$ 胶体。

（2）AgI 胶体的制备：取一支大试管，加入 10 mL $0.01\ mol \cdot L^{-1}$ 的 KI 溶液，然后用胶头滴管逐滴滴入 8 ~ 10 滴 $0.01\ mol \cdot L^{-1}$ 的 $AgNO_3$ 溶液，边滴加边振荡即得 AgI 胶体。

（3）硅酸胶体的制备：在一支大试管中，加入 5 ~ 10 mL $1.0\ mol \cdot L^{-1}$ 的盐酸，再加入 1 mL 的水玻璃，然后用力振荡，即得硅酸胶体。

（4）淀粉胶体的制备：用少量的水润湿 1 g 可溶性淀粉，将其缓慢地加入到 50 mL 煮沸的蒸馏水中，边加边搅拌，再加热煮沸 2 ~ 3 min，冷却即得淀粉胶体。

2. 胶体的性质

（1）丁达尔现象。使激光器（或激光笔）产生的激光束或暗箱中的一束强光分别通过胶体、食盐溶液、蒸馏水，观察并解释产生的现象（见图 11 - 36）。

（2）渗析。用半透膜制成一个小袋，向其中注入淀粉胶体 10 mL、食盐溶液 5 mL，然后用线将半透膜的上口束好，系在玻璃棒上，然后将半透膜袋悬挂于盛有蒸馏水的烧杯中（见图 11 - 37）。几分钟后，用两支试管各取烧杯中的液体 5 mL，分别注入少量的 $AgNO_3$ 溶液和碘水，观察发生的现象并解释原因。

（3）胶体的电泳。将 120 mL 蒸馏水放在烧杯中加热煮沸，加入 0.4 g $FeCl_3$ 固体，溶解后再加入 6.3 g 尿素（为什么），冷却后注入 U 形管中，然后在 U 形管的两端胶体溶液的上面沿管壁分别缓慢地加入 0.01 mol·L^{-1} KNO_3 溶液约 1 cm 高，插入两只石墨电极使之浸入 KNO_3 溶液中（见图 11 - 38），通 24 V 左右的直流电约 10 min，观察阳极区和阴极区附近胶体颜色的变化（说明了什么问题）。

（4）胶体的凝聚。在 3 支试管中分别加入 3 mL $Fe(OH)_3$ 溶胶、$Fe(OH)_3$ 溶胶、硅酸溶胶，向第一支试管中加入 $MgSO_4$ 溶液，振荡，观察现象；向第二支试管中加入硅酸溶胶，振荡，观察现象；给第三支试管加热，观察现象。

（5）胶体的保护。用 3 支试管各取 3 mL $Fe(OH)_3$ 溶胶，分别加入 1 mL 1% 明胶（动物胶），充分振荡，再分别向第一支试管中加入 $MgSO_4$ 溶液、第二支试管中加入硅酸溶胶，振荡，观察现象，给第三支试管加热，观察现象。

（六）注意事项

（1）配制胶体溶液时，必须用蒸馏水，以免水中的电解质杂质影响胶体的形成。硅酸胶体的制备应考虑溶胶的浓度和溶胶的 pH，硅酸溶胶的 pH 在 6 左右为宜。

（2）几种渗析袋的制备：渗析袋可用玻璃纸、膀胱膜、肠衣、羊皮纸或其他代用品制备。

① 用玻璃纸制作渗析袋。取一张 15 cm × 15 cm 的玻璃纸，用水润湿，铺在蒸发皿上并慢慢地倒入胶体溶液，用线把玻璃纸绑在玻璃管上，再将此袋悬挂起来，浸入蒸馏水中。

② 用蛋壳制渗析袋。取一个鸭蛋或鸡蛋，从大头打破，倒出蛋清和蛋黄，用温水洗净蛋壳内壁，将小头浸入 1∶1 盐酸溶液中，溶去全蛋壳的 1/4 ~ 1/3，内外用温水洗净，再用蒸馏水冲洗几次即可。

③ 用火棉胶（柯罗酊）制作渗析袋。取市售的 5% 火胶棉液 2 ~ 3 mL 倒入干燥的锥形瓶（150 mL）内，不断转动，使瓶的内壁和瓶口都均匀地粘上一层

火胶棉液（多余的倒回原试剂瓶中），然后倒放静置 15 min 左右。由于溶剂不断蒸发，干后锥形瓶内会形成一层薄膜。从瓶口剥开薄膜，再沿瓶壁和薄膜的夹缝间注入蒸馏水，薄膜与瓶壁脱离，轻轻取出薄膜袋浸在蒸馏水中备用。

（3）胶体的电泳。首先是电源和电压的选择。胶体电泳选用 0 ~ 30 V 的稳压直流电源，电压选择 24 ~ 30 V 为宜。通电约 5 min 后，两端胶体溶液的液面差约 1 cm。若用干电池做电源，电压要选用 9 ~ 15 V。由于电压较低，需较长时间才能看到两端的液面差。

溶胶的浓度对胶体电泳的速度影响不大，但溶胶的用量对电泳速度有一定影响。在电压相同的条件下，溶胶越多，使电极间距离相对加大，电泳速度相应减慢。

胶体电泳实验也可以使用隔膜电极。在电泳实验中，如果电极直接接触胶体，会产生电解反应，甚至破坏胶体而发生胶体聚沉。使用装有隔膜的电极可避免上述现象的发生。

隔膜电极的制作方法：取内径 4 ~ 6 mm 的玻璃管截成 10 ~ 12 cm 长的两段，熔圆断口，上部套上一段胶管以代替胶塞。在 20 mL 蒸馏水中加入适量食用面粉和少量饱和 KNO_3 溶液加热制成较稀的糨糊。用脱脂棉球浸取新制的面粉糊，塞入电极管的下端，棉球在电极管口部要外凸成弧形（防止电极插入时，管口有气泡影响导电）。

用 $Fe(OH)_3$ 胶体做电泳实验时，选用 30 V 的直流电源，通电 3 ~ 5 min 后，阳极一端的液面约下降 1 cm，并且阴极区的颜色逐渐变深，说明 $Fe(OH)_3$ 胶粒带正电荷。

（4）尿素的作用。加入适量的尿素可以使硝酸钾溶液和溶胶之间产生清晰的界面，因为适量尿素的加入增大了溶胶的比重，使界面清晰。

（七）问题与探究

（1）做电泳实验时，为什么要在 $Fe(OH)_3$ 胶体的上面加入稀硝酸钾溶液？如何滴加才不致搅浑溶液，保持 KNO_3 和胶体间有清晰的界面？

（2）电压的高低、U 形管的大小和胶体的用量不同，对胶体电泳实验效果有何影响？

（3）如果将碳棒电极直接插入胶体溶液中，通以直流电，能否清楚地看到电泳现象？

（4）如何保护胶体？

（5）结合中学教材，分析本实验在中学化学教学中的作用，自行设计胶体的电泳实验方案。

（6）探究不同电极材料对胶体电泳实验效果的影响。

参考文献

[1] 马建峰. 化学实验教学论 [M]. 北京：科学出版社，2006：128 – 135.

[2] 李广洲，陆真. 化学教学论实验 [M]. 2 版. 北京：科学出版社，2006：60 – 64.

实验十四　锌及其化合物的性质实验探究

锌及其化合物有多种用途。据统计，全世界生产的金属锌约有 40% 用来制造镀锌的管材和白铁。另外，锌元素是人体必需的微量元素之一，是人体多种蛋白质的核心组成部分。但是，过量的锌会使蛋白质沉淀，对皮肤和黏膜有较强的刺激性和腐蚀性，因此，人们应防止摄入过多的锌。锌也是植物生长不可缺少的元素，硫酸锌还是一种常用的微量元素肥料。

（一）实验目的

（1）熟悉金属锌、氧化锌、氢氧化锌、氯化锌的主要性质。

（2）学习研究锌及其化合物化学性质的实验方法。

（3）提高研究锌及其化合物性质的实验能力，熟练掌握本实验的最佳实验条件，并探讨如何指导中学生做好本实验；体验锌及其化合物在生产、生活中的重要应用价值。

（二）实验原理

$$4Zn + 2O_2 + 3H_2O + CO_2 = ZnCO_3 \cdot 3Zn(OH)_2 \text{（锌久置在空气中）}$$

$$2Zn + O_2 \xrightarrow{\triangle} 2ZnO$$

$$Zn + 2HCl = ZnCl_2 + H_2 \uparrow$$

$$Zn + 2H_2O + 2NaOH = Na_2[Zn(OH)_4] + H_2 \uparrow$$

$$Zn + 4NH_3 + 2H_2O = [Zn(NH_3)_4]^{2+} + H_2 \uparrow + 2OH^-$$

$$Zn + CuSO_4 = ZnSO_4 + Cu$$

$$ZnO + 2HCl = ZnCl_2 + H_2O$$

$$ZnO + 2NaOH + H_2O = Na_2[Zn(OH)_4]$$

$$Zn(OH)_2 + 2HCl = ZnCl_2 + 2H_2O$$

$$Zn(OH)_2 + 2NaOH = Na_2[Zn(OH)_4]$$

$$Zn(OH)_2 + 4NH_3 = [Zn(NH_3)_4]^{2+} + 2OH^-$$

$$ZnCl_2 + 2NaOH = Zn(OH)_2 \downarrow + 2NaCl$$

（三）实验用品

金属锌粒，金属锌粉，氧化锌，氢氧化锌，氯化锌，2 mol·L⁻¹ HCl 溶液，6 mol·L⁻¹ NaOH 溶液，浓氨水，氨水（1∶1），1 mol·L⁻¹ CuSO₄ 溶液，2 mol·L⁻¹ NaOH 溶液。

台秤，酒精灯，坩埚或蒸发皿，试管。

（四）实验步骤

1. 观察外观

通过观察，将下列物质的颜色、状态填入表11-4中。

表11-4　观察锌及其化合物的颜色和状态

物性/物质	金属锌粒	金属锌粉	氧化锌	氢氧化锌	氯化锌
颜色					
状态					

结论：_____。

2. 金属锌

（1）仔细观察久置在空气中的锌，现象：_____。

（2）与空气中的氧气反应。

取少量的锌粉，撒在点燃的酒精灯火焰上，或者涂在面巾纸上，在酒精灯火焰上点燃，观察现象：_____。

（3）与酸反应。

向盛有2~5颗锌粒的小试管中加入2 mL 2 mol·L⁻¹HCl溶液，立即用拇指堵住管口，2~5 min后，用点燃的火柴棒靠近管口，并快速松动拇指，观察现象：_____。

（4）与强碱反应。

向盛有少量锌粉（芝麻体积大小）的小试管中加入2 mL 2 mol·L⁻¹NaOH溶液或6 mol·L⁻¹NaOH溶液，振荡试管后，静置，观察现象：_____。

（5）与氨水反应。

向盛有少量锌粉（芝麻大小）的小试管中加入2 mL浓氨水，用拇指堵住管口，振荡试管后，静置，观察现象：_____。

（6）与盐溶液反应。

向盛有2 mL 1 mol·L⁻¹CuSO₄溶液的小试管中放入2~3粒金属锌粒，观察现象：_____。

由（1）—（6）实验现象，可以得出结论：_____。

3. 氧化锌

（1）与酸反应。

向盛有少量氧化锌（芝麻大小）的小试管中加入2 mL 2 mol·L⁻¹HCl溶液，观察现象：_____。

（2）与强碱反应。

向盛有少量氧化锌（芝麻大小）的小试管中加入2 mL 6 mol·L⁻¹NaOH溶

液，观察现象：_____。

由（1）（2）实验现象，可以得出结论：_____。

4. 氢氧化锌

（1）与酸反应。

向盛有少量氢氧化锌的小试管中加入 2 mL 2 mol·L⁻¹ HCl 溶液，观察现象：

_____。

（2）与氨水反应。

向盛有少量氢氧化锌（芝麻大小）的小试管中加入 2 mL 氨水（1∶1），观察现象：_____。

（3）热稳定性。

在坩埚或蒸发皿中，加入少量氢氧化锌，然后加热，观察现象：_____。

（4）与强碱反应。

向盛有少量氢氧化锌（芝麻大小）的小试管中加入 2 mL 6 mol·L⁻¹ NaOH 溶液，观察现象：_____。

由（1）—（4）实验现象，可以得出结论：_____。

5. 氯化锌

向盛有少量氯化锌的试管中加入 2 mL 蒸馏水，然后逐滴滴加 2 mol·L⁻¹ NaOH 溶液或 6 mol·L⁻¹ NaOH 溶液，观察现象：_____。

由此得出结论：_____。

（五）注意事项

（1）在常温下，若金属锌粉与氢氧化钠溶液、氨水反应的现象不明显，可微热，且锌粉取用量以 1～2 粒芝麻大小为宜。

（2）在加热氢氧化锌的过程中，随着温度升高，氢氧化锌分解为氧化锌，颜色由白色变为淡黄色，冷却后又恢复为白色。这是因为氧化锌中锌原子受热后电子层发生极化，锌、氧原子振动频率也加快，锌氧键键长有所增加，氧化锌对可见光的吸收波长发生改变，导致氧化锌的颜色由白色变为淡黄色，冷却后又恢复原来的颜色状态。事实上，无机化合物的颜色随温度的升高而变深，是一种普遍规律（如表 11-5 所示）。

（六）问题与探究

（1）实验中，久置在空气中的锌粒应由实验人员提前准备好，让学生与新开瓶的锌粒试剂比较。

（2）实验中，如果没有氢氧化锌、氧化锌试剂，应如何设计制备方案进行制备实验？

（3）探讨多大浓度的氢氧化钠溶液能够分别溶解氧化锌、氢氧化锌。

（4）氯化锌的浓溶液为什么能够清除金属表面的氧化物？

表 11 - 5　一些无机化合物在不同温度下的颜色

无机化合物	常温时的颜色	高温时的颜色
HgO	红	黑
Fe_2O_3	红	黑
Cr_2O_3	绿	灰黑
Pb_3O_4	橙红	棕
PbO	橙黄	棕
Na_2O_2	淡黄	棕黑
$CuSO_4$	白	橙黑
$K_2Cr_2O_7$	橙红	棕红
$CuCl_2$	棕黄	深棕
ZnO	白色	淡黄色

（5）探讨白铁皮表面是否存在金属锌，并设计出探究性实验方案。

参考文献

［1］北京师范大学等三校无机化学教研室．无机化学（下册）［M］.3 版．北京：高等教育出版社，1992：808 - 810.

［2］王磊．普通高中课程标准实验教科书·化学：选修，实验化学［M］.济南：山东科技出版社，2006：50.

［3］刘怀乐．中学化学实验与教学研究［M］.重庆：西南师范大学出版社，1997：416.

实验十五　硫与铁、铜反应的性质实验探究

原人教版高中教材化学（必修）第一册第 127 页有硫与铁反应的教学内容，有的教师为了激发学生学习化学的兴趣，活跃课堂气氛，提高教学效果，补做了硫与铁反应的演示实验，其演示实验方案仍按过去统编的高中课本化学（必修）第一册［实验 3 - 2］中所述方法进行演示操作。但该演示实验方案存在如下问题：

（1）硫粉与铁粉用量过多（均为 5 g 左右），而且两者之间的质量之比没有按化学反应方程式中物质的量之比（硫与铁的质量之比为 4∶7）设计，硫粉过量太多，既浪费药品，又给实验后的洗涤带来不便。

（2）硫与铁反应是放热反应，温度很高，一般硬质试管不能承受此温度，实验后都有试管炸裂现象，实验成本高。

（3）实验装置中没有吸收装置，反应过程中将有有毒的黄烟（高温下，硫升华、硫与试管内空气中的氧气会化合生成二氧化硫等物质）从试管口处喷出，产生一定的环境污染。

　　另外，硫与铜反应是中学化学中一个难以获得成功的实验，影响因素较多。同时，硫在高温下又能跟空气中的氧气反应生成二氧化硫而污染环境。

　　因此，教师有必要对硫与铁、硫与铜反应的实验进行重新设计，以保证实验成功并避免二氧化硫的污染。鉴于此，作者从化学教学角度出发，以问题的形式，对这两个实验进行重新设计，并在课堂教学中演示过，取得了较好的实验效果。

（一）实验目的

　　（1）熟悉硫与铁、铜反应的原理，掌握硫与铁、铜反应的实验操作技能。

　　（2）在实验过程中探究硫与铁、铜反应实验的最佳条件，以及实验的成败关键。

　　（3）创设硫与铁、铜反应的问题情景，激发学生探究的兴趣和学习化学的动机。

（二）实验原理

　　（1）铁能被磁化，而硫化亚铁不能被磁化，以此说明硫与铁发生了反应。化学方程式如下：

$$Fe + S \xrightarrow{\triangle} FeS$$

　　（2）光亮的细铜丝变成黑色，用手一捻即成粉末，以此说明硫与铜发生了反应。化学方程式如下：

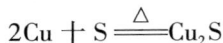

$$2Cu + S \xrightarrow{\triangle} Cu_2S$$

（三）实验用品

　　硫粉（C. P），铁粉（C. P），5%氢氧化钠溶液，细铜丝（民用照明灯头线内芯）。

　　硬质试管（20 mm×200 mm），球形干燥管，酒精灯，条形磁铁，铝片（或铜片，12 mm×180 mm），具支试管（20 mm×200 mm），带单孔橡皮塞的玻璃棒，铁架台，砂纸，防风罩，脱脂棉。

（四）实验装置

　　硫与铁反应实验装置如图 11 - 39 所示，铜与硫反应封闭式实验装置如图 11 - 40 所示。

（五）实验步骤

1. 硫粉与铁粉反应

　　（1）分别称取 1.8 g 硫粉和 3 g 铁粉放在塑料薄膜片上，用药匙使之混合均匀。（问题 1. 用条形磁铁分别接触硫粉、铁粉和混合物时，将会出现什么现象？）

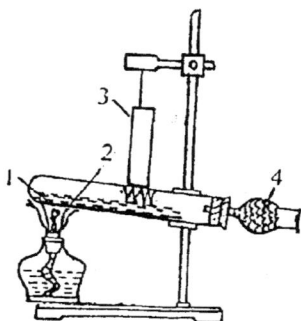

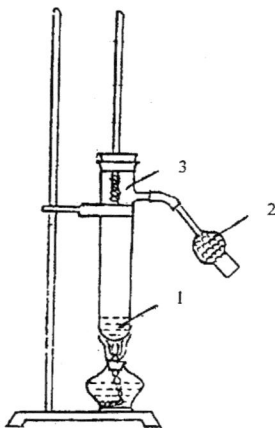

图 11 – 39　硫与铁反应实验装置　　图 11 – 40　铜跟硫反应封闭式实验装置
1. 硫粉与铁粉混合物　2. 槽形铝片　　　1. 硫粉　2. 吸有氢氧化钠溶液的脱脂棉
3. 条形磁铁　4. 吸有氢氧化钠溶液的脱脂棉　　3. 细铜丝

（2）将硫粉与铁粉的混合物放在槽形铝片上，并将其水平放入硬质试管内，塞上带有球形干燥管（内装吸有氢氧化钠溶液的脱脂棉）的单孔橡皮塞，按图 11 – 39 所示固定好仪器。（问题 2. 连接球形干燥管这一仪器的目的是什么？）

（3）将条形磁铁紧贴在硬质试管中间部位上方。（问题 3. 试管内的混合物将会出现何种现象？）

（4）用酒精灯火焰预热试管后，再固定加热试管底部的混合物，当混合物发红时，立即移去酒精灯。（问题 4. 试管内的混合物将会发生何种现象，为什么？问题 5. 条形磁铁下的混合物又会发生何种现象，为什么？）

（5）反应停止，待试管稍冷后，用镊子取出槽形铝片，让学生观察生成物的颜色、状态，并用条形磁铁接触生成物。（问题 6. 生成物能否被磁铁吸引，为什么？写出该反应的化学方程式。）

2. 硫粉与铜丝反应

（1）取二分之一药匙的硫粉，放入具支试管中，并将该具支试管竖直夹持在铁架台上。

（2）取 20 cm 光亮的多股细铜丝（用砂纸擦光），将其紧紧地绕缠在一根 30 cm 长、带有单孔橡皮塞的玻璃棒上，并将螺旋状的细铜丝向玻璃棒一端推出 1～2 cm，然后将玻璃棒上的单孔橡皮塞塞在具支试管上，再把玻璃棒向上拉至细铜丝处，按图 11 – 40 所示固定好仪器。

（3）取一浸有 5% 氢氧化钠溶液的脱脂棉球，将其疏松地塞入球形干燥管内。

（4）给盛有硫粉的具支试管加热，约 1 min 后，硫粉熔化并沸腾，产生硫蒸气。再加热 2 min 左右，待液态的硫快蒸发完，硫蒸气区近乎呈无色时，将玻璃棒向下推动，使螺旋状细铜丝伸入近乎无色的硫蒸气区，可见细铜丝立即燃烧，持续发红约 5 s。

（5）取出玻璃棒，可以看到光亮的细铜丝变成黑色，用手一捻即成粉末。

（六）注意事项

（1）根据硫与铁反应的化学方程式中物质的量之比，该实验中，硫粉用量略多 5%，目的是保证铁粉完全反应。

（2）使用槽形铝片的目的，一是使反应物与试管内壁隔离，以防试管因温度过高而炸裂；二是混合物可方便地放入试管内；三是生成物可以方便地取出、观察。铝片的厚度不能太薄，否则，铝片易与硫粉反应而烧穿。

槽形铝片的制作：将铝片直放在试管外壁上，用手沿着试管外壁按下，便可得到圆弧状的槽形铝片。这样，槽形铝片可服帖地放在试管内。

（3）在条形磁铁下端，可以看到条形磁铁将试管内的混合物吸引上来，呈"胡须"状。当反应的红热现象扩展到此处时，"胡须"被引燃，便掉落。这样的现象非常直观地说明了铁参加反应后而失去了被磁化的性质。

（4）球形干燥管内的脱脂棉上氢氧化钠溶液可将有毒气体和升华硫吸收、过滤掉，减少了环境污染。

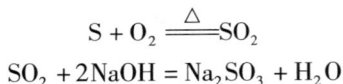

$$S + O_2 \xrightarrow{\triangle} SO_2$$

$$SO_2 + 2NaOH = Na_2SO_3 + H_2O$$

（七）问题与探究

（1）铜在硫蒸气中能够稳定燃烧的关键条件有 3 个：

①铜丝要细，以保证铜跟硫有更大的接触面，并使铜丝内的铜尽可能跟硫充分反应完全。

②硫蒸气的温度要高，且浓度要大，以保证有很高的起始反应温度和过量的硫。

③铜丝伸入具支试管内的部位要正确，以保证铜丝在高温、高浓度的硫蒸气区。

（2）硫在加热熔化并持续沸腾时，具支试管里的硫有不同的聚集状态（如图 11－41 所示）。

①升华硫区。该区域温度低

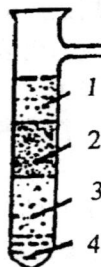

图 11－41　硫受热沸腾时各种聚集状态区域
1. 升华硫区　2. 胶状硫区　3. 硫蒸气区
4. 液态硫区

（112.8 ℃），硫以浅黄色粉末存在。

②胶状硫区。该区域温度较高（200～400 ℃），硫以红棕色的胶状存在，并且有高的黏稠性。当硬度不大的细铜丝通过该区域时，很容易被胶状硫粘在具支试管内壁上，细铜丝就难以向下移动，导致实验失败。因此，用细铜丝实验时，应借助于硬度大的玻璃棒（或其他物体），以保证细铜丝能上下移动。

③硫蒸气区。该区域温度最高（444.6 ℃以上），硫以近乎无色的气态存在（其成分有 S_2、S_4、S_6 和 S_8）。该区域最有利于铜跟硫反应。

④液态硫区。该区域温度为 112.8～400 ℃，硫以液态形式存在，其颜色随温度的升高而加深。当硫粉用量少，加热时间长，该区域消失，便成为硫蒸气区。

（3）单孔橡皮塞的孔径应与玻璃棒的外径配套，且小孔要垂直，并在孔内涂有少量的凡士林，这样就便于玻璃棒上下移动，同时可防止气体外泄。

（4）浸有 5% 氢氧化钠溶液的脱脂棉球应以不滴出液体为宜。

（5）硫粉用量不宜太多，一般以 0.5 g 为宜。用量太多，不仅浪费药品，而且给洗涤具支试管带来不便，甚至在具支试管冷却过程中，大量多余的液态硫固化时，因其膨胀系数与玻璃不同，结果会导致具支试管破裂。

（6）实验结束后，应立即洗去具支试管内壁附着的硫，否则，时间一长就更难除去。洗硫方法有多种，其中"热石灰水法"是一种简单、有效、成本低廉的方法。现介绍如下：待具支试管稍冷却后，向管内加入 10 mL 饱和石灰水，倾斜具支试管，用酒精灯加热石灰水淹没处的硫，硫一受热，便很快脱离管壁。按此操作，除去另外的硫。最后用试管刷刷洗，即可得到干净、明亮的具支试管。

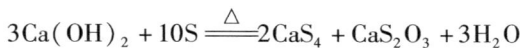

$$3Ca(OH)_2 + 10S \xrightarrow{\triangle} 2CaS_4 + CaS_2O_3 + 3H_2O$$

或　　　　　$$3Ca(OH)_2 + 12S \xrightarrow{\triangle} 2CaS_5 + CaS_2O_3 + 3H_2O$$

NaOH 溶液清除的方法是：试管稍冷后，加入 4～5 mL 5% NaOH 溶液，塞上橡皮塞，振荡试管数次后，平放在台面上，经过 1～2 天的时间，试管内壁上的硫迹便溶解并自动脱落。其反应式为：

$$6NaOH + 2(x+1)\ S = Na_2S_2O_3 + 2Na_2S_x + 3H_2O$$

（八）实验优点

该实验设计巧妙，药品用量少，仪器常规，装置简单，操作方便、安全，无污染，实验现象鲜明、直观，富有趣味性和启发性。

参考文献

［1］熊言林．化学教学论实验［M］．合肥：安徽大学出版社，2004：45－48.

［2］人民教育出版社化学室．高级中学课本（必修）化学（第一册）［M］.2 版．北京：人民教育出版社，1995：63 – 65.

［3］人民教育出版社化学室．全日制普通高级中学教科书（试验修订本·必修）化学（第一册）［M］.2 版．北京：人民教育出版社，2000：126 – 128.

［4］熊言林．如何提高硫粉与铁粉反应的实验效果［J］．实验教学与仪器，1995（2）：20.

［5］熊言林．铜跟硫反应封闭式实验的新设计［J］．中国教育技术装备，2002（2）：8.

实验十六　苯酚和甲醛的性质实验探究

在我们的日常生活中，有机化合物有着非常广泛的应用，可以说它们无处不在。有机化合物种类繁多、性质各异，如何研究它们的性质呢？本实验以苯酚和甲醛为例进行探究。

苯酚，俗称石炭酸，属于有机化合物，是一种重要的化工原料，也可用作消毒剂和防腐剂。但苯酚具有一定的毒性，人长期接触它易患心脏病和肾炎等疾病。水体中有苯酚会影响生物的生长和繁殖。随着石油化工、有机合成等工业的发展，产生了大量含有苯酚的废水，对这种废水的处理是环境保护中的重要课题。苯酚的浓溶液对皮肤有很强的腐蚀作用，会强烈灼烧皮肤，使用时一定要小心。如果不慎将苯酚沾到皮肤上，应立即用酒精洗涤，再用水冲洗。

甲醛是一种用途广泛的重要有机化合物。在建材行业，甲醛是制造人造板材所需的脲醛树脂、酚醛树脂的重要原料；在纺织行业，甲醛可用于制造染料、服饰后处理的柔软剂。35% ~40% 的甲醛水溶液（俗称福尔马林）具有杀菌和防腐能力，可浸制生物标本；0.1% ~0.5% 的甲醛水溶液在农业上可用来浸种，给种子消毒。但甲醛具有毒性，使用时应在通风条件下进行。

（一）实验目的

（1）巩固酚羟基和醛基的性质知识，掌握通过官能团研究有机化合物性质的实验方法。

（2）探讨苯酚和甲醛的性质实验的最佳条件，并探讨如何指导中学生做该实验。

（3）体验有机化合物与人们日常生活的重要关系，以及正确使用有机化合物的重要性。

（二）实验原理

（1）苯酚分子里，非极性基团苯环所占比例较大，极性基团酚羟基所占比例较小，所以在常温下苯酚在水中溶解有限，但在 65 ℃以上时，苯酚能与水以任意比互溶。苯酚分子里的羟基受到苯环影响，羟基氧原子的孤对电子的轨道

跟苯环大 π 键的 π 轨道形成共轭体系，使氧原子上的电子云密度降低，使羟基上的氢原子部分电离出 H^+，呈现弱酸性，同时生成苯氧负离子。该负离子能够提供孤对电子，与 Fe^{3+} 发生特征反应，生成紫色透明的络离子 $[Fe(C_6H_5O)_6]^{3-}$。

苯酚分子里的官能团羟基影响苯环，使苯环上 2、4、6 位上的氢原子活跃性增强，易与卤素、浓硝酸、浓硫酸发生取代反应。

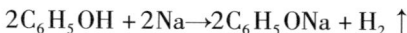

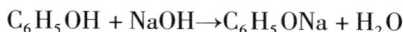

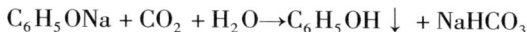

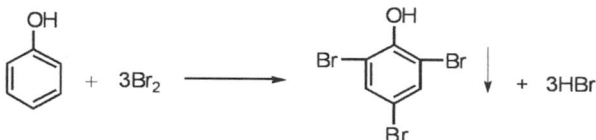

$C_6H_5OH \rightarrow C_6H_5O^- + H^+$

$2C_6H_5OH + 2Na \rightarrow 2C_6H_5ONa + H_2 \uparrow$

$C_6H_5OH + NaOH \rightarrow C_6H_5ONa + H_2O$

$C_6H_5ONa + CO_2 + H_2O \rightarrow C_6H_5OH \downarrow + NaHCO_3$

$6C_6H_5OH + Fe^{3+} \rightarrow [Fe(OC_6H_5)_6]^{3-} + 6H^+$

（2）甲醛也叫做蚁醛，易溶于水和乙醇，可用于杀菌、消毒。甲醛的化学式为 CH_2O，结构式为 $H—CHO$，其中含有一个醛基，具有还原性，既能够被强氧化剂氧化，也可以被弱氧化剂氧化。

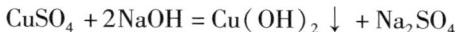

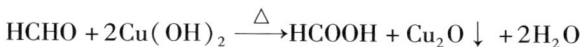

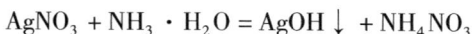

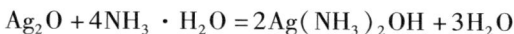

$5HCHO + 2KMnO_4 + 3H_2SO_4 \rightarrow 5HCOOH + 2MnSO_4 + K_2SO_4 + 3H_2O$

$CuSO_4 + 2NaOH = Cu(OH)_2 \downarrow + Na_2SO_4$

$HCHO + 2Cu(OH)_2 \xrightarrow{\triangle} HCOOH + Cu_2O \downarrow + 2H_2O$

$AgNO_3 + NH_3 \cdot H_2O = AgOH \downarrow + NH_4NO_3$

$2AgOH = Ag_2O + H_2O$

$Ag_2O + 4NH_3 \cdot H_2O = 2Ag(NH_3)_2OH + 3H_2O$

$HCHO + 2Ag(NH_3)_2OH \xrightarrow{\triangle} HCOONH_4 + 2Ag \downarrow + 3NH_3 + H_2O$

（三）实验用品

苯酚晶体，蒸馏水，酒精，5% 的 NaOH 溶液，10% 的 NaOH 溶液，2% 的苯酚溶液，1% 的 $FeCl_3$ 溶液，甲醛溶液，1% 的酸性 $KMnO_4$ 溶液，2% 的 $CuSO_4$ 溶液，5% 的 Na_2CO_3 溶液，2% 的 $AgNO_3$ 溶液，2% 的氨水，金属钠。

试管，铁架台，石棉网，酒精灯，火柴，小刀，镊子，滤纸，胶头滴管，台秤。

（四）实验步骤

（1）在两支试管里分别放入少量的苯酚晶体，观察颜色，状态，闻气味：_____。然后往其中一支试管中加入少量酒精，振荡，观察现象：_____。往另一支试管中加入少量冷水，振荡，观察现象：＿＿＿＿＿＿＿＿＿；加热，观察现象：＿＿＿＿＿＿＿＿；振荡、冷却，再观察现象：＿＿＿＿＿＿＿＿。

（2）在盛有少量苯酚的试管里，加入一小粒金属钠（去掉氧化膜，体积为绿豆大小），观察实验现象：＿＿＿＿＿＿＿＿＿＿＿＿＿＿＿。再用酒精灯火焰微微加热苯酚至熔化，观察实验现象：＿＿＿＿＿＿＿＿＿＿＿＿＿。

（3）向盛有少量苯酚的试管里加入 2 mL 水，振荡至出现浑浊液体，滴加 5% 的 NaOH 溶液，边滴加边充分振荡，至溶液刚好透明澄清。然后用嘴通过玻璃管往溶液中吹气至溶液又变混浊。结论：＿＿＿＿＿＿＿＿＿＿＿＿＿＿。

（4）取一支试管，注入 2 mL 2% 的苯酚溶液，加入 1% 的 $FeCl_3$ 溶液 2～3 滴，观察实验现象：＿＿＿＿＿＿＿＿＿＿＿＿＿。

（5）取一支干净的试管，加入 2 mL 2% 的苯酚溶液，滴入适量的浓溴水，振荡，观察实验现象：＿＿＿＿＿＿＿＿＿＿＿＿。再滴入过量的浓溴水，振荡，观察实验现象：＿＿＿＿＿＿＿＿＿＿＿＿＿。

由上述（1）—（5）实验现象，可以得出结论：＿＿＿＿＿＿＿＿＿＿＿＿。

（6）向一支试管中加入 1 mL 甲醛溶液，滴加 1% 的酸性 $KMnO_4$ 溶液，振荡，观察实验现象：＿＿＿＿＿＿＿＿＿＿＿＿＿。

（7）在试管里加入 2 mL 10% 的 NaOH 溶液，滴入 4～6 滴 2% 的 $CuSO_4$ 溶液，振荡试管。向该试管中加入 0.5 mL 甲醛溶液，加热，观察现象：＿＿＿＿＿＿＿＿。

（8）甲醛与银氨溶液的反应。

①向一支试管中加入少量 Na_2CO_3 溶液，加热煮沸，倒去 Na_2CO_3 溶液后，用自来水洗涤，再用蒸馏水淋洗 3 次，倒去淋洗水，得到洁净的试管。

②在这支洁净的试管里加入 1 mL 2% 的 $AgNO_3$ 溶液，然后一边振荡试管，一边逐滴滴加 2% 的氨水，直到沉淀恰好溶解为止。

③再向这支试管里滴入 3 滴甲醛溶液，振荡后，把试管放在盛有热水（70～80 ℃）的烧杯中，静置 1～2 min。观察试管内壁有什么现象：＿＿＿＿＿＿。

由上述（6）—（8）实验现象，可以得出结论：＿＿＿＿＿＿＿＿＿＿＿＿。

（五）注意事项

（1）在实验步骤（2）中，应注意金属钠的用量，否则生成的氢气较多，可能引起试管炸裂。

（2）在实验步骤（3）中，苯酚溶液中加入 NaOH 溶液不能过量，否则用嘴吹入 CO_2 的量不足，试管中的溶液很难变混浊。

（3）不同的酚与三氯化铁反应可显示不同的颜色。

（4）苯酚溶液和浓溴水反应，所用浓溴水必须是饱和的。生成三溴苯酚后，如果继续加入浓溴水，白色沉淀会转为黄色的 2,4,4,6 - 四溴环己二烯酮；如果单质溴的量不足，则生成对溴苯酚或邻溴苯酚。由于对溴苯酚或邻溴苯酚的溶解度大，则溶液中不会出现沉淀。

（5）实验中有时得不到银镜，而是黑色沉淀。这是由于试管壁不够干净或加热时振荡，而使还原出来的银为疏松的黑色沉淀。为此，试管必须洁净。另外，某一试剂浓度过大，也得不到银镜。

（6）配制银氨溶液时，在氨水中先加10%的 NaOH 溶液1滴，过量的 OH^- 有利于醛的氧化。

（7）配制银氨溶液时，氨水必须加至沉淀刚刚消失。氨水过量，将生成雷酸银（AgONC），不仅试剂灵敏度会降低，而且会引起爆炸。

（8）银氨溶液必须临时配用，切勿贮存。若放置较久，会析出黑色 Ag_3N 沉淀，这一沉淀在干燥时受到振动，将会分解而发生猛烈爆炸：

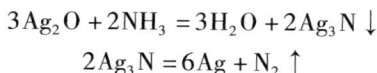

$$3Ag_2O + 2NH_3 = 3H_2O + 2Ag_3N \downarrow$$
$$2Ag_3N = 6Ag + N_2 \uparrow$$

（六）问题与探究

（1）实验中用甲醛，甲醛被 $Cu(OH)_2$ 氧化为甲酸，甲酸仍具有还原性，可进一步把 Cu_2O 还原为铜，即发生"铜镜"反应：

$$HCOOH + Cu_2O \xrightarrow{\triangle} 2Cu + CO_2 \uparrow + H_2O$$

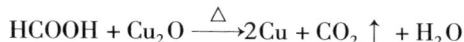

（2）写出相关实验步骤中的化学反应式。探讨银镜反应的最佳实验条件是什么。

（3）探讨可以采用什么方法检验居室中的甲醛含量是否超标（室内空气中允许的甲醛浓度为 $0.05 \ mg \cdot m^{-3}$）。

（4）探讨含苯酚废水的处理方法，并设计出处理含苯酚废水的实验方案。

参考文献

［1］张多霞. 中学化学实验手册［M］. 广州：广东教育出版社，1995：306 – 308.

［2］王祖浩. 普通高中课程标准实验教科书·化学 实验化学［M］. 南京：江苏教育出版社，2006：25 – 26.

［3］王磊. 普通高中课程标准实验教科书·化学 实验化学（选修）教师用书［M］. 济南：山东科学技术出版社，2006：55 – 58.

实验十七 碱金属及其化合物的性质实验探究

（一）实验目的

（1）熟练掌握碱金属及其化合物的性质实验原理和实验操作技能。

（2）掌握碱金属及其化合物的性质实验教学方法。

（3）体验碱金属及其化合物与人们日常生活的重要关系。

（二）实验原理

$4Na + O_2 = 2Na_2O$（放置在空气中）

$2Na + O_2 = Na_2O_2$（在点燃的条件下）

$2Na + 2H_2O = 2NaOH + H_2 \uparrow$

$2K + 2H_2O = 2KOH + H_2 \uparrow$

$2Na_2O_2 + 2H_2O = 4NaOH + O_2 \uparrow + Q$

$2Na_2O_2 + 2CO_2 = 2Na_2CO_3 + O_2 + Q'$

$Na_2CO_3 + 2HCl = 2NaCl + H_2O + CO_2 \uparrow$

$Na_2CO_3 + HCl = NaHCO_3 + NaCl$

$NaHCO_3 + HCl = NaCl + H_2O + CO_2 \uparrow$

$2NaHCO_3 = Na_2CO_3 + H_2O + CO_2 \uparrow$（在加热的条件下）

$C + O_2 = CO_2$（带火星的木条）

（三）实验用品

金属钾，金属钠，过氧化钠，碳酸钠，碳酸氢钠，蒸馏水，煤油，石灰水，酚酞试液，稀盐酸，氯化钡溶液，硝酸溶液，稀硝酸，草木灰（选做，学生自备）。

镊子，小刀，放大镜，铝箔，燃烧匙，酒精灯，烧杯，试管，脱脂棉，玻璃管，滴管，滤纸，漏斗。

（四）实验步骤

1. 钠与氧的反应

用镊子从瓶中取出小块金属钠，并用滤纸吸干表面的煤油，用刀切去一端的外皮，观察钠的颜色：_____。并注意断面上所发生的变化：_____。把外面的氧化膜切去后，放在燃烧匙里加热，观察现象：_____。

2. 钠与水的反应

向一盛有三分之一体积水的烧杯里，投进一小块金属钠（绿豆大小），仔细观察现象：_____。然后滴加几滴酚酞溶液，振荡烧杯，观察溶液颜色有何变化：_____。

3. 钾与水的反应

从煤油里取出一块金属钾，用滤纸吸干煤油，切取绿豆大小的钾，放在盛有三分之一体积水的烧杯里，观察观象：_____。反应完后滴入几滴酚酞溶液，振荡烧杯，观察溶液颜色的变化：_____。

与上述实验步骤 2 的现象比较，可得出结论：_____。

4. 过氧化钠与水反应

向一支洁净、干燥的试管中加入大半药匙过氧化钠固体粉末，然后再向试管中滴加蒸馏水，迅速用拇指堵住试管口，观察实验现象：_____。

松开拇指，迅速向试管口内插入带火星的木条，观察实验现象：＿＿＿＿＿＿＿。
然后用水稀释试管中的生成物，并滴入几滴酚酞溶液，观察实验现象：＿＿＿＿。

5. 碳酸钠和碳酸氢钠

（1）与酸反应。

分别向两个干净的大试管各加入
一药匙碳酸钠和碳酸氢钠，然后同时滴
加 6 mol·L^{-1} 稀盐酸 5 mL，观察实验现
象 ＿＿＿＿＿＿＿＿＿＿＿＿＿。用
手触摸两试管底部，有何感觉：＿＿＿＿

＿＿＿＿＿＿＿＿＿＿＿＿＿＿。

（2）热稳定性。

按图 11－42 装置所示，把 2 g 碳酸
钠放入试管里，并往烧杯里倒入新制的
澄清石灰水，加热，观察实验现象。＿＿＿

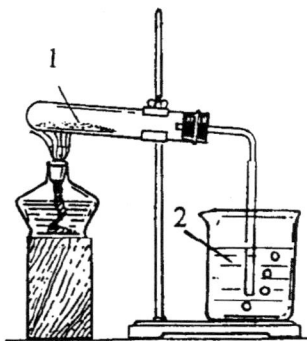

图 11－42 碳酸钠和碳酸氢钠受热装置
1. 碳酸钠（或碳酸氢钠） 2. 澄清石灰水

＿＿＿＿＿＿＿＿＿。把试管拿掉，换一支盛有同样质量碳酸氢钠的试管，加热，
观察实验现象：＿＿＿＿＿＿＿＿＿＿＿＿＿＿＿＿＿＿＿＿＿＿＿＿。

6. 从草木灰中提取钾盐

（1）溶解。在 250 mL 烧杯里放入半烧杯草木灰，加水至高出灰面 1～2 cm
处，放在石棉网上，用小火加热，且用玻璃棒搅动，以加速草木灰中钾盐的
溶解。

（2）过滤。把烧杯中的草木灰和浸液一起过滤，如果滤液浑浊再过滤一
次，直至滤液澄清。

（3）蒸发。把滤液倒入蒸发皿中，加热蒸发，直至只剩少量液体时停止
加热。

（4）冷却。静止片刻可见溶液中有钾盐晶体出现。

（5）碳酸根离子、硫酸根离子、氯离子的检验。取出刚制得的少量晶体放
入试管里，加蒸馏水溶解并把溶液分成 3 份，分装在 3 支试管里，依次编号为
①、②、③。在①号试管里加入盐酸；在②号试管里加入氯化钡溶液，再加入
盐酸；在③号试管里加入硝酸银溶液，再加入稀硝酸，分别观察实验现象：＿＿
＿＿＿＿＿＿＿＿＿＿＿＿＿＿＿＿＿。根据上述现象，可以验证溶液里含有哪些
离子：＿＿＿＿＿＿＿＿＿＿＿＿＿＿＿＿＿＿＿＿＿＿＿＿＿＿＿＿＿。

（五）实验改进

1. 钠与氧气反应

按图 11－43 所示，加热试管里的高锰酸钾固体使其分解，再给弯管（弯管
直径应粗一些）里的钠加热，可看到钠剧烈燃烧，发出亮黄色的火焰，同时生

成淡黄色固体。

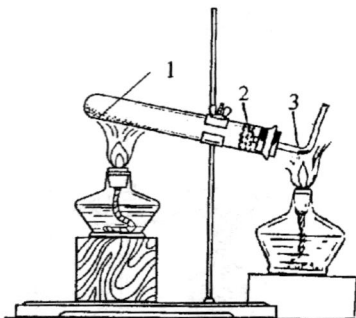

图 11 - 43   钠与氧气反应实验装置   图 11 - 44   钠与水反应实验装置
1. 高锰酸钾 2. 脱脂棉 3. 金属钠   1. 煤油 2. 钠 3. 水

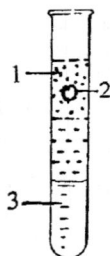

2. 钠与水反应

在试管中水面上加一层 2 ~ 3 cm 厚的煤油，将一小块钠（3 ~ 4 mm 见方大小）放入试管，由于 $\rho_{煤油} < \rho_{钠} < \rho_{水}$，所以钠将沉于煤油而浮于水面，但不要使钠块顶部露在煤油外。用手持放大镜在试管侧面观察这一反应是非常有趣的（如图 11 - 44 所示）。

3. 过氧化钠与水、二氧化碳的反应

在一小团脱脂棉上，放两药匙过氧化钠粉末，然后包起来，留一个小缝隙，放在蒸发皿里（最好是铁质瓶盖上），用胶头滴管向脱脂棉缝隙内的过氧化钠上慢慢地滴几滴水，一会儿，脱脂棉便燃起来。此实验证明：过氧化钠与水反应能放出氧气且是放热反应。

在上述方法中，改用玻璃管对着过氧化钠吹气，脱脂棉也会燃烧起来，这说明过氧化钠能和呼出的二氧化碳起反应放出氧气和热量。

（六）问题与探究

（1）草木灰包括草本灰和木本灰。草本灰的颜色为深灰色或黑色，密度较小，碳酸钾的含量较低，滤下的灰水为黄色。木本灰颜色较浅，密度较大，碳酸钾含量较高，滤下的灰水为红棕色。

（2）草木灰里一般含有 3 种钾盐，即碳酸钾、硫酸钾、氯化钾。随灰粉的来源不同，3 种钾盐的含量也有所不同（见表 11 - 6 所示）。

（3）钠与水反应可以观察到哪些有趣的现象？

（4）请你设计一套既能观察到钠与水反应的现象，又能迅速验证放出的气体是氢气的实验装置。

（5）和盐酸反应时，为什么碳酸氢钠比碳酸钠反应剧烈？请你设计一套能反映碳酸氢钠比碳酸钠反应更加剧烈的直观演示装置。

表 11 - 6　常见作物的草木灰中钾盐的含量

灰的种类	钾盐（以 K_2O 计）含量（%）
向日葵秆灰	36.3
玉米秆灰	17.2
木柴灰	16.2
稻草秆灰	8.1

（6）通过实验探究，请你设计一套既能进行过氧化钠与水反应，又能进行过氧化钠与二氧化碳反应的实验装置。

参考文献

［1］熊言林. 化学教学论实验［M］. 合肥：安徽大学出版社，2004：97 - 99.

［2］熊言林. 钠跟水组合实验新设计［J］. 化学教学，2003（7/8）：14.

［3］熊言林，徐泽忠，张燕，等. 碳酸钠、碳酸氢钠与盐酸反应过程热效应的实验探究［J］. 化学教育，2009，30（1）：66 - 68.

实验十八　乙酸乙酯水解实验探究

酯的重要化学性质是在一定条件下能够与水发生水解反应。酯的水解反应是酯化反应的逆反应，也是吸热反应。为了说明酯在不同介质条件下的水解程度，原高中化学教科书（必修）第二册 154 页安排了乙酸乙酯水解反应的演示实验（实验 5 - 8）［之后高中化学教科书（试验本）第二册（Ⅱ）223 页上也有该实验（实验 7 - 11）］。若按实验 5 - 8 所述的方法实验，存在以下 3 个问题。

1. 乙酸乙酯用量太少，缺乏直观性

乙酸乙酯的密度为 0.900 3 g/cm^3，15 ℃时的溶解度为 8.5 g，即 10 体积水大约可以溶解 1 体积乙酸乙酯。实验 5 - 8 中，用 6 滴乙酸乙酯（约 0.3 mL，按 1 mL 约 20 滴计算）滴入 5.5 mL 蒸馏水中，酯将全部溶于水，无酯层可见，致使演示实验缺乏直观性。

2. 无冷凝装置，易产生异议结论

乙酸乙酯沸点低，易挥发。演示实验的水浴温度为 70 ~ 80 ℃，乙酸乙酯的沸点（77.06 ℃）正处在此水浴温度范围内，而实验又无冷凝装置，难免使本来用量太少的乙酸乙酯又要挥发掉一些。这样，学生会误认为无酯味的试管是由于乙酸乙酯受热挥发所致。

3. 实验的可信度差

由于上述 1 中的原因，乙酸乙酯水解现象只有靠嗅觉闻乙酸乙酯的气味变化来判断乙酸乙酯的水解程度。但只有教室前排个别学生能够闻到试管中酯的气味，而绝大多数学生却不能，加之上述 2 中的原因，实验结果将难以使学生信服。

　　由此可知，有必要对该实验进行重新设计，采用新的方法演示。实验设计思路为：加大乙酸乙酯用量，改变酯层与水溶液层颜色的差别，增加演示实验的直观性。同时增添冷凝装置，提高水浴温度，加速酯的水解，减少演示时间。通过视觉观察酯层量减少的直观现象，借以说明酯水解的条件和程度。

（一）实验目的

（1）熟练掌握乙酸乙酯水解实验原理及实验操作技能。

（2）学会设计不同介质条件下乙酸乙酯水解实验比较的教学方法。

（3）体验乙酸乙酯水解原理与人们日常生活的联系。

（二）实验原理

$$CH_3COOCH_2CH_3 + H_2O \longrightarrow CH_3COOH + CH_3CH_2OH（一定条件下）$$

（三）实验用品

乙酸乙酯，稀硫酸（1∶5），氢氧化钠溶液（8%），蒸馏水，开水，亚甲蓝溶液（0.2%）。

500 mL 烧杯，试管（20 mm×200 mm），带有单孔橡皮塞的玻璃导管（Φ = 8 mm，长 200 mm）。

（四）实验装置

实验装置如图 11－45 所示。每支试管口上配有长约 20 cm 玻璃导管的单孔橡皮塞，作为冷凝装置。

（五）实验步骤

（1）取 3 支 20 mm×200 mm 的试管，并按 1、2、3 编号。

（2）在 1、2、3 号试管里依次加入 6 mL 蒸馏水、6 mL 稀硫酸（1∶5）、6 mL 8% 的氢氧化钠溶液，再各加入 1 滴 0.2% 亚甲蓝溶液和 1 滴管的乙酸乙酯（约 1 mL）后，分别塞上带有长约 20 cm 玻璃导管的单孔橡皮塞，振荡，静置。

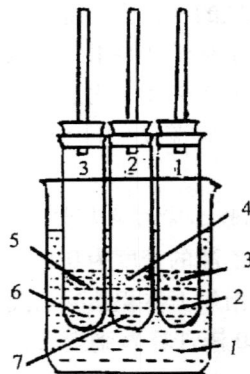

图 11－45　乙酸乙酯水解实验新装置
1. 开水　2. 蒸馏水＋亚甲蓝溶液　3、4、5. 乙酸乙酯　6. 氢氧化钠溶液＋亚甲蓝溶液 7. 稀硫酸＋亚甲蓝溶液

1、2 号试管内，酯层为无色，水溶液层为蓝色。3 号试管内，酯层为红色，水溶液层为蓝色。

（3）取 1 个 500 mL 烧杯，从热水瓶里倒入 200～300 mL 开水（90～95 ℃），将上述 3 支试管同时插入开水里水浴。每隔 30 s，将 3 支试管同时取出、振荡 5 s 后，立即放回热水浴中。有关实验现象、数据和结果记入表11－7中（注：水浴时间栏内的数据是指从一开始水浴加热时算起，到酯层消失为止，其中包括振荡的时间）。

表 11－7　乙酸乙酯在不同介质条件下的水解程度

试管号	水浴时间	实验现象	推论
1			
2			
3			

根据有关实验情况，获得实验结论：_____。

（六）实验设计优点

实验装置简单，操作方便，需时较短，现象鲜明，直观性强，可信度大，有利于启发讲解，拓宽学生思维。

（七）问题与探究

（1）使用亚甲蓝的目的，是为了区分酯层和水溶液层，以增加实验现象的可见度，便于对比观察。

亚甲蓝是一种氧化还原指示剂，其水溶液呈蓝色，不溶于乙酸乙酯。在强碱性溶液中，亚甲蓝能与强碱反应生成一种物质（季硫碱），在水溶液中仍呈蓝色。但此物质在水溶液中能被乙酸乙酯萃取，使酯层呈红色。

学名：亚甲蓝（Methylene blue）　$C_{16}H_{18}ClN_3S \cdot 3H_2O = 373.9$

结构式：

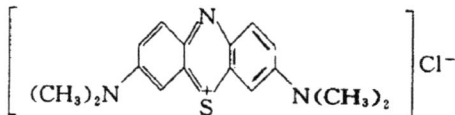

别名：品蓝，次甲基蓝，四甲基蓝，盐基湖蓝，碱性亚甲天蓝。

性状：发亮深绿色结晶或细小深褐色粉末，带青铜光泽，无气味，在空气中稳定。易溶于水，能溶于醇，溶液为天蓝色，溶于氯仿，不溶于醚和苯。水溶液遇锌粉及稀硫酸能褪色，但暴露空气中能恢复，若加氨水则恢复更快。能与多数无机盐生成复盐。

（2）酯的水解反应是吸热反应，水浴温度越高越好。水浴温度高，酯水解速度快，短时间内能出现明显的酯层量减少的现象。但同时，若水浴温度超过乙酸乙酯的沸点，乙酸乙酯挥发快，反而得不到令人信服的正确结果。因此，本实验增添了冷凝装置，这样就不需要控制热水温度，也不用担心水浴温度超过乙酸乙酯的沸点。可用热水瓶里的开水直接进行水浴加热，使实验操作简单化。

（3）酸、碱的浓度要适合，药品的用量要适当。一般来说，酸、碱浓度大，酯水解速度快；浓度小水解速度慢。但要使水解后酯层量有明显的梯度变化，就得有适合的酸、碱浓度和适当的药品用量，否则将会出现异常现象。

（4）振荡试管的次数要适当。酯层在水溶液层上方，振荡试管有利于酯与酸、碱溶液的接触，加快水解速度。但太频繁地振荡试管，会使反应温度降低，反应时间延长，尤其是在冬季。

（5）通过实验探究，请你设计出更好的乙酸乙酯水解实验方案。

参考文献

［1］人民教育出版社化学室. 高中化学（必修）（第二册）［M］. 北京：人民教育出版社，1995：154.

［2］人民教育出版社化学室. 高中化学（试验本）（第二册）［M］. 北京：人民教育出版社，1997：223.

［3］熊言林. 乙酸乙酯水解实验新设计［J］. 中国教育技术装备，2002（7）：21－22.

［4］熊言林. 化学教学论实验［M］. 合肥：安徽大学出版社，2004：61－63.

实验十九　二氧化碳的制取和性质实验探究

（一）实验目的

（1）理解二氧化碳制取和性质实验原理，学会二氧化碳制法和性质实验的操作技能。

（2）在实验过程中探究二氧化碳的制取和性质实验的最佳条件，以及实验的成败关键。

（3）创设二氧化碳制取和性质的问题情境，丰富学生的科学体验，使学生认识到化学与生产和人类生活的密切关系，激发学生探究的兴趣和学习化学的动机。

（二）实验原理

$$CaCO_3 + 2HCl = CaCl_2 + CO_2 \uparrow + H_2O$$

$$CO_2 + H_2O = H_2CO_3$$

$$CO_2 + Ca(OH)_2 = CaCO_3 \downarrow + 2H_2O$$

$$CaCO_3 + CO_2 + H_2O = Ca(HCO_3)_2$$

$$CO_2 + 2Mg \xrightarrow{\text{点燃}} C + 2MgO$$

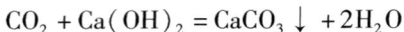

CO_2 的密度比空气大，不支持燃烧。

CO_2 可溶于水。在通常状况下，1 体积的水约能溶解 1 体积的 CO_2，增大压强还会溶解更多。

（三）实验用品

大理石，HCl 溶液（1:1），澄清石灰水，镁条，两支高低不同的蜡烛，紫色石蕊溶液，饱和 $NaHCO_3$ 溶液，浓 H_2SO_4，火柴，沙子。

启普发生器，集气瓶（125 mL 或 250 mL），导管，带孔的塞子，坩埚钳，玻璃棒，胶头滴管，烧杯，一个质地较软的塑料饮料瓶。

（四）实验装置

实验装置如图 11 - 46 所示。

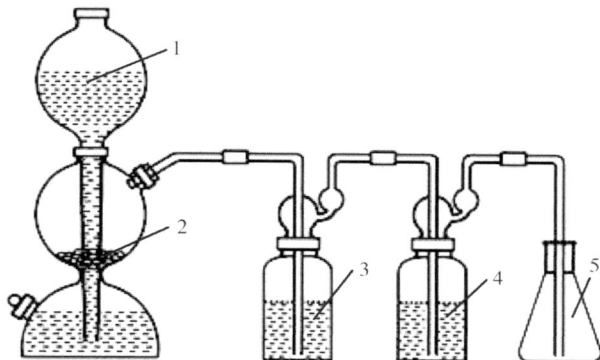

图 11 - 46　二氧化碳的制取装置
1. 稀盐酸　2. 大理石　3. 饱和碳酸氢钠溶液　4. 浓硫酸　5. 二氧化碳

（五）实验步骤

1. 适宜的原料配比探究

从二氧化碳制备原理来看，实际上是大理石和 HCl 中的 H^+ 发生反应。大理石比表面积的大小和 HCl 浓度的大小影响该反应的反应速率。反应速度太快导致反应剧烈，可能会有 HCl 液体溅出，且来不及收集制备的气体；反应速度太慢，会浪费宝贵的时间，且消耗学生的耐心。

根据以上分析，对 HCl 最佳浓度进行探究。可以根据二氧化碳气泡从导管冒出的速度快慢和收集满一瓶气体所用时间长短来判断反应的剧烈程度。以一定量、黄豆大小的大理石为例，进行实验探究（见表 11 - 8）。

表 11 - 8　盐酸最佳浓度的实验探究

HCl 浓度（mol/L）	1:1	2:3	1:2	1:3
实验现象				
收集满瓶时间（s）				

根据上述探究情况，确定制取二氧化碳所用盐酸的最佳浓度。

结论：_____。

2. 二氧化碳的制取

（1）如实验装置图 11 - 46 所示连接装置。

（2）检查气密性：打开活塞，向球形漏斗中加水。当水充满容器下部的半球体时，关闭活塞。继续加水，使水上升到长颈漏斗中。静置片刻，若水面不下降，则气密性良好，反之则漏气。

（3）加入药品：在加固体前，在容器的球体中加入橡胶垫圈，从容器的气体出口处，加入适量的大理石。HCl 溶液从玻璃漏斗处加入，加入量以浸没大理石为宜。

（4）收集气体：加完药品后，打开旋塞用向上排空气法收集气体，可以通过活塞来控制反应的进行。

3. 二氧化碳的物理性质

（1）在烧杯中放入适量的沙子后，将两支高低不同的蜡烛插入沙子中，再将二氧化碳的导管口放在两支蜡烛中间，打开导管活塞，观察哪只蜡烛先熄灭。

结论：_____。

（2）如图 11 - 47 装置图所示，向一个收集满二氧化碳气体的质地较软的塑料饮料瓶中加入约三分之一体积的水，立即旋紧瓶盖，震荡，静置。观察现象。

结论：_____。

4. 二氧化碳的化学性质

（1）将湿润的紫色石蕊试纸靠近装满二氧化碳的集气瓶口，观察试纸的颜色变化。或从上述饮料瓶中取出少量水溶液，滴入 2 ~ 3 滴紫色石蕊试液，振荡，观察现象。

结论：_____。

（2）将生成的二氧化碳通入澄清石灰水中，观察现象。或从上述饮料瓶中取出少量的水溶液，滴入 2 ~ 3 滴澄清石灰水，振荡，观察现象。

当有白色沉淀生成时，继续通入二氧化碳，观察现象。

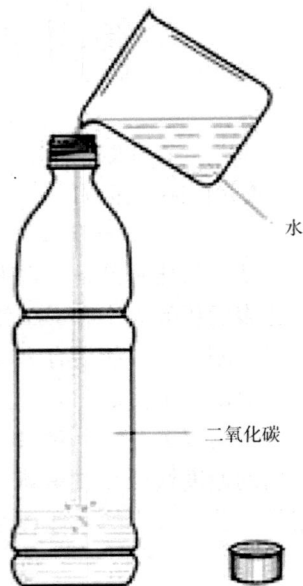

水

二氧化碳

图 11 - 47　二氧化碳溶于水

结论：_____。

（3）将点燃的镁条立即放入二氧化碳集气瓶中，仔细观察现象。

结论：_____。

（六）注意事项

（1）制取前要先检查装置的气密性，以防止漏气而引起错误判断。

（2）大理石块状固体不宜过大，要适当小点。

（3）要等气泡均匀冒出时再收集气体。

（4）在做镁条燃烧实验时防止火星溅到身上。

（七）问题与探究

（1）制取二氧化碳时需要注意哪些问题？

（2）你对二氧化碳的制取和性质实验有哪些建议？可通过实验探究来证明你的建议是否可行。

（3）当没有启普发生器时，可用哪些实验室常见仪器来制取二氧化碳，并满足"随要随开，不要随停"的要求呢？

（4）易溶于水或与水反应快的气体一般不宜用排水集气法收集。二氧化碳的收集能否用排水法收集呢？若能，哪种方法效果更好？

参考文献

[1] 乔金锁．关于 CO_2 的两个性质实验的商榷 [J]．化学教育，2006，27（10）：53.

[2] 吴端斗．二氧化碳性质实验的改进 [J]．化学教学，2006（7）：11.

第三节 物质的检测实验探究

在生活、生产和科学研究中，常常需要对一些物质的成分进行检测，如检测其组分是什么，含量是多少。物质的检测包括物质的检验和物质的含量测定两部分。

物质的检验通常有鉴定、鉴别和推断三类，它们的共同点是：依据物质的特殊性质和特征反应，选择适当的试剂和方法进行实验，准确观察反应中的明显现象，如颜色的变化、沉淀的生成和溶解、气体的产生和气味、火焰的颜色等，然后进行判断、推理。

鉴定，通常是指对某一种物质的定性检验，即根据物质的特性，分别检验出阳离子、阴离子，从而确定该物质真假的过程。

鉴别，通常是指对分别存放的两种或两种以上的物质进行定性辨认，可根据一种物质的特性区别于另一种，也可根据几种物质的颜色、气味、溶解性、溶解时的热效应等一般性质不同加以区别。

推断，是指通过已知实验事实，根据性质分析推出被检验物质的组成和名称。但在实际生产和科学研究中，要综合运用化学知识对常见物质进行鉴别和推断。

　　物质的检验属于定性分析实验的内容，按分析对象可分为无机化合物分析和有机化合物分析，包括确定物质的组成元素、无机化合物中所含离子和有机化合物中的官能团等。物质的检验方法多种多样，中学化学实验中常涉及气体的检验、离子的检验、焰色反应和有机化合物的检验等。其检验的基本流程如图 11 – 48 所示。

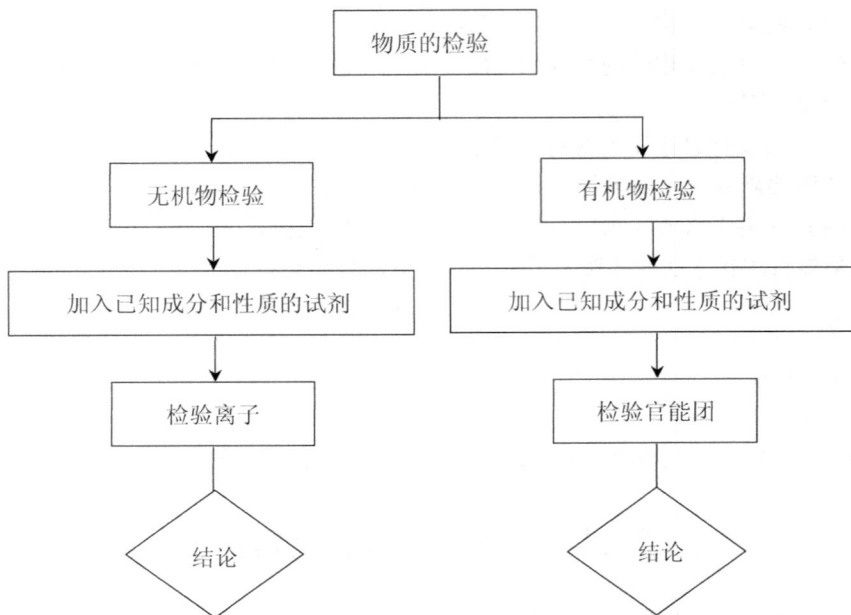

图 11 – 48　研究物质检验的实验流程

　　物质的含量测定属于定量分析的任务，主要是准确测定被测物质中某组分的含量是多少。物质的含量测定方法也是多种多样，从化学分析和仪器分析来划分，有：

$$定量分析 \begin{cases} 化学分析 \begin{cases} 重量分析法 \\ 滴定分析法（酸碱滴定法、沉淀滴定法、络合滴定法、氧化还原法） \\ 气体分析法 \end{cases} \\ 仪器分析 \begin{cases} 光学分析法（比色分析、比浊分析、分光光度分析等） \\ 电化学分析法（电重量分析、电容量分析、极谱分析等） \\ 其他仪器分析法（色谱分析、质谱分析、核磁共振等） \end{cases} \end{cases}$$

实验二十　常见离子和官能团的检验探究

　　离子检验在生产控制、产品检验、三废处理、环境监测、医疗化验等方面都有广泛的应用。离子的检验一般是通过离子在溶液中发生的化学反应来实现的。本实验主要对溶液中 Ag^+、CO_3^{2-}、Cl^-、SO_4^{2-} 等离子进行检验。

官能团是有机化合物分类的依据，也常通过各种官能团所特有的反应现象来检验有机化合物。本实验主要对乙醇、乙醛、乙酸三种物质进行检验。

（一）实验目的

（1）学会鉴别常见的阳离子和阴离子，掌握常见离子的检验方法。

（2）学会鉴别不同的有机化合物，掌握有机化合物的检验方法。

（3）体验检验方法在生活、生产和科学研究中的重要应用。

（二）实验原理

1. 检验无机化合物

无机化合物中未知离子的检验包括阳离子检验和阴离子检验。这些离子有的与酸反应生成挥发性物质，有的与试剂反应生成沉淀，利用这些性质可检验出溶液中存在的离子。

（1）CO_3^{2-} 的检验。

$$CO_3^{2-} + 2H^+ = CO_2 \uparrow + H_2O$$

$$Ca^{2+} + 2OH^- + CO_2 = CaCO_3 \downarrow + H_2O$$

（2）Cl^- 的检验。

$$Ag^+ + Cl^- = AgCl \downarrow$$

$$AgCl + 3NH_3 \cdot H_2O = [Ag(NH_3)_2]^+ + OH^- + Cl^- + NH_4^+ + 2H_2O$$

$$[Ag(NH_3)_2]^+ + OH^- + Cl^- + 3H^+ = AgCl \downarrow + 2NH_4^+ + H_2O$$

（3）SO_4^{2-} 的检验。

$$Ba^{2+} + SO_4^{2-} = BaSO_4 \downarrow$$

（4）Ag^+ 的检验。

$$Ag^+ + Cl^- = AgCl \downarrow$$

2. 检验有机化合物

检验有机化合物，通常是利用各种有机化合物所含有的不同官能团来进行的。

（1）乙醇的检验。

$$CH_3CH_2OH + CuO \xrightarrow{\triangle} CH_3CHO + H_2O + Cu$$

（2）乙醛的检验。

$$CH_3CHO + 2Ag(NH_3)_2OH \rightarrow CH_3COONH_4 + 2Ag \downarrow + 3NH_3 + H_2O$$

$$或\ CH_3CHO + 2Cu(OH)_2 \xrightarrow{\triangle} CH_3COOH + Cu_2O \downarrow + 2H_2O$$

（3）乙酸的检验。

$$CH_3COOH \rightarrow CH_3COO^- + H^+\ （使石蕊指示剂变色）$$

或 $Na_2CO_3 + 2CH_3COOH \rightarrow 2CH_3COONa + CO_2 \uparrow + 2H_2O$

$Ca(OH)_2 + CO_2 = CaCO_3 \downarrow + H_2O$

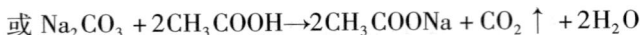

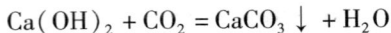

以上三种物质有明显不同的气味，也可通过闻气味来鉴别。

（三）实验用品

2 mol·L^{-1}硫酸溶液，0.1 mol·L^{-1}硝酸银溶液，2 mol·L^{-1}硝酸溶液，2 mol·L^{-1}盐酸溶液，氨水（1:3），1 mol·L^{-1}碳酸钠溶液，1 mol·L^{-1}硝酸钡溶液，澄清石灰水，编号 A、B、C 的溶液三瓶（其中一瓶为 10% 的乙醇溶液、一瓶为 10% 的乙酸溶液，一瓶为 10% 的乙醛溶液），石蕊溶液，2% 的硫酸铜溶液，10% 的氢氧化钠溶液，pH 试纸，铜丝，蒸馏水。

酒精灯，试管，试管夹，玻璃棒，烧杯，台秤，表面皿。

（四）实验步骤

1. CO_3^{2-} 的检验

取 2 mL 1 mol·$L^{-1}$$Na_2CO_3$ 溶液置于试管中，用 pH 试纸测定其 pH，然后向试管中加入 1 mL 2 mol·L^{-1}盐酸溶液，并立即将事先用澄清石灰水润湿的表面皿盖在试管口上或将蘸有新配制的澄清石灰水的玻璃棒置于试管口上。观察实验现象：_____。

2. Cl^- 的检验

取 1 mL 蒸馏水于试管中，加入 5 滴 2 mol·L^{-1}HCl 溶液和 2 滴 2 mol·L^{-1}硝酸溶液，再滴加 0.1 mol·L^{-1}硝酸银溶液，观察实验现象：_____。

沉淀一会儿，将试管中的清液弃去，在沉淀上加 3~6 滴氨水（1:3），用玻璃棒搅拌，观察实验现象：_____。再加几滴 2 mol·L^{-1}硝酸溶液，振荡，观察实验现象：_____。

3. SO_4^{2-} 的检验

取 1 mL 蒸馏水于试管中，加入 5 滴 2 mol·L^{-1}硫酸溶液，再加入 2 滴 2 mol·L^{-1}盐酸溶液和 3 滴 1 mol·L^{-1}硝酸钡溶液，振荡，观察实验现象：_____
_____。

4. Ag^+ 的检验

取 1 mL 蒸馏水于试管中，加入 5 滴 0.1 mol·L^{-1}硝酸银溶液，再加入 5 滴 2 mol·L^{-1}盐酸溶液，振荡，观察实验现象：_____。

5. 鉴别未知物 A、B、C 溶液

（1）分别取 1 mL A、B、C 溶液放入 3 支试管中，向每支试管中滴入 2~3 滴石蕊溶液，振荡，观察实验现象：_____。
在使石蕊溶液变红的试管中加入 5 滴 1 mol·L^{-1}碳酸钠溶液，观察实验现象：_____，推断是什么物质：_____。

（2）取剩余两种未知溶液各 1 mL，分别置于 2 支试管里，再分别加入少量新配制的 Cu(OH)₂ 悬浊液并加热，观察实验现象：＿＿＿＿＿＿＿＿＿＿＿＿＿＿。推断各是什么物质：＿＿＿＿＿＿＿＿＿＿＿＿＿＿＿＿＿＿＿＿。

（3）对推断的未知物是乙醇，可进一步进行检验。取是乙醇的未知物 1 mL，置于另外 1 支试管里，反复将烧红的螺旋状铜丝插入试管中的液体里（6～8 次），观察实验现象：＿＿＿＿＿＿＿＿＿＿＿＿＿＿＿＿。闻试管里的气味：＿＿＿＿＿＿＿＿＿＿＿＿＿＿。

（五）注意事项

（1）试剂用量不应过多。

（2）氢氧化铜悬浊液应是新配制的。配制方法：在试管中加入 10% 的 NaOH 溶液 2 mL，滴入 2% 的 CuSO₄ 溶液 4～8 滴，充分振荡，即可使用。

（六）问题与探究

（1）检验要求：所用的方法要简便，选用的试剂要专一，利用物质的特征反应，现象要明显。

（2）检验步骤：通常分为两步进行。第一步，取少量试样（若试样是固体，要先配制成溶液）放入容器（通常用试管）内。第二步，取少许溶液，根据要求在试样中加入已知成分和性质的试剂，并根据所发生的现象，进行分析、判断，然后作出结论。如果仍达不到目的，就需要进一步实验，并注意排除杂质的干扰。

（3）检验方法：根据物质性质，利用特征反应（或特有的物理性质）使被检验物质与加入试剂作用，转变为某一已知物质，或产生某些特殊现象，从而确定该物质的存在。

（4）通过闻未知物 A、B、C 溶液的气味，可分别鉴别出乙醇、乙醛、乙酸 3 种物质。

参考文献

［1］钱扬义. 高中化学课程标准中的探究实验与设计实验（上）［M］. 长春：东北师范大学出版社，2006：4－6.

［2］王磊. 普通高中课程标准实验教科书·化学：选修，实验化学［M］. 济南：山东科学技术出版社，2006：101－103.

［3］张多霞. 中学化学实验手册［M］. 广州：广东教育出版社，1995：320－321.

实验二十一　亚硝酸钠和真假碘盐的检验探究

亚硝酸钠俗称"工业盐"，其外观与食盐相似，有咸味。亚硝酸钠在建筑业中常用作混凝土掺加剂，以促进混凝土快速凝固，提高其强度，防止在冬天低温施工时混凝土发生冻结。亚硝酸钠还是一种食品添加剂，用作食品防腐剂和肉类食品的发色剂，使用量很少，但过量使用对人体有害。在新闻报道中，常出现因误食工业盐而导致中毒的事件，轻者头晕、呕吐，重者腹泻、死亡。如何检验亚硝酸钠，是化学研究的一个课题。

碘是人体必需的微量元素之一。在缺碘地区，人们长期食用不加碘的食盐容易患碘缺乏病。碘缺乏病是由于自然环境缺碘，人的机体因摄入碘不足而产生的一系列损害，除常见的地方性甲状腺肿大和地方性克汀病两种典型表现外，缺碘也可导致孕妇流产、死胎、婴儿先天畸形和新生儿死亡率增高。儿童缺碘，则严重影响其智力发展，导致智商低下，因此人们将碘元素称为智慧元素。一个正常成人每天至少需要摄入 $100\ \mu g$ 的碘，若长期每天摄入量不足 $50\ \mu g$，就可能得碘缺乏病。生活中，为防止人体缺碘，市售的食盐中大多加有碘（实为碘酸钾），这种食盐称为碘盐。但目前市场上也出现了假冒的碘盐（即不含碘元素或碘元素含量低的食盐）。如何检验真假碘盐，也是化学研究的一个课题。

（一）实验目的

（1）熟练掌握亚硝酸钠、碘酸钾、氯化钠有关化学性质。

（2）学习检验亚硝酸钠、真假碘盐的方法。

（3）体验化学与人类生活密切相关，增强学生学习化学的情感。

（二）实验原理

$$2NO_2^- + 2I^- + 4H^+ = 2NO\uparrow + I_2 + 2H_2O$$

$$KIO_3 + 5KI + 3H_2SO_4 = 3I_2 + 3H_2O + 3K_2SO_4$$

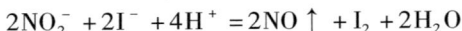

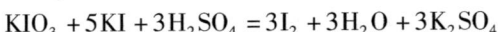

析出的单质碘可以使可溶性淀粉溶液变蓝色，据此可以检验 NO_2^-、IO_3^- 的存在。

（三）实验用品

未知物 A、B（亚硝酸钠、普通食盐），真假碘盐 a、b（普通食盐、加碘食盐），$1\ mol \cdot L^{-1} H_2SO_4$ 溶液，$0.1\ mol \cdot L^{-1} AgNO_3$ 溶液，$2\ mol \cdot L^{-1} HNO_3$ 溶液，2% 的 KI 溶液，0.5% 的可溶性淀粉溶液，蒸馏水。

台秤，试管，烧杯，酒精灯，玻璃棒，药匙，铁架台，火柴。

（四）实验步骤

（1）取少量的未知物 A、B，分别置于两支试管中，各加入 $2 \sim 3$ mL 蒸馏水，振荡，使其溶解完全，然后加入 1 滴 $1\ mol \cdot L^{-1} H_2SO_4$ 溶液和 5 滴 2% 的 KI 溶液，振荡，再加入 $3 \sim 5$ 滴 0.5% 的可溶性淀粉溶液。观察实验现象：_____。

推断：_____。

（2）淀粉碘化钾溶液的配制：取 7 mL 0.5% 的可溶性淀粉溶液置于试管中，加入 1 mL 2% 的 KI 溶液和 1 滴 $1\ mol \cdot L^{-1} H_2SO_4$ 溶液，振荡，混合均匀，即为淀粉碘化钾溶液。

（3）取两支试管，各加入约 1 g 真假碘盐 a、b，分别加入 3 mL 蒸馏水，振荡，溶解，再滴加 5~6 滴上述配制的淀粉碘化钾溶液，振荡。观察实验现象：

——。

推断：——。

（五）问题与探究

（1）检验亚硝酸钠有多种方法，除亚硝酸钠与碘化钾反应外，还有：

①与酸反应，生成不稳定的亚硝酸，分解产生红棕色的二氧化氮气体：

$NaNO_2 + H_2SO_4（稀）= NaHSO_4 + HNO_2$

$2HNO_2 = NO_2 \uparrow + NO \uparrow + H_2O$

②与 $FeCl_2$ 溶液反应，生成棕黄色的 $FeCl_3$ 溶液：

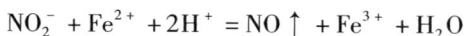

$NO_2^- + Fe^{2+} + 2H^+ = NO \uparrow + Fe^{3+} + H_2O$

③与 $KMnO_4$ 酸性溶液反应，使 $KMnO_4$ 溶液褪色：

$5NO_2^- + 2MnO_4^- + 6H^+ = 5NO_3^- + 2Mn^{2+} + 3H_2O$

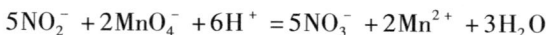

④与 $AgNO_3$ 溶液反应，生成可溶于稀硝酸的 $AgNO_2$ 白色沉淀：

$Ag^+ + NO_2^- = AgNO_2 \downarrow$

（2）鉴别真假碘盐的方法很多，除用淀粉碘化钾溶液检验外，还可用亚硫酸钠以及硫代硫酸钠溶液等。鉴别试剂选择的依据是：试剂容易得到，反应条件比较简单，反应现象比较明显。本实验选取的试剂都是溶液，只需要在酸化的条件下进行即可。

（3）在鉴别真假碘盐实验中，如果实验现象不明显，加碘食盐中的碘成分检测不出来，可直接将试剂滴在真假食盐上进行检验。因为碘盐中碘的含量（20~50 mg/kg）很低，一则混合不均匀，取样不确定；二则食盐溶液中的碘酸根受水分子的干扰，与还原剂碰撞发生反应的机会减少，且反应显示出的蓝色也会被稀释等，导致鉴别实验失败。

（4）写出实验中有关步骤的化学反应式。

（5）在家中，如果没有鉴别真假碘盐的试剂，你如何识别真假碘盐呢？

参考文献

[1] 王连方. 加碘食盐的碘淀粉显色系列监测方法的研究 [J]. 中国井矿盐，1998（3）：8-11.

[2] 王祖浩. 普通高中课程标准实验教科书·化学 实验化学 [M]. 南京：江苏教育出版社，2006：39-41.

[3] 钱扬义. 高中化学课程标准中的探究实验与设计实验 [M]. 长春：东北师范大学出版社，2006：52-58.

实验二十二　茶叶中某些元素的检验探究

　　茶叶是一种含有丰富活性物质的天然产物，也是人们日常生活中常用的天然饮料之一，长期饮用对人们的身体健康很有益处。茶叶的成分很复杂，含有丹宁、茶碱（1,3－二甲基黄嘌呤）、咖啡因（1,3,7－三甲基黄嘌呤）、蛋白质、碳水化合物、挥发性物质、树脂、胶质、果胶素、维生素 C、灰分等。茶叶和其他植物一样，都属于有机体，主要由碳、氢、氧、氮等元素组成，此外，还含有少量的磷、碘和某些金属元素，如钙、镁、铝、铁、铜、锌等。

　　如何检验茶叶中一些含量少的元素呢？一般的方法是，先把茶叶加热灰化，除了几种主要元素形成易挥发物质逸出外，其他元素留在灰烬中。用酸浸取后，它们进入溶液，然后从浸取液中分离和检验钙、镁、铝、铁和磷等元素。磷元素可单独检验，其他四种金属元素需先分离后检验。

　　通过该实验可以使学生学习从植物（如茶叶等）中分离和检验其非主要组成元素的方法，从而激发学生探索大自然奥秘的兴趣，提高学习化学的积极性。其检验的基本流程如图 11－49 所示。

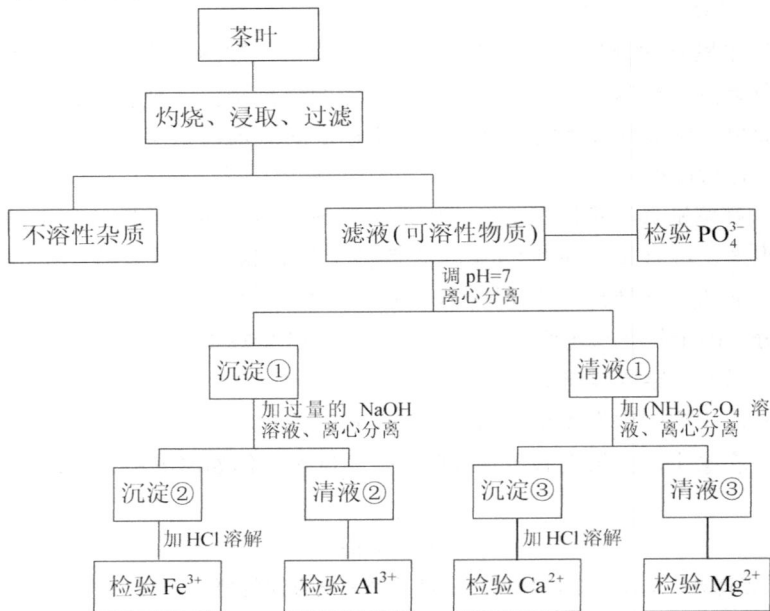

图 11－49　茶叶中某些元素的检验流程图

（一）实验目的
（1）了解植物的元素组成。
（2）学会从茶叶中分离和检验钙、镁、铝、铁和磷元素的方法。

（3）掌握离心分离法的操作。

（4）使化学更加贴近生活，让学生从中体会化学实验的重要性。

（二）实验原理

将植物组成中的某些元素，转化为能溶于水的相对应的离子（或原子团），然后通过某种实验方法（如沉淀分离法、离心分离法等）将其分离并分别检验。

1. Ca^{2+} 的检验

Ca^{2+} 与 $(NH_4)_2C_2O_4$ 在 pH>4 时生成白色结晶形沉淀。

$$Ca^{2+} + C_2O_4^{2-} = CaC_2O_4 \downarrow$$

此沉淀溶于强酸，但不溶于醋酸。

2. Mg^{2+} 的检验

Mg^{2+} 在碱性溶液中与镁试剂（对硝基偶氮间苯二酚）的碱性溶液生成天蓝色沉淀。

3. Al^{3+} 的检验

在 HAc-NaAc 缓冲溶液中，Al^{3+} 与铝试剂（金黄色素三羧酸铵）生成红色螯合物。加氨水使溶液呈碱性并加热，可促进鲜红色絮状沉淀生成。

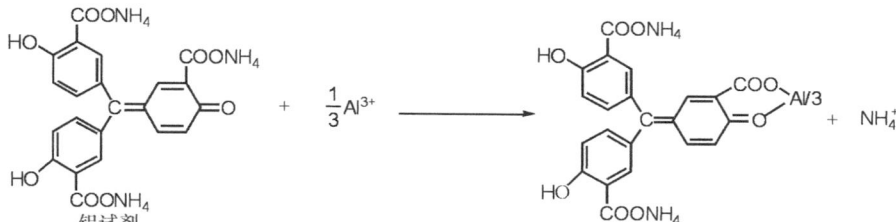

4. Fe^{3+} 的检验

Fe^{3+} 在酸性溶液中与 $K_4[Fe(CN)_6]$（黄血盐）生成蓝色沉淀（以前称为普鲁士蓝）。

$$Fe^{3+} + K^+ + [Fe(CN)_6]^{4-} = KFe[Fe(CN)_6] \downarrow$$

5. PO_4^{3-} 的检验

PO_4^{3-} 与 $(NH_4)_2MoO_4$ 生成黄色磷钼酸铵 $(NH_4)_3[P(Mo_3O_{10})_4]$ 沉淀，此沉淀溶于氨水或碱中，但不溶于酸。以此检验方法来说明植物中有磷元素存在。

$$PO_4^{3-} + 3NH_4^+ + 12MoO_4^{2-} + 24H^+ = (NH_4)_3PO_4 \cdot 12MoO_3 \cdot 6H_2O \downarrow + 6H_2O$$

（三）实验用品

茶叶（干燥的），2 mol·L⁻¹HCl 溶液，浓氨水，0.1%的铝试剂，镁试剂，0.25 mol·L⁻¹K₄[Fe(CN)₆] 溶液，0.5 mol·L⁻¹(NH₄)₂C₂O₄ 溶液，钼酸铵试剂，CCl₄ 试剂，浓 HNO₃ 溶液，2 mol·L⁻¹NaOH 溶液，40%的 NaOH 溶液，蒸馏水，滤纸，pH 试纸。

台秤，蒸发皿，酒精灯，三脚架，研钵，50 mL 烧杯，100 mL 烧杯，普通漏斗，玻璃棒，量筒（10 mL，100 mL），离心管，离心机，石棉网。

（四）实验步骤

1. 茶叶灰的制取

称取 10 g 干燥的茶叶，放入蒸发皿中，在通风橱内用酒精灯加热，并不断搅拌，使其充分灰化，然后移入研钵中研碎，即为茶叶灰。

2. 溶解和过滤

取大部分茶叶灰于 100 mL 烧杯中，加入 15 mL 2 mol·L^{-1}盐酸，加热搅拌、溶解、冷却、过滤，保留滤液，弃去不溶性杂质。

3. 调 pH 和离心分离

用浓氨水将滤液的 pH 调至 7 左右，倒入离心管进行离心分离，得到上层清液①和下层沉淀①。将上层清液①转移到另一支离心管，留作后用；下层沉淀①用少量蒸馏水洗一洗，并倒去洗液。

（1）检验 Fe^{3+} 和 Al^{3+}。

在沉淀①中加入过量的 2 mol·L^{-1}NaOH 溶液，然后离心分离，得到上层清液②和下层沉淀②，把沉淀②和清液②分开。在所得到的沉淀②中加入 2 mol·L^{-1}HCl 使其完全溶解，然后滴加 2 ~ 3 滴 0.25 mol·$L^{-1}$$K_4[Fe(CN)_6]$溶液，离心分离，观察实验现象：＿＿＿＿＿＿＿＿＿＿，说明有＿＿＿＿＿＿。

在清液②中加入 2 ~ 3 滴铝试剂，再加 2 ~ 3 滴浓 $NH_3·H_2O$，放在水浴上加热，离心分离，观察实验现象：＿＿＿＿＿＿＿＿＿＿，说明有＿＿＿＿＿＿。

（2）检验 Ca^{2+} 和 Mg^{2+}。

在清液①的离心管中加入 0.5 mol·$L^{-1}$$(NH_4)_2C_2O_4$ 至无白色沉淀产生，离心分离，得到上层清液③和下层沉淀③。将清液③转移到另一支离心试管里，往沉淀③中加入 2 mol·L^{-1}HCl，观察实验现象：＿＿＿＿＿＿＿＿＿＿，说明有＿＿＿＿＿＿。向清液③中加入几滴 40% 的 NaOH 溶液，再加入 2 ~ 3 滴镁试剂，离心分离，观察实验现象：＿＿＿＿＿＿＿＿＿＿，说明有＿＿＿＿＿＿。

4. 磷元素的检验

（1）浸取和过滤。

取少量的茶叶灰于 50 mL 烧杯中，在通风橱中向其中加入 2 mL 浓 HNO_3 溶解，再加入 30 mL 蒸馏水稀释，过滤，弃去不溶物，保留滤液。

（2）检验 PO_4^{3-}。

向滤液中加入 1 mL 钼酸铵试剂，放在水浴上加热，然后离心分离，观察实验现象：＿＿＿＿＿＿＿＿＿＿＿＿＿＿＿，说明有＿＿＿＿＿＿。

（五）问题与探究

（1）溶液的 pH 大小对四种金属离子分离效果有较大的影响。除了该实验方案中采用的方法外，请你再设计另外一种方案，并通过实验进行验证。

（2）每种金属离子的沉淀量极少，每次检验时应离心分离，这样实验现象会更明显。

（3）为获得更纯净的单一金属离子溶液，需对沉淀进行洗涤。洗涤方法是加入少量的洗涤液，用玻璃棒充分搅拌，再进行离心分离，如此重复操作两三遍即可。

（4）茶叶中还有哪些元素？如何检验？

（5）写出实验中检出五种元素的有关化学方程式。

（6）可用松树细枝、柏树细枝代替茶叶进行实验。

【实验教学资源】 茶叶中某些元素的检验研究资料

1. 铝试剂、镁试剂和钼酸铵试剂的配制

（1）铝试剂的配制。1 g 铝试剂用水溶解并定容至 1 000 mL。

（2）镁试剂的配制。0.01 g 镁试剂用 1 mol·L^{-1} NaOH 溶液溶解并定容至 1 000 mL。

（3）钼酸铵试剂的配制。溶解 124 g $(NH_4)_2MoO_4$ 于 1 L 水中，将所得溶液倒入 1 L 6 mol·L^{-1} HNO₃ 溶液中，放置 24 h，取其清液。

2. 倾析法和离心分离法

（1）倾析法。用于分离比重较大或结晶颗粒较大的沉淀，因为它们静止后能很快沉降至容器的底部，这样便于进行分离和洗涤。倾析法的操作与转移溶液的操作是同步进行的，将沉淀上部的溶液倾入另一容器中即实现了沉淀与溶液的分离。

（2）离心分离法。适用于沉淀极细、难于沉降以及沉淀量很少的固液分离。当被分离的沉淀量很少时，使用一般方法过滤后，沉淀会黏附在滤纸上难以取下，这时就应采用离心分离法。

实验室常用的离心机有手摇和电动两种。操作时，将含有沉淀的溶液倒入离心管，对称地放入离心机的管套内。放置时，不仅要注意位置对称，而且相对位置上离心管中物料的量也应相等，同时盖上离心机的盖子，这样才能保持平衡，离心机转动起来平稳而不摇动，液体也不会飞溅出来。

由于离心作用，沉淀紧密地聚集于离心管的尖端，上方的溶液是澄清的。可用滴管小心地吸出上方清液，也可将其倾出。

四种金属离子氢氧化物沉淀完全时溶液的 pH 见表 11-9 所示。

表 11-9 四种金属离子氢氧化物沉淀完全时溶液的 pH

化合物	Ca(OH)₂	Mg(OH)₂	Al(OH)₃	Fe(OH)₃
pH	>13	>11	5.2~9	4.1

参考文献

[1] 吴泳. 大学化学新体系实验 [M]. 北京：科学出版社，1999：213 - 214.

[2] 周宁怀. 微型无机化学实验 [M]. 北京：科学出版社，2000：224 - 226.

[3] 华中师范大学，东北师范大学，陕西师范大学，等. 分析化学（上册）[M]. 3版. 北京：高等教育出版社，2001：22 - 34.

实验二十三　食醋中醋酸含量的测定探究

食醋是人们日常生活中常用的调味品之一。除此之外，食醋还具有降血压、降血脂、软化血管、消疲劳、助消化等多种食疗功能。因此，从古至今食醋都受到人们的青睐。

食醋中主要含有醋酸（学名为乙酸），此外还含有少量的乳酸、酒石酸、苹果酸、柠檬酸、蚁酸、焦谷氨酸、蛋白质、糖类、酯等有机化合物。食醋的酸味主要是由醋酸产生的。食醋品质好坏的重要指标之一，就是食醋中醋酸的含量，也是食醋生产工艺中要控制的重要条件之一。市售的食醋琳琅满目。由于厂家不同，其中的配料所占比例各不相同，醋酸酸度也有所区别。我们日常生活中用到的食醋，其中到底含有多少醋酸？我们能否运用已学过的酸碱中和反应有关知识来设计醋酸含量的检测实验呢？检测的基本流程如下（如图 11 - 50 所示）：

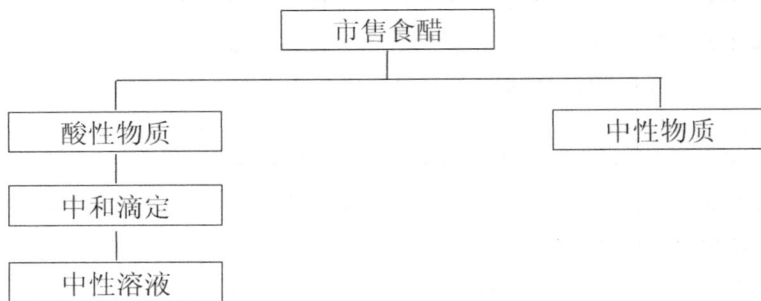

图 11 - 50　食醋中醋酸含量测定流程图

（一）实验目的

（1）巩固酸碱滴定法的基本原理及数据记录、处理的方法。

（2）学会移液管和滴定管的使用方法及滴定分析的基本操作。

（3）学会利用酸碱滴定法测定食醋中醋酸的含量。

（4）体验化学知识在食品安全中的重要应用价值。

（二）实验原理

实验中利用了酸碱中和反应的原理来测定市售食醋中的总酸量。因市售食醋中的酸主要是醋酸（乙酸），其他酸的含量极少，可忽略不计，故主要利用

标准氢氧化钠溶液来滴定醋酸，以酚酞为滴定终点的指示剂来测定市售食醋中
所含醋酸的物质的量浓度。

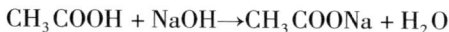

$CH_3COOH + NaOH \rightarrow CH_3COONa + H_2O$

（三）实验用品

市售食醋，$1.0\ mol \cdot L^{-1}$ NaOH 标准溶液，0.1% 酚酞试液，蒸馏水。

碱式滴定管（50.00 mL），移液管（10.00 mL），容量瓶（200 mL），锥形
瓶（250 mL），烧杯（100 mL，200 mL），天平，洗瓶，胶头滴管，玻璃棒，洗
耳球。

（四）实验步骤

1. 配制标准溶液

（1）迅速准确称取 8.00 g NaOH（A. R）。

（2）放到 100 mL 烧杯中，加入少量蒸馏水溶解。

（3）把烧杯中的 NaOH 溶液转移到 200 mL 容量瓶中，用少量蒸馏水洗涤烧
杯和玻璃棒 3 次，均把洗涤液转移到容量瓶中，摇动、冷却。

（4）用蒸馏水定容到刻度，摇匀，即为 $1.00\ mol \cdot L^{-1}$ NaOH 标准溶液。

2. 称量样品

（1）称量空锥形瓶的质量（W_1）。

（2）用 10.00 mL 移液管移取 10.00 mL 样品（市售食醋）至锥形瓶中，再
次称量（W_2）。

（3）样品质量为 m（样品）$= W_2 - W_1$。

3. 盛装标准溶液

（1）将碱式滴定管用自来水冲洗干净，再用少量的蒸馏水洗涤 2~3 次，然
后用 $1.00\ mol \cdot L^{-1}$ 的 NaOH 标准溶液润洗 3 次；

（2）往碱式滴定管中倒入 NaOH 标准溶液，赶走气泡并将液面调至零刻度
（或其他整数刻度），记录数据（初读数 V_1）。

4. 中和滴定

（1）向盛有食醋样品的锥形瓶中加入 50 mL 蒸馏水稀释，再向锥形瓶中滴
加 3 滴酚酞试液，摇匀。

（2）将 NaOH 标准溶液逐滴滴入样品中，边滴边振荡，摇匀。

（3）当滴入 NaOH 标准溶液，锥形瓶内溶液出现红色，并立即消失时，开
始一滴一滴地慢慢滴加并摇匀，直至溶液恰好呈浅红色并在 30 s 内不褪色，记
录数据（末读数 V_2）。再重复滴定两次。

5. 数据处理

请将你所测得的数据记录在表 11 - 10 中，并进行数据处理。

表 11 – 10　实验记录表

样品名称：_____　　生产厂家：_____　　　　指示剂：_____

实验数据 \ 滴定次数	1	2	3
V（样品）/mL			
m（样品）/g			
V_1（NaOH）/mL（初读数）			
V_2（NaOH）/mL（末读数）			
V（NaOH）/mL（消耗）			
$\overline{V}$（NaOH）/mL（平均消耗）			
c（样品）/mol · L^{-1}			
$\omega\%$			

6. 实验结论

市售食醋中醋酸的物质的量浓度为_____ mol · L^{-1}，质量分数为_____ %。

（五）问题与探究

（1）如需要更精确的测定，则应用 $KHC_8H_4O_4$（邻苯二甲酸氢钾）作为基准试剂，用待标定的 NaOH 溶液进行滴定，从而确定 NaOH 溶液的准确浓度。本实验采用此法不会造成较大的误差，因此，可以直接用 NaOH 固体来配制标准溶液。

（2）指示剂的选用。在中和滴定中，由于石蕊溶液的变色点不敏锐，不利于观察滴定终点，因此常常不选用石蕊溶液，而选用酚酞溶液和甲基橙溶液作为中和滴定指示剂。在本实验中，醋酸与氢氧化钠溶液完全反应时生成强碱弱酸盐，使溶液呈碱性，更接近酚酞的变色点；而且，在滴定终点时，酚酞溶液由无色变为红色，不存在视觉上的记忆效应，更有利于观察，因此本实验选择酚酞溶液做指示剂。

（3）市售食醋的颜色。若市售食醋的颜色较深，会影响指示剂变色情况的观察，从而影响滴定终点的判断，导致测定结果产生误差。但是，不能采用活性炭脱色，因为脱色、过滤过程中，会使样品损耗，带来更大的误差。可以用蒸馏水、容量瓶将市售食醋稀释到一定体积，直至溶液颜色变得很浅，不影响观察滴定终点时，从中移取一定体积的醋酸溶液进行测定。市场上常出售两种食醋：黑醋和白醋。前者含醋酸的质量分数约为4%，后者约为5%。

（4）实验前，教师应向学生简单介绍某组分含量测定实验设计的基本思路

（分析样品的组成，寻找待测组分的特征性质；选择合适的测定方法；处理样品、选择试剂、确定实验步骤等），从而使他们能够设计好实验方案。

（5）实验前，教师应引导学生回顾中和滴定实验有关步骤（如标准溶液配制、滴定管检漏、向滴定管中添加标准溶液、移取待测液、选择并滴加指示剂、滴定、数据的记录和处理等），以便学生更好地把握实验操作和数据处理。

（6）可用于物质中某组分含量测定的实验方法有很多，如重量分析法、分光光度法等，教师可以引导学生查阅相关资料，开阔学生的视野。

【实验教学资源】　食醋中醋酸含量的测定研究资料

1. 滴定分析法和酸碱滴定法

（1）滴定分析法（Titrimetric Analysis）。进行滴定分析时，先将试样制备成溶液置于容器（通常为锥形瓶）之中，在适宜的反应条件下，再将另一种已知准确浓度的试剂溶液，即标准溶液（又称滴定剂），由滴定管滴加到被测物质的溶液中，直到两者按照一定的化学方程式所表示的计量关系完全反应为止，这时称反应到达化学计量点，这一操作过程称为滴定。然后根据滴定反应的化学计量关系、标准溶液的浓度和体积用量，计算出被测组分的含量，这种定量分析的方法称为滴定分析法。根据滴定反应的类型不同，可将滴定分析法分为酸碱滴定法、络合滴定法、氧化还原滴定法和沉淀滴定法。

滴定分析法因其主要操作是滴定故而得名，又因为它是以测量溶液体积为基础的分析方法，因此以往称为容量分析法。

（2）酸碱滴定法（Acid – base Titration）。即以酸碱反应为基础的定量分析法（又称中和滴定）。

2. 中和滴定原理解析

中和滴定是最常用的定量分析法之一，其基本原理是：通过加入一定量的已知浓度的酸（或碱）溶液与一定量的未知浓度的碱（或酸）溶液完全中和来确定未知浓度的碱（或酸）的浓度，溶液中的 pH 突变可以通过指示剂来跟踪。在滴定分析中，已知浓度的溶液称作标准溶液，未知浓度的溶液称作待测溶液。

移液管、酸式滴定管、碱式滴定管是滴定分析的常用仪器。实验过程中，准确量取一定体积的待测溶液置于锥形瓶中，加入指示剂后，用标准溶液滴定待测溶液，根据滴定操作中消耗的标准溶液的体积及关系式计算出待测溶液的物质的量浓度。

用 NaOH 标准溶液滴定时，食醋中的醋酸及其他有机酸都可以被滴定，因此测出的是总酸量。通常规定，食醋的总酸量用含量最多的醋酸的量来表示。因为参加反应的 H^+ 的物质的量等于参加反应的 OH^- 的物质的量，即：

$$n(OH^-) = n(H^+)$$

通过测定消耗的 NaOH 溶液的体积，可以计算出食醋的总酸量，然后转换为食醋中醋酸的质量分数，即：

$$NaOH + CH_3COOH \longrightarrow CH_3COONa + H_2O$$

$$n(NaOH) = n(CH_3COOH)$$

$$c(NaOH) \cdot V(NaOH) = c(CH_3COOH) \cdot V(CH_3COOH)$$

$$\omega\% = \frac{c(CH_3COOH) \cdot V(CH_3COOH) \cdot M(CH_3COOH)}{m(样品)} \times 100\%$$

式中：$c(NaOH)$——NaOH 溶液的物质的量浓度；

$V(NaOH)$——NaOH 溶液的体积；

$c(CH_3COOH)$——CH_3COOH 溶液的物质的量浓度；

$V(CH_3COOH)$——CH_3COOH 溶液的体积；

$M(CH_3COOH)$——醋酸的摩尔质量；

$m(样品)$——样品的质量。

3. 标准溶液的配制与标定和常用酸碱指示剂

（1）标准溶液的配制与标定。

标准溶液可以用基准物质（又称标准物质，是一种用来直接配制或标定滴定分析中标准溶液的物质）直接配制。基准物质必须符合物质组成与化学式完全相同、纯度在99.9%以上、性质稳定等条件。因此，许多试剂不能直接用来配制标准溶液（如氢氧化钠等）。如果需要用这些试剂做标准溶液，可以先用这类试剂配制成所需浓度的溶液，然后以基准物质或已知浓度的其他标准溶液通过滴定来确定它的准确浓度，这一过程称为标准溶液的标定。

（2）常用酸碱指示剂。

石蕊、酚酞和甲基橙溶液是实验室里常用的酸碱指示剂。在中和滴定中，由于石蕊溶液的颜色突变不明显，很少被选用；而酚酞和甲基橙则常用作表明滴定终点的指示剂。它们的变色范围见表 11-11 所示：

表 11-11　石蕊、酚酞和甲基橙的变色范围

pH	2	4	6	8	10	12	14
石　蕊	红色		紫色		蓝色		
甲基橙	红色	橙	黄色				
酚　酞	无色			浅红	红色		

4. 利用 pH 传感器测定食醋的总酸量

滴定分析中除了利用酸碱指示剂外，还可以用 pH 传感器来指示溶液的 pH

变化，并利用数据采集器来采集、处理实验数据。这种方法不仅使实验操作变得简便易行，而且不受食醋颜色的影响，提高了测定结果的准确性。请你尝试用 pH 传感器来测定食醋的总酸量，并比较不同品牌食醋的总酸量。

参考文献

[1] 华中师范大学，东北师范大学，陕西师范大学，等. 分析化学（上册）[M].3版. 北京：高等教育出版社，2001：75.

[2] 王磊. 普通高中课程标准实验教科书·化学 实验化学（选修）教师用书 [M]. 济南：山东科学技术出版社，2006：114－118.

[3] 孙志宽. 中学化学实验教学研究 [M]. 杭州：杭州大学出版社，1996：288.

[4] 钱扬义. 高中化学课程标准中的探究实验与设计实验（下）[M]. 长春：东北师范大学出版社，2006：198－200.

[5] 王祖浩. 实验化学 [M]. 南京：江苏教育出版社，2006：75－78.

实验二十四　抗贫血药物中铁含量的测定探究

铁是生物体内重要的微量元素，它参与生物体内多种生理活动。它的主要生理功能有：合成血红蛋白，构成各种金属酶的必需成分或强化某些金属酶和它的辅助因子；协助输送普通元素等。出汗、排尿、外伤出血以及指甲、毛发脱落等都可能造成人体内铁元素的流失。人体流失的铁如果得不到足够的补充，就会使体内储存的铁减少，人体内会出现铁缺乏现象，导致一系列的疾病，如疲劳、注意力不集中、抵抗感染能力降低、体重增长缓慢、畏寒怕冷等症状。长期缺铁最终会发展为缺铁性贫血。可见，铁元素在人体中占有十分重要的地位。

轻度缺铁性贫血用饮食疗法就可以治愈；严重缺铁性贫血的人则必须服用补铁剂，迅速增加血液的铁含量，以减轻铁缺乏的症状。

市场上流通的各种口服补铁剂多达近百种，如硫酸亚铁、葡萄糖酸亚铁、柠檬酸亚铁、血红素铁等。衡量补铁剂质量的重要指标之一是补铁剂中铁元素的含量高低。那么，补铁剂中到底含不含铁，铁以何种价态存在，又含有多少铁元素呢？我们可以通过实验来检测，其检测的基本流程如下（如图 11－51 所示）：

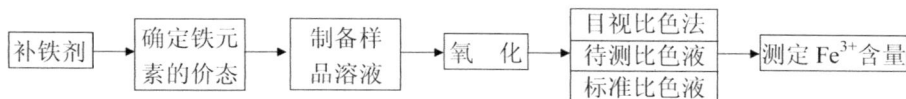

图 11－51　抗贫血药物中铁含量测定流程图

（一）实验目的

（1）学会目视比色法测定补铁剂中铁元素的含量。

（2）认识目视比色法的实质，领会方法论的价值。

（3）了解铁对人体健康的影响，体验生活与化学的密切关系。

（二）实验原理

通过人的眼睛观察比较待测溶液与标准溶液颜色深浅来确定物质含量的方法，叫做目视比色法（Visual Colorimetry）。目视比色法是用一套标有刻度，形状、大小和材质相同的玻璃管作为比色管，每支比色管中装有一定浓度的标准比色液，将待测溶液与标准比色液进行比较。若待测溶液与色阶中某溶液的颜色深浅相同，则说明两支比色管中溶液的浓度相等；若待测溶液颜色深浅介于相邻两个标准溶液之间，则待测溶液的浓度约为两个标准溶液浓度的算术平均值。

Fe^{2+} 经氧化剂氧化可变为 Fe^{3+}。Fe^{3+} 与 KSCN 溶液反应可使溶液变红，而且溶液中 Fe^{3+} 的浓度越高，溶液就越红，这为用目视比色法来测定补铁剂中铁元素的含量奠定了基础。

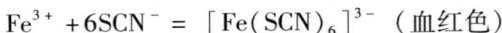

$$2Fe^{2+} + H_2O_2 + 2H^+ = 2Fe^{3+} + 2H_2O$$

$$Fe^{3+} + 6SCN^- = [Fe(SCN)_6]^{3-} （血红色）$$

本实验通过自制标准色阶，用目视比较待测溶液和标准溶液的颜色得出 Fe^{3+} 的浓度，从而计算出补铁剂中铁元素的含量。

（三）实验用品

补铁剂（市售），$0.01 \text{ mol} \cdot L^{-1} FeCl_3$ 标准溶液，$0.1 \text{ mol} \cdot L^{-1} KSCN$ 溶液，$0.1 \text{ mol} \cdot L^{-1} K_3[Fe(CN)_6]$，$6 \text{ mol} \cdot L^{-1}$ 盐酸，5% H_2O_2 溶液，活性炭，蒸馏水。

滤纸，比色管（一套 6 支，10 mL），移液管（10 mL，25 mL），烧杯（50 mL，200 mL），漏斗，酒精灯，试管，胶头滴管，容量瓶（125 mL，25 mL），玻璃棒，天平。

（四）实验步骤

1. 确定补铁剂中铁元素价态

在烧杯中用 2 mL 6 $\text{mol} \cdot L^{-1}$ 盐酸溶解少量的补铁剂（约一片的十分之一），再用蒸馏水稀释至不影响观察颜色变化为止。然后将该溶液分为两份，分别向其中加入 KSCN 溶液和 $K_3[Fe(CN)_6]$ 溶液，观察其颜色变化。若出现红色溶液，则说明补铁剂中存在_____；若出现深蓝色沉淀，则说明补铁剂中存在_____。

2. 处理补铁剂

取一片补铁剂称重（m），放入 100 mL 烧杯中，用 20 mL 6 $\text{mol} \cdot L^{-1}$ 盐酸溶

液溶解。溶解后，若溶液的颜色较深，应加入约 1 g 活性炭，充分搅拌，静置 5 min 左右，过滤即可。

3. 配制样品溶液

向滤液中加入约 20 mL 5% H_2O_2 溶液，使 Fe^{2+} 全部转化成 Fe^{3+}；再用玻璃棒搅拌至无气泡产生，必要时可微热，以除去过量的过氧化氢；然后将所得到的溶液全部转移到容量瓶中，配制成一定体积的样品溶液（V）。

4. 配制标准比色液

以比色管容积为 10 mL 为例，配制标准比色液（如表 11 - 12 所示）。

表 11 - 12　标准比色液的配制

配制操作	色阶 1	色阶 2	色阶 3	色阶 4	色阶 5
0.01 mol·L^{-1} $FeCl_3$（mL）	1.00	0.80	0.60	0.40	0.20
0.1 mol·L^{-1} KSCN（mL）	1.00	1.00	1.00	1.00	1.00
用蒸馏水稀释至（mL）	10	10	10	10	10
Fe^{3+} 的物质的量浓度（mol·L^{-1}）	0.001 0	0.000 8	0.000 6	0.000 4	0.000 2

5. 配制待测比色液

取一定体积（V_1）的样品溶液于比色管中，加入 1.00 mL 0.1 mol·L^{-1} KSCN 溶液，并稀释至 10 mL（V_2），即为待测比色液。

6. 比色

将待测比色液与标准比色液进行比较，与待测比色液颜色一致（或相近）的标准比色液的浓度即为待测比色液的浓度（c）。

7. 数据记录与处理

请将实验数据记录在表 11 - 13 中，并计算补铁剂中铁的含量。

表 11 - 13　补铁剂中铁的含量的测定

样品	m（样品）/g		V/mL	
待测比色液	V_1/mL			
	V_2/mL		10	
	c/mol·L^{-1}			
测定结果 （以样品中铁元素的质量分数表示）	计算公式： 铁元素的质量分数：			

8. 实验结论

补铁剂中铁元素的质量分数为_____%，与包装说明是否一致？

（五）问题与探究

（1）由于补铁剂中铁含量不同，学生可以根据现购买的补铁剂说明书中提供的铁含量数据估算所配制标准比色液的浓度。

（2）由于 Fe^{3+} 与 SCN^- 的反应为可逆反应，Fe^{3+} 与 SCN^- 的络合比不同时，络离子的颜色不同，因此实验应加入过量的 KSCN，且加入量相同，以保证 Fe^{3+} 完全形成 $[Fe(SCN)_6]^{3-}$，且测定条件相同。

（3）如果补铁剂溶解后，其溶液的颜色较深，会对实验产生一定的影响。为了保证测定准确，应采用活性炭加热的方法将溶液脱色，然后通过过滤，便得到基本上无色、透明的溶液。

（4）若补铁剂中铁元素为 Fe^{2+}，需加入氧化剂 H_2O_2 将其氧化成 Fe^{3+}，并采取微热、搅拌等方法除去多余的 H_2O_2 后，再加入 KSCN 溶液作为显色剂。但不能加入稀硝酸，因稀硝酸难以除去，会使 SCN^- 受到破坏。若为 Fe^{3+}，则直接加入 KSCN 溶液作为显色剂即可。

（5）该实验难度较大，且实验操作比较繁杂、费时。为了做好该实验，建议在实验前，教师先带领学生认真学习目视比色法的原理、实验方法，熟悉实验步骤，掌握其中的关键环节，使学生做到心中有数，再进行实验。

【实验教学资源】　抗贫血药物中铁含量的测定研究资料

1. 目视比色法

目视比色法（Visual Colorimetry）是比色分析的一种方法。通过用眼睛直接观察试液与标准溶液颜色深浅，经比较确定试液成分含量。

常用的是标准系列法。将一系列不同量的标准溶液依次装入一套规格完全相同的比色管，再分别加入等量显色剂及其他试剂，控制实验条件稀释至同样体积，便形成一套颜色由浅到深的标准色阶（色列）。将一定量试液加入另一比色管，在同样条件下显色并稀释至同样体积。从管口向下观察，若试液颜色与标准色阶中某一颜色深度相同，则说明二者浓度亦相同。

2. 分光光度法和原子吸收法

在食品分析和药品检验中测定铁含量的方法有：

（1）分光光度法。试样经灰化后制成稀盐酸溶液，用盐酸羟胺还原铁（Ⅲ）为铁（Ⅱ），铁（Ⅱ）与1，10-邻菲罗啉在 pH＝3～9 范围内形成稳定的红色络合物。用分光光度计在 510 nm 处测量吸光度，以标准曲线计算铁含量。

（2）原子吸收法。原子吸收法是根据每种元素的原子能够吸收特定波长的光能，而吸收的能量值与该光路中该元素的原子数目成正比这一性质，用特定波长的光照射这些原子，测量该波长的光被吸收的程度，进而确定物质含量。

用标准溶液绘制校正曲线，再根据被吸收的光量求出被测元素的含量。测定时，将试样制成稀盐酸溶液，直接喷入火焰进行原子化，在 248.3 nm 处测定其吸收值，与校正曲线比较确定铁含量。

参考文献

［1］董树岐，连凤羽，曲行文．化学教学手册［M］．长春：吉林人民出版社，1984：1088.

［2］华中师范大学，东北师范大学，陕西师范大学，等．分析化学（上册）［M］．3版．北京：高等教育出版社，2001：274－285.

［3］王磊．普通高中课程标准实验教科书·化学 实验化学（选修）教师用书［M］．济南：山东科学技术出版社，2006：119－123.

［4］钱扬义．高中化学课程标准中的探究实验与设计实验（下册）［M］．长春：东北师范大学出版社，2006：212－215.

实验二十五　阿司匹林药片中有效成分含量的测定探究

阿司匹林为解热、镇痛药，用于治疗伤风、感冒、头痛、神经痛、关节痛及风湿症等，早已被人们所熟知。近年来又证明它具有抑止血小板凝聚的作用，其治疗范围又进一步扩大到预防血栓形成、治疗心血管疾病等。可见，阿司匹林具有较多的疗效。衡量阿司匹林药片质量的重要指标之一就是阿司匹林药片中有效成分（乙酰水杨酸）的含量。如何测定阿司匹林药片中有效成分的含量？通过本实验，我们将学到一种定量分析测定方法——返滴定法。其检测的基本流程如图 11－52 所示：

图 11－52　阿司匹林药片中有效成分含量测定流程图

（一）实验目的

（1）学会用返滴定法测定阿司匹林药片中有效成分的含量。

（2）掌握返滴定法的原理和有关实验操作的关键环节。

（3）体会实验方法在药物有效成分分析中的应用价值，感知生活与化学的密切关系。

（二）实验原理

阿司匹林药片中一般都添加有一定量的辅料，如硬脂酸镁、淀粉等难溶性物质，不能采用直接滴定法来测定阿司匹林药片中乙酰水杨酸的含量。但可先加入已知量的过量的 NaOH 标准溶液，使乙酰水杨酸充分水解，再用盐酸标准溶液滴定过量的氢氧化钠进行测定。这种方法称为返滴定法。

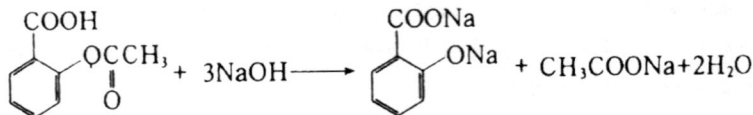

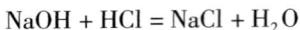

$$NaOH + HCl = NaCl + H_2O$$

$$m = \frac{n\,(NaOH)\, - n\,(HCl)}{3} \times M$$

式中：m——乙酰水杨酸的质量（g）；

n（NaOH）——加入的氢氧化钠的物质的量（mol）；

n（HCl）——消耗的盐酸的物质的量（mol）；

M——乙酰水杨酸的摩尔质量（g/mol）。

（三）实验用品

阿司匹林药片（市售），$0.500\ mol \cdot L^{-1}$ NaOH 标准溶液，$0.5\ mol \cdot L^{-1}$ HCl 溶液，0.1% 酚酞溶液，蒸馏水。

酸式滴定管（50 mL），碱式滴定管（50 mL），锥形瓶（250 mL），烧杯（100 mL，400 mL），酒精灯，胶头滴管，容量瓶（200 mL）。

（四）实验步骤

1. NaOH 标准溶液的配制

（1）迅速准确称取 4.00 g NaOH（A. R）。

（2）放到 100 mL 烧杯中，加入少量蒸馏水溶解。

（3）把烧杯中的 NaOH 溶液全部转移到 200 mL 容量瓶中，用少量蒸馏水洗涤烧杯和玻璃棒 3 次，均把洗涤液转移到容量瓶中，摇动，冷却。

（4）用蒸馏水定容至刻度，摇匀，即为 $0.500\ mol \cdot L^{-1}$ 的 NaOH 标准溶液。

2. HCl 溶液的标定

（1）从酸式滴定管放入 20.00 mL $0.5\ mol \cdot L^{-1}$ 的 HCl 溶液到锥形瓶中。

（2）向锥形瓶中滴入 2~3 滴酚酞溶液，振荡，摇匀。

（3）将 NaOH 标准溶液逐滴滴加到锥形瓶中，边滴边振荡，摇匀。当滴入 NaOH 标准溶液时锥形瓶内的溶液出现红色，并立即消失时，开始一滴一滴地慢慢滴加、摇匀，直至溶液恰好呈浅红色并在 30 s 内不褪色，记录数据，填在表 11-14 中。再重复滴定两次，即可标定出 HCl 溶液的物质的量浓度。

3. 样品处理

将两片阿司匹林药片放入锥形瓶中，加入体积准确、过量的 NaOH 标准溶液，加热一段时间使其所含乙酰水杨酸完全水解，冷却，待用。

4. 返滴定

向锥形中加入 2~3 滴酚酞溶液，用已标定的 HCl 溶液滴定过量的氢氧化钠，至溶液由红色恰好变为无色即为终点，记录数据。再重复返滴定两次。

表 11 - 14　**HCl 溶液的标定实验记录表**　[c(NaOH) = 0. 500 mol · L^{-1}]

滴　定　次　数 实 验 数 据	1	2	3
V（HCl）/mL	20	20	20
V_1（NaOH）/mL（初读数）			
V_2（NaOH）/mL（末读数）			
V（NaOH）/mL（消耗）			
c（HCl）/mol · L^{-1}			
平均 c（HCl）/mol · L^{-1}			

5. 数据处理

将测得的数据记录在表 11 - 15 中，并进行数据处理。

表 11 - 15　**市售阿司匹林药片中乙酰水杨酸含量测定记录表**

滴　定　次　数 实 验 数 据	1	2	3
c（NaOH）/mol · L^{-1}			
V（NaOH）/mL			
c（HCl）/mol · L^{-1}			
V（HCl）/mL（初读数）			
V（HCl）/mL（末读数）			
V（HCl）/mL（消耗）			
m（$C_9H_8O_4$）/mg			
$\overline{m}$（$C_9H_8O_4$）/mg			

6. 实验结论

市售阿司匹林药片中含乙酰水杨酸为＿＿＿＿＿＿ mg/片。

（五）问题与探究

（1）如需要更精确的测定，则应用 $KHC_8H_4O_4$（邻苯二甲酸氢钾）作为基准试剂，用待标定的 NaOH 溶液进行滴定，从而确定 NaOH 溶液的准确浓度。然后用标定后的 NaOH 溶液标定 HCl 溶液，从而确定 HCl 溶液的准确浓度。本实验采用此法不会造成较大的误差，因此，可以直接用 NaOH 固体来配制标准溶液。

（2）在测定阿司匹林药片中有效成分含量的实验中，要将整片药片放入锥形瓶中，加入适量的水及过量的 NaOH 溶液溶解。为了促进溶解及水解反应的进行，可将混合物溶液微热，但要防止液体溅到锥形瓶外。

（3）盐酸溶液浓度取决于 NaOH 标准溶液的浓度和滴定时消耗盐酸的体积。一般情况下，若使用 50 mL 酸式滴定管，消耗盐酸的体积宜为 20 ~ 25 mL，若使用 25 mL 酸式滴定管，消耗盐酸的体积宜为 10 ~ 15 mL。本实验中的 HCl 溶液浓度应小于 $0.500 \ mol \cdot L^{-1}$ 更好。

（4）阿司匹林药片中有效成分是乙酰水杨酸（$C_9H_8O_4$），它是一种有机弱酸，为白色晶体，熔点 143 ℃，微溶于水，易溶于乙醇等有机溶液。乙酰水杨酸中含有羧基和酯基两种主要官能团。羧基的特征反应为酯化反应和酸的通性反应（如使指示剂变色、与碱反应等），但酯化反应由于反应速率慢且无明显现象，酯基的特征反应为水解反应，应在过量的强碱条件下才能快速水解完全，可见不能用直接滴定的方法测定阿司匹林药片中有效成分含量。因此，教师在本实验之前应该通过实验原理的分析，让学生体会到转化的思想在物质的含量测定实验设计中的应用，即将无法直接滴定的物质转化成可以直接滴定的物质。

【实验教学资源】   阿司匹林药片中有效成分含量的测定研究资料

1. 返滴定法

当溶液中的待测物质与滴定剂反应较慢，不能用直接滴定法进行滴定时，可以采用返滴定法对待测物质的含量进行测定。使用返滴定法进行测定时，先准确加入过量标准溶液，使其与试液中的待测物质进行反应，待反应完成后，再用另一种标准溶液滴定开始所加入的、剩余的标准溶液。有时采用返滴定法是由于某些反应没有合适的指示剂。例如，在酸性溶液中用 $AgNO_3$ 溶液滴定 Cl^- 时，缺乏合适的指示剂，此时可先加入过量的 $AgNO_3$ 标准溶液，再以三价铁盐做指示剂，用 NH_4SCN 标准溶液返滴过量的 Ag^+（AgSCN 为沉淀），当出现淡红色即为终点。

2. 紫外分光光度法

利用紫外分光光度计测定试样中某单组分含量时，其原理与一般比色分析相同，即将待测试样的纯品配成一系列标准溶液，事先绘制紫外吸收曲线，找出 λ_{max}。然后在该波长下测试一系列不同浓度的标准溶液的光密度。以光密度为纵坐标，浓度为横坐标绘出标准曲线。由待测未知样品溶液的光密度对照标准曲线，就可以找出其含量。

参考文献

[1] 金立藩，张德钧. 中学化学实验大全（下册）[M]. 南京：江苏科学技术出版

社，1988：242 - 243.

　　[2] 王磊. 普通高中课程标准实验教科书·化学　实验化学（选修）教师用书[M].
济南：山东科学技术出版社，2006：128 - 133.

　　[3] 吴泳. 大学化学新体系实验 [M]. 北京：高等教育出版社，1999：221 - 223.

实验二十六　酸碱滴定曲线的测绘探究

　　在酸碱滴定的过程中，溶液中 H^+ 的浓度随着滴定剂的加入而逐渐变化的情况可用相应的滴定曲线直观地表示出来。这种滴定曲线既可以通过较复杂的理论计算绘出，也可以通过相应仪器测定来绘制。酸碱滴定中的滴定剂一般为强酸或强碱。强酸、强碱之间的滴定是水溶液中反应完全程度最高，且具有最大滴定常数的酸碱反应。

　　中学生在学习酸碱中和滴定以后，对滴定过程中 pH 变化规律的理解只停留在书本的定性描述上，即只是通过酸碱指示剂的颜色变化，来表示中和滴定的进行程度。在用强碱滴定强酸时，以酚酞为指示剂，学生只能观察到在滴定终点时，溶液颜色从无色到淡红色再到红色的变化，而在滴定终点前后，学生无法了解到每一滴碱液的加入是否发生作用，这种作用的效果如何，溶液中的 pH 发生怎样的变化。这些疑问，单靠传统的实验方法是无法解决的。为此，作者通过 pH 计测定方法来对酸碱中和反应中的溶液 pH 变化情况进行研究，并绘出酸碱滴定曲线图。其测绘的基本流程如图 11 - 53 所示：

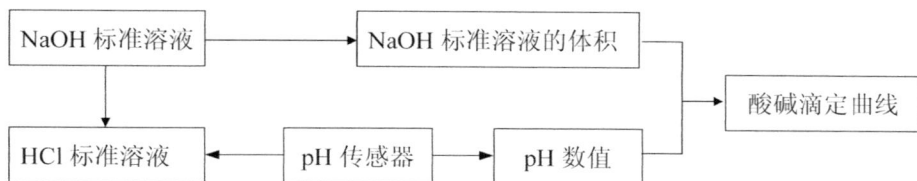

图 11 - 53　酸碱滴定曲线测绘流程图

（一）实验目的

（1）了解酸碱滴定的整个详细变化过程，掌握 pH 的变化规律。

（2）学会用 pH 计测绘酸碱滴定曲线的方法。

（3）直观地体验量变引起质变的变化情况。

（二）实验原理

　　酸碱中和反应可以通过 pH 传感器跟踪。向已知浓度、体积的 HCl 溶液中分批加入一定体积、已知浓度的 NaOH 溶液并使之与 HCl 溶液完全中和，通过 pH 传感器来跟踪测定 pH，然后以横坐标表示加入 NaOH 溶液的体积，以纵坐标表示 pH 作图，即得酸碱滴定曲线。

（三）实验用品

浓盐酸，氢氧化钠固体，酚酞指示剂（$2\ g \cdot L^{-1}$乙醇溶液），甲基橙指示剂（$2\ g \cdot L^{-1}$），邻苯二甲酸氢钾固体，蒸馏水。

pH 传感器，pH 计数据采集器，磁力搅拌器，台秤，量筒（10 mL），酸式滴定管（50 mL），碱式滴定管（50 mL），锥形瓶（250 mL），烧杯（100 mL，400 mL），容量瓶（500 mL）。

（四）实验步骤

1. 酸碱标准溶液的配制

（1）$0.1\ mol \cdot L^{-1}$ HCl 溶液的配制。用洁净量筒量取浓盐酸约 4.5 mL，倒入 500 mL 试剂瓶中，用蒸馏水稀释至 500 mL，盖上玻璃塞，充分摇匀，贴好标签，备用。

（2）$0.1\ moL \cdot L^{-1}$ NaOH 溶液的配制。用台秤迅速称取 2 g NaOH 固体，倒入 100 mL 烧杯中，加约 30 mL 蒸馏水溶解，全部转移至试剂瓶中，然后用蒸馏水稀释至 500 mL，摇匀后，用橡皮塞塞紧，贴好标签，备用。

（3）NaOH 溶液浓度的标定。洗净碱式滴定管，检查不漏水后，用所配制的 NaOH 溶液润洗 2～3 次，每次用量 5～10 mL，然后将 NaOH 溶液装入滴定管中至"0"刻度线，排除管尖的气泡，调整液面至"0"刻度或零点稍下处，静置 1 min 后，精确读取滴定管内液面位置，并记下读数 V_1 mL。

用差减法准确称取 0.4～0.6 g 已烘干的邻苯二甲酸氢钾 3 份，分别放入 3 个已编号的 250 mL 锥形瓶中，加 20～30 mL 水溶解（若不溶解可稍加热，冷却后），加入 1～2 滴酚酞指示剂，用 $0.1\ mol \cdot L^{-1}$ NaOH 溶液滴定至呈微红色，半分钟不褪色，即为终点，记下读数 V_2 mL。重复操作另外两份后，计算 NaOH 标准溶液的浓度。

（4）HCl 溶液浓度的标定。洗净酸式滴定管，经检漏、润洗、装液、静置等操作，备用。

取 250 mL 锥形瓶，洗净后放在碱式滴定管下，由滴定管放出约 20 mL 已标定的 NaOH 溶液于锥形瓶中，加入 1～2 滴甲基橙指示剂，用 HCl 溶液滴定。边滴边摇动锥形瓶，使溶液充分反应。待滴定近终点时，用蒸馏水冲洗瓶壁上的酸或碱液，再继续逐滴或半滴滴定至溶液恰好由黄色转变为橙色，即为终点。若 HCl 过量，也可用 NaOH 返滴定，或再滴加 NaOH 溶液，仍以 HCl 溶液滴定至终点（可反复操作并观察终点颜色变化）。精确读取并记录 NaOH 溶液和 HCl 溶液的体积于表 11－16 中。做平行实验 2～3 次，计算平均结果和平均相对偏差，要求平均相对偏差在 0.2% 以内。

2. 仪器设置

（1）把 pH 传感器连接到 pH 计数据采集器端口上。

表 11 - 16　氢氧化钠溶液和盐酸溶液的标定记录

滴定次数 实验数据	1	2	3	滴定次数 实验数据	1	2	3
V_1（NaOH）/mL（初读数）				V_1（NaOH）/mL（初读数）			
V_2（NaOH）/mL（末读数）				V_2（NaOH）/mL（末读数）			
V（NaOH）/mL（消耗）				V_1（HCl）/mL（初读数）			
m（邻苯二甲氢钾）/g				V_2（HCl）/mL（末读数）			
c（NaOH）/mol·L^{-1}				c（HCl）/mol·L^{-1}			
平均 c（NaOH）/mol·L^{-1}				平均 c（HCl）/mol·L^{-1}			

（2）校正 pH 计数据采集器上的数据。

3. 实验数据测定

（1）在碱式滴定管中装入 NaOH 标准溶液；从酸式滴定管中放入 20 mL HCl 标准溶液于 100 mL 烧杯中，加入磁振子，并将烧杯放在磁力搅拌器上。

（2）将 pH 传感器轻放到溶液中，慢慢启动磁力搅拌器，按 pH 计数据采集器的按钮，开始显示数据，记录稳定的读数。

（3）按表 11 - 17 开始滴加 NaOH 标准溶液。每次滴加 NaOH 标准溶液后，待 pH 读数稳定时，将读数记录在表 11 - 17 中的"实测的 pH"栏内。

表 11 - 17　NaOH 溶液滴定 HCl 溶液时溶液的 pH

加入 NaOH 溶液的体积/mL	理论计算 [H$^+$] /mol·L^{-1}	理论上 pH	实测的 pH
0.00			
18.00			
19.80			
19.96			
19.98			
20.00			
20.02			
20.04			
20.20			
22.00			

注：在实验中，应按酸、碱溶液的实际浓度列表、计算、记录、绘图。

4. 绘制曲线

以横坐标表示加入 NaOH 溶液的体积，以纵坐标表示 pH 作图，即得 NaOH 溶液滴定 HCl 溶液的滴定曲线。同时绘出理论计算的酸碱滴定曲线，并进行比较。

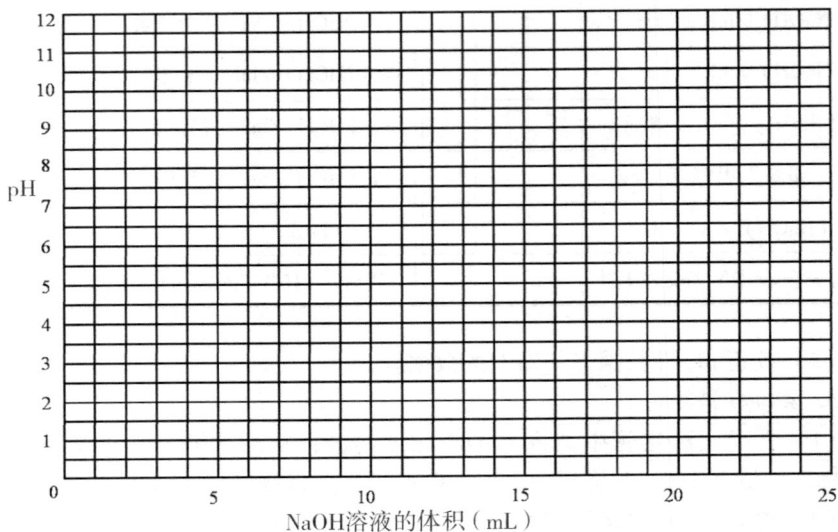

附图1　NaOH 溶液滴定 HCl 溶液的滴定曲线测绘图

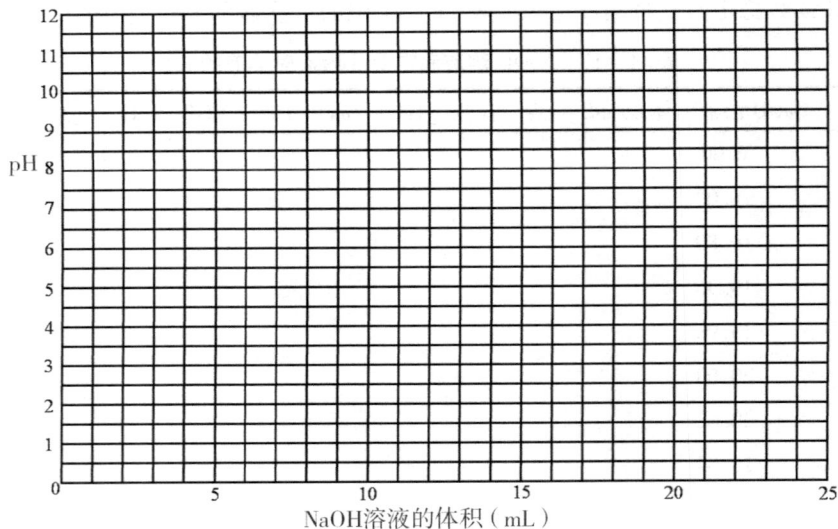

附图2　NaOH 溶液滴定 HCl 溶液的滴定曲线理论计算图

（五）问题与探究

（1）pH 计数据采集器使用前应进行校正，以保证 pH 测定准确。

（2）搅拌速率是影响实验结果准确度最为关键的因素，每个实验过程应保持搅拌速率一致。

（3）要注意控制滴定速度，特别是在接近终点的时候，要放慢滴定速度，以便读出 pH。每次滴加 NaOH 溶液，在不断搅拌下，当数据采集器上的读数稳定后，方可记下滴定后溶液的 pH。

（4）酸和碱的浓度相差不宜太大，越小越好，否则实验将较难控制，结果的误差较大。

（5）为了让学生更好地理解滴定突跃，教师在实验前应向学生介绍有关酸碱滴定曲线的理论计算原理，绘出酸碱滴定曲线，并与实验测绘的滴定曲线进行比较，看是否有什么差异。

（6）强酸与强碱的相互滴定具有较大的滴定突跃，但滴定突跃的大小还与滴定的碱（或酸）和被滴定的酸（或碱）的浓度有关，浓度越大，滴定突跃亦越大。在本实验基础上，建议让学生探讨不同浓度的酸碱相互滴定，pH 的变化情况如何，滴定曲线的形状又将如何变化。

【实验教学资源】 酸碱滴定曲线的测绘研究资料

1. pH 传感器

pH 传感器由两部分组成：pH 玻璃电极和适配器（信号转换电路）。pH 玻璃电极是专门用于测定 pH 的指示电极，对 H^+ 有高度的选择性，它不受溶液中氧化剂或还原剂的影响，除了一般的溶液之外，还可以用于有色、浑浊的胶体溶液的 pH 测定。

pH 传感器的使用方法非常简单，将其与 pH 计数据采集器正确连接后，经过标准缓冲溶液的校正就可以使用了，其 pH 测量范围为 0 ~ 12。

2. 绘制酸碱中和滴定曲线

在酸碱中和反应中，根据碱的体积的变化，采集相应的 pH，绘制酸碱中和滴定"NaOH 加入量—pH"曲线图，进行数学建模，并与理论图比较。

参考文献

[1] 华中师范大学，东北师范大学，陕西师范大学，等. 分析化学（上册）[M].3版. 北京：高等教育出版社，2001：124 – 128.

[2] 钱杨义. 手持技术在理科实验中的应用研究 [M]. 北京：高等教育出版社，2003：87 – 92.

实验二十七 污水中化学耗氧量的测定探究

水体污染是指排入水体的污染物在数量上超过了该物质在水体中的本身含量和水体的自净能力，即水体的环境容量，从而导致水体的物理特征、化学特征发生不良变化，破坏了水中固有的生态系统、水体的功能及其在人类生活和生产中的作用。污染水体的物质成分极为复杂，概括起来主要包括：需氧废弃物、营养盐、无机无毒物、无机有毒物、有机无毒物、有机有毒物、石油类污染物、病原微生物、寄生虫、放射性污染物、热污染等。

水体污染的物理、化学、生物等方面的特征是通过水污染指标来表示的。水污染指标又是控制和掌握处理设备的处理效果和运行状态的重要依据。目前常用的判断水污染的指标有酸碱度（pH）、水温、生化耗氧量（BOD）、化学耗氧量（COD）、溶解氧（DO）、大肠菌群数等。其中，化学耗氧量是我国环保部门控制污染的重要指标之一。

水体受到污染会对水中的生物（如鱼虾等）造成致命的伤害，水的品质还直接影响人类的健康，饮用不干净的水会引起各种疾病。如何知道我们周围水体的受污染情况呢？我们可以通过测定污水中的化学耗氧量（COD_{Mn}）的方法来检测水体的受污染程度。其检测的基本流程如图 11－54 所示：

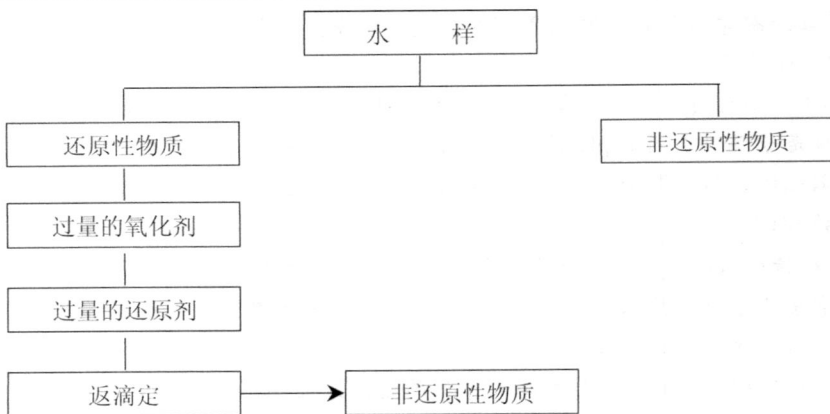

图 11－54 污水中化学耗氧量测定流程图

（一）实验目的

（1）了解测定水中化学耗氧量的意义。

（2）测定水中还原性物质的大致含量，了解水被污染的程度。

（3）学会测定水中化学耗氧量的基本操作方法。

（4）开展同学间的相互合作，认识环保工作的重要性和艰巨性。

（二）实验原理

在酸性和加热条件下，用 $KMnO_4$ 溶液将污水中某些有机及无机的还原性物质氧化，反应后，剩余的 $KMnO_4$，用过量的 $Na_2C_2O_4$ 还原，再以 $KMnO_4$ 溶液回滴过量的 $Na_2C_2O_4$ 的量，再换算成氧的消耗量，以化学耗氧量（$mg \cdot L^{-1}$）表示。

$$4KMnO_4 + 6H_2SO_4 + 5C = 2K_2SO_4 + 4MnSO_4 + 5CO_2\uparrow + 6H_2O$$

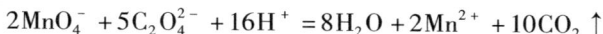

$$2MnO_4^- + 5C_2O_4^{2-} + 16H^+ = 8H_2O + 2Mn^{2+} + 10CO_2\uparrow$$

化学耗氧量（COD_{Mn}）计算公式：

$$COD_{Mn}(mg \cdot L^{-1}) = \frac{\left[5c_{KMnO_4}(V_1 + V_2) - 2c_{Na_2C_2O_4}V\right] \times 8 \times 1\,000}{V_{水样}}$$

式中，c_{KMnO_4} 为高锰酸钾溶液的浓度（$mol \cdot L^{-1}$），V_1 为先加入的 $KMnO_4$ 溶液的体积（mL）；V_2 为滴定时高锰酸钾溶液的用量（mL）；$c_{Na_2C_2O_4}$ 为草酸钠溶液的浓度（$mol \cdot L^{-1}$）；V 为加入草酸钠溶液的体积（mL）；$V_{水样}$ 为取水样的体积（mL）。

（三）实验用品

硫酸（1∶3），高锰酸钾固体，草酸钠固体，水样，蒸馏水。

锥形瓶（250 mL），移液管（10 mL），酸式滴定管（50 mL），量筒（10 mL，100 mL），烧杯（200 mL，400 mL），天平，洗耳球，胶头滴管，铁架台，水浴锅，酒精灯，三脚架，石棉网，容量瓶（200 mL），电炉。

（四）实验步骤

1. 溶液的配制

（1）0.010 00 $mol \cdot L^{-1}Na_2C_2O_4$ 标准溶液的配制。

将 $Na_2C_2O_4$ 置于 100 ~ 105 ℃下干燥 2 h 后，冷却。准确称取 0.268 3 g $Na_2C_2O_4$ 于小烧杯中，加入约 30 mL 蒸馏水溶解后，转入到 200 mL 容量瓶中，加水稀释至刻度，充分摇匀，即为 0.010 00 $mol \cdot L^{-1}Na_2C_2O_4$ 标准溶液，备用。

（2）0.01 $mol \cdot L^{-1}$ 的 $KMnO_4$ 溶液浓度的标定。

称取 $KMnO_4$ 固体 0.316 5 g 溶于 400 mL 水中，盖上表面皿，加热至沸并保持微沸状态 1 h，冷却后，用双层滤纸过滤，将滤液贮存于棕色试剂瓶中。在室温条件下，将滤液静置 2 ~ 3 天过滤，转入 200 mL 棕色容量瓶中，加水稀释至刻度，充发摇匀，备用。

准确移取 0.010 00 $mol \cdot L^{-1}Na_2C_2O_4$ 标准溶液 10.00 mL 于锥形瓶中，加入 15 mL H_2SO_4（1∶3）。在水浴上加热到 75 ~ 85 ℃，趁热用上述过滤的 $KMnO_4$ 溶液进行滴定。滴至溶液由无色变为稳定的微红色并持续半分钟不褪色即为终点。记下消耗的 $KMnO_4$ 溶液的体积 V mL，计算出 $KMnO_4$ 溶液的浓度，并填入表 11 – 18 中。

平行测定 3 次，取平均值，即为 $KMnO_4$ 溶液的准确浓度。

表 11-18 $KMnO_4$ 溶液浓度的标定记录

标定次序	1	2	3	平均
$Na_2C_2O_4$ 标准溶液用量/mL	10	10	10	10
$KMnO_4$ 溶液的浓度/mol·L^{-1}				

2. 化学耗氧量（COD_{Mn}）的测定

（1）准确量取 100 mL 水样于锥形瓶中，加入 5 mL H_2SO_4（1:3）溶液，再加入 25.00 mL 上述 $KMnO_4$ 溶液（V_1 mL）摇匀，立即放入沸水浴，沸水浴液面要高于水样液面，准确煮沸 10 min。

（2）从水浴中取下锥形瓶，冷却 1 min 后加入 10.00 mL 0.010 00 mol·L^{-1} $Na_2C_2O_4$ 溶液（V mL），再用 $KMnO_4$ 溶液滴定至微红，记录 $KMnO_4$ 溶液消耗的体积（V_2 mL）。

3. 数据处理

将实验数据记录在表 11-19 中，并计算出污水的化学耗氧量。

表 11-19 污水的化学耗氧量的测定记录

测定序号	水样用量（mL）	硫酸用量（mL）	高锰酸钾加入量 V_1（mL）	草酸钠用量 V（mL）	高锰酸钾滴入量 V_2（mL）	COD 值（mg·L^{-1}）	平均 COD 值（mg·L^{-1}）
1							
2							
3							

（五）问题与探究

（1）化学耗氧量的测定，分为重铬酸钾法和高锰酸钾法。重铬酸钾法记为 COD_{Cr} 法，酸性高锰酸钾法记为 COD_{Mn} 法，碱性高锰酸钾法记为 COD_{OH} 法。在以高锰酸钾为氧化剂测定 COD_{Mn} 时，氯离子含量高于 300 mg·L^{-1} 时，应改用 COD_{OH} 法。用高锰酸钾法的优点是：$KMnO_4$ 的氧化性比较强，应用广泛，且 MnO_4^- 有颜色，显色好，因而用它滴定时不用另加指示剂显色。在实际测水样时，要根据待测液的酸碱性来决定测定时的介质环境是酸性还是碱性。

（2）滴定终点的判断。滴定时溶液出现微红，且在半分钟内不褪色，即认为达到滴定终点。因再放置一段时间，颜色又会继续消失，这是由于空气中的还原性气体和灰尘与 MnO_4^- 缓慢作用的结果。

（3）取得水样后，若水样较混浊，则应先将水样过滤，再加入硝酸酸化的硝酸银溶液，判断水样中 Cl^- 的浓度，根据 Cl^- 浓度决定滴定环境、高锰酸钾溶液的浓度及草酸钠标准溶液的浓度。

（4）必须严格控制标定时水样的温度。当温度低于 60 ℃时，反应速度缓慢，滴定时间延长；当温度控制在 60 ~ 80 ℃时，高锰酸钾反应速度快，且反应正常；当水样的温度超过 90 ℃时，加入草酸钠后，易使部分草酸钠分解，而产生误差。

（5）本实验是一个难度较大的实验。实验前，教师应向学生介绍化学耗氧量测定实验设计的基本思路和原理，从而使他们设计好实验方案。另外，对那些学有余力的学生，教师可引导他们推导出化学耗氧量计算公式。

（6）在测定操作中，教师应引导学生掌握滴定终点的判断，以及快要到达终点的操作要点。

（7）化学耗氧量的测定方法有多种，除重铬酸钾法和高锰酸钾法外，还有标准回流法、比色法、微波消解法和库仑法等，教师可以引导学生查阅相关资料，开阔学生的视野。

【实验教学资源】　污水中化学耗氧量的测定研究资料

1. 化学耗氧量（COD_{Mn}）的测定——酸性高锰酸钾法

化学耗氧量是指，用化学氧化剂氧化水中以有机物为主的还原性污染物时，化学氧化剂用量相当于氧的数量（mg/L）。化学耗氧量越高，表示水中有机污染物越多。

在酸性和加热条件下，用高锰酸钾将水样中某些有机和无机还原性物质氧化，反应后剩余的 $KMnO_4$ 用过量的草酸钠还原，再以高锰酸钾标准溶液回滴过量的草酸钠，标出废水中所含有机和无机还原性物质所消耗的 $KMnO_4$ 的量，再换算成氧的消耗量，即得水样的化学耗氧量。

2. 重铬酸钾法（COD_{Cr}）的原理

在强酸性溶液中，用一定量的重铬酸钾氧化水中的还原性物质，过量的重铬酸钾以试亚铁灵作指示剂，用硫酸亚铁铵回滴。根据用量，算出水中还原性物质消耗氧的量。加入硫酸银作催化剂时，直链脂肪族化合物可完全被氧化，而芳香族有机物却不易被氧化。对于氯离子的影响，采用在回流前向废水中加入硫酸汞。

$$COD_{Cr} = \left[(V_0 - V_1) N \times 8 \times 1\,000 \right] / V \ (mg \cdot L^{-1})$$

式中，N 为硫酸亚铁铵标准溶液的当量浓度 $[N = (1 \ mol \cdot L^{-1}) \times$ 离子价数]；V_0 为空白滴定时硫酸亚铁铵标准溶液用量（mL）；V_1 为污水样滴定时硫酸亚铁铵标准溶液的用量（mL）；V 为污水样的体积（mL）。

参考文献

［1］吴泳. 大学化学新体系实验［M］. 北京：科学出版社，1999：101 – 107.

［2］华东师范大学《化学教学》编辑部. 化学活动课及微型实验设计与实践［M］. 北京：民主与建设出版社，1999：229 – 231.

［3］蔡亚萍. 中学化学实验设计与教学论［M］. 杭州：浙江教育出版社，2005：223 – 225.

［4］李芳，陈征燕. 中学课题化综合实践活动案例专题研究［M］. 杭州：浙江大学出版社，2005：352 – 358.

第四节　化学反应条件的控制探究

化学反应总是在一定的条件下进行的，反应的现象、结果都与实验条件密切相关。反应所用试剂的纯度，试剂的形状、大小，溶液的浓度、温度，催化剂等因素对化学反应速率及反应结果有着重要的影响。例如，在硝酸的工业生产中，氨的催化氧化过程中需要严格控制反应条件中的催化剂（铂—钯—铑），并控制温度约为 900 ℃，氧气与氨气的体积比为 1.7 : 7，否则会产生许多副反应，达不到生产要求；又如，高温、光照等条件会加快双氧水的分解反应，因此双氧水常常保存在阴凉、避免阳光直射的地方；再如，当溶液的酸碱性不同时，高锰酸钾溶液与亚硫酸钠溶液反应的产物不同。因此，化学实验要注意控制、判断实验条件，考虑反应物的浓度和用量，选择适宜的温度范围和反应介质，以及是否要使用催化剂等。那么，化学反应条件对化学反应的影响表现在哪些方面？它们又是如何影响化学反应的？通过本节的学习，你将会对这些问题获得新的认识。其研究的基本思路如图 11 – 55 所示。

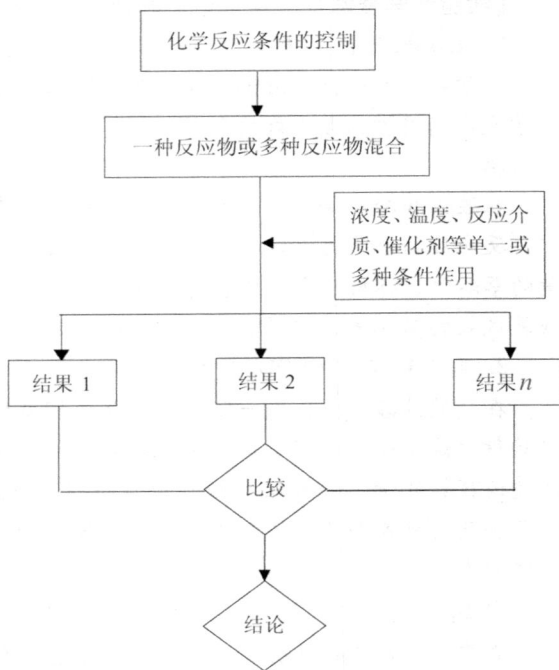

图 11 – 55　研究化学反应条件的流程

实验二十八　硫代硫酸钠与酸反应速率的影响因素探究

浓度、温度是化学反应的重要反应条件。反应条件对化学反应影响的研究不仅在实验室里有着重要意义，而且在工业生产中也具有重要意义。在确定工业生产条件时，要充分考虑条件对化学反应限度、速率等方面的影响，从而提高生产效率。例如，工业合成氨生产中，就对温度、压强、反应物氮气和氢气体积比进行优化，使合成氨产率大大提高。本实验是探讨浓度、温度对化学反应速率影响的一个例子。

（一）实验目的

（1）理解化学反应速率概念，掌握浓度、温度等对反应速率的影响关系。

（2）探究该实验最佳条件，并研究如何指导学生实验。

（3）体验比较法在化学实验中的应用以及控制反应条件在工业生产中具有重要的意义。

（二）实验原理

硫代硫酸钠溶液与稀硫酸反应，生成不溶于水的硫，使溶液变浑浊。

$$S_2O_3^{2-} + 2H^+ = SO_2 \uparrow + S \downarrow + H_2O$$

这种浑浊现象的出现，有快有慢，实际上反映了反应速率的大小。通过本实验设计，经过对实验结果的比较，从而得出硫代硫酸钠与酸反应速率的影响因素（如浓度、温度等）。

（三）实验用品

$0.1\ mol \cdot L^{-1} Na_2S_2O_3$ 溶液，$0.1\ mol \cdot L^{-1} H_2SO_4$ 溶液，蒸馏水（可用自来水代替）。

50 mL 锥形瓶，烧杯，试管，温度计（100 ℃），量筒（10 mL），酒精灯，秒表（可用学生手机代替），白纸，黑色记号笔。

（四）实验步骤

1. 实验准备

为了比较实验中溶液出现浑浊的快慢，可用黑色记号笔在一张白纸的适合位置画上粗细、深浅一致的"＋"字，贴在锥形瓶（或小烧杯）的底部。实验时间以 $Na_2S_2O_3$ 和 H_2SO_4 两溶液相混合时开始计时，到溶液出现的浑浊将锥形瓶（或小烧杯）底部的"＋"字完全遮盖时结束。通过比较记录的反应所需时间，可以判断反应速率的大小。

2. 探究浓度对反应速率的影响

（1）取两个 50 mL 锥形瓶（或小烧杯），分别贴上编号为 1、2 号的标签。向 1 号锥形瓶中加入 10 mL $0.1\ mol \cdot L^{-1} Na_2S_2O_3$ 溶液，向 2 号锥形瓶中加入 5 mL $0.1\ mol \cdot L^{-1} Na_2S_2O_3$ 溶液和 5 mL 蒸馏水。

（2）另取两支试管，各加入 10 mL 0.1 mol·L^{-1}H$_2$SO$_4$ 溶液，然后同时将该溶液分别倒入上述的 1、2 号锥形瓶中，振荡，静置，观察，将反应所需要的时间记录在表 11-20 中。

表 11-20　浓度对反应速率的影响

编号	0.1 mol·L^{-1}Na$_2$S$_2$O$_3$ 溶液/mL	蒸馏水/mL	0.1 mol·L^{-1}H$_2$SO$_4$ 溶液/mL	反应时间/s
1	10	0	10	
2	5	5	10	

结论：_____。

3. 探究温度对反应速率的影响

（1）取两个 50 mL 锥形瓶（或小烧杯），分别贴上编号为 1、2 号的标签。向两锥形瓶中各加入 10 mL 0.1 mol·L^{-1}Na$_2$S$_2$O$_3$ 溶液。另取两支试管，各加入 10 mL 0.1 mol·L^{-1}H$_2$SO$_4$ 溶液。

（2）取上述编号为 2 号的锥形瓶和其中一支盛有 10 mL 0.1 mol·L^{-1}H$_2$SO$_4$ 溶液的试管，同时放入盛有热水的烧杯中，热水浴片刻后，测量各溶液的温度，然后将锥形瓶和试管从热水中取出。

（3）同时将热的试管中的稀硫酸溶液倒入到热的锥形瓶中，冷的试管中的稀硫酸倒入到冷的锥形瓶中，并将混合溶液的温度和反应所需要的时间（锥形瓶底部的"＋"字完全遮盖的时间）记在表 11-21 中。

表 11-21　温度对反应速率的影响

编号	0.1 mol·L^{-1}Na$_2$S$_2$O$_3$ 溶液/mL	0.1 mol·L^{-1}H$_2$SO$_4$ 溶液/mL	反应温度/℃	反应时间/s
1	10	10		
2	10	10		

结论：_____。

（五）注意事项

（1）在探究 Na$_2$S$_2$O$_3$ 溶液与稀硫酸反应速率快慢时，为了便于记录和比较溶液出现浑浊时间的长短，控制反应物浓度和反应温度是十分重要的，可以试着改变上述实验所取的浓度、温度条件，探究出该实验的最佳条件。

（2）Na$_2$S$_2$O$_3$ 溶液应是新配制且透明澄清的，浓度以 0.04～0.2 mol·L^{-1} 为宜。原因是，Na$_2$S$_2$O$_3$ 具有还原性，久置于空气中会被氧化而析出单质硫，使溶液出现浑浊，导致实验误差。

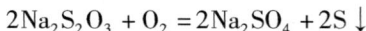

$$2Na_2S_2O_3 + O_2 = 2Na_2SO_4 + 2S \downarrow$$

（3）为了计时准确，应做到"五同"，即同规格的仪器、同大小的标记、同体积的溶液、同时加入溶液和同时开始计时。

（六）问题与探究

（1）通常用化学反应速率来衡量化学反应进行的快慢。化学反应速率是以单位时间内反应物（或生成物）浓度的变化来表示的（下列公式是用生成物的浓度变化来表示的）：

$$\bar{v} = \frac{\Delta c}{\Delta t} = \frac{c_2 - c_1}{t_2 - t_1}$$

当其他条件不变时，随着反应的不断进行，反应物不断减少，生成物不断增多，对应反应物的反应速率每一瞬间都在减小，所以利用上述公式求得的是 $t_2 - t_1$ 这段时间内的平均反应速率。

（2）实验比较法，常常是指通过平行实验或先后的系列实验作观察和对比，分析影响因素的一类方法。"比较"是人们研究各类问题时常用的方法，即找出事物之间的相同点和不同点，再进行分析。很多的化学实验中都有这种方法存在，因此，化学实验是培养学生"比较"思想的重要途径。

参考文献

［1］张多霞. 中学化学实验手册［M］. 广州：广东教育出版社，1995：331.

［2］王祖浩. 普通高中课程标准实验教科书·化学 实验化学［M］. 南京：江苏教育出版社，2006：44 – 45.

实验二十九 催化剂对过氧化氢分解速率的影响探究

催化剂是化学研究中一个十分活跃的领域。催化剂就像"点石成金"的魔术棒，能够改变化学反应速率。催化剂的应用相当广泛，例如，在人体内，许多生化反应（淀粉、脂肪、蛋白质的水解，DNA 的复制等）都是在酶的催化作用下进行的；在化工生产中，接触法制硫酸、工业合成氨、氨氧化制硝酸、氢化法制硬化油等，都使用了催化剂。本实验通过探究不同催化剂对过氧化氢分解反应速率的影响，进一步认识催化剂对化学反应的重要作用。

（一）实验目的

（1）通过实验扩大催化剂的外延，激发学生对催化剂学习的兴趣。

（2）理解催化剂的作用，加深对催化剂概念的理解，体验合理使用催化剂对生活、生产的重要作用。

（3）通过实验探究出最佳催化剂及催化剂的最佳用量，体验生活中处处有化学。

（二）实验原理

催化剂是在化学反应中能改变物质的化学反应速率而本身的化学性质和质量在反应前后均保持不变的物质。绝大多数催化剂能使反应加快，称为正催化剂；少数催化剂可使某一反应的速度减慢，称为负催化剂。还有一些物质，如单独使用对于某种反应并没有催化作用，但却能使该反应的催化剂的活性增强，这种物质叫助催化剂，如 K_2O 可提高合成氨用的铁触媒的活性。催化剂能增大反应速率的原因是它能够降低反应的活化能，使得反应物分子只要吸收较少的能量就能变成活化分子，而活化分子所占分数增大，有利于增大化学反应速率。

催化剂能增大化学反应速率，但是它不能改变反应进行的方向，也不能使那些不可能发生的化学反应得以发生。

过氧化氢，俗称双氧水，不稳定，易分解。在优良的催化剂存在下，H_2O_2 能迅速分解：

$$2H_2O_2 \xrightarrow{\text{催化剂}} 2H_2O + O_2 \uparrow$$

除用 MnO_2 作催化剂外，还可用 CuO、Fe_2O_3 等作 H_2O_2 分解的催化剂。常温下 H_2O_2 分解速率的大小，可以通过测定单位时间内同体积同浓度的 H_2O_2 溶液分解放出的 O_2 的体积多少来确定。

（三）实验用品

6% 的 H_2O_2 溶液，MnO_2，CuO，Fe_2O_3，蒸馏水（可用自来水代替）。

台秤，平底烧瓶（或锥形瓶）（125 mL），分液漏斗（50 mL），水槽，量筒（10 mL，100 mL），刻度试管，秒表（可用学生手机代替），双孔橡皮塞。

（四）实验装置

实验装置可以自行设计，能设计出反应、收集和量气一体化的实验装置就更好（可参考图 11 – 56）。

（五）实验步骤

（1）选用 6 种催化剂（其中有 MnO_2、CuO、Fe_2O_3，其他 3 种为自选催化剂），先后各称取 0.1 ~ 0.2 g，分别放入平底烧瓶（或锥形瓶）中，备用。

（2）用 10 mL 量筒量取 5 mL 6% 的 H_2O_2 溶液，放入分液漏斗里，按图 11 – 56 所示实验装置安装好。

（3）打开止水夹和分液漏斗活塞，

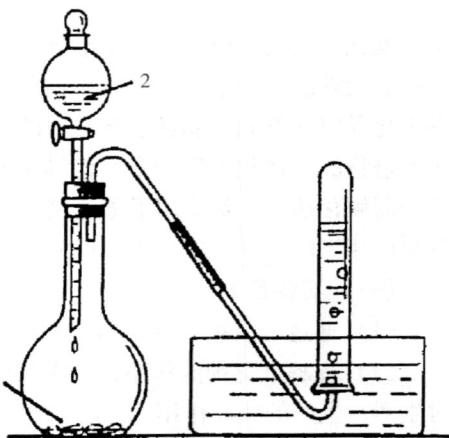

图 11 – 56　制取氧气的实验装置
1. 二氧化锰　2. 过氧化氢

同时记录各时间段收集到的氧气的体积，并将有关数据填入表 11 - 22 中。

表 11 - 22　不同催化剂对过氧化氢分解反应速率的影响记录

催化剂 时间段产气量	MnO_2	CuO	Fe_2O_3	自选1	自选2	自选3
第一个 15 s 产气量（mL）						
第二个 15 s 产气量（mL）						
第三个 15 s 产气量（mL）						
第四个 15 s 产气量（mL）						

结论：_____。

（六）注意事项

（1）实验装置气密性要好。

（2）为使实验操作条件相同，滴加过氧化氢溶液的速度应保持一致。

（3）过氧化氢溶液不要太浓，以免反应过分剧烈而不安全；过氧化氢溶液用量要少，以便产生的气体能够完全收集。

（4）催化剂用量要少，以防反应过分剧烈而使反应物冲出。

（5）所用平底烧瓶（或锥形瓶）必须清洁，防止杂质起催化作用。

（七）问题与探究

（1）探究某种催化剂的用量对过氧化氢分解反应速率的影响。

（2）探究新鲜土豆块，以及含有过氧化氢酶的大豆、绿豆、红豆、小麦、玉米等种子对 H_2O_2 分解的催化效果。

参考文献

［1］王祖浩. 普通高中课程标准实验教科书·化学　实验化学［M］. 南京：江苏教育出版社，2006：48 - 50.

［2］张多霞. 中学化学实验手册［M］. 广州：广东教育出版社，1995：335 - 336.

第五节　生活化系列化学实验设计探究

化学是一门实践性和应用性都很强的学科，化学知识广泛而深刻地渗透进个人和社会生活的各个方面，化学物质、化学现象、化学变化无时不在、无处不在。因此，贴近生活、贴近社会成为化学实验改革的重要指导思想，也是高中化学课程标准新理念的体现和要求。为此，作者对一种新的化学实验形式——生活化系列化学实验进行了初步研究，以更好地认识和理解化学学科对社会的贡献和价值，对学生进行"科学中的生活"和"生活中的科学"教育。

一、何谓生活化系列化学实验

所谓生活化系列化学实验，是指在化学课程的教学理念和教学目标指导下，利用生活中一些常见的、学生熟悉的物品，以其中某一成分（如元素、离子、原子团或分子等）为主线，将与其有关的化学学科知识（如物质存在的形态及其性质等）、生活经验以及实验方法融为一体，有效地整合成一个个有关联的化学实验。

由上可见，生活化系列化学实验具有生活性、趣味性、简便性、整合性、知识性等特点。

二、开展生活化系列化学实验的意义

（一）有利于提高学生化学学习的兴趣

兴趣是形成学习动机的重要因素，是主动学习的前提。我国古代著名的教育家孔子曾说："知之者不如好之者，好之者不如乐之者。"泰勒也曾说过："当学习是被迫的，不是从学习者真正的兴趣出发时，有效的学习往往是无效的。"开发贴近生活的系列化学实验，能够使学生感到化学就在我们身边，生活中处处皆有化学，让学生实实在在地体会到化学知识与生活的紧密联系，增加了化学实验的趣味性，以激发学生学习化学的兴趣，使学生热爱化学，欣赏化学。

（二）有利于化学知识与技能的巩固和系统化

研究表明，学习具有系统化的知识，学生的学习效率会更高。通过生活化系列化学实验探究活动，可引导学生学习化学，能够帮助学生梳理相应单质及化合物的相关知识，使知识体系在学生头脑中结构化，形成相应单质及化合物的知识主线，有利于学生掌握知识之间的内在联系，认识物质及其变化的本质和规律，使所学知识系统化，有利于化学学习质量的提高。

（三）有利于培养学生的动手能力和实践创新能力

能力是在活动中形成，又在活动中发展和展现的。开发与学生生活实际联系密切的系列化学实验，能够有意识地让学生在实验探究过程中去感知和体验，进而将这些感性认识上升到理性，形成观念，逐渐训练学生解决实际问题的思路和方法，不断培养学生的动手能力和实践创新能力。

（四）有利于促进化学教师的专业发展

化学教师的专业发展，与化学教师对教学内容的研究与开发密切相关。开发生活化系列化学实验，对教师的专业水平、教学观念、知识结构、实验技能等多方面都提出了更高的要求。教师要根据教学目标、结合教学实际，不断深入分析实验内容、挖掘实验素材、改进实验教学，在此过程中也使自己的实验教学研究能力得到不断提高。

三、生活化系列化学实验设计原则

生活化系列化学实验设计原则多种多样，作者认为，要设计具有良好教学功能的生活化系列化学实验，需要用以下几项基本原则作为设计的指导思想。

（一）目的性原则

目的是指生活化系列化学实验设计要达到的某方面具体要求或目标。目的明确，才能突出实验设计重点，突破实验设计难点。目的性是指生活化系列化学实验是能实验过程的优化和良好教学效果为目的的，而不是为了实验设计而设计。

（二）科学性原则

科学性是生活化系列化学实验设计的核心原则。科学性是指生活化系列化学实验设计中的实验原理、装置原理、操作原理和方法原理都必须与化学理论知识、实验方法论、实验教学论和实验研究过程相一致。一个优秀的生活化系列化学实验设计，应具有严谨的科学性。

（三）生活性原则

生活性原则是指生活化系列化学实验内容应贴近学生生活，突出化学原理、化学性质等知识在日常生活中的系列应用，从学生身边熟悉的事物出发，紧密联系生活实际，使学生认识到化学与我们日常生活息息相关。

（四）可行性原则

可行性是生活化系列化学实验设计的根本原则。所谓可行性是指设计的生活化系列化学实验方案中所用到的物品以及所运用的实验原理、装置和方法在现有的条件下能够得到满足，并在实验中能够得到正确的实验现象和实验结论。

（五）趣味性原则

化学实验常令学生兴趣盎然、终生不忘的原因，是实验现象具有趣味性。所谓趣味性是指设计的生活化系列化学实验所得出的现象和结果，能够激发学生的好奇心和求知欲，从而引起学生学习化学的兴趣和动机，以及深入思考，产生联想。

（六）安全性原则

安全性是指生活化系列化学实验设计时，应尽量避免使用有毒药品或反应生成有毒气体物质，以及具有一定危险性的实验装置和实验操作。如果必须使用，应在所设计的实验方案中详细写明注意事项和防护措施，以防造成环境污染和人身伤害。在化学实验中，如果发生燃烧、爆炸或中毒事故，不仅会给学生造成恐惧，而且还将严重地影响到学生今后学习化学课程的兴趣和积极性，甚至还会永远给学生留下"化学实验很危险"的潜意识。因此，设计生活化系列化学实验时，要牢固树立"安全第一"的思想，对实验的安全性必须给予足够的重视，做到万无一失。

以下是一个生活化系列化学实验设计的案例，仅供参考。

实验三十　碘的生活化系列化学实验探究

碘是人体必需的微量元素，也是人的智慧元素，与人的生活密切相关。本实验设计取材于日常生活中常用的、学生熟悉的物质，以碘元素为主线，经过合理、有趣的整合而成。通过实验，不仅使学生了解一些日常生活中含碘物质的存在形态及用途，而且使学生掌握了碘及其化合物的重要化学性质，熟悉了物质检验、分离的基本要求和步骤，获得了一些基本的化学知识和技能。

（一）实验目的

（1）认识碘在人们日常生活中的作用，了解一些日常生活中含碘物质的存在形态（或价态）及其用途。

（2）巩固碘及其化合物的物理性质和化学性质等相关知识与技能。

（3）体验"生活处处皆有化学，化学知识与生活紧密联系"，从而产生"热爱化学，欣赏化学"的情感。

（二）实验原理

碘受热时会升华变成碘蒸气，碘蒸气能溶解在指纹印上的油脂等分泌物中，形成棕色指纹印迹，而能显示指纹。

碘与可溶性淀粉水溶液形成包合物，显蓝色，可互检碘与淀粉的存在。

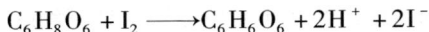

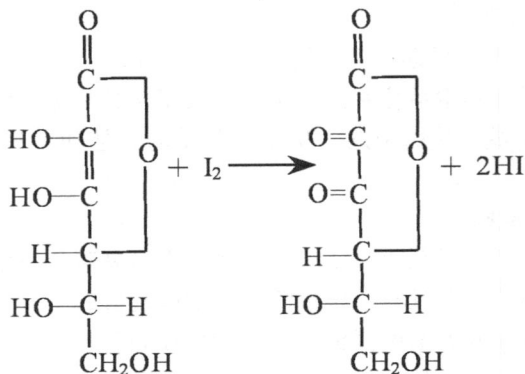

$$IO_3^- + 5I^- + 6H^+ = 3I_2 + 3H_2O$$

$$2I^- + H_2O_2 + 2H^+ = I_2 + 2H_2O$$

$$C_6H_8O_6 + I_2 \longrightarrow C_6H_6O_6 + 2H^+ + 2I^-$$

（三）实验用品

医用碘酒，华素片，1%的淀粉溶液，含碘食盐饱和溶液，$2\ mol\cdot L^{-1}$硫酸溶液，3% 的碘化钾溶液，干海带，5% 的 H_2O_2 溶液，四氯化碳，维生素 C 片，废报纸，蒸馏水（可用隔夜的自来水代替）。

80 mm×80 mm 滤纸片，蒸发皿（$\Phi=60$ mm），16 mm×160 mm 试管，50 mL 烧杯，漏斗，酒精灯，石棉网，铁架台（附铁圈），镊子，100 mL 量筒，10 mL 量筒，研钵，剪刀，分液漏斗，三脚架。

（四）实验装置

实验中要用到的过滤装置如图 11 − 57 所示。

（五）实验步骤

1. 医用碘酒中碘的检测

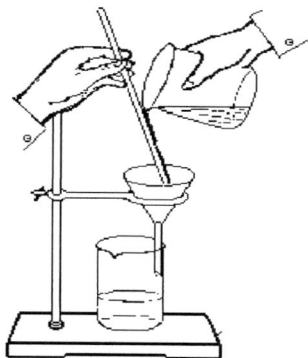

图 11 − 57　过滤装置

向盛有 3 ~ 5 mL 蒸馏水的 16 mm×160 mm 试管中滴加 1 ~ 2 滴医用碘酒，振荡试管，然后滴加 1 ~ 2 滴 1% 的淀粉溶液，振荡，观察实验现象。溶液由浅黄色变为蓝色。

2. 华素片中碘的检测

取华素片 1 ~ 2 片放入研钵中，用力研磨成粉末状。取其适量粉末放入 16 mm×160 mm 试管中，加入 2 ~ 3 mL 蒸馏水使其充分溶解，得到黄色浑浊液，再加入 1 ~ 2 滴 1% 的淀粉溶液，振荡，观察实验现象。浑浊液由黄色变为蓝色。

3. 碘蒸气检验指纹

（1）制作指纹滤纸片。在一张 80 mm×80 mm 滤纸片的中心位置上用力依次按下 2 ~ 4 个手指印，备用。

（2）检验指纹。向蒸发皿（$\Phi=60$ mm）里加入半滴管（约 0.5 mL）的医用碘酒，振荡，让酒精挥发一部分。将制作好的指纹滤纸片向下盖在蒸发皿上，并放在酒精灯火焰上方微热 5 ~ 10 s，停止加热，冷却一会儿，打开指纹滤纸片，观察实验现象。滤纸片上有 2 ~ 4 个黄棕色指纹。

4. 鲜牛奶中面汤的检测

取 1 ~ 2 mL 鲜牛奶，加入试管中，依次加入 3 ~ 5 mL 蒸馏水、1 ~ 2 滴医用碘酒，振荡，静置，观察实验现象。白色浊液若变成蓝色，说明鲜牛奶中加入了面汤；若不变色，则说明鲜牛奶中没有加入面汤。

5. 加碘食盐中碘的检验

（1）向一支 16 mm×160 mm 试管中加入 2 ~ 3 mL 加碘食盐的饱和溶液，并向其中滴加 3 滴 2 mol·L^{-1} 硫酸溶液和 1 ~ 2 滴 1% 的淀粉溶液，振荡，观察实验现象。溶液无颜色变化。

（2）向另一支 16 mm×160 mm 试管中加入 2 mL 3% 的碘化钾溶液，向其中依次滴加 3 滴 2 mol·L^{-1} 硫酸溶液和 1 ~ 2 滴 1% 的淀粉溶液，振荡，观察实验现象。溶液无颜色变化。

（3）将上述两支试管中的溶液混合，振荡，观察实验现象。混合液由无色变为蓝色。

6. 海带中碘的提取

（1）将干海带表面的盐粒、泥土等刷干净，剪成长片状，称取 3 g 干海带片。

（2）将酒精灯放在通风罩下，酒精灯下方垫上一张废报纸，用镊子夹取干海带片放在酒精灯火焰上灼烧成灰烬，将海带灰集中放在 50 mL 烧杯中，再向烧杯中加入 30 mL 蒸馏水，搅拌，用酒精灯火焰煮沸 2~3 min，冷却后，过滤，弃去滤渣，收集滤液，观察实验现象。

（3）向上述滤液中依次加入 2 mL 2 mol·L^{-1} 硫酸溶液、4~5 mL 5% 的 H_2O_2 溶液，边加边搅拌，观察实验现象。

（4）取 1~2 mL （3）中的溶液，向其中滴加 1~2 滴 1% 的淀粉溶液，振荡，观察实验现象。

（5）将剩余的混合液转移到分液漏斗中，加入 3~5 mL CCl_4，振荡，放气，再振荡，静置后观察实验现象。分液后，再向分液漏斗中加入 3~5 mL CCl_4，振荡，放气，再振荡，静置后观察实验现象，并比较与前者分液层的颜色有何不同。分液后，回收 CCl_4。

7. 维生素 C 的检测

（1）取 2~3 片维生素，研磨成粉末状，加入 2~3 mL 蒸馏水，振荡，溶解液为浑浊液。

（2）将上述溶解液加入到步骤 1 中的试管里，振荡，观察实验现象。溶液由蓝色变为无色。

（六）注意事项

（1）在用碘酒检验指纹实验中，最好不用打印纸，因为打印纸里有大量的淀粉，与碘蒸气、水蒸气共同作用而变为蓝色，致使指纹迹不明显。

（2）医用碘酒又称碘酊，是许多家庭常备的外用消毒药。医用碘酒的正常外观性状应是红棕色的澄明液体，有碘与乙醇的特殊气味，含碘约为 1.80% ~ 2.20%，含碘化钾约为 1.35% ~ 1.65%，含乙醇约为 50%。医用碘酒具有较强的杀灭细菌和霉菌的作用，且杀菌作用强而快，1 min 可杀灭各种细菌、霉菌及细菌芽孢。其杀菌力强于红药水和紫药水。但它不能与红药水同用，同用会产生有毒的碘化汞。

（七）问题与探究

（1）华素片通用名是西地碘含片，是口腔科、耳鼻喉科常用的药品，主要用于治疗慢性咽喉炎、口腔黏膜溃疡、慢性牙龈炎、牙周炎等。华素片的主要活性成分是分子碘，在唾液作用下迅速释放，直接卤化菌体蛋白质，杀灭各种微生物。可以通过在华素片制成的黄色浑浊液中加入淀粉溶液后变为蓝色，说明华素片中碘的存在形式为单质碘。

（2）维生素 C，化学名为 L－抗坏血酸，分子式为 $C_6H_8O_6$。维生素 C 易溶于水，是人类营养中最为重要的维生素之一。纯净的维生素 C 为白色或淡黄色结晶，无臭，味酸，还原性强，在空气中极易被氧化，尤其在碱性介质中反应更快。维生素 C 的第 2、3 碳位的烯醇结构具有很强的还原性，在酸性条件下能被一些氧化性物质选择性地氧化成脱氧抗坏血酸。故维生素 C 在酸性溶液中能把碘原子还原成碘离子，使原来淀粉遇碘所显示的蓝色自行褪去。本实验，使学生掌握了如何利用单质碘的特性来快速检测维生素 C 的方法。

（3）面汤里含有淀粉和水。为使很稀的鲜牛奶增稠，一些不法商贩将面汤掺入鲜牛奶中出售，以牟取暴利。通过本实验，使学生掌握了如何利用单质碘的特性来快速检测鲜牛奶中是否掺有面汤的方法，增强学生的食品质量安全意识。

（4）海带中含有碘化物以及钠、钾的盐类。海带中碘元素约有 88.3% 以碘离子形式存在，10.3% 以有机碘形式存在，1.4% 以碘酸根离子形式存在。海带灰中碘的含量约为 0.5%，主要以碘离子形式存在。把海带烧成灰后，可使盐类溶解于水，以便和其他不溶性物质分开，然后用氧化法使碘化物中的碘游离出来，再利用萃取方法把碘和其他物质分开。向海带灰的滤液中加入 H_2O_2 溶液不要过多，否则会使碘进一步被氧化。除用 H_2O_2 溶液作为氧化剂外，还可用"84 消毒液"代替，但要严格控制"84 消毒液"的用量。

（八）实验教学思考

1. 化学教师应有主动开发生活化系列化学实验案例的意识

化学教科书是学生学习化学的主要课程资源，但不是唯一的课程资源。随着化学实验教学改革的不断深入，化学实验教学资源已经远远超出"教材＋实验室"的传统模式，如何根据当地的具体情况，充分利用生活中的化学教学资源，充分发挥化学实验的教学功能，全面实现化学实验的教学价值已经成为落实化学教学改革新理念的关键之一。事实上，化学实验教学资源是非常丰富的，只要化学教师有主动开发生活化系列化学实验案例的意识，就能不断地挖掘出贴近社会和学生生活实际的实验素材，合理地选取一些与日常生活紧密联系的实际内容组成系列化学实验，将化学变化原理寓于生产和生活实际中，既有助于学生对重难点知识的理解，又可以使学生关心身边的化学，善于用化学的视角看待自然界中丰富多彩的现象，使学生感受化学在生活中的广泛应用。

2. 化学教师应有积累和运用生活化系列化学实验案例的意识

化学教学中，根据不同的教学内容、学生的实际能力以及学校的实际条件，适时选择和运用一些具有较强的针对性、新颖性、延伸性和可接受性的生活化系列化学实验案例，可改变教学方式，丰富化学教学内容，活跃课堂教学氛围，促进学生有效地学习，让学生形成终身学习的能力。如何灵活地用好案例，关键是化学教师应有不断积累和运用生活化系列化学实验案例的意识。积累了一定量优秀的生活化系列化学实验案例，教学时就能信手拈来，为我所用。

3. 化学教师应有亲自动手试做生活化系列化学实验的行动

"纸上得来终觉浅，晓知此事须实践（实验）。"一切真知来源于实践。因此，化学教学中，与生活相联系的教学问题、能够用实验去探究的教学问题，就不要有纸上谈兵或凭空想象的现象或脱离实际的争论，而应多让学生通过化学实验探究来说出有与无、对与错、好与差、行与不行等。这种教学理念完全符合当前我国基础教育新一轮课程改革的思路：倡导以"科学探究"为主的多样化学习方式。在让学生探究之前，化学教师对自己积累的生活化系列化学实验案例应亲自动手试做一下，这样既能得到意想不到的收获，又能完善实验方案和掌握操作关键，还能更有效地指导教学。例如，作者在用医用碘酒和打印纸做碘蒸气检验指纹实验时，出现了蒸发皿口径大小的深蓝色斑块的异常现象而使指纹迹不明显，进而意外地发现了打印纸里含有大量的淀粉。实验中常有异常现象发生，而学生对此往往有强烈的探究欲望，教师只有做到心中有数，才能正确指导学生实验。由此可见，光有一定量优秀的生活化系列化学实验案例还不行，教学之前教师还应亲自动手试做这些案例，这是我们每一位化学教师都应该身体力行的。

参考文献

［1］中华人民共和国教育部. 普通高中化学课程标准［S］. 北京：人民教育出版社，2003：1-4.

［2］王寿红，何彩霞，贾晓春. 碘系列实验的设计与思考［J］. 化学教育，2008，29（12）：61-63.

［3］熊言林. 化学教学论实验［M］. 合肥：安徽大学出版社，2004：142-145.

［4］李广洲，陆真. 化学教学论实验［M］. 2版. 北京：科学出版社，2006：159.

［5］马建峰. 化学实验教学论［M］. 北京：科学出版社，2006：8-12.

［6］陈斐，胡志刚. 化学实验教学的最佳时机初探［J］. 化学教学，2009（1）：11.

［7］李世凤，熊言林. 生活化系列化学实验设计与教学思考［J］. 教学仪器与实验，2009（8）：16-18.

第六节   趣味化学实验设计探究

化学是一门以实验为基础的自然科学，也是一门有趣的学科。在化学世界里，无论是观察到的绚丽多彩的实验现象，还是奥妙无穷的微观世界；无论是与生活有千丝万缕联系的联系点，还是层出不穷的创新物质，无一不是趣味盎然。在学生的学习生活中，学生渴望的是互动新颖的课堂形式、轻松活泼的课堂气氛，渴望的是教师教学手段的趣味化、教学内容的生活化。

伟大教育家孔子说过"知之者不如好之者，好之者不如乐之者。"这里的好之、乐之，其实指的就是兴趣。兴趣是最好的老师。在化学教学中，化学实验以其鲜明而有趣的实验现象，成为激发学生学习兴趣和求知欲，启迪学生思维，培养学生创新意识，提高学生素质的极好材料，是其他教学形式无法与之相媲美的。因此，在化学教学中，教师要努力克服种种困难，将化学教科书上的一些实验尽量设计成一些科学合理、富有趣味、令人耳目一新的化学实验，充分灵活地发挥化学实验的教育功能，从而对学生的素质进行全面、和谐、高层次的培养。

化学教师要善于从课程内外寻找一些趣味化的化学实验课程资源，按照教学目标和中学生的心理特点，设计一些趣味化学实验，让学生探索其中的无穷奥妙，使学生一时的欲望和兴趣汇集和发展为推动学习的持久动力。选择趣味化的化学实验课程资源，应遵循以下原则：①与学生所学过的知识有紧密的联系，是化学教科书中知识的延伸。这样用所学过的知识和理论去指导实践，将会大大激发学生的兴趣，调动其学习的积极性。②贴近生活，以发生在学生身边的化学现象为素材。③与社会热点有关的化学问题，以引起学生的兴趣和使命感。

本节实验案例选择了一些融知识性、趣味性、科学性、生活性于一体的实验素材，通过实验探究，培养学生对化学学习的浓厚兴趣，以及独立设计、思考和开发实验的能力。

实验三十一　化学振荡实验探究

振荡现象广泛存在于自然界中。在生物化学中有很多例子，如动物心脏有节奏地跳动；新陈代谢过程中占重要地位的糖酵解反应中，许多中间化合物和酶的浓度是随时间而周期性变化的；所谓的生物钟也是一种生物振荡现象，等等。那么，能不能用化学反应将振荡现象展现在我们的面前呢？答案是肯定的，这种振荡现象在非生命物质的化学体系中也能实现。

化学振荡是最早用来说明1977年诺贝尔化学奖获得者普里高京教授提出的耗散结构理论的化学反应之一。介绍这个实验，再以通俗的解释，可以让学生对非平衡态的概念、自然界的自催化现象有一个启蒙认识，并能激发学生学习化学兴趣。

（一）实验目的

（1）初步了解化学振荡实验原理，知道振荡现象广泛存在于自然界中。

（2）探究化学振荡实验的最佳条件，掌握化学振荡实验的基本操作。

（3）体验化学振荡实验的新颖性、趣味性和知识性，激发学生学习化学的兴趣。

（二）实验原理

在一定条件下，过氧化氢既可以作为还原剂，又可以作为氧化剂。在本实验条件下，过氧化氢在 Mn^{2+} 催化下分别跟碘酸钾、单质碘发生振荡反应，使溶液的颜色呈现周期性的变化（"无色→琥珀色→蓝色"的循环），直至过氧化氢完全反应，溶液的颜色才不会再变化。上述颜色变化的反应机理很复杂，有人认为是：

$$5H_2O_2 + 2IO_3^- + 2H^+ \rightarrow 5O_2\uparrow + 6H_2O + I_2$$ （在 Mn^{2+} 催化下）使可溶性淀粉溶液变蓝

$$I_2 + 5H_2O_2 \rightarrow 2HIO_3 + 4H_2O$$ 使蓝色淀粉溶液褪色

$$\left. \begin{array}{l} I_2 + H_2C(COOH)_2 \rightarrow IHC(COOH)_2 + I^- + H^+ \\ I_2 + IHC(COOH)_2 \rightarrow I_2C(COOH)_2 + I^- + H^+ \end{array} \right\}$$ 溶液呈琥珀色

但是，目前对该反应的机理至今仍有争议。

（三）实验用品

碘酸钾，$2 \ mol \cdot L^{-1} \ H_2SO_4$ 溶液，30% 的 H_2O_2 溶液，$MnSO_4$ 晶体，丙二酸，可溶性淀粉，蒸馏水（可用自来水代替）。

400 mL 烧杯（或量杯），100 mL 烧杯，100 mL 量筒，10 mL 量筒，台秤，玻璃棒，秒表（可用学生手机代替）。

（四）实验步骤

1. 溶液的配制

（1）溶液 A 的配制。在 400 mL 烧杯（或量杯）中，加入 41 mL 30% 的 H_2O_2 溶液，再加入 59 mL 蒸馏水，用玻璃棒搅拌均匀，即为溶液 A。

（2）溶液 B 的配制。称取 4.3 g 碘酸钾，放入 100 mL 烧杯中，用少量蒸馏水溶解，再加入 4 mL $2 \ mol \cdot L^{-1} H_2SO_4$ 溶液，用蒸馏水稀释到 100 mL，即为溶液 B。

（3）溶液 C 的配制。称取 1.6 g 丙二酸、0.34 g $MnSO_4$ 晶体，放入 100 mL 烧杯中，用少量蒸馏水溶解，加入含有 0.03 g 可溶性淀粉溶液，搅拌均匀后，用蒸馏水稀释到 100 mL，即为溶液 C。

2. 混合溶液

在不断搅拌溶液 A 时，同时加入 100 mL 溶液 B 和 100 mL 溶液 C 于溶液 A 的烧杯（或量杯）中。观察实验现象，并将颜色周期性变化的时间记入表 11 -

23 中（每隔一定时间记一次）。

表 11 - 23　颜色周期性变化情况记录

周期	从"无色→琥珀色→蓝色→无色"的时刻/s		时间/s	说明
1	起始时间：	结束时间：		
2	起始时间：	结束时间：		
3	起始时间：	结束时间：		

结论：_____。

3. 记录振荡总时间

从三种溶液相混合开始，到不再发生振荡止（即蓝色不再褪去时该蓝色开始出现的时刻），共需要的时间为_____ min。

（五）注意事项

（1）该实验是否成功，与溶液的浓度是否准确有关。因此，一定要配准这三种溶液，且要等体积混合均匀。

（2）振荡周期的长短可以由硫酸的浓度来控制。硫酸的浓度越低，振荡的周期越长。在硫酸浓度较低（在溶液 B 中用 2 mL 2 mol · L^{-1}H$_2$SO$_4$ 代替 4 mL 2 mol · L^{-1}H$_2$SO$_4$）时，在开始的两分钟左右的时间内振荡不会出现蓝色。

（3）温度对该反应是有一定影响的。温度低时反应速率较慢，一般溶液温度应在 25 ℃左右。当温度较低时，溶液 B 中溶解的 KIO$_3$ 将会因溶解度的降低而从溶液中析出。因此，室温较低时，应将溶液 B 在水浴中温热几分钟。

（4）改变 H$_2$O$_2$ 或 IO$_3^-$ 的浓度会改变振荡的性质与周期。很显然，随着 H$_2$O$_2$ 浓度的降低，变色的速率将减慢，颜色变化所需的时间间隔将增加。看到的冒泡现象是由于过氧化氢分解而放出氧气所致，同时带出单质碘。

（5）搅拌与否，对振荡的周期有一定的影响。

（6）实验一开始，原来无色的溶液几乎立即变为蓝色或琥珀色（金黄色），约 8 s 以后，突然变为无色或蓝色，然后蓝色逐渐褪为无色，接着循环又重新开始。最初的振荡过程约 8 s 重复一次，然后振荡的周期逐渐变长。几分钟以后，振荡将停止，而溶液始终保持蓝色。

（六）问题与探究

（1）这个实验是由布里格斯（Briggs）和劳舍尔（Rauscher）发展起来的，因此，又称布里格斯—劳舍尔反应（简称 B - R 反应）。溶液的颜色在无色与蓝色之间作周期性振荡变化的原因，是由于反应过程中 I$_2$ 和 I$^-$ 浓度的起落而引起的。琥珀色在小浓度碘离子存在时与碘的形成有关。当 I$^-$ 浓度增大时，形成 I$_3^-$ 和特征的蓝色淀粉——碘络合物时出现蓝色。这些络合物的消耗产生无色溶液，并重新开始振荡。

（2）耗散结构理论。普里高京把那种在开放和远离平衡的条件下，在与外界环境交换物质和能量的过程中，通过能量耗散过程和内部的非线性动力学机制来形成和维持的宏观时空有序结构称为"耗散结构"。这种理论，亦称耗散结构理论。

（3）振荡现象的发生必须满足以下三个条件：①反应必须是敞开体系且远离平衡态；②反应历程中应包含有自催化的步骤；③体系必须有两个稳定态存在，即具有双稳定态（可作形象化的比喻：在给定条件下，当钟摆摆动到右方最高点后，它就会自动地摆向左方的最高点。在本实验中，无色的组分增加到一定程度后，它就会自动地向产生蓝色组分的方向变化）。

（4）自催化反应。在给定条件下的反应体系中，反应开始后逐渐形成并积累了某种产物或中间体（如自由基），这种产物（或中间体）具有催化功能，使反应经过一段诱导期后出现反应大大加速的现象，这种作用称为自（动）催化作用，这种反应，亦称为自催化反应（如油脂腐败、橡胶变质以及塑料制品的老化等都存在着自催化作用）。二价锰离子在此实验中作为相关反应的催化剂。

（5）B–Z 振荡反应。1958 年，俄国化学家别洛索夫（Belousov）和札鲍廷斯基（Zhabotinskii）首次报道了以金属铈作催化剂，柠檬酸在酸性条件下被溴酸钾氧化时可呈现化学振荡现象：溶液在无色和淡黄色两种状态间进行着规则的周期振荡。该反应即被称为 Belousov–Zhabotinskii 反应，简称 B–Z 反应（贝–札反应）。

在化学振荡反应发现的初期，人们感到难以理解。人们认为，这种魔术一般的"古怪行为"是在跟热力学第二定律开玩笑，是由于实验条件的错误安排或某种干扰所致，从而认为所谓的发现是绝不可能的。这样，Belousov 的发现长期未被承认，其论文也未能及时发表，被搁置达 6 年之久。在此以前，美国伯克利加州大学的 Bray W 于 1921 年在过氧化氢转化为水的过程中也发现了化学振荡反应，然而也被认为是由于实验操作低劣而产生的人为现象而未被接受。直到 20 世纪 60 年代以后，由于发现的事实越来越多，化学振荡的存在已不容置疑，化学振荡才逐渐被承认，并日益引起了广大化学家的注目。

（6）学生的学习兴趣是激发学习动机的重要因素，基础教育新课程十分重视对学生学习兴趣的培养。因此，在中学化学教学中，培养学生学习化学的兴趣是中学化学教育教学研究的永恒主题之一。有人认为，对于大学学习来讲，高中化学教学的最重要任务不是给学生初步建构化学体系，重要的是培养学习化学的兴趣，树立献身化学科学的动机。作者对此观点持相近的看法，而且在教学中一直身体力行，并将此观点延伸到教学中。例如，作者无论是在本科生、函授生、研究生的课堂教学中，还是在国家级骨干教师、省级骨干教师、全省高中化学教师的培训课上，以及在给中学生开展化学讲座上都要演示一些自己设计的、很有趣的新实验来配合相关内容的讲授，并收到了较好的教学效果。报告结束后，许多学生、学员纷纷来索取相关的化学实验设计资料。可见，要培养学生学习化学的兴趣，化学实验是最直接、最直观、最生动、最现实的教学素材。

在查阅 B－Z 反应、B－R 反应及其相关振荡实验文献的基础上，作者设计了这个操作十分简单、适合中学条件的化学振荡实验方案，并在多年的课堂教学、报告讲座上亲自演示过该实验，反复循环变色（无色→琥珀色→蓝色）的奇妙实验现象非常吸引学生、学员的眼球，让他们产生了很大的兴趣。

参考文献

［1］熊言林. 一个奇妙的化学振荡实验新设计［M］. 化学教育，2008，29（10）：44－46.

［2］黄荣生，张蒋军，沈兆良. 新课程背景下对高中学生化学学习兴趣的调查［J］. 化学教育，2007，28（7）：48.

［3］熊言林. 了解学员，整合内容，优化方法，展现风采［J］. 化学教育，2002，23（2）：40－42.

实验三十二　　反复变色实验探究

（一）实验目的
（1）理解反复变色实验的原理。
（2）探讨反复变色实验的最佳条件，并掌握本实验设计的思路和方法。
（3）体验通过设计实验成功的感受，激发学生学习化学的兴趣。

（二）实验原理

亚甲蓝（Methylene Blue）是一种氧化还原指示剂，水溶液呈蓝色。在碱性条件下，蓝色的亚甲蓝溶液可被葡萄糖还原成无色的亚甲白（Methylene White）溶液。振荡该混合溶液，使其溶入空气或氧气后，亚甲白被氧气氧化成亚甲蓝，致使该混合溶液又呈现蓝色。若静置混合溶液，亚甲蓝又被葡萄糖还原成无色的亚甲白。如此反复振荡、静置混合溶液，其颜色将由蓝色到无色重复变化，直到所有葡萄糖被氧化完毕或瓶中氧气耗尽为止。变色原理为：

亚甲蓝＋葡萄糖→亚甲白＋葡萄糖酸

亚甲白＋氧气→亚甲蓝

总的反应：葡萄糖＋氧气→葡萄糖酸（在碱性条件下，有亚甲蓝存在）

（三）实验用品

葡萄糖，氢氧化钠，亚甲蓝溶液（0.2%），蒸馏水（可用自来水代替），氢气（自制），氧气（自制）。

250 mL 锥形瓶，20 mm×200 mm 试管，止水夹，双孔橡皮塞，台秤。

（四）实验装置

实验装置如图 11-58 所示。

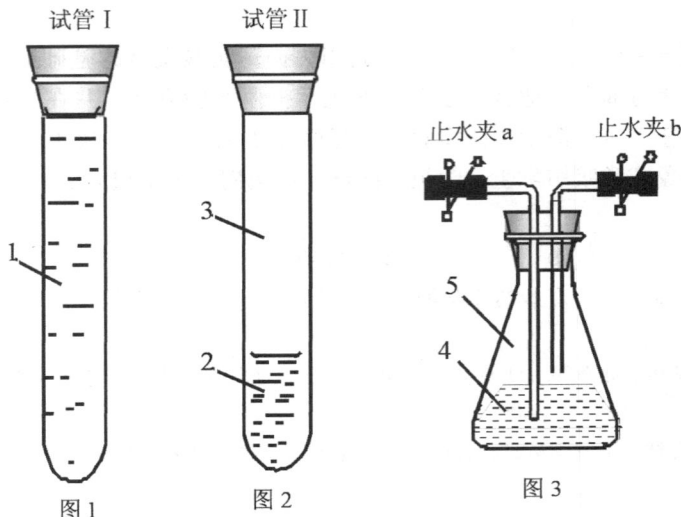

图 11-58　亚甲蓝反复变色的实验装置
1、2、4. 混合液　3. 空气　5. 氢气（或氮气）

（五）实验步骤

（1）在 250 mL 锥形瓶中，依次加入 2 g NaOH、100 mL H_2O、3 g 葡萄糖，振荡，固体溶解后，再加入 3~5 滴 0.2% 亚甲蓝溶液，振荡锥形瓶，混合溶液呈现＿＿＿＿＿色。（问题 1. 此时混合溶液呈现蓝色的主要原因是什么？）

（2）将锥形瓶中的混合溶液立即倒入 2 支试管中（其中，试管 I 中倒满混合溶液，试管 II 中倒入其体积三分之一的混合溶液），并分别用橡皮塞塞紧（见图 1、图 2）。静置片刻，各仪器中的混合溶液呈＿＿＿＿＿色。（问题 2. 混合溶液为什么会由蓝色变为无色呢？）

（3）同时振荡试管 I、II，试管 I 中的混合溶液仍呈现＿＿＿＿＿色，试管 II 中的混合溶液呈现＿＿＿＿＿色。静置片刻，试管 I 中的混合溶液仍呈现＿＿＿＿＿色，试管 II 中的混合溶液由＿＿＿＿＿色变成＿＿＿＿＿色。若重复上述操作数次，其实验现象仍＿＿＿＿＿。（问题 3. 两支试管振荡数次后，其混合溶液为什么变色情况不一样呢？）

（4）将试管 I 中的混合液倒出三分之二到锥形瓶内，塞上橡皮塞，与试管 II 同时振荡，将会出现什么变化：＿＿＿＿＿＿＿＿＿＿＿＿＿＿＿＿＿＿＿＿＿＿。

（5）将两支试管中的混合溶液倒入锥形瓶内，塞上带有玻璃弯管的双孔橡皮塞，打开止水夹 a、b，从 a 处通入氢气，至锥形瓶中的空气排尽后，夹紧止水夹 a、b，并振荡锥形瓶，其混合溶液仍呈现_____色。（问题 4. 在氢气氛围中，振荡锥形瓶时，其混合溶液为什么仍呈现无色？）

（6）再次打开止水夹 a、b，从 a 处通入少量氧气后，夹紧止水夹 a、b，并振荡锥形瓶，其混合溶液由_____色变为_____色。静置片刻后，其混合溶液又由_____色变成_____色。重复上述操作数次，其实验现象仍_____。（问题 5. 有氧气存在时，振荡锥形瓶时，其混合溶液为什么会由无色变为蓝色呢？问题 6. 在有空气或氧气存在下，反复振荡、静置混合液时，其混合溶液为什么会反复变色呢？）

（六）问题与探究

（1）该实验现象提供了简单而明确的实验设计途径，形象地展现出氧气和催化剂（亚甲蓝）的作用。在碱性条件下，葡萄糖用氧气氧化时，可生成葡萄糖酸等，其中亚甲蓝起催化作用。

（2）有空气或氧气存在时，混合溶液褪色所需时间取决于混合溶液被振荡的程度大小。因为振荡的程度大小不一样，溶入的氧气的量就不同。实验中看到的颜色反复变化是由于亚甲蓝进行了可逆（有些是不可逆）的氧化还原反应的缘故。值得注意的是，在该实验条件下，混合溶液最后呈现黄棕色，再振荡，通入空气或氧气均不能使之恢复蓝色。

（3）氢氧化钠的用量不要太多。否则，葡萄糖溶液易较快地呈现黄色并变成金黄色，最后变成深棕色。这种颜色的变化是由于葡萄糖在强碱性条件下形成的双键在不同位置的烯醇式和碳键断裂分解为醛，醛经过聚合生成树脂状物质。

（4）实验装置的气密性要好。通入的氢气要尽量赶去锥形瓶中的空气，否则振荡锥形瓶，其混合溶液还会变色。若有氮气钢瓶，通入氮气会更方便、安全。

（5）该实验中的副反应较多，且反应复杂。葡萄糖在碱性溶液中会异构化和降解反应，异构化结果生成甘露糖、果糖和酮己糖等。这些物质又会降解或断裂成较小的分子，结果生成甲醛和低式量的羟醛和多羟基酮。上述异构化和降解产物又会被氧气不可逆地氧化成各种不同的产物。

（6）在重复循环操作之后，当混合溶液变为棕色时，需要倒掉，因为它不再能用于阐明其催化作用等。

该实验用品较少，装置简单，操作方便，现象鲜明，重复性强，思维层次设计清晰，具有探究性，是一个激发学生学习兴趣、启迪学生思维、培养学生问题意识和创新意识，以及开发学生主动学习潜能的好实验。

参考文献

[1] 熊言林. 化学教学论实验 [M]. 合肥：安徽大学出版社，2004：64 – 67.

[2] 张力田. 碳水化合物化学 [M]. 北京：人民医学出版社，1980：108 – 123.

[3] 吴东儒. 糖类的生物化学 [M]. 北京：人民教育出版社，1986：60 – 97.

[4] 袁开其，夏鹏. 有机杂环化学 [M]. 北京：人民教育出版社，1985：318 – 325.

[5] 熊言林. 一个激趣启思的化学实验设计 [J]. 化学教育，2001，22（2）：37 – 38.

[6] 李家玉. 国外中学化学实验集锦 [M]. 上海：上海翻译出版公司，1987：32 – 36.

实验三十三 二氧化氮的制取与喷泉实验探究

巧妙的化学实验设计方案和娴熟的演示实验操作，不仅能形成真实的教学情境，还隐含着较多的化学信息，而且能激起学生强烈的探究学习欲望，使学生能够主动地建构相应的化学知识，同时对培养学生的创新意识和启发学生的智慧都将起到很好的作用。本实验设计方案，是将二氧化氮的制取和二氧化氮跟水反应的喷泉实验巧妙地组合起来，形成固定的演示实验装置，经过多次实验验证，其效果很好。

（一）实验目的

（1）掌握内喷泉实验设计原理，激发学习化学的兴趣。

（2）探讨内喷泉实验的最佳条件，并掌握该实验设计的思路和方法。

（3）探讨如何运用内喷泉实验原理来设计其他化学反应实验。

（二）实验原理

通过铜与浓硝酸反应制取二氧化氮，以及二氧化氮极易溶于水的性质来设计内喷泉。有关化学反应如下：

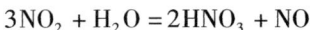

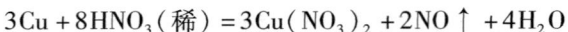

$$Cu + 4HNO_3(浓) = Cu(NO_3)_2 + 2NO_2 \uparrow + 2H_2O$$

$$3NO_2 + H_2O = 2HNO_3 + NO$$

$$3Cu + 8HNO_3(稀) = 3Cu(NO_3)_2 + 2NO \uparrow + 4H_2O$$

（三）实验用品

0.7 g 细铜丝（民用电线内芯），5 ~ 8 mL 浓硝酸，水。

250 mL 圆底烧瓶，1.25 L 饮料瓶，带两个单孔橡皮塞的尖嘴导管。

（四）实验装置

实验装置如图 11 – 59 所示。

（五）实验步骤

（1）向 1.25 L 饮料瓶内加入约 1 L 水。

（2）将 0.7 g 左右的细铜丝缠在靠近橡皮塞的尖嘴导管上（如图 11 – 59a）。

（3）向 250 mL 圆底烧瓶内加入 5 ~
8 mL 浓硝酸，迅速将有细铜丝的尖嘴导
管一端插入圆底烧瓶内（尖嘴导管距圆
底烧瓶底部 2 cm 左右），塞紧橡皮塞
（如图 11 - 59a）。

（4）左手握持饮料瓶身，用力挤压，
使饮料瓶内无空气时，右手倒置圆底烧
瓶，并快速将尖嘴导管插入饮料瓶内，
塞紧橡皮塞（如图 11 - 59b）。

实验现象：铜跟浓硝酸立即开始反
应，红棕色气体由下而上逐渐充满圆底
烧瓶，反应液呈绿色；大部分空气通过
尖嘴导管被排入饮料瓶内，聚集在饮料
瓶上部；饮料瓶渐渐地鼓起，最后接近原状。

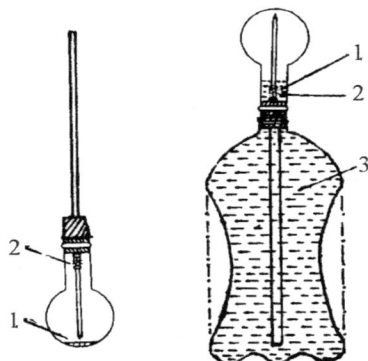

图 a 　　　　图 b
图 11 - 59　二氧化氮制取和
喷泉组合实验装置
1. 浓硝酸　2. 细铜丝　3. 水

（5）当圆底烧瓶内充满了红棕色气体、细铜丝反应完毕时，用手挤压饮料
瓶，使少量水进入圆底烧瓶内，然后松开手（必要时，摇动一下实验装置，使
二氧化氮更多地溶于水，喷泉流速会更快）。

实验现象：立即形成喷泉，绿色溶液逐渐变成蓝色溶液，最后呈现淡蓝色
溶液（体积接近烧瓶容积的 2/3）；圆底烧瓶内的红棕色气体逐渐变浅，最后呈
无色气体（体积接近烧瓶容积的 1/3）；饮料瓶体凹下的体积接近烧瓶容积的
2/3。

（六）注意事项

（1）内喷泉是指体系内部压力减小而使体系外液体倒吸的现象。因此，要
确保装置气密性良好。

（2）与圆底烧瓶配套的橡皮塞可用生料带（成分为聚四氟乙烯，常用于自
来水管接头处防渗）缠绕起来，以防浓硝酸腐蚀橡胶。

（3）在饮料瓶上作一标记，使标记以上体积约等于圆底烧瓶的容积，标记
以下体积为加入水的体积。这样，一则明确加水的量，便于操作；二则使圆底
烧瓶内的空气都能盛放在饮料瓶内。

（4）浓硝酸跟铜反应时，其浓度会逐渐减小，易生成一氧化氮。为减少一
氧化氮生成，浓硝酸的用量应过量一些。

（七）问题与探究

（1）细铜丝为民用电线内芯，取出后应除去表面绝缘漆。250 mL 圆底烧瓶实
际容积约为 300 mL。按标准状况下计算，实验时，取用细铜丝的量约为 0.7 g 比
较合适 [$Cu + 4HNO_3$（浓）$= Cu(NO_3)_2 + 2NO_2 \uparrow + 2H_2O$，$3Cu + 8HNO_3$（稀）$=$

$3Cu(NO_3)_2 + 2NO \uparrow + 4H_2O$，$64 \times (1+3) \times 250 \times 10^{-3}/(2 \times 22.4 \times 2) \approx 0.7$（g）]。烧瓶内涉及的反应还有：$3NO_2 + H_2O = 2HNO_3 + NO$。

（2）实验中还发现，当圆底烧瓶内充满了红棕色气体、细铜丝反应完毕时，如果不用手挤压饮料瓶使少量水进入圆底烧瓶内的话，只要静置约 20 min 后，也能自动形成美丽的喷泉。发生这种现象的主要原因是，浓硝酸跟铜反应是放热反应，烧瓶里的溶液和气体的温度都比室温高，静置、冷却后，烧瓶内压强减小，导致饮料瓶内的水沿着尖嘴导管上升而形成喷泉。如果冬季实验，静置的时间可能会更短，因为室温较低。

（3）实验时，如果教师提出一些问题（如：实验用到什么仪器？这些仪器有什么特点？仪器是怎样组装在一起的？用到什么试剂？实验是怎样操作的？为什么这样操作？反应现象是怎样的？为什么会发生这样的变化？等等），让学生操作、观察与思考同步，将会取得更好的教学效果。

（八）实验优点

实验装置简单，仪器少；实验操作简便，无污染；实验现象明显、直观，趣味性强；实验操作与实验现象（如颜色、体积、气体等变化情况）都有启发性。

参考文献

[1] 熊言林. 浓、稀硝酸跟铜反应比较实验新设计 [J]. 实验教学与仪器，2002（7/8）：38–39.

[2] 钱再，瞿兵. 化学实验创新技法 [J]. 化学教学，2000（9）：6.

[3] 熊言林. 二氧化氮的制取和喷泉组合实验新设计 [J]. 中学化学教学参考，2005（1/2）：69.

[4] 熊言林. 反复变色的喷泉 [J]. 师范教育，1990（4）：40.

实验三十四　钠与水反应组合实验探究

启发学生智慧，培养学生创新能力，是素质教育的核心目标。化学实验设计中，将已有的化学实验按照一些共同特征或功能进行合理组合、密闭在一起，使其具有某种新的功能，是对原有化学实验的一种创新。如果化学课堂教学中，合理使用这种策略进行实验设计和演示，会对学生智慧的启发、学生创新意识的培养产生积极的影响。本实验方案是将钠与水反应的喷泉实验、钠与水反应产物的检验实验巧妙地组合在一起进行的实验设计与探究。

（一）实验目的

（1）掌握外喷泉实验设计原理，并理解本实验设计的思路和方法。

（2）探讨钠与水反应外喷泉实验的最佳条件。

（3）激发学生学习化学的兴趣，体验化学知识组合化、趣味化的教育教学价值。

（二）实验原理

通过钠与水反应产生氢气使体系内部压力增大，将体系内部的液体压出到高处，便形成外喷泉。在钠与水反应结束后，体系外的液体在重力作用下会自动进入体系内，将体系内部的氢气压入外部，并点燃，可观察到氢气安静地燃烧的现象。

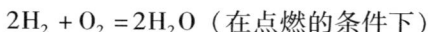

$2Na + 2H_2O = 2NaOH + H_2 \uparrow$　（使酚酞溶液变成红色溶液）

$2H_2 + O_2 = 2H_2O$　（在点燃的条件下）

（三）实验用品

金属钠（C.P），酚酞试液，自来水。

250 mL 广口瓶，带玻璃导管的双孔橡皮塞，1.25 L 饮料瓶（塑质、剪去底部），止水夹，医用针头，缝衣针（或大头针），一端呈喇叭口的玻璃导管，火柴。

（四）实验装置

实验装置如图 11 - 60 所示。

（五）实验步骤

（1）向广口瓶里滴加 3 ~ 5 滴酚酞试液，再加水至瓶口的标记处（即双孔橡皮塞抵达处，在实验前做好标记）。

（2）取一小块金属钠（约 0.5 g），固定在双孔橡皮塞下的缝衣针上，然后迅速插入广口瓶上。钠与水立即发生激烈反应，溶液变成红色，产生气体，形成喷泉，直到浮在水面上熔化的金属钠全部反应完为止（如图 11 - 60a）。

图 a　　　图 b

图 11 - 60　钠跟水组合实验装置

1. 广口瓶　2、6. 滴有酚酞试液的水　3. 金属钠　4. 缝衣针　5. 医用针头　7. 饮料瓶（去底）　8. 玻璃导管

（3）拔去饮料瓶内喇叭口玻璃导管，打开止水夹，点燃从注射针头逸出的气体。气体安静地燃烧，淡蓝色火苗的长度有 4 ~ 6 cm，饮料瓶内液面下降，广口瓶内液面上升，直到广口瓶内气体排完，淡蓝色火焰熄灭（如图 11 - 60b）。

（六）注意事项

（1）外喷泉是指体系内部压力增大使体系内部的液体压到高处而形成的喷射现象。因此，要确保实验装置气密性良好。

（2）针头上的氢焰，外焰呈淡蓝色，但内焰仍然是黄色的。

（3）图中 2、6 标号，在此图示情况下，应表示为氢氧化钠和酚酞的水溶液。

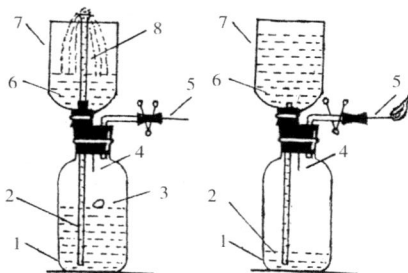

（七）问题与探究

（1）金属钠不能取得太多，应根据广口瓶容积而定，250 mL 广口瓶实际容积约有 300 mL。按标准状况下计算，取金属钠的质量约为 0.5 g 比较合适〔计算方式：$2Na + 2H_2O = 2NaOH + H_2 \uparrow$　$23 \times 2 \times 250 \times 10^{-3}/22.4 = 0.51$（g）〕。

（2）饮料瓶内的玻璃导管不能用尖嘴导管，否则，液体会喷得很高，落在瓶外，同时还会因反应激烈，产生氢气量多，内压瞬间增大，导致双孔橡皮塞被冲掉。玻璃导管可以是不翻口的直导管，但翻口呈喇叭口形状在形成喷泉时更好看。该玻璃导管与橡皮塞上导管是通过橡皮管连接的，但不要连接太多，这样便于取下玻璃导管。

（八）实验优点

该实验设计融合了化学知识和物理知识（气垫原理），将气体的生成、产物检验和喷泉现象集于一体，既能充分演示钠与水激烈反应的各种现象，又可以方便地检验反应产物。实验操作简单安全，实验现象真实（杜绝了钠与水反应同时伴有钠跟空气中氧气反应的现象，如产生火花、反应更剧烈等），充满趣味性，有利于启迪学生思维，提高学生的学习兴趣。

参考文献

［1］熊言林. 钠与水组合实验新设计［J］. 化学教学，2003（7）：14.

［2］熊言林. 钠的性质教学程序设计［J］. 实验教学与仪器，2004（2）：6 – 12.

实验三十五　氨的反复变色喷泉实验探究

（一）实验目的

（1）理解喷泉实验反复变色的原理，学会其实验操作技能。

（2）探究氨的喷泉实验的教学方法，从中选出较优秀的喷泉实验方案，提高学生设计实验的能力。

（3）激发学生学习兴趣，活跃学生思维，从创新实验中体验成功的快乐。

（二）实验原理

在连通装置内，利用氨气极易溶于水（在常压下，293 K 时水可溶解氨的体积比为 $1:700$），使容器内压急剧减小，外界大气压将低处不同的溶液压入容器内而形成内喷泉。根据氨与酚酞溶液和硫酸铜溶液反应的有关性质，控制不同溶液先后喷入顺序和喷入量而形成反复变色的喷泉。

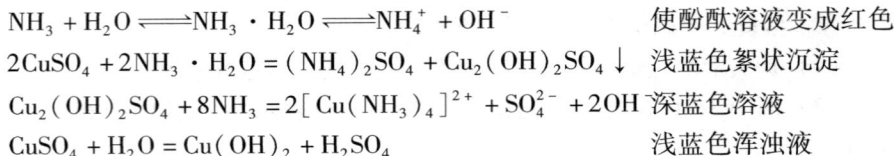

$NH_3 + H_2O \rightleftharpoons NH_3 \cdot H_2O \rightleftharpoons NH_4^+ + OH^-$　　　使酚酞溶液变成红色

$2CuSO_4 + 2NH_3 \cdot H_2O = (NH_4)_2SO_4 + Cu_2(OH)_2SO_4 \downarrow$　浅蓝色絮状沉淀

$Cu_2(OH)_2SO_4 + 8NH_3 = 2[Cu(NH_3)_4]^{2+} + SO_4^{2-} + 2OH$　深蓝色溶液

$CuSO_4 + H_2O = Cu(OH)_2 + H_2SO_4$　　　　　　浅蓝色浑浊液

$$2NH_3 \cdot H_2O + H_2SO_4 = (NH_4)_2SO_4 + 2H_2O$$　　　　　无色溶液

（三）实验用品

NH_4Cl 晶体，$Ca(OH)_2$ 粉末，3% $CuSO_4$ 溶液，1% 的酚酞试液，红色石蕊试纸。

20 mm×200 mm 硬质试管，酒精灯，铁架台（附铁夹和铁圈），500 mL 圆底烧瓶，500 mL 矿泉水塑料瓶（或洗涤剂塑料瓶），止水夹，Y 型管，带单孔橡皮塞的尖嘴玻璃导管，带单孔橡皮塞的直导管。

（四）实验装置

实验装置如图 11 - 61 所示。

（五）实验步骤

（1）用向下排气法收集一烧瓶干燥的氨气，然后塞紧带尖嘴玻璃导管的橡皮塞。

（2）将 10 滴 1% 的酚酞试液滴入矿泉水塑料瓶里，再加入约 300 mL 自来水，并振荡、混合均匀。再向另一矿泉水塑料瓶里加入约 300 mL 3% 的 $CuSO_4$ 溶液。

（3）按图 11 - 61 所示连接圆底烧瓶和矿泉水塑料瓶。

（4）实验开始时，打开止水夹 a 和 b，用拇指堵住盛放酚酞溶液的矿泉水塑料瓶上部的小孔，并挤压出数滴溶液进入圆底烧瓶内，立即松开手，可见圆底烧瓶内产生红色喷泉。

（5）当圆底烧瓶内约有 1/4 体积的红色溶液时，关闭止水夹 b，同时打开止

图 11 - 61　氨的反复变色喷泉实验装置
1. 酚酞溶液　2. 3% 的 CuSO4 溶液　3. 小孔
4. 氨气　a、b、c 为止水夹

水夹 c，立即见到蓝色喷泉产生。圆底烧瓶内将会出现浅蓝色絮状沉淀，浅蓝色絮状沉淀又溶解为深蓝色溶液，深蓝色溶液又与红色溶液混合成紫色溶液。然后，圆底烧瓶内上部的溶液出现浅蓝色浑浊。

（6）当圆底烧瓶内约有 3/4 体积的混合液时，再打开止水夹 b，同时关闭止水夹 c，可见无色喷泉产生（瓶内氨气基本反应完全），直到圆底烧瓶内溶液近满时，喷泉才停止。

（六）问题与研究

（1）实验装置气密性要好。特别是单孔橡皮塞要与圆底烧瓶口配套、塞紧、不漏气。

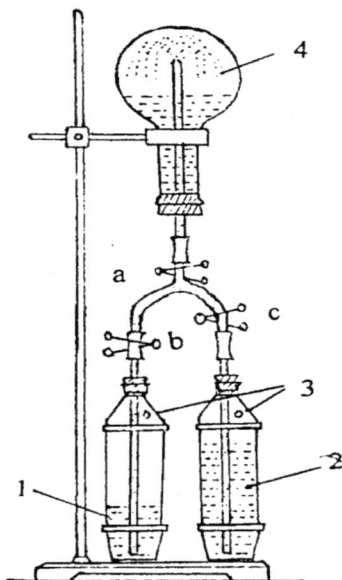

（2）圆底烧瓶内部要干燥，收集的氨气应干燥且充满烧瓶。

（3）尖嘴玻璃导管口径大小应适中，以 2 mm 左右为宜，这样可维持喷泉一定时间。每个矿泉水塑料瓶上部都应打一口径适中的小孔。否则，溶液喷不上去。

（4）硫酸铜溶液的浓度不宜过大。否则，既浪费试剂又使烧瓶里的溶液颜色变化不易调控。

（5）控制溶液先后喷入顺序和喷入量，可产生不同颜色层次的喷泉现象。如先挤入硫酸溶液，将会先产生深蓝色喷泉。

（6）该实验涉及的化学反应较多，在教学中应配有启发性分析讲解，使学生能更好地理解不同实验现象产生的原理。另外，硫酸铜溶液与氨水反应生成碱式硫酸铜的化学反应式目前还有争议，为了简便起见，本文仍写为原来的化学式。

（7）请查阅有关参考文献，对各式各样的喷泉实验装置进行归类，并比较它们的优点和不足之处。

（七）实验优点

本实验将氨气极易溶于水，其水溶液呈碱性以及与硫酸铜溶液反应的有关信息集于一体，使实验内容拓展、容量大，实验设计新颖，现象变化鲜明，富有趣味性、启发性和发展性。该实验装置、还可用于其他气体（如 HCl、H_2S、CO_2、SO_2 等气体）反复变色的喷泉实验。在实验装置中，用了生活废弃物代替实验仪器，这将给实验设计者一种启示。

（八）问题与研究

（1）探讨氨的制取中氯化铵与氢氧化钙的最佳比例。

（2）探讨喷泉实验形成的最佳条件和方法。

（3）对各式各样的喷泉实验装置进行归类，并比较它们的优点和不足之处。

（4）硫酸铜溶液与氨水反应生成碱式硫酸铜的化学反应式目前还有争议，你认为该反应的化学方程式应怎样写？请通过实验进行探究。

（5）形成喷泉实验的关键条件探讨。

从物理学角度分析探讨：假定实验装置如图 11 - 62 所示。设圆底烧瓶容积为 250 mL，玻璃导管长为 35 cm，胶头滴管内挤出约 0.5 mL 的水，那么 0.5 mL 的水要溶解多少毫升的气体，水才能从尖嘴导管中喷

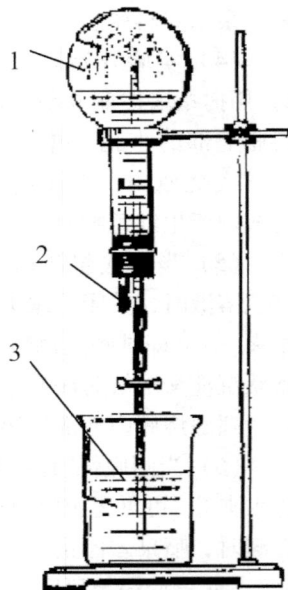

图 11 - 62   喷泉实验装置
1. 气体   2. 胶头滴管   3. 水

出来呢?

在实验中,要让水顺利喷出,烧瓶内外必须有一个压强差(设为 ΔP)。ΔP 为多大才能产生喷泉? 在通常情况下,1 atm(SI 单位为帕,1 atm = 101 325 Pa)相当于 10.34 m 高的水柱产生的压强,由此可知:1 atm:10.34 m = ΔP:0.35 m,ΔP = 0.034 atm,即烧瓶内气体压强至少减少至 0.966 atm 时,才有可能从尖嘴管内喷出液体。而在通常情况下气体溶解度多大才能使压强差达到 0.034 atm 呢? 根据道尔顿分压定律:$P_总 \cdot V_分 = P_分 \cdot V_总$,有 1 atm $\cdot V_分$ = 0.034 atm × 250 mL,$V_分$ = 8.5 mL,即此压强差相当于 8.5 mL 气体所产生的压强,因而滴管中挤出 0.5 mL 水只要溶解 8.5 mL(或大于它)的气体就可把水喷出。根据气体溶解度定义知,0.5:8.5 = 1 体积水:$V_气$,$V_气$ = 17 体积,即当气体溶解度大于或等于 17,就能成功地进行喷泉实验了。

由上述推断可知:

①一般情况下,溶解度大于 17 的气体都可完成喷泉实验,如 HX(X 为 F、Cl、Br、I)、NH_3、SO_2 等。

②一些在水中溶解度不大的气体,如 Cl_2、CO_2、H_2S 等很难用水来产生"喷泉",但改用与 Cl_2、CO_2、H_2S 等迅速反应的 KI 溶液或 NaOH 溶液等,也可以产生满意的喷泉效果。

③要在短时间内使烧瓶内压强减少(达到应有的压强差),还应在收集气体时做到烧瓶干燥、不漏气并要充满气体。

④可以调整玻璃管的长度以及烧瓶容积的大小使压强差达到一定值,以获得更满意的喷泉效果。

参考文献

[1] 王治江,熊言林. 另类喷泉实验例谈 [J]. 化学教学,2003(10):10 - 11.

[2] 熊言林,褚红军. 氨的反复变色喷泉实验设计与教学思考 [J]. 化学教育,2011,32(5):53 - 55.

第七节　化学疑难问题实验探究

化学中,有许多疑难问题可以让学生通过化学实验来探究。通过化学实验探究,学生的收获绝对不止是结果,更重要的是过程、方法和无形的能力提高。因此,在化学教学中应做到如下几点。

一、要敢于质疑

人的认知是在不断质疑中获得完善的。后人正是站在前人的肩膀上,不断改进研究工具，用先进的科学方法对大自然进行更全面、更深入的探究，并不断修正前人的错误，不断丰富和发展前人的认知，使人们的认知更接近真理、远离谬误。这就要求我们教师在化学教学中不断地培养学生的问题意识和问题解决意识，使学生能够首先克服从众心理、敢于面对权威，并努力去思考"哪个结论（假设）"正确，我能不能用实验探究的方法获得正确的结论，我的设计思路是否正确，我设计的实验方案是否最好，我设计的实验装置是否巧妙，我的探究方法有无创新之处，还有什么其他更好的方法，等等；其次要培养学生"不唯书、不唯上、只唯实"的科学态度，实事求是地对待现有的理论、方法与经验，形成独立思考的习惯。只有这样，学生的创新意识和创新能力才能真正得到培养。

二、让实验说话

一切真知来源于实践（实验），特别是自然科学。化学是一门以实验为基础的自然科学，化学实验是化学学科发展的基础和精华，是化学教学的魅力，也是中学生学习生活中十分重要的实践活动。因此，在现有教学条件下，一切能够用化学实验去研究的化学教学问题就不要纸上谈兵或凭空想象或脱离实际地争论，而要让学生通过化学实验来说出对与错、好与差、行与不行等。这种教学理念完全符合当前我国基础教育新一轮课程改革的思路：倡导以"科学探究"为主的多样化学习方式。"纸上得来终觉浅，晓知此事须实践（实验）"，这是我们每一位从事化学教学的教师都应该身体力行的。

三、使实验教学功能最大化

启发学生智慧，培养学生创新能力，是素质教育的核心目标。化学实验教学的功能是任何其他手段替代不了的，学生在实验中所经受的思维、操作、分析、观察、自学、合作能力的锻炼，实验中情绪、意志、毅力等品质以及问题意识、创新意识、安全意识、节约意识等的形成只能通过实验来实现。化学教学中，实行实验室开放，给一些时间让学生进行实验探究，他们的收获绝对不止是结果，更重要的是过程和无形的能力提高，而这些也会迁移到他们以后的做人、学习、工作中，并对其产生积极的影响。因此，我们化学教师应在基础教育新课改理念引领下，着力从"知识与技能、过程与方法、情感态度与价值观"三方面去考虑，设计好化学实验教学程序，并脚踏实地地去实施，使化学实验教学的功能能够最大化地发挥。

杜威经验主义教学论认为，思维起源于直接的情景，教学必须要有一个实际的经验情景作为思维的刺激物。在教学实践中，作者感到，化学教学中的许多问题，只要教师能够善于设计出一些与学生学习经验有关的实验探究情景，多在实验过程中问几个为什么，学生就能步入思维正轨，发挥想象，精心设计，大胆探究，最终得到正确的结论，甚至还会获得意想不到的发现。因此，开展适宜、适量的实验探究活动，不仅能够培养学生的观察能力、思维能力、综合分析能力和解决实际问题的能力，而且能够培养学生的创新能力，真正起到"百闻不如一见，百见不如一做，百做不如一探"的作用。

实验三十六 红色酚酞溶液逐渐褪色的原因探究

在化学实验中，我们经常会看到：当无色的酚酞溶液滴入到碱性溶液（如氨水、氢氧化钠、氢氧化钾等溶液）中时，无色溶液立即变成红色。尔后，红色溶液又逐渐褪成无色，而且褪色的速度有快有慢。对于这种异常实验现象产生的原因，学生的解释五花八门，可归纳为 5 种：①红色酚酞被空气中的氧气氧化；②红色酚酞溶液与空气接触时，吸收了空气中的二氧化碳，使其溶液的 pH 降低到 8 以下，红色酚酞结构又转化为无色酚酞分子结构；③仪器未洗干净，有其他杂质影响；④红色酚酞结构自动转化成另外一种无色酚酞结构；⑤不知是什么原因引起的。究竟哪种推测正确、合理，实际情况又是怎样的？对此，可以展开如下实验探究，并从中获得正确的解释。

（一）实验目的

（1）探究红色酚酞溶液逐渐褪成无色的原因。

（2）掌握探究化学实验问题的方法和实验基本操作能力。

（3）训练学生的科学探究能力，培养学生的科学探究兴趣。

（二）实验原理

酚酞是一种弱的有机酸，也是常用的酸碱指示剂。在溶液里，随着溶液酸碱性的变化，酚酞分子结构发生转化而显示出不同的颜色：无色酚酞结构 ⟹ 红色酚酞结构。这种转化过程是一个可逆的过程，学生对此很熟悉。在碱性溶液中，红色酚酞为什么会逐渐褪色？对此进行如下推测：

无色酚酞结构 ⟹ 红色酚酞结构 ⟹ 另一种无色酚酞结构

然后，通过滴加酸、碱溶液，并控制其用量来验证上述相互转化关系。

（三）实验用品

1%酚酞溶液，稀硫酸（1∶4），氢氧化钠溶液（1%、5%、10%、20%、30%、40%、50%）。

大试管，酒精灯，试管架，试管夹，橡皮塞。

（四）实验探究

在碱性溶液中，红色酚酞为什么会逐渐褪色？对此，可进行如下实验探究。

1. 不同条件下酚酞与氢氧化钠溶液作用

［假设与猜测］ 在碱性溶液中，假如红色酚酞褪色是与空气中的二氧化

碳有关，那么，只要验证红色酚酞溶液在密闭的容器内不会逐渐褪色即可。否则，红色酚酞褪色与空气中的二氧化碳无关。

[设计实验验证]　　分别取 4 mL 不同浓度的 NaOH 溶液放入试管中，滴加 2 滴酚酞溶液，分别采用敞口和用橡皮塞密闭管口的两种方式静置，然后进行如下实验探究。

[实验现象与数据]　　实验情况记录在表 11 – 24 中。

表 11 – 24　敞口或密闭条件下酚酞在氢氧化钠溶液中的变色情况

编号	静置方式	NaOH 溶液的浓度	滴入 2 滴酚酞溶液，红色褪去的时间（s）	加热至沸颜色变化	冷却后颜色变化	滴入稀 H_2SO_4 后，混合溶液呈红色时的滴数
①	敞口	1%				
②	密闭	1%				
③	敞口	5%				
④	密闭	5%				
⑤	敞口	10%				
⑥	密闭	10%				

注：加热时，应将试管上的橡皮塞取下；冷却时，再塞上橡皮塞。

[解释与结论]　　　　　　　　　　　　　　　　　　　　　　　　　　　　。

2. 酚酞与不同浓度的氢氧化钠溶液作用

[假设与猜测]　　如果是红色酚酞结构被氧化或者是红色酚酞结构能够自动转化为另外一种无色酚酞结构，而且这种转化过程是不可逆的，那么，用稀硫酸滴入时就不会重复出现红色。否则，红色酚酞就没有被氧化或者是红色酚酞能够自动转化为另一种无色酚酞结构，而且是可逆的，那么，用稀硫酸滴入时就会重复出现红色；如果稀硫酸过量，红色又会褪去，变为初始的无色酚酞结构。这种转化过程的速度是否与氢氧化钠溶液的浓度有关呢？对此，可进行如下实验探究。

[设计实验验证]　　分别取 4 mL 不同浓度的 NaOH 溶液放入试管中，做如下实验探究。

[实验现象与数据]　　实验情况记录在表 11 – 25 中。

表 11 - 25　酚酞在不同浓度的氢氧化钠溶液中变色情况

编号	NaOH溶液的浓度	滴入2滴酚酞溶液，红色褪去的时间（s）	加热至沸颜色变化	冷却后颜色变化	取1mL混合溶液，滴入稀 H₂SO₄ 后溶液呈红色时的滴数
①	1%				
②	5%				
③	10%				
④	20%				
⑤	30%				
⑥	40%				
⑦	50%				

［解释与结论］

（五）搜集证据

红色酚酞究竟转化为何种结构呢？可组织学生查阅有关文献。在碱性条件下，酚酞分子结构随着碱的浓度大小而发生下列相互转化关系：

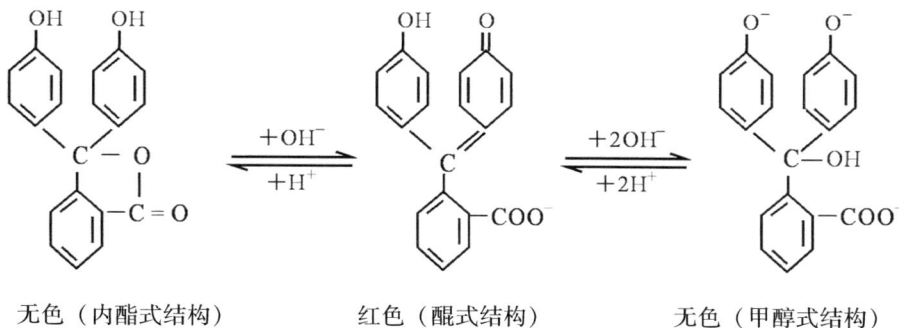

无色（内酯式结构）　　　　红色（醌式结构）　　　　无色（甲醇式结构）

酚酞的变色范围是 pH = 8.0 ~ 10.0，而最佳变色范围应是 pH = 9 ~ 13。根据弱电解质在溶液中各型体的分布系数公式 $\delta_{B^-} = K_a / ([H^+] + K_a)$，对于酚酞，其 $K_a = 7.9 \times 10^{-10}$，当 $[H^+] = 1 \times 10^{-12}$ mol/L（pH = 12）时，经计算，红色的醌式结构含量达到 99.98%（可不考虑醌式结构向甲醇式结构转化）。随着 $[OH^-]$ 浓度增加，溶液中的醌式结构向甲醇式结构转化；随着 $[H^+]$ 浓度增加，溶液中的醌式结构向内酯式结构转化。可见，这些转化都是可逆的、非氧化的过程，与 $[OH^-]$ 浓度有关。

（六）实验结论

基于以上实验事实和有关证据，从中得出红色酚酞溶液逐渐褪色的原因是：

（七）问题与探究

（1）在一定浓度的氢氧化钠溶液（＜30％）中，无色酚酞甲醇式结构的热稳定性比红色酚酞醌式结构的热稳定性差，加热时无色酚酞甲醇式结构可以向红色酚酞醌式结构转化，说明红色酚酞醌式结构转化为无色酚酞甲醇式结构是一个放热的过程。但在高浓度的 NaOH 溶液（＞30％）里，无色酚酞甲醇式结构受热难以转化为红色酚酞醌式结构，这是因为［OH⁻］浓度太高，阻止了无色酚酞甲醇式结构向红色酚酞醌式结构的转化。红色酚酞溶液与空气接触时，吸收了空气中的二氧化碳，使其溶液中的［OH⁻］浓度降低，但红色酚酞溶液自然褪色较慢，而这种颜色变化，只有在［OH⁻］浓度很低（＜1％）时才表现得明显。

（2）将 2 滴酚酞溶液滴入到 50％氢氧化钠溶液中，会出现结晶现象。这是因为酚酞溶液中的酒精与水结合力强，而酚酞又难溶于水，故溶液中的酚酞结晶出来。

（3）为了节约药品，可以不做 40％、50％的氢氧化钠溶液与酚酞溶液反应的实验。在做该实验时，要特别注意：不要将高浓度的氢氧化钠溶液弄到人的皮肤和衣服上。

（八）实验思考

受上述实验探究结果的启示，作者产生一个设想：当我们在中学化学中讲授"反应物浓度或温度对化学平衡的影响"时，如果用此实验结果作为课堂教学实验案例，岂不更加形象直观、生动鲜明，操作简捷方便、安全可靠，富有启发性吗？同时还会引起中学生产生悬念，通过实验探究，从中获得意想不到的教学效果。反应物浓度或温度对化学平衡影响的实验探究设计方案如下（见表 11－26 所示）。

表 11－26　反应物浓度或温度对化学平衡的影响

编号	4 mL 不同浓度的 NaOH 溶液	滴加 2 滴酚酞溶液，红色褪去的时间（s）	加热至沸颜色变化	冷却后混合液颜色变化
①	5％			
②	10％			
③	20％			

参考文献

［1］熊言林．简析化学实验失败的原因［J］．化学教育，2000，（4）：26－27.

［2］杨承印，王立刚．过氧化钠使红色酚酞溶液褪色的实验分析［J］．化学教育，1997，（2）：31.

［3］熊言林，崔洪珊，周利军，等．红色酚酞溶液逐渐褪色的原因探究［J］．化学教

育，2006，27（11）：56－57.

实验三十七　重铬酸铵热分解产物的探究

在科学探究过程中，有一个十分重要的环节就是实验方案的设计，因为它直接关系到实验探究的效率和成败。因此，化学教师应重视这一环节的教学和训练。在进行化学实验方案设计时，不能仅考虑到某物质的已知反应，还要考虑该物质的可能反应和副反应（对于这一点，实验设计者往往容易疏忽），否则将会顾此失彼，达不到预期的实验设计目的。本实验即对一个错误实验方案的原因进行实验探究。

（一）实验目的

（1）探究重铬酸铵受热分解产物，体验物质变化的复杂性。

（2）培养学生探究化学实验问题的方法和实验基本操作能力。

（3）训练学生的科学探究能力。

（二）实验原理

在一次学生实验设计表演课上，有一位学生表演的实验是"氨的合成实验新设计"。当学生表演时，实验现象非常鲜明（酚酞溶液立即变成鲜艳的红色，说明有氨气生成）、壮观（重铬酸铵分解呈红热、喷起的现象），同学们都认为这个实验表演得很成功，但是任课老师（作者本人）对此持有不同的看法：酚酞溶液变色，也有可能是重铬酸铵热分解产物中的氨气所致。这位学生的实验方法是按

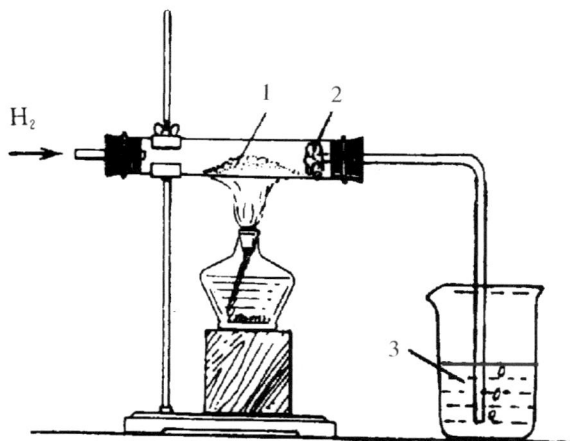

图 11 - 63　氨的合成实验装置
1. 重铬酸铵　2. 玻璃纤维　3. 滴有酚酞的水

照图 11 - 63 所示的实验装置演示的，即让重铬酸铵在氢气氛围中受热分解，放出的热量作为热源，其分解产物之一——三氧化二铬作为合成氨的催化剂，分解产物之二——氮气作为合成氨的反应物，并同时与通入的氢气反应合成氨（$N_2 + 3H_2 \underset{\triangle}{\overset{Cr_2O_3}{\rightleftharpoons}} 2NH_3$）。

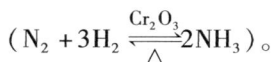

按照现行的大学无机化学教材和中学化学教学参考书中所述，重铬酸铵受热分解确有三氧化二铬、氮气和水生成，其反应方程式如下：

$$(NH_4)_2Cr_2O_7 \xrightarrow{\triangle} Cr_2O_3 + 4H_2O + N_2 \uparrow \cdots\cdots\cdots\cdots\cdots\cdots (1)$$

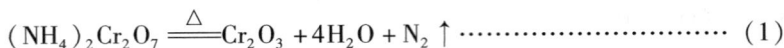

值得提出的是,重铬酸铵是一种含氧酸的铵盐,相应的酸(重铬酸只存在于水溶液中,$2CrO_4^{2-} + 2H^+ \rightleftharpoons Cr_2O_7^{2-} + H_2O$)具有氧化性,分解反应比较复杂。除上述反应(1)中的分解产物外,还有其他产物生成吗?如果有氨气生成,则这位学生的实验设计所出现的实验现象将难以使人信服。如果有氨气生成,其反应方程式又是怎样的?还生成什么物质?本实验将通过假设和实验验证对有关问题进行初步的探讨。涉及的化学反应有:

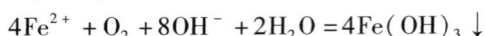

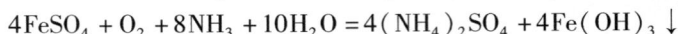

$$NH_3 + H_2O \rightleftharpoons NH_3 \cdot H_2O \rightleftharpoons NH_4^+ + OH^-$$

$$4Fe^{2+} + O_2 + 8OH^- + 2H_2O = 4Fe(OH)_3 \downarrow$$

$$4FeSO_4 + O_2 + 8NH_3 + 10H_2O = 4(NH_4)_2SO_4 + 4Fe(OH)_3 \downarrow$$

$$2(NH_4)_2Cr_2O_7 \xrightarrow{\triangle} 2Cr_2O_3 + 4NH_3 \uparrow + 3O_2 \uparrow + 2H_2O \cdots\cdots\cdots (2)$$

（三）实验用品

重铬酸铵（A. R），1% 酚酞溶液，2% 硫酸亚铁溶液。

玻璃纤维，20 mm × 200 mm 硬质试管，小漏斗，100 mL 烧杯，酒精灯，100 mL 量筒。

（四）实验装置

实验装置如图 11 - 64 所示。

（五）实验步骤

1. 氨的检验

假如重铬酸铵分解产物中有氨气,那么,将此分解产物通入酚酞溶液中,会使酚酞溶液变红。由此假设可知,实验者可以设计如图 11 - 64 所示的实验装置进行检验,并将实验现象记入表 11 - 27 中。

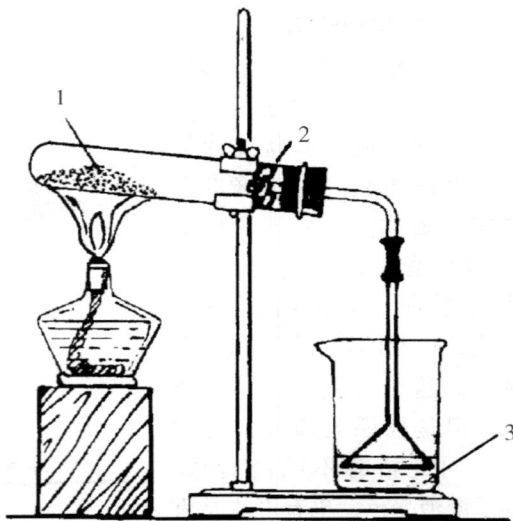

图 11 - 64   探究重铬酸铵热分解产物装置
1. 重铬酸铵   2. 玻璃纤维   3. 酚酞溶液（或 2% 硫酸亚铁溶液）

表 11 - 27   氨的检验实验记录

重铬酸铵的用量	水的体积	1% 酚酞溶液的滴数	酚酞溶液的变色情况
1 g	20 mL	3 d	

由实验现象可知,重铬酸铵受热刚分解,酚酞溶液就立即变成鲜艳的红色,说明重铬酸铵受热分解产物中有较多的氨生成。

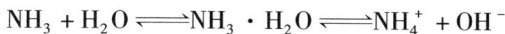

$$NH_3 + H_2O \rightleftharpoons NH_3 \cdot H_2O \rightleftharpoons NH_4^+ + OH^-$$

2. 氧气的检验

假如重铬酸铵分解反应中一定有氨气生成，那么，重铬酸铵中的酸根部分将在高温条件下发生氧化还原反应，生成氧气、三氧化二铬等物质，这样才能确保分解反应中元素守恒。如何检验氧气的生成？

浅绿色的硫酸亚铁溶液在碱性条件下很容易被氧气氧化成棕红色的物质 [$Fe(OH)_3$]，使澄清的溶液变浑浊。根据以上相关原理，实验者可以设计如图 11–64 所示的实验装置进行检验，并将实验现象记入表 11–28 中。

表 11–28 氧气的检验实验记录

重铬酸铵的用量	2% 硫酸亚铁溶液的体积	硫酸亚铁溶液的变色情况
1 g	20 mL	

通过相关实验现象可知，重铬酸铵分解产物中一定有氧气生成，同时还进一步验证了分解产物中有氨气存在。氨溶解在硫酸亚铁溶液中，使溶液呈碱性，提高了 Fe^{2+} 的还原性。

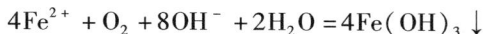

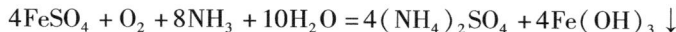

$$4Fe^{2+} + O_2 + 8OH^- + 2H_2O = 4Fe(OH)_3 \downarrow$$

$$4FeSO_4 + O_2 + 8NH_3 + 10H_2O = 4(NH_4)_2SO_4 + 4Fe(OH)_3 \downarrow$$

（六）探究结论

重铬酸铵受热分解反应是比较复杂的，书上给出的只是主反应。重铬酸铵受热分解反应除主反应外，还有副反应。根据以上实验结果和元素守恒推断，重铬酸铵受热分解的副反应如下：

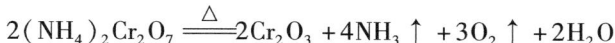

$$2(NH_4)_2Cr_2O_7 \xrightarrow{\triangle} 2Cr_2O_3 + 4NH_3\uparrow + 3O_2\uparrow + 2H_2O$$

由此可知，重铬酸铵受热分解产物中不仅有 Cr_2O_3、N_2，还有 NH_3、O_2 等。

（七）问题与探究

（1）由于重铬酸铵受热分解产物中有氨气生成，会使酚酞溶液变成红色，所以这位学生的"氨的合成实验新设计"方案是不科学的，也是不可取的。

（2）氨的合成实验应选择适宜的催化剂。适宜的催化剂是实验前先用氢气还原三氧化二铁制得的铁粉，其实验效果更佳。

（八）注意事项

（1）重铬酸铵的用量不能取得太多，否则生成的三氧化二铬将会堵住试管口，甚至会使试管塞冲出。加热前，应先预热试管，可赶走部分空气。

（2）该实验反应停止不久后，很容易引起倒吸。因此，实验装置中要用防倒吸装置。其中将倒置的漏斗作为吸收装置，既防止倒吸，又增大吸收面，提高吸收效果。另外，吸收液不能用得太多。

参考文献

［1］熊言林．对重铬酸铵热分解产物的质疑［J］．化学教育，2005，26（2）：67－68．

［2］毕华林，傅尚奎，韩庆奎，等．化学实验教学研究［M］．青岛：青岛海洋大学出版社，2001：153．

［3］北京师范大学等三校无机化学教研室．无机化学（下册）［M］．3版．北京：高等教育出版社，1999：851－855．

实验三十八　硫蒸气颜色的实验探究

关于硫蒸气的颜色，大多数著作都认为硫蒸气是橙黄色或是黄色的，但也有极少数著作认为硫蒸气是无色的。硫蒸气究竟是橙黄色还是无色？我们不妨用实验探究的方法来鉴别硫蒸气的颜色问题，从而使硫单质的性质表述更加科学、合理、完善，合乎实际，同时不再让学习者产生质疑。

（一）实验目的

（1）探究硫蒸气的颜色，熟悉相关状态的颜色变化。

（2）掌握探究化学实验问题的方法。

（3）训练学生的科学探究能力，培养学生的科学探究兴趣。

（二）实验原理

硫有多种同素异形体，最常见的是晶状的斜方硫（又称菱形硫、正交硫等）和单斜硫。不同的同素异形体虽然熔点各不相同（如斜方硫的熔点为112.8 ℃，单斜硫的熔点为119 ℃，熔点都较低），但它们的沸点都是444.6 ℃，且沸点较高。因此，在实验探究过程中，设计的实验装置要能够确保硫受热的温度达到444.6 ℃以上，而且盛放硫粉的仪器要细长、仪器口面不能太大（一则使硫受热发生变化要有适宜的温度区间；二则防止硫蒸气逸散；三则防止硫蒸气燃烧），这样才能确保有足够多的硫蒸气存在，以便实验者更好地观察出真正的硫蒸气的颜色。

根据上述有关实验探究的要求，在一般的实验条件下，可以用硬质试管和酒精灯（其火焰温度能够达到500~550 ℃）组成实验装置，而且应采用加热垂直试管的方式来保证温度能够达到444.6 ℃以上。

（三）实验用品

硫粉（C.P），螺旋状细铜丝。

20 mm×220 mm硬质试管，酒精灯，铁架台（附铁夹），火柴，滤纸。

（四）实验装置

实验装置如图11-65所示。

（五）实验步骤

（1）称取 2 g 硫粉，用 V 形纸槽送入 20 mm ×
220 mm 硬质试管的底部，并将试管垂直地固定在铁架
台上。

（2）点燃酒精灯，预热硬质试管底部一会儿，然
后固定在硬质试管的底部加热。

（3）观察、记录实验现象。

（六）实验现象

有关硫粉受热时其状态变化现象见表 11 - 29
所示。

（1）随着加热时间延长，试管底部黑褐色的液体
逐渐减少，无色气体逐渐增多。

（2）在试管口放一块滤纸片盖上，过一会儿后，
拿起滤纸片，滤纸片无任何现象。说明硫蒸气没有逸
出试管发生凝华现象。

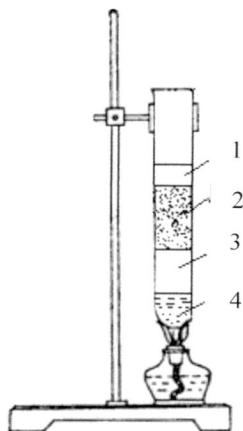

图 11 - 65　硫受热装置
1. 硫华区　2. 胶状硫区
3. 硫蒸气区　4. 液态硫区

表 11 - 29　硫粉受热时其状态变化现象

加热时间（连续计时）	实验现象
8 s	硫部分熔化，呈浅黄色液体
26 s	硫大部分熔化，呈深黄色液体
41 s	硫全部熔化，呈褐色液体，出现硫华区（高约 0.5 cm）和液态硫区（高约 1.5 cm）
83 s	液态硫区增大（高约 3 cm），呈黑褐色
132 s	出现四个区域（由上而下）：第一区域为浅黄色的硫华区（高约 0.7 cm）；第二区域为红棕色的胶状硫区（高约 4 cm）；第三区域为无色的硫蒸气区（高约 2 cm）；第四区域为黑褐色的液态硫区（高约 1 cm）

（3）将一滤纸条插入第一区域，过一会儿后，取出滤纸条，滤纸上有淡黄
色斑点，说明凝华的硫吸附在滤纸上。另外，该滤纸未炭化，说明第一区域温
度较低。

（4）将另一滤纸条快速插入试管内各个区域并快速抽出来。滤纸条到达
二、三、四区域时，滤纸条上都出现炭化现象，说明这三个区域温度较高。

（5）将螺旋状细铜丝插入到第三区域时，细铜丝立即燃烧，呈红热状态，
说明该区域温度最高。化学反应如下：

$$2Cu + S \xrightarrow{\triangle} Cu_2S$$

（七）探究结论

通过实验探究可以发现，盛有硫粉的垂直试管受热后，将会出现 4 个区域。它们由上而下分别是：第一区域为硫华区，硫以浅黄色粉末存在（$t <$ 112.8 ℃）；第二区域为胶状硫区，硫以红棕色液体存在（112.8 ℃ $\leqslant t <$ 444.6 ℃）；第三区域为硫蒸气区，硫以无色气体存在（$t \geqslant$ 444.6 ℃）；第四区域为液态硫区，硫以黑褐色液体存在（$t <$ 444.6 ℃）。

由上述实验现象可知：硫蒸气是无色，而不是橙黄色或黄色。

（八）问题与探究

硫受热时，不仅颜色迅速变化，形态也逐渐改变，学生往往对此区分不清，眼花缭乱，把握不住整个变化过程。通过本实验探究，学生能够对硫受热时发生的颜色、形态变化过程有比较清楚的认知。

硫受热变化情况如下：

$\xrightarrow{\text{160 ℃以上}}$ 深黄色液体，黏度增加 $\xrightarrow{\text{200 ℃}}$ 暗褐色黏稠体，黏度最大（S_∞，称为 β-硫）$\xrightarrow{\text{250 ℃以上}}$ 黑褐色流动体，黏度下降（长链硫断裂为小分子硫）$\xrightarrow{\text{444.6 ℃}}$ 无色硫蒸气（含有 S_8、S_6、S_4、S_2 等硫分子）$\xrightarrow{\text{750 ℃左右}}$ 无色硫蒸气（S_2 占 92%，S_8 仅占 0.1%）

参考文献

[1] 熊言林，崔洪珊，周利军. 硫蒸气颜色的实验探究与思考［J］. 化学教学，2007（1）：11-12.

[2] 金立藩，张德钧. 中学化学实验大全［M］. 南京：江苏科技出版社，1987：330-331.

[3] 熊言林. 化学教学论实验［M］. 合肥：安徽大学出版社，2004：45-48.

[4] 北京师范大学等三校无机化学教研室. 无机化学（上册）［M］. 3 版. 北京：高等教育出版社，1992：457，458.

[5] 刘知新. 化学教学论［M］. 2 版. 北京：高等教育出版社，1997：92.

实验三十九　土红色物质成分的实验探究

在氢气还原氧化铜实验中，除了试管内壁偶尔有一薄层紫红色、有金属光泽的物质外（但不能得到大量的、有金属光泽的紫红色物质），所得到大量的固体物质总是呈土红色。关于土红色物质是什么，有关资料认为：土红色物质是氧化亚铜。但是，有人对此种观点有不同的看法。本实验给出了很好的实验探究方案。

（一）实验目的

（1）探究土红色物质是氧化亚铜还是铜，让学生理解本实验方案设计的思路和方法。

（2）培养学生的问题解决意识和科学探究能力。

（3）体验传统实验方法与应用现代科学仪器分析方法相结合的重要价值。

（二）实验原理

根据金属氧化物在低于 1 800 K 温度下的还原顺序：$Ca > Mg > Al > C > Si > H_2 > CO$ 可以看出，氢气的还原能力介于碳和一氧化碳之间，而比其他活性强的金属钙、镁、铝等的还原能力弱。但是氢气不同于金属，它的优点是反应生成物之一是水蒸气，而水蒸气能随时从反应区内移去，有利于反应向正反应方向移动，而且生成的固体产物较纯净。还原剂的化学活动性由被还原的氧化物与还原后所得的氧化物的热力学性质所决定。各元素与氧发生反应，生成氧化物的特点是绝大部分反应为放热反应，放出的热量越多，则生成的氧化物越稳定。在平衡体系中：

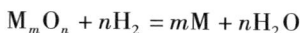

$$M_mO_n + nH_2 = mM + nH_2O$$

水的生成热（241.6 kJ/mol）远远超过氧化铜的生成热（156.8 kJ/mol），所以氧化铜比氢气易被还原，一般用酒精灯加热到 250 ℃时就可以使反应顺利

进行：$CuO + H_2 \xmeq{\triangle} Cu + H_2O$。

由此可见，所得到的土红色物质应是金属铜而不是氧化亚铜。要证明土红色物质是金属铜，就要通过传统化学实验和现代分析仪器 X – 射线衍射仪检测，并将所得实验现象、数据和图谱与铜的化学性质、标准数据和图谱一一对照，从而证明正确与否。

（三）实验用品

CuO（A.R），Zn（A.R），H_2SO_4（A.R），蒸馏水。

启普发生器，20 mm × 200 mm 试管，16 mm × 160 mm 试管，试管夹，酒精灯，X – 射线衍射仪（XRD，日本，Shimadzu XRD 6000）。

（四）实验装置

实验装置如图 11 – 66 所示。

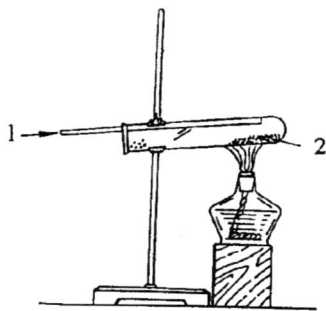

图 11 – 66　氢气还原氧化铜实验装置
1. 氢气　2. 氧化铜

（五）实验过程

（1）称取 2 g CuO，放入 20 mm×200 mm 试管中，并平铺在试管底部，按图 11 – 66 固定好实验装置。检验氢气的纯度后，将导气管插入试管的底部，并放在氧化铜的上方。先通入氢气以排出试管内的空气，然后移动酒精灯火焰，先在试管底部均匀加热，之后集中火力在氧化铜下面加热。不久，黑色氧化铜好像着火似的发红，随即变成土红色，而且试管口有液滴凝集。一直加热 10 min 左右，停止加热，继续通入氢气，直到试管和还原出来的土红色物质冷却为止。

（2）取少量土红色物质放入 16 mm×160 mm 试管中，加入 5 mL H_2SO_4（1:5），加热试管至稀硫酸溶液沸腾，冷却后，试管中的土红色物质没有变化，稀硫酸溶液也没有变成蓝色。

（3）取少量土红色物质放入载玻片中，压紧，做 XRD 检测。

（六）实验数据和图谱

有关氧化亚铜、氧化铜和铜的标准 XRD 值，与土红色物质的 XRD 检测值和图谱见表 11 – 30 和图 11 – 67 所示。

表 11 – 30　各物质的 XRD 衍射峰数值表（两倍衍射角：2θ）

物质	衍射峰数值						
CuO（单斜，JCPDS 80 – 1917）	32.498	35.505	38.736	38.933	46.211	48.662	51.396
CuO（立方，JCPDS 78 – 0428）	36.637	42.559	61.761	74.003	77.893		
Cu_2O（立方，JCPDS 78 – 2076）	29.583	36.442	42.329	52.488	61.408		
Cu（立方，JCPDS 04 – 0836）	43.295	50.431	74.127				
土红色物质（检测值）	43.520	50.651	74.322				

（七）问题与探究

（1）如果土红色物质是氧化亚铜，那么，它与稀硫酸能发生歧化反应：$Cu_2O + H_2SO_4 = Cu + CuSO_4 + H_2O$，无色的硫酸溶液会变成蓝色。从实验结果看，硫酸溶液并未变成蓝色，因此土红色物质不是氧化亚铜。

（2）XRD 衍射仪能将不同晶体的特征衍射峰检测出来，从而确定被测物质是否纯净或含有哪些杂质。如果土红色物质是氧化亚铜，那么，它的 XRD 值应与 Cu_2O 的标准 XRD 值相同或者相近，但从表 11 – 30 可知，它与 Cu 的标准 XRD 值（JCPDS 04 – 0836）基本相同。另外，与 CuO 的标准 XRD 值相对照，土红色物质中没有反应物 CuO 存在，说明还原反应是完全的。因此，该土红色

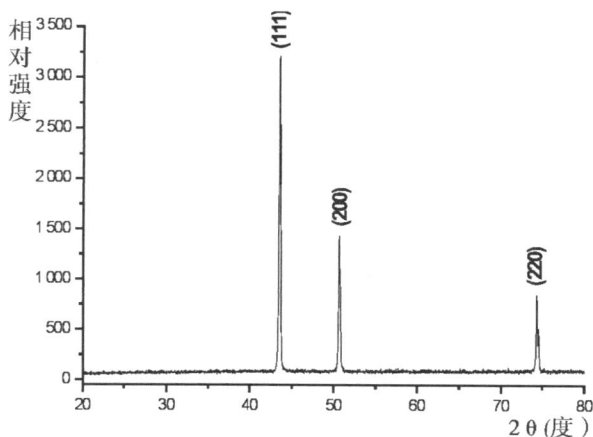

图 11 - 67　土红色物质的 XRD 图谱

物质是金属铜而不是氧化亚铜。

（3）氢气还原氧化铜实验中，所得到的金属铜为什么呈土红色呢？我们知道，光通过物质会引起色散、吸收和散射。物质呈现各种颜色是由于它们对光吸收和散射不同而引起的。它不仅与物质的性质有关，也与光的波长有关，而且还与物质的表面粗糙程度和颗粒大小有关。

物质对光吸收的实质是，一定能量（$h\nu$）的光子，在物质中与有关粒子（如电子等）相互作用后，能量被转换成其他形式的过程。这个过程是很复杂的，原先一个光子的能量（$h\nu$）可以全部转为电子增加的能量，也可以有一部分以较低频率的光子向外发射，既可以激发电子在能级之间跃迁，也可以使得物质中的某些原子电离。这些都跟物质的结构有极密切的关系。平滑和没有表面氧化膜的金属晶体，其特有的光泽，也正是与它本身的电子结构和晶体中原子相互作用的特殊性紧密地联系着。

光有单色光和混合色光之分。白光是混合色光，它是由不同波长的有色光（红、橙、黄、绿、青、蓝、紫）组成的。当一种物质吸收全部的白光时就显黑色；如果对不同波长的光大致同样地吸收就显灰色；如果只吸收某些波长的光，又使其余波长的光散射出来，物质就呈现相应补色的颜色（见表 11 - 31）。白光全部通过物质而不被吸收则为透明、无色。

物质的表面粗糙程度和颗粒大小对光的反射、吸收和散射都有影响，从而影响物质的颜色和光泽。

当氢气将粉末状的氧化铜分子中的氧原子夺走后，还原出来的铜原子聚集起来，其铜原子之间的排列并不像铜熔化（熔点：1 083.4 ℃）、冷却后的铜原子之间排列得那样规则、紧密，所形成的铜颗粒表面会变得凹凸不平，易吸收白光中波长为 4 200 ~ 4 900 Å 的光，这样，它就呈现土红色，没有金属光泽。

表 11 - 31　吸收光的颜色和观察到的颜色

吸收光的波长（Å）	吸收光的频率（cm^{-1}）	吸收光的颜色	观察到物质的颜色
4 000	25 000	紫	绿黄
4 250	23 500	深蓝	黄
4 500	22 200	蓝	橙
4 900	20 400	蓝绿	红
5 100	19 600	绿	玫瑰色
5 300	18 900	黄绿	紫
5 500	18 500	橙黄	深蓝
5 900	16 900	橙	蓝
6 400	15 600	红	蓝绿
7 300	13 800	玫瑰色	绿

在氢气还原氧化铜实验中，偶尔看到试管内壁上有一薄层具有紫红色光泽的物质，这是还原出来的少量铜原子在局部较高温下有规则地排列在光滑的玻璃表面上而形成的铜镜所致。实际上这就是金属铜的本色。

（八）探究结论

综上所述，氢气还原氧化铜实验中，所得土红色物质是金属铜而非氧化亚铜，其反应是容易进行的，而且是完全的。在白光照射下，对于同一物质，其颜色会受到物质的表面粗糙程度（光滑度）和颗粒大小的影响。

参考文献

［1］熊言林，魏先文．土红色物质是氧化亚铜还是铜［J］．化学教育，2006，27（2）：59 - 60.

［2］《中学化学实验指南》编写组．中学化学实验指南［M］．上海：上海科技教育出版社，1989：56.

［3］易希文，刘任怀．中学化学实验成败关键［M］．长沙：湖南教育出版社，1983：31.

［4］李学然，马学安．初中化学实验教学［M］．北京：学苑出版社，1998：354.

［5］金立藩．中学化学教材教法［M］．南京：江苏科学技术出版社，1985：449.

［6］陈耀亭，刘知新．中学化学教材教法［M］．北京：北京师范大学出版社，1987：374.

［7］李广洲，陆真．化学教学论实验［M］．北京：科学出版社，1999：19.

［8］袁德俊．怎样解释金属的光泽和颜色［J］．化学教育，1984：54.

［9］人民教育出版社化学室编．初中化学（全一册）教学参考书［M］．北京：人民教育出版社，1988：150.

实验四十　新制氢氧化铜分解温度的探究

关于氢氧化铜的分解温度问题，有资料介绍氢氧化铜遇热水分解，也有资料介绍氢氧化铜在 80 ℃时分解，还有资料介绍氢氧化铜的分解温度是 70 ~ 90 ℃，更有资料介绍它的分解温度为 140 ℃。另外，还有资料描述它的分解情况为氢氧化铜受热至 60 ~ 80 ℃变暗，温度再高则分解为黑色氧化铜和水，等等。由此可见，众多资料对氢氧化铜的分解温度表述不尽相同，这种情况不能不说给化学教学带来一些不便。那么，氢氧化铜究竟在什么温度下分解呢？对此问题可进行实验探究。

（一）实验目的

（1）探究氢氧化铜的分解温度，让学生理解本实验方案设计的思路和方法。

（2）培养学生的问题解决意识和科学探究能力。

（3）体验用简单实验方法解决化学问题的重要价值。

（二）实验原理

为更好地了解氢氧化铜的分解温度，实验中用氢氧化钠溶液与硫酸铜溶液反应来新制氢氧化铜，然后从几个方面进行实验探究，特别是氢氧化钠和硫酸铜溶液生成的产物氢氧化铜沉淀在水浴加热条件下的分解情况，从而进一步探讨新制氢氧化铜的分解温度。本实验涉及的主要反应方程式为：

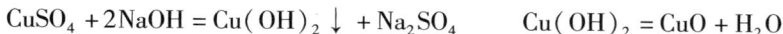

$$CuSO_4 + 2NaOH = Cu(OH)_2 \downarrow + Na_2SO_4 \qquad Cu(OH)_2 = CuO + H_2O$$

$$Cu(OH)_2 + 4NH_3 \cdot H_2O = [Cu(NH_3)_4]^{2+} + 2OH^- + 4H_2O$$

（三）实验用品

固体氢氧化钠，硫酸铜晶体，水。

烧杯，温度计，玻璃棒，铁架台（附铁圈、铁夹），酒精灯，石棉网，容量瓶，药匙，火柴。

（四）实验装置

实验装置如图 11 - 68 所示。

图 11 - 68　氢氧化铜水浴受热分解情况探究实验装置
1. 温度计　2. 水　3. 新制氢氧化铜

（五）实验步骤

1. 溶液的配制

分别配制 10% 的 NaOH 溶液、10% 的 CuSO_4 溶液；用容量瓶配制 1 mol/L 的硫酸铜溶液 200 mL 和 2 mol/L 的氢氧化钠溶液 200 mL。

2. 反应物温度不同的系列对比实验探究

将刚配制的 10% NaOH 溶液（温度为____℃）与 10% CuSO_4 溶液（温度为____℃）相混合反应，以及将静置的 10% NaOH 溶液（温度为____℃）与 10%

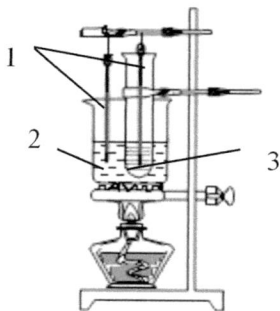

$CuSO_4$ 溶液（温度为____℃）相混合反应，分别测量其反应中最高温度并观察实验现象，并将结果记录在表 11-32 中。

表 11-32　不同温度的氢氧化钠溶液与相同温度的硫酸铜溶液反应的情况

沉淀变化情况　　　　　　不同温度的溶液	与室温（____℃）下的 $CuSO_4$ 溶液反应的最高温度	取少量蓝色沉淀溶于浓氨水后的实验现象	沉淀中出现灰黑色的时间	沉淀完全变黑所经过的时间	取少量黑色沉淀溶于浓氨水后的实验现象
刚配制的 NaOH 溶液（____℃）					
室温下的 NaOH 溶液（____℃）					

由表 11-32 可知：_____。

3. 反应物物质的量不等的系列对比实验探究

（1）氢氧化钠溶液过量。取 3 mL 2 mol/L NaOH 溶液和 2 mL 1 mol/L $CuSO_4$ 溶液混合反应。

（2）等物质的量。取 2 mL 2 mol/L NaOH 溶液和 2 mL 1 mol/L $CuSO_4$ 溶液混合反应。

（3）硫酸铜溶液过量。取 2 mL 2 mol/L NaOH 溶液和 3 mL 1 mol/L $CuSO_4$ 溶液混合反应。

分别在规格相同的小烧杯中进行反应，然后观察产物的生成情况，并将结果记录在表 11-33 中。

表 11-33　不同物质的量的反应物反应的情况

沉淀变化情况　　　　物　质　的　量	混合反应后的情况	取少量蓝色沉淀溶于浓氨水的现象	沉淀开始出现灰黑色的时间	沉淀完全变黑的情况	取少量沉淀溶于浓氨水的现象
氢氧化钠溶液过量					
等物质的量					
硫酸铜溶液过量					

由表 11-33 可知：_____。

4. 水温不同的系列对比实验探究

分别取 1 mL 10% NaOH 溶液和 1 mL 10% $CuSO_4$ 溶液混合于试管中，生成蓝

色絮状沉淀后，将试管置于 20 ℃、30 ℃、40 ℃、50 ℃、60 ℃、70 ℃、80 ℃、90 ℃的水中进行水浴，观察实验现象，并将实验结果记录在表 11 – 34 中。

表 11 – 34　不同温度水浴中氢氧化铜的变化情况

水浴温度（℃）	20	30	40	50	60	70	80	90
试管中的蓝色沉淀变化情况								

由表 11 – 34 可知：_____。

5. 水浴加热的系列对比实验探究

分别取室温条件下（____ ℃）的 1 mL 2 mol/L NaOH 溶液和 1 mL 1 mol/L CuSO₄ 溶液置于试管中，充分反应生成氢氧化铜，然后把试管放入大烧杯中进行水浴加热，把两支温度计分别插入试管和烧杯中，分别测量试管中物质的温度和水浴温度，装置如图 11 – 68 所示。观察氢氧化铜的分解情况，并将结果记录在表 11 – 35 中。

表 11 – 35　氢氧化铜沉淀在水浴加热条件下的变化情况

实验序号	蓝色氢氧化铜沉淀变色的温度（℃）			取试管中少量黑色物质，滴加浓氨水、振荡后的实验现象
	试管内新生成蓝色沉淀的温度	沉淀逐渐出现灰黑色的温度	沉淀完全变黑的温度	
第一次				
第二次				
第三次				

注：在括号内标出烧杯中水的温度。

由表 11 – 35 可知：_____。

（六）分析与结论

从表 11 – 32、11 – 33、11 – 34、11 – 35 可以得出结论：_____。

（七）问题与探究

（1）配制氢氧化钠溶液的过程中有热量放出，氢氧化钠溶液和硫酸铜溶液混合反应的过程中也有热量放出，对氢氧化铜沉淀的稳定性都有影响。

（2）温度越高，氢氧化铜沉淀越易分解，且分解速度越快，分解越彻底。用水浴装置，可确保氢氧化铜沉淀的温度均匀上升。

（3）新制的氢氧化铜沉淀是混合物，在常温下就不稳定，在蓝色的氢氧化铜沉淀中夹杂有少许的灰黑色沉淀（6~7 min），随着放置时间的延长，蓝色絮状沉淀逐渐变少，黑色沉淀物逐渐增多，直到全部变成黑色沉淀。蓝色的氢氧化铜沉淀能溶于浓氨水，而黑色的氧化铜不溶于浓氨水。用浓氨水检验黑色沉淀物，该黑色沉淀物不溶解，说明新制的氢氧化铜沉淀在常温下就能缓慢分解成为黑色的氧化铜。

参考文献

［1］《中学教师化学手册》编委会．中学教师化学手册［M］．北京：科学普及出版社，1981：128.

［2］许绍权．硫酸铜液滴与金属钠作用小议［J］．化学教育，2006，27（5）：59.

［3］北京师范大学等三校无机化学教研室．无机化学（下册）［M］．3版．北京：高等教育出版社，1992：788.

［4］梁红君．关于制备"氢氧化铜"实验条件的改进［J］．天津教育1999（2）：47.

［5］熊言林，黄萍，张燕，等．新制氢氧化铜分解温度的实验探究［J］．化学教学，2008（9）：15－17.

第八节　环保化学实验探究

现在环境污染正成为热点话题，这也是让很多人谈"化学药品"色变的原因之一。在日常化学教育教学中，教师应尽量利用学科优势，通过实验拉近学生与化学学科间的距离，让学生体验到知识的实用性和价值性。例如，二氧化硫作为主要的大气污染物之一，其对建筑物的破坏、植物和水生物的伤害越来越受到人们的关注。为此，本节安排 4 个与二氧化硫的产生、危害有关的实验探究，从而培养学生的环保意识，使学生树立环保观念，从而养成保护环境从自身做起的习惯。另外，通过本节实验探究，学生的收获绝对不只是结果，更重要的是过程、方法和无形的能力提高。

实验四十一　烟花爆竹燃放中二氧化硫的检验探究

高中化学选修模块《化学与生活》的内容标准要求学生知道大气主要污染物，其中二氧化硫是大气主要污染物之一。大气中二氧化硫的来源有多种形式，燃放烟花爆竹是其中之一。据考证，我国燃放烟花爆竹的历史已有一千多年。"爆竹声中一岁除"是中华民族文化的重要组成部分，有着悠久历史。每逢喜庆日子，特别是春节期间，人们为了增加节日的欢乐气氛，从正月初一到十五，更是燃放大量烟花爆竹，然而随之而来的是严重的空气污染。因为燃放烟花爆竹会产生二氧化硫、一氧化氮、二氧化氮等气体，这些有害气体是无形的"杀手"。二氧化硫进入大气层后，被氧化为硫酸（H_2SO_4），在云中形成酸雨（酸雨被称为"空中死神"），酸雨能强烈腐蚀建筑物和工业设备，导致树木死亡，湖泊中鱼虾绝迹，土壤营养遭到破坏，农作物减产或死亡。

据国家环境检测部门公布的信息，春节期间全国各地大气污染综合指数也多呈上升趋势，一些城市的大气质量连续数日为重度污染、中度污染。根据历史资料统计，我国北方采暖期间二氧化硫为主要污染物的天数为 16.7%，在春节（腊月三十一—正月初七）的 8 天中，其中有 4 天二氧化硫为主要污染物，说明燃放烟花爆竹造成空气中二氧化硫浓度升高现象较为突出。环保专家分析，导致污染的"罪魁祸首"便是大面积、集中燃放烟花爆竹过后生成的二氧化硫气体。已知燃放烟花爆竹能产生二氧化硫等气体。那么，在实验室条件下能否检验燃放烟花爆竹时产生的二氧化硫等气体呢？

（一）实验目的

（1）了解环境污染的原因及环境污染日趋严重的危害性。

（2）通过在实验室条件下检验燃放烟花爆竹时产生二氧化硫气体的实验，培养学生探究化学实验问题的方法和解决问题的初步能力。

（3）通过实验，从中树立环保意识，体验环境保护人人有责的重要性。

（二）实验原理

烟花爆竹的主要成分是黑火药，火药是我国的四大发明之一。火药的成分主要是硝酸钾、硫黄和木炭，有的还含有少量的氯酸钾。制作电光炮、烟花炮、彩色焰火时，还要加入镁粉、铁粉、铝粉、锑粉及无机盐。加入锶盐，火焰呈红色；加入钡盐，火焰呈绿色；加入钠盐，火焰呈黄色。当烟花爆竹点燃时，木炭粉、硫黄粉、金属粉末等在氧化剂的作用下，发生化学反应，迅速燃烧，产生二氧化碳、一氧化碳、二氧化硫、一氧化氮、二氧化氮等气体及金属氧化物的粉尘，瞬时产生的大量气体、烟尘，伴随着大量光和热，冲破鞭炮纸的包裹，引起鞭炮爆炸。烟花和爆竹的化学原理基本相同，其结构都包含黑火药和药引，不同的是烟花中加入了一些发光剂和发色剂。常用黑火药的标准配方为：硝酸钾 75%、硫黄 10%、木炭 15%。烟花和爆竹内的黑火药是以 1 硝、2 硫、3 碳为基础发展而来的，但要知道这里的"1、2、3"说的是黑火药的成分一是硝酸钾、二是硫黄、三是木炭，但这三种成分的质量比并不是 1:2:3。一般配方是：硫黄 2 g、硝酸钾 3 g、炭粉 4.5 g，因为黑火药中的硫黄具有着火温度低、燃速快等性质，因而使黑火药容易点着，并在较弱的条件下能迅速燃烧爆炸。这样的配方中硫的比例过大，在空气中燃放时更容易产生二氧化硫。

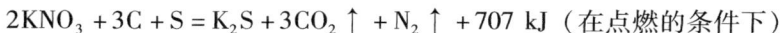

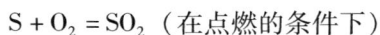

$2KNO_3 + 3C + S = K_2S + 3CO_2\uparrow + N_2\uparrow + 707\ kJ$（在点燃的条件下）

$S + O_2 = SO_2$（在点燃的条件下）

（三）实验用品

酸性品红溶液，氢氧化钠溶液（10%），小鞭炮，硫黄，硝酸钾，木炭粉，石灰水（饱和）。

硬质长玻璃管（34 cm×2 cm），双连球气唧，酒精灯，广口瓶，铁架台，单孔塞，双孔塞，气球，玻璃导管（$\Phi = 7 \sim 8$ mm）。

（四）实验装置

实验装置如图 11 - 69 所示。

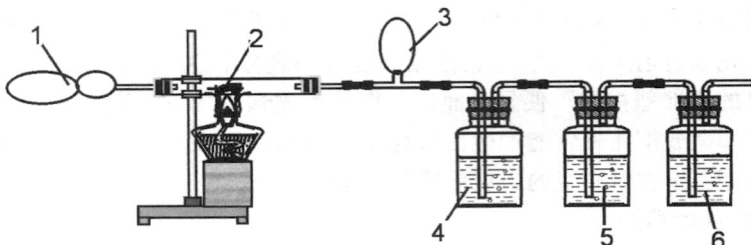

图 11 - 69 　验证燃放烟花爆竹时产生 SO_2、CO_2 等气体的装置
1. 双连球气唧　2. 火药　3. 气球　4. 酸性品红溶液　5. 石灰水　6. 氢氧化钠溶液

（五）实验步骤

（1）按图 11 - 69 连接好装置，用双连球气唧向长玻璃管内充气，检验装置气密性。

（2）火药种类：自制火药和小鞭炮中的火药。拆开几根小鞭炮，取出火药，筛去小石块，称量 0.5 g，放在 V 型纸槽中。把 V 型纸槽伸进长玻管内，翻转过来，让火药平铺在长玻管中部（2~3 cm），塞好橡皮塞。用酒精灯预热，然后对准火药处加热。

（3）长玻管内的火药剧烈燃烧，发出火光，产生大量的粉尘，并且看到长玻管内壁上有黄色物质出现，这是长玻管中未燃尽的硫。继续加热一会儿，使未燃尽的硫充分燃烧，同时用双连球气唧向长玻璃管内慢慢鼓入空气，气流速度大约为每秒 1~2 个气泡。

（4）品红溶液褪成无色后，继续充气。石灰水变浑烛时，停止充气。将有关实验数据和实验现象记录在表 11 - 36 中。

表 11 - 36　**火药燃烧现象与时间记录**

记录项目	自制火药用量（g）				市售火药用量（g）			
	0.4	0.5	0.6	0.7	0.4	0.5	0.6	0.7
火药燃烧时间（s）								
品红溶液褪色时间（s）								
石灰水变浑时间（s）								

注：①自制火药的质量比 $m_S : m_{KNO_3} : m_C = 4 : 6 : 9$。②因为市售火药成分存在不确定因素，取用不同厂家生产的鞭炮时，表格中的时间可能有所不同。

（六）注意事项

（1）如果用自制火药，先把 3 种药品分别研成粉末烘干，再混合均匀。

（2）使用气球的目的是，防止火药燃烧时装置内的气压骤增而引起橡皮塞冲出，起到缓冲作用。

（3）市售火药最好用小鞭炮里的火药，因为大爆竹和烟花里含有的 KNO_3 等氧化剂比较多，在长玻管内产生大量的热量和气体，瞬时压强增大，使长玻管内的气体排出过多。装置内温度瞬间骤降，压强减小，试剂瓶中的液体会倒流，使温度较高的长玻管骤冷而破裂。因此，市售火药的用量不宜过大。

（4）用酸性品红溶液证明使之褪色的是 SO_2 时，要排除其他酸性气体干扰。酸性品红溶液浓度不宜过大（在 50 mL 的水中加 1～2 滴酸性品红溶液即可），且最好做对比实验。

（5）火药的质量约为 0.5 g，过少则产生的 SO_2 量少，品红溶液褪色不明显。

（6）当火药燃烧后，要继续加热一段时间，同时向长玻管内充气，原因是长玻管内空气不足，火药可能未完全燃烧。

（七）问题与探究

（1）通过酸性品红溶液变色的时间可以看出，自制火药与市售火药含硫量相差不大，但都能产生较多的二氧化硫等气体。

（2）根据饱和石灰水变浑浊的时间和火药燃烧的时间对比可以看出，市售火药中木炭的量减少而氧化剂的量增加了，

《北京市关于禁止燃放烟花爆竹的规定》。北京、上海、广州等大城市,"禁放"工作走在了全国前列,沿海经济发达城市也相继出台了"禁放"规定。但是伴随着我国现代化的显著成就——中国经济的快速发展和中国的国际地位逐渐提高,我们对自己的传统文化的自信心和认同感开始增强了,这种认同又使我们产生一种中国人所独有的归属感和自

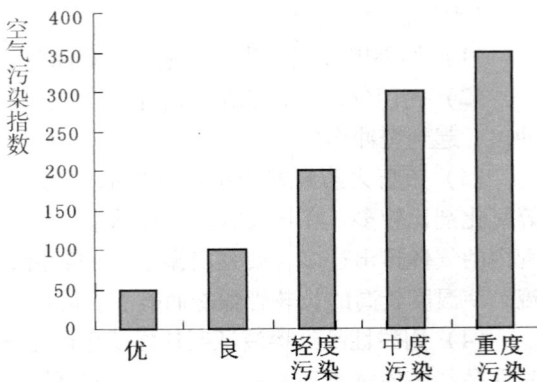

图 11 - 70　空气污染指数及质量状况等级指标

豪感。烟花爆竹,"中华民族抹不去的文化情结",使一些禁放城市又走上了回头路,为"燃放"开了绿灯。但是,"禁"与"放"的冲突已经成为"现代文明"与"传统文化"的冲突。如何解决这种冲突?作者认为合理的方法有:一是改"禁放"为"限放",限时限地燃放;二是使用电子鞭炮;三是开发绿色火药,这是我们化学工作者要研发的课题之一,也是我们义不容辞的责任。最后,作者呼吁我们的同胞和政府携手共同解决,让祖国上空更蓝,空气更加清新,让我们的人民更加健康,让我们的国家更加和谐、科学发展。

参考文献

[1] 裴传友,熊言林,阮志明. 检验烟花爆竹燃放中产生 SO_2 的实验设计与思考 [J]. 化学教育,2008,29(3):59-60.

[2] 史春. 环境突发事件应急处理不能只纸上谈兵 [J]. 资源与人居环境,2006(3):47-48.

[3] 唐桂林,赵家玉,吴煌,等. 黑火药的改进研究 [J]. 火工品,2002(4):25-26,32.

[4] 许俊年. 环保中心:控制总量减少污染 [J]. 上海消防,2002(2):40.

[5] 吴国林,李红峰. 烟花爆竹:理当摒弃的陋习 [J]. 河南消防,1999(1):30-31.

[6] 熊言林. 二氧化硫系列演示实验的设计 [J]. 化学教育,2001,22(12):37.

实验四十二　二氧化硫对植物生长影响的实验探究

二氧化硫是形成"酸雨"的主要成分,是空气中的污染物之一,对植物的茎、叶有直接伤害,严重时可以导致植物死亡。在中学化学教科书中,并没有具体说明二氧化硫对动植物的影响,也没有说明是怎样影响的,仅介绍了二氧化硫会造成酸雨、改变土质,这些都不能给学生以直观而深刻的印象。因此,

有必要根据教材内容将二氧化硫对不同植物生长影响的情况设计为课堂中的探究实验，让学生直观地感受其危害，使教学更加贴近新课程标准的要求，从而培养学生的环境保护意识和科学素养。

（一）实验目的

（1）加深学生对二氧化硫气体的性质和危害性的认识。

（2）增强学生的环境保护意识和科学探究精神。

（3）培养学生的动手操作能力和创新能力，训练学生的科学探究能力。

（二）实验原理

根据强酸与亚硫酸钠反应可以制得较纯的二氧化硫气体的原理，本实验利用无水亚硫酸钠和稀硫酸（体积比为1:4）反应来制备二氧化硫气体。化学方程式为：

$$Na_2SO_3 + H_2SO_4（稀）= Na_2SO_4 + H_2O + SO_2 \uparrow$$

二氧化硫是一种有毒气体，当它在大气中超过一定浓度后，植物就会受到伤害，可以通过观察植物叶片颜色变化和受害症状来研究其对植物的影响。光合作用是植物重要的生命过程之一，当二氧化硫对植物产生影响时，植物的光合作用就受到抑制。植物受二氧化硫危害的程度与气体的浓度和污染延续的时间有一定关系。大气中的二氧化硫主要通过植物叶面气孔进入植物体内，其危害主要发生在白天，夜间叶面气孔关闭，二氧化硫的影响大大减少。

实验中，可选择取材方便的菠菜、油菜和青菜作为实验用品，并放在不同浓度的二氧化硫中观察它们受到影响的情况。

（三）实验用品

无水亚硫酸钠，稀硫酸（1:4），新鲜菠菜、油菜、青菜。

330 mL矿泉水瓶（塑质），计时器（可用学生手机代替），温度计，透明胶布，电子天平，细线。

（四）实验装置

实验装置如图11－71所示。

（五）实验步骤

1. 实验前的准备

（1）收集330 mL矿泉水的塑料瓶5个，用注水法测得它们的实际体积约为360 mL。

（2）检查气密性。拧紧矿泉水瓶盖，将矿泉水瓶倒插入水中，挤压矿泉水瓶，若瓶口处有连续气泡冒出或有水进入瓶内，则表明漏气，否则气密性较好，可用于实验。测量室温。

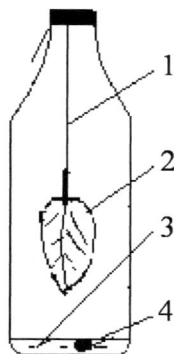

图11－71　二氧化硫对植物
影响的实验装置
1. 细线　2. 叶片　3. 稀硫酸
4. 无水亚硫酸钠

2. 二氧化硫对菠菜生长的影响

（1）取上述准备好的 5 个矿泉水瓶，编号分别为 a、b、c、d、e。分别称取 0.100 g、0.200 g、0.300 g、0.400 g 的无水 Na_2SO_3 放入 a、b、c、d 号矿泉水瓶内，e 号矿泉水瓶用于做空白对照实验。根据反应理论值计算，按矿泉水瓶的实际体积算出产生二氧化硫的浓度分别约为 0.141 g/L，0.282 g/L，0.423 g/L，0.564 g/L。

（2）选取 5 片大小相当的菠菜叶，用细线系紧叶柄，将菠菜叶放入瓶内并正好悬空于矿泉水瓶内，用透明胶布将细线的另一头粘贴在矿泉水瓶的外壁上。

（3）向 a、b、c、d 号矿泉水瓶内各注入 2 mL 稀硫酸，立即拧紧瓶盖，放在窗口处。

（4）随时观察菠菜叶片的变化，直至 a 号瓶内的菠菜叶片枯萎死亡，并把实验现象与数据记入表 11-37 中。

（5）实验结束后，将矿泉水瓶带回实验室，并将矿泉水瓶倒置在水中打开瓶盖，让水充分吸收二氧化硫气体。

表 11-37　不同浓度的二氧化硫对菠菜生长的影响情况（室温：＿＿＿℃）

编号	二氧化硫浓度 （g/L）	菠菜受害情况出现时间（min）			
		出现黄斑	较多黄斑	大面积变黄	整体变黄
a	0.141				
b	0.282				
c	0.423				
d	0.564				
e	0				

现象和结果分析（观察叶片的边缘、叶背和叶脉变黄情况）：＿＿＿＿＿＿＿＿。

3. 二氧化硫对油菜生长的影响

二氧化硫对油菜生长影响的实验步骤同二氧化硫对菠菜生长影响的实验步骤，仅将菠菜换成油菜，把实验现象与数据记入表 11-38 中。

表 11-38　不同浓度的二氧化硫对油菜生长的影响情况（室温：＿＿＿℃）

编号	二氧化硫浓度 （g/L）	油菜受害情况出现时间（min）			
		出现黄斑	较多黄斑	大面积变黄	整体变黄
a	0.141				
b	0.282				
c	0.423				
d	0.564				
e	0				

现象和结果分析（观察叶片的边缘、叶背和叶脉变黄情况）：＿＿＿＿＿＿＿。

4. 二氧化硫对青菜生长的影响

二氧化硫对青菜生长影响的实验步骤同二氧化硫对菠菜生长影响的实验步骤，仅将菠菜换成青菜，把实验现象与数据记入表 11－39 中。

表 11－39　不同浓度的二氧化硫对青菜生长的影响情况（温度：＿＿℃）

编号	二氧化硫浓度（g/L）	青菜受害情况出现时间（min）			
		出现黄斑	较多黄斑	大面积变黄	整体变黄
a	0.141				
b	0.282				
c	0.423				
d	0.564				
e	0				

现象和结果分析（观察叶片的边缘、叶背和叶脉变黄情况）：＿＿＿＿＿＿＿。

（六）实验结论

比较表 11－37、11－38 和 11－39，可以得出下列结论：

（1）二氧化硫的浓度越大，对植物的影响程度就＿＿＿＿＿＿＿＿＿＿＿＿＿＿。

（2）植物吸入二氧化硫的时间越长，有害气体对植物的危害就＿＿＿＿＿＿＿。

（3）相同浓度的二氧化硫对于不同植物的影响程度＿＿＿＿＿＿＿＿＿＿＿＿＿。

（七）问题与探究

（1）对饮料瓶的要求是透明、易封闭，透明是为了实验时便于观察里面植物的颜色变化，易封闭是为了防止二氧化硫外泄。

（2）要将菠菜、油菜和青菜的叶片在光照条件下放置一会儿。因为在光照条件下植物叶面气孔张开，有利于二氧化硫迅速进入植物体内，可以很快观察到实验现象，缩短实验时间。

（3）稀硫酸应足量，以保证无水亚硫酸钠完全反应。不要将稀硫酸弄到菠菜、油菜、青菜的叶片上。

（4）不同植物对二氧化硫的敏感度并不一样，越敏感的植物抗性越小，越容易表现出受害症状。实验结果表明：菠菜对二氧化硫的敏感度＞青菜对二氧化硫的敏感度＞油菜对二氧化硫的敏感度。

（八）实验设计特点

本实验设计，可把原本在课堂上无法完成的实验，非常直观地带入课堂，而且实验操作简便，现象明显，易于观察；实验用品较少，取材方便，十分环保。

本实验设计，能充分体现新课程理念。另外，发动全体学生自带饮料瓶和不同的植物，让他们分组探讨二氧化硫对不同植物影响的情况，使学生人人参与实验、个个动手操作成为可能。学生通过亲手实验，既深切地体会到二氧化硫对植物的危害，学会用实验的方法观察二氧化硫对不同植物生长的影响，也训练了动手能力，进而培养了环保意识和科学素养，最终达到化学教学目的。

参考文献

[1] 熊言林. 二氧化硫系列演示实验的设计 [J]. 化学教育，2001，22（12）：37.

[2] 邓云玉. "观察二氧化硫对植物的影响"实验改进与拓展 [J]. 生物学教学，2006（10）：43.

[3] 唐加富. "观察二氧化硫对植物的影响"实验改进 [J]. 实验教学与仪器，2005（10）：14-15.

[4] 德格吉玛. 二氧化硫污染对植物的影响 [J]. 内蒙古林业，1999（11）：31.

[5] 熊言林，张燕，徐泽忠，等. 二氧化硫对不同植物生长影响的实验探究 [J]. 化学教育，2009，30（10）：56-57.

实验四十三 二氧化硫对花朵颜色影响的实验探究

20 世纪环境警示录记载：1930 年 12 月 1—15 日的比利时马斯河谷事件、1948 年 10 月 26—31 日的美国多诺拉烟雾事件、1952 年 12 月 5—8 日的英国伦敦烟雾事件以及从 1959 年开始的由石油冶炼产生的废弃物导致的日本四日市哮喘病事件，都是因为有害气体的长期排放导致的环境污染，而二氧化硫气体就是其中的主要元凶之一。

二氧化硫作为一种主要的大气污染物，在工业生产上规定空气中允许排放量不得超过 $0.02\ mg/m^3$，否则就会造成环境污染，危害人类健康。二氧化硫不仅会以"酸雨"的形式对建筑物、森林、植被等产生损害，危害自然生态系统，还会直接破坏植物的叶肉组织，使叶片失绿，严重危害植物绿叶的生长发育，浓度高时甚至会使植物枯死。那么，二氧化硫对绿叶有如此严重的影响，它对五颜六色的花朵又有什么样的影响呢？为了使学生对二氧化硫给美丽的花朵带来的危害有一个直观而深刻的认识，使其认识到环境保护的重要性，从而对学生进行环保教育，使之树立环保意识，作者通过合理的实验设计与实验验证，探究了大气中二氧化硫对花朵颜色的影响，从而说明大气中二氧化硫对花朵生长的影响。

二氧化硫作为主要的大气污染物之一，其对植物的伤害越来越受到人们的关注。自然界中花朵的品种和颜色多种多样，同一类植物会开出不同颜色的花朵，不同的植物也会开出颜色相同或相近的花朵。经过分析，提出以下实验假设：相同外界条件下，不同浓度的二氧化硫可能对同一朵花的伤害程度不同；同一浓度的二氧化硫可能对颜色不同的同一类植物花朵伤害程度不同；同一浓度的二氧化硫可能对相同或相近颜色的不同类植物花朵伤害程度也不同。那么，对于自然界中五颜六色的花朵，二氧化硫对其颜色又有什么样的影响呢？为此，本探究实验试图说明这一问题。

（一）实验目的

（1）了解二氧化硫对大气污染的危害性以及对不同颜色花朵的影响。

（2）通过合理的实验，培养学生探究化学实验问题的方法，以及训练学生的科学探究能力。

（3）通过直观的实验现象，对学生进行环保教育，以实现新课标对学生的环保意识以及科学素养进行培养的要求。

（二）实验原理

根据强酸与亚硫酸钠反应可以制得较纯的二氧化硫气体的原理，本实验利用无水亚硫酸钠和过量的稀硫酸（质量分数为50%）反应来制备二氧化硫气体。反应的化学方程式为：

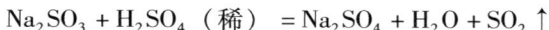

$$Na_2SO_3 + H_2SO_4（稀）= Na_2SO_4 + H_2O + SO_2\uparrow$$

二氧化硫具有漂白性，大气中的二氧化硫气体遇到湿润的有色花朵，会使花朵颜色褪去，可以通过观察花朵颜色的变化和受伤害症状来研究其对花朵生长的影响程度。随着空气中二氧化硫浓度的不同以及花朵在含有二氧化硫气体的大气中时间的不同，花朵受伤害程度也不一样。

在本实验中，为了使实验现象更加明显，采集并选用了生活中常见的、易得的、颜色鲜艳的花朵，放在含有一定浓度二氧化硫气体的广口瓶中进行实验探究。

（三）实验用品

无水亚硫酸钠，80%的硫酸溶液，各种颜色鲜艳的花朵，石灰水。

250 mL 干燥洁净的广口瓶（带橡皮塞），回形针，10 mL、100 mL 的量筒，电子天平，表面皿，烧杯，玻璃棒，秒表（可用学生手机代替），剪刀，温度计。

（四）实验装置

实验装置如图 11 – 72 所示。

（五）实验步骤

1. 制作含不同浓度二氧化硫的大气

实验采用对比的方法，探究不同花朵在含不同浓度二氧化硫的大气中的受伤害情况。在

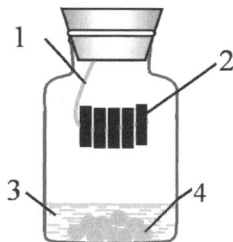

图 11 – 72　二氧化硫对花朵颜色
影响实验装置
1. 回形针　2. 各色花朵　3. 稀硫酸
4. 无水亚硫酸钠

实验之前，根据反应方程式 $Na_2SO_3 + H_2SO_4$（稀）$= Na_2SO_4 + H_2O + SO_2 \uparrow$ 首先计算出所需药品的理论用量（无水亚硫酸钠为理论用量，50% 硫酸为过量，约 3 mL）。

实验开始前，准备 7 个 250 mL 的广口瓶，配上合适的橡皮塞（要确保气密性良好）并测量出每个瓶的实际容积（约为 265 mL）。测量室温，根据广口瓶的实际容积，计算出室温下不同二氧化硫浓度的广口瓶中所需要的无水亚硫酸钠的用量（见表 11 – 40 所示），按二氧化硫浓度的大小给广口瓶编号，作为二氧化硫污染大气的实验容器。

表 11 – 40　不同浓度二氧化硫的广口瓶中所需无水 Na_2SO_3 的质量（室温：＿＿℃）

广口瓶的编号	1	2	3	4	5	6	对照瓶
广口瓶里空气中 SO_2 浓度（g/L）	0.1	0.2	0.3	0.4	0.5	0.6	0
无水 Na_2SO_3 的质量（g）	0.05	0.10	0.16	0.21	0.26	0.31	0

2. 系列实验探究

首先，分别称量不同质量的无水 Na_2SO_3 粉末，放置于已经编号的广口瓶中，然后将花朵剪成形状、大小相同的小花片，润湿，按相同的顺序穿在用回形针弯成的"小勾"上，并固定在橡皮塞上（为了便于观察，每个"小勾"穿 5 个花片，7 个广口瓶中花片的顺序保持一致，如图 11 – 72 所示），再向广口瓶中迅速加入 3 mL 稀硫酸溶液，立即塞上带有"小勾"和花片的橡皮塞，轻轻振荡，观察广口瓶中花朵颜色的变化情况，并记录实验现象（填入表 11 – 41 中）。

3. 保护环境，从自身做起

实验结束后，将广口瓶倒置在石灰水中打开橡皮塞，让石灰水充分吸收二氧化硫气体。

（六）注意事项

（1）实验室有 80% 的硫酸，预先稀释并配制 50% 的稀硫酸溶液（29 ℃时，80% 硫酸的密度约为 1.72 g/cm^3，50% 硫酸的密度约为 1.39 g/cm^3）。

（2）广口瓶配上合适的橡皮塞，要确保气密性良好。

（3）花朵来源广，取用方便。可发动学生从城镇花店收集掉落的五颜六色的花瓣，也可以从校园内外或农村的田间地头上采集一些新鲜的、五颜六色的野花。

（七）问题与探究

通过瓶中含有不同浓度二氧化硫的大气对不同品种的花朵颜色影响的实验

探究，可得出以下的结论。

（1）大气中二氧化硫浓度不同，花朵出现被伤害症状的时间不同，浓度越大，被伤害速度越快。

表 11-41　不同浓度的二氧化硫对不同花朵颜色的影响（室温：＿＿℃）

花朵名称（颜色）		广口瓶的编号与 SO_2 的浓度（g/L）						对照瓶
		1	2	3	4	5	6	
		0.1	0.2	0.3	0.4	0.5	0.6	
玫瑰花	大红							
	粉红							
康乃馨	大红							
	粉红							
非洲菊	大红							
	粉红							
百日草	紫红							
	石榴红							
	黄色							
牵牛花	淡紫色							
茑萝	大红							
丝瓜花	黄色							

（2）不同颜色的植物花朵呈现出不同的被伤害症状。大红花朵在含有二氧化硫的大气中整体颜色变浅，经过逐渐变浅的几个阶段，最后变成非常浅的淡红色或者为白色；粉红色的花朵以白斑的形式呈现被伤害症状，白斑随着时间的增长而不断增多，最后至整个花朵呈白色。

（3）不同颜色的同一类植物花朵在相同浓度的二氧化硫大气中，被伤害症状和程度不同；相同颜色的不同植物花朵在相同浓度的二氧化硫大气中，被伤害症状和程度基本相同，只是因花瓣本身的厚度不同而有所区别，出现伤害症状的时间略有差别。

（4）淡紫色的牵牛花受伤害症状最早出现，瞬间变成白色；红色花朵受伤害变色也很明显，随着红色深浅的不同最后变成橙色或者白色；黄色花朵基本保持原色。这说明二氧化硫对花朵颜色的影响主要依花色的不同而不同,黄色花朵对二氧化硫不敏感,其他颜色花朵对二氧化硫很敏感。

(5)在花片变色稳定后,将褪色的花片放在酒精灯火焰上烘烤(但不能烤炭化了),花片很快就能恢复原色。二氧化硫对花朵的伤害主要是因为其具有漂白性,从而说明二氧化硫对有色花朵的漂白过程具有可逆性。

(6)花的颜色通常是指花冠的颜色,花冠的颜色又是由花瓣细胞里的色素决定的。色素的种类很多,与花的颜色有关的色素主要是花青素和类胡萝卜素。花青素存在于细胞液中,含花青素的花瓣可呈现出红、蓝、紫等颜色。花青素在酸性溶液中呈现红色,在碱性溶液中呈现蓝色,在中性溶液中呈现紫色。二氧化硫具有漂白性,当其与湿润的有色花片接触时,就会使有色花片(除黄色花片外)漂白而褪色,并随着时间的延长逐渐严重;二氧化硫浓度越大,其漂白程度越明显。另外,花瓣细胞液里含有大量的水分,大气中的二氧化硫通过花的气孔进入花瓣细胞内部与其中的水分作用生成 H_2SO_3,改变了花瓣细胞液的酸碱性,也可能致使花的颜色发生变化。

(八)实验教学思考

该探究实验简单,所用到的仪器、药品少,花朵易得,操作简便,现象明显,具有启发教育作用。通过实验探究,让学生看到颜色鲜艳的美丽花朵在很短的时间内就失去了原本的颜色,变得枯萎,给学生很直观的感受,让他们对二氧化硫污染的严重性有了很直观的认识。

该实验是系列对比实验探究,涉及多种花朵,实验中花朵伤害症状出现时间相对较集中,需要学生分组、合作进行实验,才能够很好地完成探究,这符合新课程关于合作探究的教学理念。学生通过亲身参与,对比探究,不仅能训练动手能力,培养对实验现象的观察能力,更能通过直观的实验现象体验到二氧化硫对花朵的危害,进而培养环保意识和科学素养,实现"三维"教学目标。

我们的世界,因为树木而有了绿色,因为花朵而多了五颜六色,要保护好我们的地球家园,就要从根本做起,从我们的教育做起。在日常教学中,就要对学生进行环保意识培养,使学生从小树立环保观念,从而养成保护环境从自身做起的习惯。

参考文献

[1] 熊言林. 二氧化硫系列演示实验的设计 [J]. 化学教育,2001,22(12):37.

[2] 钱海如. 初中化学实验探究题的设计新视角 [J]. 化学教学,2008(9):10-14.

[3] 佚名. 花有各种颜色的秘密 [J]. 河南农业,2002(10):21.

[4] 熊言林,余娟娟,王华,等. 二氧化硫对不同花朵颜色影响的实验探究 [J]. 化

学教育，2010，31（6）：76 - 78.

实验四十四　污染性气体与空气密度比较的实验探究

中学化学教科书中只对氢气和二氧化碳与空气密度大小的比较安排了探究实验，但对其他污染性气体与空气密度大小的比较没有安排，如二氧化硫、氯化氢等气体，这不利于学生直观地理解一些污染性气体密度大小。为此，在有污染防治条件下，本实验设计了一种演示多种污染性气体与空气密度大小比较的实验装置。

（一）实验目的

（1）了解几种污染性气体与空气密度大小比较的实验原理和操作方法。

（2）通过合理的实验设计，培养学生探究化学实验问题的方法，以及训练学生的科学探究能力。

（3）通过直观的实验现象，既拓展了学生化学思维空间，又对学生进行了环保教育，以实现新课标对学生的环保意识以及科学素养进行培养的要求。

（二）实验原理

在有污染防治条件下，对二氧化硫、氯化氢、氨气等污染性气体与空气密度大小的比较进行实验探究。在相对密闭、垂直的空间内，密度大于空气的气体向下扩散的速度较快，密度小于空气的气体向上扩散的速度较快。

（三）实验用品

酚酞溶液，紫色石蕊溶液，70% 浓硫酸，稀硫酸，浓盐酸，氢氧化钠稀溶液，25% 浓氨水，无水 Na_2SO_3 粉末，Na_2CO_3 粉末。

玻璃管（长约 35 cm，$\Phi = 1.5$ cm），铜丝，脱脂棉，带橡皮塞的干燥管，胶头滴管，10 mL 注射器，秒表（可用学生手机代替）。

（四）实验装置

用锉刀在玻璃管中间部位来回摩擦锉开一个小孔，玻璃管内装有一根铜丝，铜丝上按等距离系有 11 个脱脂棉球，中部靠小孔部位的脱脂棉球稍大一些，玻璃管两端与带橡皮塞的干燥管相连（实验装置如图 11 - 73 所示）。

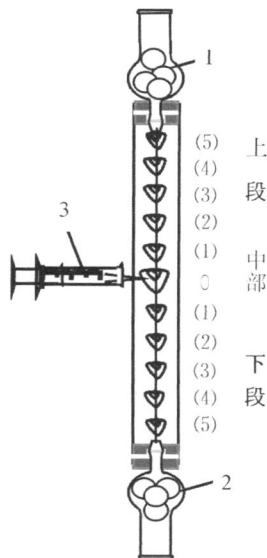

图 11 - 73　污染性气体与空气密度
大小比较的实验装置
1、2. 吸有氢氧化钠（或硫酸）溶液的脱脂棉
球　3. 注射器

（五）实验步骤

1. 氨气与空气密度比较

玻璃管上段和下段共有 10 个脱脂棉球，都用酚酞溶液润湿，干燥管内塞入用稀硫酸润湿的脱脂棉球，防止 NH_3 污染空气。用注射器通过管壁上的小孔向 0 号脱脂棉球注入 0.2 mL 25% 的浓氨水，观察并记录现象。

2. 氯化氢与空气密度比较

玻璃管上段和下段共有 10 个脱脂棉球，都用紫色石蕊溶液润湿，干燥管内塞入用氢氧化钠稀溶液润湿的脱脂棉球，防止 HCl 污染空气。用注射器通过管壁上的小孔向 0 号脱脂棉球注入 0.2 mL 浓盐酸，观察并记录现象。

3. 二氧化硫与空气密度比较

玻璃管上段和下段共有 10 个脱脂棉球，都用紫色石蕊溶液润湿，干燥管内塞入用氢氧化钠稀溶液润湿的脱脂棉球，防止 SO_2 污染空气。0 号脱脂棉球内预先包有少量无水 Na_2SO_3 粉末。用注射器通过管壁上的小孔向 0 号脱脂棉球注入 0.5 mL 70% 的浓硫酸（不能用 98% 的浓硫酸，防止脱脂棉球被炭化），观察并记录现象。

4. 二氧化碳与空气密度比较

玻璃管上段和下段共有 10 个脱脂棉球，都用紫色石蕊溶液润湿，干燥管内塞入用氢氧化钠稀溶液润湿的脱脂棉球，防止 CO_2 污染空气。0 号脱脂棉球内预先包有少量 Na_2CO_3 粉末。用注射器通过管壁上的小孔向 0 号脱脂棉球注入 0.5 mL 稀硫酸，观察并记录现象。

（六）实验现象与结论

将实验现象、实验数据记入表 11 – 42 中，并通过分析，获得结论。

（七）问题与探究

（1）浓氨水和浓盐酸挥发出的气体相对较少，所以脱脂棉球变色较慢；SO_2 和 CO_2 在装置中生成的量相对较多，所以脱脂棉球变色较快。但是，H_2SO_3 和 H_2CO_3 都很容易分解。在通常情况下，每升水能溶解 40 L 的 SO_2，而每升水只能溶解约 0.896 L 的 CO_2，可见 SO_2 的溶解度比 CO_2 的溶解度要大，相应的，反应物与酸反应时逸出的 CO_2 要比 SO_2 快一点，结果导致 CO_2 玻璃管上段脱脂棉球变红时间要短一些，而 SO_2 要长一些。

（2）操作中应注意：玻璃管固定在铁架台上保持竖直，细铜丝固定在玻璃管口与橡皮塞连接处；用注射器向 0 号脱脂棉球注入液体药品时不能过多，防止有液体顺着铜丝或管内壁流下来，影响实验效果。

（3）本实验现象明显，富有启发性，有教育教学价值；使用仪器、药品少，有害气体在实验装置中能被全部吸收，避免污染空气。本实验装置还可以用于其他某些污染性气体（如 H_2S 等）密度与空气密度的比较，但并不适合演示所有的污染性气体。

表 11 - 42　4 种污染性气体与空气密度大小的比较

玻璃管分段	序号	变色时间记录			
上 段	(5)				
	(4)				
	(3)				
	(2)				
	(1)				
中部	0	氨气	氯化氢	二氧化硫	二氧化碳
下 段	(1)				
	(2)				
	(3)				
	(4)				
	(5)				
结论					

参考文献

[1] 课程教材研究所，化学课程教材研究开发中心．化学（九年级上册）［M］．北京：人民教育出版社，2001：63，110.

[2] 武汉大学，吉林大学．无机化学（下册）［M］.3 版．北京：高等教育出版社，1994：608，745.

[3] 熊言林，强世苍.4 种气体与空气密度的大小比较实验新设计［J］.化学教育，2009，30（7）：58.

[4] 熊言林．二氧化硫系列演示实验的设计［J］.化学教育，2001，22（12）：37.

附　　录

附录 1　部分常用仪器的简单绘图方法

仪器名称	画法			仪器名称	画法		
	第一步	第二步	第三步		第一步	第二步	第三步
试管				集气瓶			
烧杯				酒精灯			
烧瓶				漏斗			
长颈漏斗				铁架台　铁圈铁夹			
导管				带有导管的橡皮塞			
水槽				蒸发皿			
导管接头				石棉网			

附录2　危险药品的分类、性质和管理

危险药品是指受光、热、空气、水或撞击等外界因素的影响，可能引起燃烧、爆炸的药品，或具有强腐蚀性、剧毒性的药品。常用危险品按危险性可分为以下几类来管理：

类别		举例	性质	管理
1. 爆炸品		硝酸铵、苦味酸、三硝基苯	遇高热摩擦、撞击等，引起剧烈反应，放出大量气体和热量，产生猛烈爆炸	存放于阴凉、低温处。轻拿、轻放
2. 易燃品	易燃液体	丙酮、乙醚、甲醇、乙醇、苯等有机溶剂	沸点低、易挥发，遇火则燃烧，甚至引起爆炸	存放阴凉处，远离热源。使用时注意通风，不得有明火
	易燃固体	赤磷、硫、萘、硝化纤维	燃点低，受热、摩擦、撞击或遇氧化剂，可引起剧烈连续燃烧、爆炸	同上
	易燃气体	氢气、乙炔、甲烷	因撞击、受热引起燃烧。与空气按一定比例混合，则会爆炸	使用时注意通风。如为钢瓶气，不得在实验室存放
	遇水易燃品	钠、钾	遇水剧烈反应，产生可燃气体并放出热量，此反应热会引起燃烧	保存于煤油中，切勿与水接触
	自燃物品	黄磷	在适当温度下被空气氧化、放热，达到燃点而引起自燃	保存于水中
3. 氧化剂		硝酸钾、氯酸钾、过氧化氢、过氧化钠、高锰酸钾	具有强氧化性、遇酸、受热，与有机物、易燃品、还原剂等混合时，因反应引起燃烧或爆炸	不得与易燃品、爆炸品、还原剂等一起存放
4. 剧毒品		氰化钾、三氧化二砷、升汞、氯化钡、六六六	剧毒，少量侵入人体（误食或接触伤口）引起中毒，甚至死亡	专人、专柜保管，现用现领，用后的剩余物，不论是固体或液体都应交回保管人，并应设有使用登记制度
5. 腐蚀性药品		强酸、氟化氢、强碱、溴、酚	具有强腐蚀性，触及物品造成腐蚀、破坏，触及人体皮肤，引起化学烧伤	不要与氧化剂、易燃品、爆炸品放在一起

附录3 常用酸、碱的浓度

试剂名称	密度（g·cm^{-3}）	质量分数（%）	物质的量浓度（mol·L^{-1}）
浓硫酸	1.84	98	18
稀硫酸	1.12	17	2
浓盐酸	1.19	38	12
稀盐酸	1.03	7	2
浓硝酸	1.41	68	16
稀硝酸	1.2	32	6
稀硝酸	1.07	12	2
浓磷酸	1.7	85	14.7
稀磷酸	1.05	9	1
浓高氯酸	1.67	70	11.6
稀高氯酸	1.12	19	2
浓氢氟酸	1.13	40	23
氢溴酸	1.38	40	7
氢碘酸	1.70	57	7.5
冰乙酸	1.05	100	17.5
稀乙酸	1.04	30	5.2
稀乙酸	1.02	12	2
浓氢氧化钠	1.44	~41	~14.4
稀氢氧化钠	1.09	8	2.2
浓氨水	0.91	~28	14.8
稀氨水	—	3.5	2
氢氧化钙水溶液	—	0.15	—
氢氧化钡水溶液	—	2	~0.1

附录 4　常用酸、碱溶液的配制

溶液	物质的量浓度(近似值,mol·L⁻¹)	配制
浓盐酸	12	$d=1.19$　38%（质量）
稀盐酸	6	浓盐酸:水 = 1:1（体积）
稀盐酸	2	6 mol·L⁻¹ HCl:水 = 1:2（体积）
浓硫酸	18	$d=1.84$　98%（质量）
稀硫酸	3	浓硫酸:水 = 1:5（体积）
稀硫酸	1	6 mol·L⁻¹ H₂SO₄:水 = 1:2（体积）
浓硝酸	14.5	$d=1.40$　65%（质量）
稀硝酸	6	浓硝酸:水 = 10:14（体积）
稀硝酸	2	6 mol·L⁻¹ HNO₃:水 = 1:2（体积）
冰乙酸	17.5	$d=1.05$　99.8%（质量）
稀乙酸	6	冰乙酸 350 mL:水 650 mL
稀乙酸	2	6 mol·L⁻¹ HAc:水 = 1:2（体积）
浓氨水	15	$d=0.90$　28%（质量）
稀氨水	6	浓氨水:水 = 2:3（体积）
稀氨水	2	6 mol·L⁻¹ NH₃:水 = 1:2（体积）
氢氧化钠	6	NaOH　240 g/L
氢氧化钾	3	KOH　168 g/L
氢氧化钡	0.2	Ba(OH)₂·8H₂O　60 g/L，过滤
石灰水	0.02	饱和澄清石灰水

附录 5　特种试剂的配制

试剂名称	配制方法	备注
银氨溶液	1.5 mL 2% $AgNO_3$ + （滴入）2% NH_3（aq），振荡，至生成的沉淀完全溶解	现用现配，贮于棕色瓶中
费林试剂	A 液：3.5 g $CuSO_4 \cdot 5H_2O$ + 100 mL 水 B 液：17 g $KNaC_4H_4O_6 \cdot 4H_2O$ + 15～20 mL 热水 + 20 mL 25% NaOH + 水（至 100 mL）	A、B 液分别贮存；临用前取 A、B 液等量混合
席夫试剂（品红亚硫酸溶液）	（1）0.50 g 品红的盐酸盐晶体 + 100 mL 热水，冷却后，通入 SO_2，使溶液呈无色 + 水（至 500 mL）；或（2）0.20 g 品红的盐酸盐晶体 + 100 mL 热水，冷却后，加入 2 g $NaHSO_3$ + 2mL 浓 HCl，搅匀后，至红色褪去	（1）（2）两种方法中配制完毕时，如呈粉红色，可加入 0.5 g 活性炭，搅拌后过滤；试剂贮于密封的棕色瓶中
淀粉溶液	1 g 可溶性淀粉 + 10 mL 水，搅匀，边搅拌边加入 20 mL 热水中，煮沸 1 min，冷却，过滤	现用现配，如保存可加入 0.5 g KI 及 2～3 滴氯仿
碘化钾淀粉溶液	100 mL 0.5% 的淀粉溶液 + 1 g KI	不得显蓝色，现用现配
漂白粉溶液	1 g 漂白粉 + 水（至 100 mL）→搅匀，取上层清液	现用现配
次氯酸钠溶液	用时与等量水混合	含 10%～14%（w/V）有效氯
钼酸铵试剂	45 g $(NH_4)_6Mo_7O_{24} \cdot 4H_2O$ 或 40 g 纯 MoO_3 + 70 mL NH_3（aq） + 140 mL 水；完全溶解后，再缓缓加入 250 mL 浓 HNO_3 和 500 mL 水的混合液中，随加随搅拌，最后加水至 1 L。放置 1～2 日，倾取上层清液备用	
奈斯勒试剂 $K_2(HgI_4)$	2.5 g $HgCl_2$ + 10 mL 热水，慢慢加入 5 g KI + 5 mL 水的溶液中、振荡，至生成的红色沉淀不溶解，冷却。氢氧化钾溶液（15 g KOH + 30 mL 水） + 水（至 100 mL），加入上面的 $HgCl_2$ 溶液 0.5 mL，振荡，静置一昼夜，倾取上层清液备用	贮于棕色瓶中，用橡皮塞塞紧
溴水 $(Br_2 + H_2O)$	在带有良好磨口塞的玻璃瓶内，将市售溴约50 g（16 mL）注入 1 L 水中。在 2 h 内经常剧烈振荡，每次振荡之后微开塞子，使积聚的溴蒸气放出。在储存瓶底总有过量的溴。将溴水倒入试剂瓶时剩余的溴应留于储存瓶中而不倒入试剂瓶（倾倒溴和溴水时应在通风橱中进行）	操作时为了防止被溴蒸气灼伤，应戴上乳胶或橡胶手套，也可以将凡士林涂于手上
碘液 $(I_2 + H_2O)$	将 1.3 g 碘和 5 g 碘化钾溶解在尽可能少的水中，待碘完全溶解后（充分搅动），再加水稀释至 1 L。如此所配成的碘液其浓度为 0.01 mol·L^{-1}	

附录 6　气体在水中的溶解度

气体	$T/℃$	溶解度/（mL·100 mL^{-1}H$_2$O）
H$_2$	0	2.14
	20	0.85
CO	0	3.5
	20	2.32
CO$_2$	0	171.3
	20	90.1
SO$_2$	0	22.8
N$_2$	0	2.33
	40	1.42
NO	0	7.34
	60	2.37
NH$_3$	0	89.9
	100	7.4
O$_2$	0	4.89
	25	3.16
H$_2$S	0	437
	40	186
Cl$_2$	10	310
	30	177

附录 7　部分常见物质的俗名或别名及主要成分或化学式

俗名或别名	主要成分或化学式	俗名或别名	主要成分或化学式
食盐、洗盐、精盐	$NaCl$	锌白、红锌矿、锌氧粉	ZnO
小苏打、起子、重碱	$NaHCO_3$	闪锌矿	ZnS
苏打、纯碱、面碱	Na_2CO_3	立德粉、锌钡白	$ZnS \cdot BaSO_4$
大苏打、海波	$Na_2S_2O_3 \cdot 5H_2O$	白矾、锌矾、皓矾	$BaSO_4 \cdot 7H_2O$
水玻璃、泡花碱	Na_2SiO_3	铁丹、铁红、赤铁矿	Fe_2O_3
火碱、烧碱、苛性钠、苛性碱	$NaOH$	磁铁矿	Fe_3O_4
智利硝石、钠硝石	$NaNO_3$	黄铁矿、硫铁矿	FeS_2
灰锰氧	$KMnO_4$	绿矾、皂矾、苦矾	$FeSO_4 \cdot 7H_2O$
光卤石	$KCl \cdot MgCl_2 \cdot 6H_2O$	黄血盐	$K_4Fe(CN)_6 \cdot 3H_2O$
苛性钾	KOH	赤血盐	$K_3Fe(CN)_6$
火硝、土硝、钾硝石	KNO_3	卤水	$MgCl_2 \cdot 6H_2O$
绿宝石	$3BaO \cdot Al_2O_3 \cdot 6SiO_2$	泻盐、苦盐	$MgSO_4 \cdot 7H_2O$
明矾	$K_2SO_4 \cdot Al_2(SO_4)_3 \cdot 24H_2O$	电石	CaC_2
刚玉、刚石、白玉、红宝石	Al_2O_3	生石灰、煅烧石灰	CaO
石英、沙子、打火石、硅石、水晶、玛瑙	SiO_2	熟石灰、消石灰	$Ca(OH)_2$
硅胶	$mSiO_2 \cdot nH_2O$	白垩、石灰石、大理石、方解石、文石、霞石	$CaCO_3$
金刚砂	SiC	萤石、氟石	CaF_2
橄榄石	Mg_2SiO_4	石膏、生石膏	$CaSO_4 \cdot 2H_2O$
冰晶石	Na_3AlF_6	银粉、铝粉	Al
高岭土	$Al_2O_3 \cdot 2SiO_2 \cdot 3H_2O$	红矾	$K_2Cr_2O_7$
滕氏蓝（滕布尔蓝）	$Fe_3[Fe(CN)_6]_2$	石墨、木炭、金刚石	C
普鲁氏蓝	$Fe_4[Fe(CN)_6]_3$	碳酸气、干冰	CO_2
铜绿、石绿、孔雀石、铜锈	$CuCO_3 \cdot Cu(OH)_2$	电石气	C_2H_2
胆矾、蓝矾、铜矾、胆石	$CuSO_4 \cdot 5H_2O$	蚁醇、木醇、木精	CH_3OH
钛白、金红石	TiO_2	酒精、火酒	CH_3CH_2OH
钡白、重晶石(矿石)	$BaSO_4$	福尔马林	$HCHO$
软锰矿、黑石子	MnO_2	醋、醋精、乙酸	CH_3COOH
铬绿	Cr_2O_3	石炭酸	C_6H_5OH
		凡士林	液体和固体石蜡烃混合物

附录8 主要参考文献和网址

一、著作类

[1] 熊言林. 化学教学论实验 [M]. 合肥：安徽大学出版社，2004.

[2] 刘知新，王祖浩. 化学教学系统论 [M]. 南宁：广西教育出版社，1996.

[3] 陈耀亭，梁慧姝，郝雷. 中学化学教学法 [M]. 长春：吉林人民出版社，1984.

[4] 范杰. 化学实验论 [M]. 太原：山西科学技术出版社，2001.

[5] 吴俊明. 中学化学实验研究导论 [M]. 南京：江苏教育出版社，1997.

[6] 梁慧姝，郑长龙. 化学实验论 [M]. 南宁：广西教育出版社，1996.

[7] 毕华林，傅尚奎，韩庆奎. 化学实验教学研究 [M]. 青岛：青岛海洋大学出版社，1998.

[8] 李广洲，陆真. 化学教学论实验 [M]. 北京：科学出版社，1997.

[9] 西南师范学院化学系. 中学化学教学法实验 [M]. 北京：高等教育出版社，1986.

[10] 《中学教师化学手册》编委会. 中学教师化学手册 [M]. 北京：科学普及出版社，1981.

[11] 北京师范大学等三校无机化学教研室. 无机化学实验 [M]. 第二版. 北京：高等教育出版社，1991.

[12] 吴俊明，王祖浩. 化学学习论 [M]. 南宁：广西教育出版社，1996.

[13] 王磊. 初中化学新课程的教学设计与实践 [M]. 北京：高等教育出版社，2003.

[14] 郑长龙. 化学实验教学新视野 [M]. 北京：高等教育出版社，2003.

[15] 毕华林. 化学新教材开发与使用 [M]. 北京：高等教育出版社，2003.

[16] 王小明. 化学教学实施指南 [M]. 武汉：华中师范大学出版社，2003.

[17] 李家玉. 国外中学化学实验集锦 [M]. 上海：上海翻译出版公司，1987.

[18] 张多霞. 中学化学实验手册 [M]. 广州：广东教育出版社，1995.

[19] 王希通. 化学实验教学研究 [M]. 北京：高等教育出版社，1990.

[20] 马建峰. 化学实验教学论 [M]. 北京：科学出版社，2006.

[21] 蔡亚萍. 中学化学实验设计与教学论 [M]. 杭州：浙江教育出版社，2005.

[22] 钱扬义. 手持技术在理科实验中的应用研究 [M]. 北京：高等教育出版社，2003.

[23] 中华人民共和国教育部. 普通高中化学课程标准（实验）[S]. 北京：人民教育出版社，2003.

[24] 中华人民共和国教育部. 全日制普通高级中学化学教学大纲（试验修订版）[S]. 北京：人民教育出版社，2000.

[25] 中华人民共和国教育部. 全日制义务教育化学课程标准（实验稿）[S]. 北京：北京师范大学出版社，2001.

[26] 国家研究理事会. 美国国家科学教育标准 [S]. 戢守志，译. 北京：科学技术

文献出版社，1999.

　　[27] 王磊. 化学比较教育学 [M]. 南宁：广西教育出版社，2006.

　　[28] 王祖浩. 普通高中课程标准实验教科书·化学　实验化学 [M]. 南京：江苏教育出版社，2006.

　　[29] 王磊. 普通高中课程标准实验教科书·化学　实验化学（选修）教师用书 [M]. 济南：山东科学技术出版社，2006.

　　[30] 宋心琦. 普通高中课程标准实验教科书·化学　实验化学 [M]. 北京：人民教育出版社，2006.

二、期刊类

（1）中国化学会主办. 化学教育（ISSN 1003－3807）.

（2）中国教育学会主办. 中国教育学刊（ISSN 1002－4808）.

（3）人民教育出版社/课程教材研究所主办. 课程·教材·教法（ISSN 1000－0186）.

（4）上海交通大学主办. 实验室研究与探索（ISSN 1006－7167）.

（5）华东师范大学主办. 化学教学（ISSN 1005－6629）.

（6）陕西师范大学主办. 中学化学教学参考（ISSN 1002－2201）.

（7）中国教学仪器设备行业协会主办. 中国教育技术装备（ISSN 1671－489X）.

（8）哈尔滨师范大学主办. 中学化学（ISSN 1007－8711）.

（9）教育部基础教育课程教材发展中心/长沙理工大学主办. 实验教学与仪器（ISSN 1004－2326）.

（10）上海市化学化工学会主办. 化学世界（ISSN 0367－6358）.

（11）教育部教学仪器研究所主办. 教学仪器与实验（ISSN 1003－3416）.

（12）中国人民大学主办. 中学化学教与学（ISSN 1009－2935）.

（13）中国化学会主办. 大学化学（ISSN 1000－8438）.

（14）南京师范大学主办. 化学教与学（ISSN 1008－0546）.

（15）美国化学会主办. 化学教育（ISSN 0021－9584）.

三、网址（或搜索引擎）

（1）http：//www. hxjy. org（化学教育杂志网）.

（2）http：//www. jce. divched. org（美国化学教育杂志网）.

（3）http：//www. yeschool. net/phd/file/menu. htm（中学化学教育资源网）.

（4）http：//www. tanghu. net. classroom（网上化学课堂）.

（5）http：//www. chemedu. cn（化学教学杂志网）.

（6）http：//www. ahjks. com. cn（安徽教科所网）.

（7）http：//chem. cersp. com（化学课程网）.

（8）http：//www. sohu. com（搜狐引擎）.

（9）http：//www. chinweb. com. cn（中国科学院过程工程研究所网）

（10）http：//www. thecatalyst. org（中等教育化学资源网）.

（11）http：//www. chinajournal. net. cn（中国期刊网）.

（12）http：//www. t. soka. ac. jp/chem/ACEN/（亚太化学教育网）.

（13）http：//www. k12. com. cn（中小学教育教学网）.

（14）http：//www. chemcai. myrice. com/cu3. htm（中学化学课件网）.

（15）http：//www. tanghu. net/file/all/（网上多媒体资源库）.

（16）http：//www. chemdex. org（英国谢菲尔德大学的 ChemDex 化学资源导航系统）.

（17）http：//www. Liv. ac. uk/Chemistry/Links. html（英国利物浦大学的 Linkl for Chemists 导航系统）.

（18）http：//www. chemistycoach. com/home. html（国外著名的化学资源导航系统高中化学）.

（19）http：//www. acdlabs. com.（加拿大一公司开发的化学软件：ACD/ChemSketch 软件）.

（20）http：//www. modelscience. com/software. html（美国的 Model Science 公司开发的化学实验室模拟软件：Model ChemLab）.

（21）http：//www. jhksoft. com（国产软件：金华科的"仿真化学实验室"）.

（22）http：//www. chemonline. net/truechemsoft/default. asp（超级化学助手）.

（23）http：//www. chemonline. net. /truechemsoft/default. asp（正交设计助手）.

（24）http：//scistore. cambridgesoft. com/software/product. cfm? pid ＝4013（英国剑桥公司开发的桌面化学软件：ChemOffice 系列）.

（25）http：//www. hrbnu. edu. cn/2009/b6＿ 6. html#（中学化学杂志网）.

（26）http：//www. snupg. com（中学化学教学参考杂志网）.

（27）http：//www. baidu. com（百度引擎）.